北京劳动保障职业学院国家骨干校建设资助项目
复旦卓越·人力资源管理和社会保障系列教材

管理学：基础与实训

张奇峰　张海容　主编

丛书编辑委员会

编委会主任　　李继延　李宗泽
编委会副主任　冯琦琳
编委会成员　　李　琦　张耀嵩　刘红霞　张慧霞
　　　　　　　郑振华　朱莉莉

復旦大學 出版社

内容提要

　　本书在借鉴和吸收管理学主要传统内容的基础上，以模块化教学为基础，以情景模拟和技能应用为导向，重在培养学生的管理学基础素养和基层管理技能。通过设计"认识与理解管理、计划与决策、组织与人事、协调与沟通、控制与评价及战略与文化管理"六个模块，将基础管理工作的主要原理和基本技能包含其中，其中"认识与理解管理"模块主要包括管理者角色认知和管理者的能力；"计划与决策"模块主要包括分析环境、进行决策、制定计划和时间管理；"组织与人事"模块主要包括组织结构认知与设计和选聘与培训员工；"协调与沟通"模块主要包括建立领导风格、学会激励、善于沟通和团队建设；"控制与评价"模块主要包括控制日常工作和评价工作绩效；"战略与文化管理"模块主要包括发现公司战略、看清战略选择和融入企业文化等内容。每一模块分为情境任务导入、必备知识内容、学习自测和能力训练任务四个部分，由实践引发理论，再由理论提升能力，实现课堂教学向日常工作甚至职业规划的全辐射。

　　本书适用于普通本科、专科及职业院校的经济管理类专业的管理学课程教学。

丛书总主编　　李　琦

编辑成员（按姓氏笔画排序）

邓万里　田　辉　石玉峰　孙立如　孙　林　刘红霞
许晓青　许东黎　朱莉莉　李宝莹　李晓婷　张慧霞
张奇峰　张海容　张耀嵩　肖红梅　杨俊峰　郑振华
赵巍巍

前言

管理学是一门比较年轻的跨学科边缘科学和应用科学,它融合了社会科学领域的社会学、心理学、行为学、人类学、政治学及经济学的知识和自然科学领域的数学、统计学、信息学、工业工程学、计算机科学及其他学科的知识。在各类社会组织(如工商企业、学校、医院、政府机关、军队、宗教团体和社会群众团体等)中,都存在着各种各样的管理问题。管理作为实现目标的一种有效手段,在当今世界可谓无处不在、无时不有。管理活动是有一定客观规律性的,从丰富的管理实践活动中概括出管理的普遍规律以及反映其规律的基本原理和一般方法就构成了管理学理论的基本内容。

就管理的显著特征而言,"实践重于理论,艺术多于科学"。管理的这种属性与特点决定了课程内容必须以能力培养为中心。从一定意义上说,管理学教学的本质就是,以管理情境和实务为载体研究管理实践,掌握必要的理论,培养分析和解决管理矛盾与问题的能力的过程。

本书在借鉴和吸收管理学主要传统内容的基础上,以模块化教学为基础,以情境模拟和技能应用为导向,重在培养学生的管理学基础素养和基层管理技能。通过设计"认识与理解管理、计划与决策、组织与人事、协调与沟通、控制与评价及战略与文化管理"六个模块,将基础管理工作的主要原理和基本技能包含其中。其中,"认识与理解管理"模块主要包括管理者角色认知和管理者的能力;"计划与决策"模块主要包括分析环境、进行决策、制定计划和时间管理;"组织与人事"模块主要包括组织结构认知与设计和选聘与培训员工;"协调与沟通"模块主要包括建立领导风格、学会激励、善于沟通和团队建设;"控制与评价"模块主要包括控制日常工作和评价工作绩效;"战略与文化管理"模块主要包括发现公司战略、看清战略选择和融入企业文化等内容。每一模块分为情境任务导入、必备知识内容、学习自测和能力训练任务四个部分,由实践引发理论,再由理论提升能力,实现课堂教学向日常工作甚至职业规划的全幅射。本书适用于普通本科、专科及职业院校的经济管理类专业的管理学课程教学。

  本书由张奇峰和张海容担任主编,编写人员具体分工情况是:张奇峰编写学习单元三、学习单元四和学习单元六;张海容编写学习单元一、学习单元二和学习单元五;全书由张奇峰统撰。

  本书在编纂过程中,参考了大量国内外权威管理学著作和众多国内外公开发表的文献资料,多数在参考文献中已经注明,还有大量公开报道的现实案例作为内容的旁证与补充。许多来源于网络的资料,无法准确注明出处,在此对这些资料的贡献者表示感谢。由于编者学识浅薄,书中内容难免有不当之处,请读者在阅读过程中批评指正。

张奇峰 张海容

2013年9月于北京劳动保障职业学院

目 录

学习单元一 认识与理解管理 1
  能力模块一 管理者角色认知 1
  能力模块二 管理者的能力 12

学习单元二 计划与决策 23
  能力模块一 分析环境 24
  能力模块二 进行决策 37
  能力模块三 制定计划 52
  能力模块四 时间管理 74

学习单元三 组织与人事 82
  能力模块一 组织结构认知与设计 83
  能力模块二 选聘与培训员工 98

学习单元四 协调与沟通 119
  能力模块一 建立领导风格 120
  能力模块二 学会激励 135
  能力模块三 善用沟通 149
  能力模块四 团队建设 175

学习单元五　控制与评价 ·· 193
能力模块一　控制日常工作 ··· 194
能力模块二　评价工作绩效 ··· 212

学习单元六　战略与文化管理 ·· 231
能力模块一　发现公司战略 ··· 232
能力模块二　看清战略选择 ··· 247
能力模块三　融入企业文化 ··· 272

参考文献 ·· 295

学习单元一

认识与理解管理

学习目标

能力目标
① 充分理解管理的内涵及管理者的使命,进入管理者角色并定位于该角色;
② 充分理解管理者角色所需的能力,主动进行相应训练。

知识目标
① 了解管理的一般概念和相关知识;
② 掌握管理者应具有的技能。

素质目标
① 养成从事管理工作的良好习惯;
② 培养成为一名合格管理者的综合素质;
③ 提升作为一名优秀管理者的管理理念。

能力模块一 管理者角色认知

【情境任务导入】

赵智勇是公司技术部的干事,在这个岗位上已经工作7年了。他独当一面,对自己所负责的业务驾轻就熟。最近,他被提拔到公司所属的售后服务部做主任。他每天不但要处理大量业务工作,而且要管理自己的部下,还要同大量的顾客打交道。他整天忙得不亦乐乎,但不知道在总体上怎样把握。他在问自己:"什么是管理?都包括哪些方面?"他急切地想弄清管理的本质与构成。

请思考:

1. 依据你现有的知识,你能告诉他什么是管理吗?
2. 结合你所接触的实际,你能告诉他管理者要做什么吗?

提拔一线员工是个好方法,有利于员工对企业文化的认同,有利于形成企业的管理梯队,而且对企业一线员工也是很好的激励。但往往会出现这些管理领域的"新人"面临角色转变的尴尬。调查显示,新经理的首要困难是缺乏对新角色职责的认识,其次是管理知识和管理水平的不足,此外,管理者的表率作用不够也是新经理面临的主要困难。

【必备知识内容】

一、管理的概念与属性

管理是人类一项最基本的社会活动,可以说,自从有了人类的文明史,就有了管理。管理活动不仅贯穿于人类社会的全部历史,存在于人类社会的各个历史阶段,而且贯穿于人类社会生活的各个单元、层次和方面。从治国安邦到生产经营和社会生活,无不存在管理。从纵向与横向以及时间与空间各个方面来看,管理对于社会有着普遍性。

随着生产力的发展、人类文明的进步、社会的高度现代化,管理作为不可缺少的社会机能,其作用日益增强。管理是保障社会与经济秩序、合理配置资源、有效协调与指挥社会各类活动、调动人的积极性和实现社会及各组织目标的关键性手段。没有现代化管理,就没有现代化社会。

(一)管理的概念

管理是共同劳动的产物。在多个人进行集体劳动的条件下,为使劳动有序进行和获取劳动成果,就必须进行组织与协调,因此,管理是共同劳动的客观要求。尽管管理广泛适用于社会的一切领域,但对于什么是管理迄今为止人们的理解并不完全一致。管理学者们对管理的定义做了大量研究,并从不同的角度和侧面提出了大量关于管理的定义。以下是具有代表性的几种观点:

- 费雷得里克·温斯洛·泰勒的定义:管理是一门怎样建立目标,然后用最好的方法经过他人的努力来达到的艺术。
- 亨利·法约尔的定义:管理就是计划、组织、指挥、协调和控制。
- 赫伯特·西蒙的定义:管理就是决策。
- 马克斯·韦伯的定义:管理就是协调活动。
- 彼得·德鲁克的定义:管理就是一种以绩效责任为基础的专业职能。
- 美国管理协会的定义:管理是通过他人的努力来达到目标。

管理定义的多样化反映了人们对管理的多种理解以及各管理学派不同的研究重点与特

色。这些不同的定义对全面、深刻地理解"管理"这一概念是极为有益的。

综合多方观点，我们可以将管理定义如下：

管理就是在一定的环境下，由组织中的管理者通过计划、组织、领导和控制等环节来有效配置组织资源，以期实现组织目标的过程。

管理的这个综合概念至少包括以下五个方面的含义：

（1）管理适用于任何一个社会组织。管理的第一要素是组织，因为只有集体活动才需要协调，单个人的活动不能算是管理。

（2）管理工作要通过综合运用组织中的各种资源来实现组织目标。

（3）管理是一种协调活动。协调就是使个人的努力与集体的预期目标相一致。管理的本质是协调，每一项管理职能、每一次管理决策都需要进行协调，都是为了协调。当然，协调的方法可以多种多样，要讲究协调的艺术。

（4）管理是一种有目的的活动。管理的目的是为了实现预期的目标，对企业来说就是要创造盈余（利润），就是要创造一种环境，使人们在这个环境里投入最少的时间、资金、原材料和个人的辛劳能够完成集体的目标，或者在这个环境里使用现有的资源，完成的预期目标越多越好。

（5）管理工作是在一定的环境条件下进行的，有效的管理必须充分考虑组织内外的特定条件。

（二）管理的属性

1. 管理的二重性

管理具有二重性质，即自然属性和社会属性。管理的自然属性是指管理要处理人与自然的关系，要合理组织生产力，故也称管理的生产力属性。管理的社会属性是指管理要处理人与人之间的关系，要受一定生产关系、政治制度和意识形态的影响和制约，通常也称作管理的生产关系属性。

管理二重性的现实意义体现在以下几个方面：

（1）要全面认识管理的任务和作用。管理既要合理地组织生产力，又要努力改善生产关系，两者不可偏废。"见物不见人"和"见人不见物"的倾向都是错误的。

（2）要全面认识对管理人员的素质要求。管理的基本任务决定了管理人员既应具备组织生产力的技术知识和能力，又应具备处理人际关系及各种社会关系的知识和能力。要"软"、"硬"兼备，又红又专。

（3）要全面地认识国外的管理理论和经验。批判地吸收、学习和借鉴国外在生产力组织方面和处理人际关系及各种社会关系方面的先进理论和经验，不盲目照搬。

2. 管理既是科学又是艺术

管理是一门科学。管理是人类重要的社会活动，存在着客观规律性。管理作为科学，就是指人们发现、探索、总结和遵循客观规律，在逻辑的基础上，建立系统化的理论体系，并在管理实践中应用管理原理与原则，使其成为在理论指导下的规范化的理性行为。

管理又是一门艺术。管理虽然可以遵循一定的原理或规范办事，但它绝不是"按图索骥"地照章操作。管理理论作为普遍适用的原理和原则，必须结合实际应用才能奏效。管理者在实际工作中，面对千变万化的管理对象，要因人、因事、因时、因地制宜，灵活多变地、创造性地运用管理技术与方法来解决实际问题，从而在实践与经验的基础上，创造管理的艺术与技巧。

管理既是科学,又是艺术,这种科学与艺术的划分是大致的,其间并没有明确的界限。说它是科学,是强调其客观规律性;说它是艺术,则是强调其灵活性与创造性。而且,这种科学性与艺术性在管理的实践中并非截然分开,而是相互作用,共同发挥管理的功能,促进目标的实现。

就管理的突出特征而言,"实践重于理论,艺术多于科学"。管理作为实践性极强的应用学科与社会活动,其实践的经验与成效远远重于理论的价值与意义;管理主要处理以人为中心的社会矛盾,而人的心理规律和社会规律又不像自然规律那样刚性与精确,这必然导致管理在应用中体现出的千变万化的艺术性多于遵循规则的科学性。因此,研究与学习管理,最重要的就是管理的实际能力。

二、管理的职能

管理具有哪些基本职能呢?经过一百多年众多学者的研究,至今还是众说纷纭,达15种之多。经典的提法是法约尔的计划、组织、指挥、协调和控制五职能;最常见的提法是厄威克的计划、组织和控制;最新颖的提法是决策、组织、领导、控制和创新[①]。本课程的提法是计划、组织、领导和控制。

(1) 计划职能。必须规定组织的目标以及如何实现目标。计划职能包含制定组织目标、制定整体战略以实现这些目标以及将计划逐层展开,以便协调和整合各种不同类型的活动。"凡事预则立,不预则废",计划职能是管理者的首要职能。

(2) 组织职能。管理者还承担设计组织结构的职责,包括决定组织要完成的任务是什么、谁去完成这些任务、这些任务怎样分类组合、谁向谁报告以及各种决策应由哪一层级制定。合理、高效的组织结构是实施管理、实现目标的组织保证。因此,不同层次、不同类型的管理者总是或多或少地承担不同性质的组织职能。

(3) 领导职能。每一个组织都是由人组成的,管理的任务是指导和协调组织中的人。当管理者激励下属、指导他们的活动并选择最有效的沟通渠道解决组织成员之间的冲突时,他就是在进行领导。领导职能是管理过程中最经常、最关键的职能。

(4) 控制职能。当设定了目标之后,就开始制定计划,向各部门分派任务,雇佣人员,对人员进行培训和激励。尽管如此,有些事情还可能出岔子。为了保证事情按既定的计划进行,必须监控组织的绩效,必须将实际的表现与预定的目标进行比较。如果出现任何显著的偏差,管理的任务就是使组织回到正确的轨道上来。这种监控、比较和纠正就是控制职能的含义。工作失去控制就要偏离目标,没有控制很难保证目标的实现,控制是管理者必不可少的职能。

三、管理者

(一) 管理者的含义

管理者是指从事管理活动的人,即在组织中承担对他人的工作进行计划、组织、领导和控制等工作以期实现组织目标的人。管理者首要的职责是做好管理工作,如果只是做了一

---

① 周三多、陈传明、鲁明泓,《管理学:原理与方法》(第五版),复旦大学出版社,2013年。

般性工作,而没有做好管理工作,那么他做的工作再多,也只是一个辛辛苦苦的事务工作者。

一般情况下,当一位业务骨干被提拔为管理者之初,阻碍他进行角色转换的最大敌人就是他在作为业务骨干时所养成的良好习惯。那时对他的要求是独立地完成本职工作,如果这个要求被他习惯性地运用在管理工作中,则团队管理目标的实现便无法保证。因此,新任管理者应迅速地从习惯做事为先转化为规划做事为先,从关注自己做事转化为关注团队做事,以组织目标的实现作为自己行事的最高准则。

管理大师彼得·德鲁克曾用一句话概括管理者与非管理者之间的区别:管理者就是通过他人做事。具体区别如表1-1所示。

表1-1 非管理者与管理者的区别

非 管 理 者	管 理 者
专才 我们重视专业能力,并且以能够完成技术性很强的业务为荣。 **完成具体任务** 我们根据指令或时间表来完成某些特定的具体任务。 **倚重个人努力** 我们的工作比较独立,大多通过个人的努力去完成,只是在工作程序需要时,与其他同事或部门发生联系。 **对技术性强的职业有很强的认同感**	**通才** 我们需要运用不同的技能来完成不同的工作。不再只专注于某一领域的技术技能。 **安排部门日程** 我们主要的工作是根据部门目标,分配工作及编制日程,让下属完成工作。我们也要管理好自己的日程。相反,我们花较少的时间做实际的工作。 **建立工作网络** 我们不仅通过下属,还通过其他同事和外部的团体来完成工作。我们要协调各种不同的资源来完成工作,因此变得互相依赖。 **倾向于对管理的职业更有认同感**

(二)管理对象

管理是管理者运用一定手段(媒介)在一定环境下作用于管理对象的过程。

管理对象首先可以理解为不同功能、不同类型的社会组织。任何社会组织为发挥其功能和实现其目标,必须拥有一定的资源或要素。管理正是通过对这些资源或要素进行配置、调度、组织,才使管理的目标得以实现。所以,这些资源或要素就成为管理的直接对象。同时,任何组织要实现其功能或目标,就必须开展一些职能活动,形成一系列工作或活动环节,这也成为管理的对象。因此,管理的对象应包括各类社会组织及其构成要素与职能活动。

1. 社会组织

社会组织是指为实现特定目的,完成特定任务,按照社会规程结合在一起的人的群体,如政治组织、经济组织、文化组织、宗教组织等。以整个社会组织为对象进行管理的人,主要是组织的上级领导或该组织的最高层管理者。广大的中基层管理者管理的是各种社会组织内部设置的各种单位或部门。

2. 组织资源或要素

这主要包括人员、资金、物资设备、时间或信息等。人是管理对象中的核心要素,所有管理要素都是以人为中心存在和发挥作用的。资金是任何社会组织,特别是营利性经济组织的极为重要的资源。物资设备是社会组织开展职能活动、实现目标的物质条件与保证。时间是组织的一种流动形态的资源,是稍纵即逝的宝贵要素。在信息社会的今天,信息已经成为极为重要的组织资源。

3. 社会组织的职能活动

管理是使组织的活动效率化、效益化的行为,因此,最经常、最大量的管理对象是社会组织实现基本职能的各种活动。管理的作用就是使职能活动更有秩序、更有效率和更有效益。

(三) 管理者类型

管理者通常按照管理层次进行分类,有以下几种:

1. 高层管理者

即对整个组织的管理负有全面责任的人。他们对外代表组织,对内拥有最高职位和最高职权,对整个组织的成功负主要责任。他们的主要职责是制定组织的总目标和总战略、掌握组织的大政方针并评价整个组织的绩效。例如,工商企业的总经理、学校的校长、医院的院长、工厂的厂长等都属于高层管理者。

2. 中层管理者

即一个组织中中层机构的负责人员。他们的主要职责是贯彻执行高层管理者制定的重大决策,监督和协调基层管理者的工作。与高层管理者相比,中层管理者起承上启下的作用,注重的是日常管理工作。例如,工厂的车间主任、商场的商品部经理、大学的系主任等都是中层管理者。

3. 基层管理者

即在生产经营第一线的管理人员。他们的主要职责是将组织的决策在基层落实,制定作业计划,给下属作业人员分派具体工作任务,直接指挥和监督现场作业活动,保证各项任务的有效完成。例如,工厂里的班组长、商场里的柜组长、学校里的教研室主任、机关里的科长等都属于基层管理者。基层管理者工作的好坏是整个组织能否成功的基础,在组织中有着不可忽视的作用。

管理者在组织中所处的层次高低与管理工作的数量是一种正比例关系。即管理者的层次越高,管理性工作就越多,非管理性工作就越少;反之,管理者的层次越低,管理性的工作就越少,而非管理性工作就越多。

(四) 管理者的角色

美国学者亨利·明茨伯格提出,管理者在人际关系、信息传递、决策制定三个方面承担着管理者的10种角色,如表1-2所示。

表1-2 管理者的角色

角色		描述	特征活动
人际关系方面	1. 挂名首脑	象征性首脑;必须履行许多法律性的或社会性的例行义务。	迎接来访者;签署法律文件。
	2. 领导者	负责激励下属,负责人员配备、培训以及有关的职责。	实际上从事所有的有下级参与的活动。
	3. 联络者	维护自行发展起来的外部关系网络,从中得到帮助和信息。	发感谢信;从事外部委员会的工作;从事其他外部活动。

(续表)

角　色		描　述	特　征　活　动
信息传递方面	4. 监听者	寻求和获取各种内部和外部的信息，以便透彻地了解组织与环境。	阅读期刊和报告；与有关人员保持私人接触。
	5. 传播者	将从外部和下级那里得到的信息传递给组织的其他成员。	举行信息交流会；用打电话方式转达信息。
	6. 发言人	向外界发布有关组织的计划、政策、行动、结果等信息。	举行董事会议；向媒体发布信息。
决策制定方面	7. 企业家	寻求组织和环境中的机会，制定改进方案以发起变革，监督某些方案的策划。	制定组织战略；检查会议执行情况；开发新项目。
	8. 混乱驾驭者	当组织面临重大的、意外的动乱时，负责采取补救行动。	应对危机的战略制定；调解争端，缓解矛盾；检查会议。
	9. 资源分配者	负责分配组织的各种资源，事实上是批准所有重要的组织决策。	调度、询问、授权；从事涉及预算的各种活动；安排下级的工作。
	10. 谈判者	在主要谈判中作为组织的代表。	参与工会的合同谈判；与客户谈判。

管理者角色转换的关键之处在于以下几个方面：

1. 角色转换的关键步骤——封存本性

角色转换的关键步骤就是封存本性。要求把自己的原始个性有效地保护起来，要根据角色要求处理自己的本性。人各有志，人各有性，但不能完全按照自己的兴趣、爱好和标准去处理事情。

2. 管理者的角色标准——从自我到组织

从业务精英到中高层管理者，角色标准变了，原来是经营自己的岗位，现在经营的是一个组织；业绩标准变了，原来是个人的，现在是团队的；核心能力原来靠的是专业技能，现在成为外围能力，而用人成了核心能力；工作方式也发生变化，原来是自己努力，现在是如何借力。

3. 角色转换的关键内容——从努力到借力

卓越的管理者要善借身外之物，所以，从努力到借力就成为角色转换的关键内容。所谓借力，就是借势、借物、借财、借才、借人等所有行为，包括内借和外借。正如荀子所说："君子生非异也，善假于物也。"

【学习自测】

一、思考题

1. 什么是管理？你是如何理解管理的？
2. 管理的职能有哪些？它们之间有什么关系？
3. 简述管理者的角色。

二、选择题

1. 下列哪位管理学者提出"管理就是决策"的主张?(　　)
   A. 西蒙　　　　　　B. 德鲁克　　　　　　C. 泰勒　　　　　　D. 法约尔

2. 最早提出"管理是由计划、组织、指挥、协调及控制等职能为要素组成的活动过程"的管理学家是(　　)。
   A. 西蒙　　　　　　B. 德鲁克　　　　　　C. 泰勒　　　　　　D. 法约尔

3. 制定目标并确立为达成这些目标所必需的行动是指管理的(　　)职能。
   A. 计划职能　　　　　　　　　　　B. 组织职能
   C. 领导职能　　　　　　　　　　　D. 控制职能

4. 当管理者决定需要做什么以及如何完成时,他是在履行(　　)职能。
   A. 计划职能　　　　　　　　　　　B. 组织职能
   C. 领导职能　　　　　　　　　　　D. 控制职能

5. 根据明茨伯格的理论,管理者的人际关系角色包括(　　)。
   A. 发言人　　　　　　　　　　　　B. 监听者
   C. 领导者　　　　　　　　　　　　D. 资源分配者

6. 管理者是(　　)。
   A. 不需要补偿的雇员　　　　　　　B. 为实现组织目标协调工作活动的人
   C. 组织的首脑　　　　　　　　　　D. 一线工人

7. 管理的二重属性是指(　　)。
   A. 科学性与艺术性　　　　　　　　B. 自然属性与社会属性
   C. 主观性与客观性　　　　　　　　D. 科学性和社会性

8. 下面属于基层第一线管理人员的职位是(　　)。
   A. 总裁　　　　　　B. 厂长　　　　　　C. 部门经理　　　　　　D. 工长

9. 负责直接指挥作业人员的日常作业,例如,工厂中的班组长,商场中的主管、学校中的系主任等,他们属于(　　)。
   A. 基层管理者　　　　　　　　　　B. 中层管理者
   C. 高层管理者　　　　　　　　　　D. 作业人员

10. 主要负责确立组织的目标以及影响全体组织成员的重大决策,并对组织的成败负有根本的责任,例如,工厂中的厂长、商场的总经理,他们属于(　　)。
    A. 基层管理者　　　　　　　　　　B. 中层管理者
    C. 高层管理者　　　　　　　　　　D. 作业人员

11. 关于管理的应用范围,下面哪些说法不妥?(　　)
    A. 只适用于企业性组织　　　　　　B. 普遍适用于各类组织
    C. 只适用于非营利性组织　　　　　D. 只适用于营利性组织
    E. 只适用于工商企业

12. 作为一名中层管理人员,要肩负许多方面的管理职责。下列几项职责中,哪些通常属于中层管理人员的工作范围?(　　)
    A. 制定部门工作计划,并进行贯彻执行和检查

  B. 与下级谈心，了解下级的工作困难和感受
  C. 亲自制定有关考勤方面的规章制度，每日给员工记考勤并将结果张贴
  D. 经常与上级部门沟通，掌握上级部门对自己工作的要求
  E. 对下级的工作表现给予评价并及时反馈给本人
  三、判断题
  1. 管理学是一门精确的学科。   （　　）
  2. 组织中管理人员所做的工作就是管理工作。   （　　）
  3. 管理既不是万能的也不是无能的。   （　　）
  4. 管理既是一门科学又是一门艺术。   （　　）
  5. 管理者应该在所有时间都从事管理工作。   （　　）

【能力训练任务】

任务一：管理者角色定位（一）

（一）情境描述及任务要求

  我的手下有一个平面设计师，我们叫他小马。平时他做的广告是在我的指导下进行的。昨天有一个突发事件，合肥分公司要参加一个展会，需要对展会进行一些平面方面的设计，而该展会的方案是由公司设计总监负责，创意是美好家居旅程，具体的表现是做一个像公交车一样的布展，创意来源于北京奥运会闭幕式伦敦奥运表演。我们来看设计总监的过程：第 1 步，设计总监自己把布展的 CAD 图纸做好，包括车的轮廓、尺寸，车的外形有几扇窗、有无前后门和车牌的位置等。第 2 步，到小马电脑前，把要求告诉他，让他把车的平面设计做出来，然后进行喷绘。第 3 步，坐在小马旁边进行具体业务指导，不时提出要求：用这个颜色……把这个填充一下……用洋河蓝色经典广告上的蓝色……把图层合并等。小马觉得很烦，工作推进得也很慢。我平时让小马做广告的流程是：第 1 步，我自己把广告上的文字全部写好。第 2 步，把文字发给小马，让他消化一下。第 3 步，结合文字把广告创意的要求告诉他，在读文字的时候，把广告的具体要求告诉他（哪些文字是需要重点突出的、哪些内容是需要表现的），在他理解了广告内容之后，给他 30～60 分钟的时间，让他收集素材和灵感，在规定时间结束后，要求他手绘出至少两个以上的稿子让我选择。第 4 步，我做出决策，小马开始设计广告。第 5 步，广告初样出来后，我提出修改意见，最终定稿。

  通过这个对比你能体会到什么呢？在学习团队中谈一谈该怎样做一名有效的管理者。

（二）成果评价

  在小组内对个人表现进行二分评估。二分评估是用于学习评价的一种简单评估方法。它便于组内成员之间两两比较：如果表现比其他组员优秀，个人得分记 2 分；如果没有明显优势，记 1 分，与组内其他所有成员比较之后的累计得分为个人最终得分。在班级内进行比较时，表现优秀者记 2 分，其他记 1 分。特此说明，后文中再出现此概念便不再赘述。

任务二：管理者角色定位（二）

（一）情境描述及任务要求

正当你认为你所期望已久的部门经理的职位被公司外部的人抢去了的时候，老板告诉你，你晋升了！多年来的辛苦努力终于有了回报，你终于可以大显身手，按你的想法来管理团队了。但从职员到领导的转变，可能会让你不知如何把握同事之间的关系，而且大家可能对你的工作抱有过高的期望。要从一个好职员成功地转变成一个受人尊重的领导，你应如何为角色转变做准备？

1. 请把你的想法写下来，并在学习团队中分享。
2. 记录伙伴们的方案。

（二）成果评价

在小组内对个人表现进行二分评估。

任务三：管理者角色定位（三）

（一）情境描述及任务要求

阅读以下案例，在学习团队中谈谈你受到的启示。

大学毕业后，李虹在一个离家较远的公司上班。每天清晨7点，公司的班车会准时等候在一个地方接送员工。

有一天，李虹匆忙奔到候车点时，因时间已过班车开走了。她正在沮丧时，突然看到公司的那辆蓝色轿车停在不远处的一幢大楼前。那是上司的专车。她向那车走去，在稍稍犹豫之后打开车门悄悄坐了进去，并为自己的聪明而得意。

为上司开车的是一位慈祥温和的老司机。他从反光镜里已看她多时了。他转过头来对她说："你不应该坐这车。""可是我也是这个企业的员工啊！"李虹回答道。

这时，李虹的上司拿着公文包飞快地走来。待他在前面习惯的位置上坐定之后，李虹对上司说："班车开走了，想搭你的车子。"李虹以为这一切合情合理，因此说话的语气充满了轻松和随意。上司愣了一下，但很快明白而坚决地说："不行，你没有资格坐这车。"然后用无可辩驳的语气命令："请你下去！"

一向趾高气扬的李虹用近乎祈求的语气对上司说："我会迟到的。""迟到是你自己的事。"上司冷淡的语气没有一丝一毫的回旋余地。

她悄悄地拭去泪水，下了车。她知道，这是她在学校里没有学到的一课。

（二）成果评价

在小组内对个人表现进行二分评估。

任务四：管理者角色定位（四）

（一）情境描述及任务要求

朋友出国两年，托我管理他的小型超市，我考虑在下述内容上做些改革：

1. 我将调整产品结构：_____
_____。
2. 培养特殊经营人员：_____

3. 重新调整管理干部：_____
_____。

（二）成果评价
根据个人完成情况进行二分评估。

任务五：训练换位思考能力（一）

（一）情境描述及任务要求
你所在公司的副总经理因病长期不能工作，如果你处在下面的位置，你会怎么处理？
1. 如果你是老板，你会_____。
2. 如果你是经理，你会_____。
3. 如果你是职员，你会_____。

（二）成果评价
根据个人完成情况进行二分评估。

任务六：训练换位思考能力（二）

（一）情境描述及任务要求
D公司是一家从事研制开发高精密仪器的高科技公司，拥有员工350名，最近雇用了1名刚刚获得MBA的贺小姐，她能力强，基础扎实，性格果断，有开拓性，人际关系也很好。她进入公司后工作表现令人满意，很快就被提升为部门主管，这时她才干了3个月，而其他同样的员工往往要干1年才能爬到这个位置。在贺小姐任职的第3年年初，她由于出色的工作表现，被任命为一项尖端项目的开发负责人，这项工作非常重要，而且正面临另一家公司的竞争。新的任命刚两个月，D公司老总意外地接到这个项目组中5位专家的辞呈，他们都有可能去那一家竞争对手公司工作。老总找他们谈话，他们对贺小姐的工作没有什么不满意，甚至认为她是最勤奋的人，但他们不满意她居然比他们这些在公司干了7、8年的人升迁得快得多，因此，他们要到其他公司去显示才干，与她一比高低！
1. 如果你是老总，你怎么处理这个事件？
2. 如果你是贺小姐，你该怎么办？
3. 你觉得D公司的升迁制度有没有问题？

（二）成果评价
根据个人分析情况进行二分评估。

任务七：强化自我

（一）情境描述及任务要求
有时候我会觉得很茫然，自己的人生方向到底在哪里？事业的方向在哪里？如何才能做到明确而精准的定位？

独立解决：如何自我调整才能使自己在任何环境下都具有永不枯竭的进取精神？

（二）成果评价
根据个人分析情况进行二分评估。

能力模块二　管理者的能力

【情境任务导入】

> 　　二车间来了一位新主任——钱广言。他长期从事思想政治工作,有着丰富的思想政治工作经验。一到任,他就开展有声有色的宣传鼓动工作,抓观念更新,营造团结合作的群体氛围,并深入群众中做细致的思想工作,协调各种关系,车间出现了一派喜人景象。钱广言也关注整个工厂乃至整个行业的发展状况,研究本车间如何适应大形式的变化而不断发展。唯一令他头疼的是他不懂技术,对车间许多生产技术上的难题束手无策,只能听别人的。而作为车间主任这种基层管理者,这种技术能力显然是绝对不可或缺的。钱主任在享受工作成就感的同时,也陷入了深深的痛苦之中。
>
> 　请思考:
> 　1. 你认为作为一个管理者应具备哪些技能?
> 　2. 你可以向这位钱主任提出一些建议吗?

【必备知识内容】

一、管理者的核心技能

根据管理学者罗伯特·卡茨的研究,管理者要具备三种技能,即技术技能、人际技能和概念技能。

(1) 技术技能。是指管理者在所从事的领域内所拥有的专业能力。管理者虽不能完全做到内行,但必须具备一定的技术技能。

(2) 人际技能。是指管理者拥有的处理人际关系的技能,也即与他人共事的能力。主要包括掌握人的心理规律的能力、人际交往、与人沟通、解决冲突的能力、满足下属需要、有效激励的能力以及善于团结他人的凝聚能力。良好的人际技能便于创造和谐的氛围,以使员工能够高效地工作,为组织目标的实现作出贡献。

(3) 概念技能。是指管理者拥有的把握方向、纵观全局、制定大政方针和战略决策的能力。概念技能体现了用广泛而长远的眼光进行战略思维的能力,其核心是一种观察力和思维力。这是组织高层管理者所需具备的最为重要的技能。

由于不同层次管理者的管理活动不同,他们对三种技能的需要程度明显不同,如图1-1所示。对技术技能的要求从基层管理者到高层管理者逐渐降低,概念技能则相反。

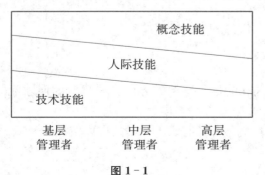

图1-1

这三种技能是所有管理者处理各类问题都必须具备的,可称之为管理者的核心技能,是对解决管理问题、提高管理绩效、实现组织目标具有决定性作用的能力。管理者核心技能的高低决定其各种管理实务技能水平的高低。这就是为什么一些卓越管理者在差别很大的不同类型的管理岗位上都能作出突出贡献的原因所在。

哈佛商学院的 Katy 教授研究得出各级管理者所需技能的最优化组合,如表1-3所示。

表1-3 不同管理者在管理技能上的不同侧重要求

	概念技能(%)	人际技能(%)	技术技能(%)
高层管理者	42.7	39.4	17.9
中层管理者	34.8	42.4	22.8
基层管理者	12.0	37.7	50.3

二、管理者的实务技能

管理者的管理职能是通过一系列管理工作过程与大量的活动实现的。这些管理工作过程与活动可以整合成一系列的管理职责任务与实务。一般管理者,特别是中基层管理者,在实际管理中所从事的工作职责或管理活动,可以归纳为以下4个方面10大管理实务。

(1) 计划职能包括的主要实务有:确定目标、制定计划。
(2) 组织职能包括的主要实务有:建立机构、选聘人员。
(3) 领导职能包括的主要实务有:指挥、激励、沟通、协调。
(4) 控制职能包括的主要实务有:工作监控、绩效评价。

管理实务技能就是指管理者处理各种管理实务的技术与能力。管理是一项系统工程,管理者必须靠自己的努力去适应、去改变、去征服。作为一个管理者,首先必须知道自己在组织中是什么角色,职责任务是什么,该干什么和不该干什么。必须做到在其位、谋其职、担其任、负其责、享其利。组织为每一个员工都提供了平等演出的舞台,但这只是创造了外部环境,究竟你能不能表演得好,还得靠个人的能力。

表1-4进一步表明了管理技能与管理职能之间的关系。

表1-4 管理技能和管理职能之间的关系

技能	职能			
	计划	组织	领导	控制
获取权力		√	√	
积极倾听			√	√
评估跨文化差异		√	√	
预算	√			√
选择有效的领导方式				
教练				
创建有效的团队		√	√	
授权		√	√	

(续表)

技 能	职 能			
	计划	组织	领导	控制
设计富有挑战性的工作		✓	✓	
发展信任			✓	
执行纪律			✓	✓
访谈		✓		
减少变革的阻力		✓		✓
管理时间	✓			✓
指导			✓	
谈判			✓	
提供反馈			✓	
解读组织文化		✓		
主持有效果的会议	✓	✓		✓
审视环境	✓			✓
设立目标	✓			✓
创造性地解决问题	✓			

管理者最重要的一项就是树立榜样——树立一个你期望其他人学习的好榜样。榜样非常重要，因为人们更多地通过他们的眼睛来获取信息，他们看到你做的比听到你说的效果要大得多。"领导就是榜样"是对领导者最精确和生动的描述。

管理者要具备建立公众规则的能力。俗话说，没有规矩不成方圆。意识到规则所带来的管理便利，不断建立和健全管理的规则体系，充分发挥它的影响力，以规则带动管理水平的提升，带动员工素质的提高，带动部门绩效的扩大，正是管理者的最基本职责所在。企业规则包括责权相等的规则、公平公开的晋升规则、可供自由发挥的创新规则、平等的沟通规则等。管理者通过公众规则的建立，为员工提供发展的平台，帮助员工获得最大限度的发展和提升，达到管理更加高效、更加顺畅的目的。

管理者要具备独立主张与决断的能力。他们通常能从平常人所漠视的内容中发现机会，凭借自己的知识和经验及时作出抉择，并果断地予以运作。管理者在关键时刻的决断能够引导组织夺取胜利或规避风险。研究表明，那些富有成就的企业家或社会组织者的一个显著特点，就是充分信任自己，任何反对意见及外界的种种干扰都不能改变他们。倘若患得患失、举棋不定，必然失去时机。在现代社会中，一个不愿承担风险的人，很难成为一名优秀的管理者。一个成功的管理者能够从时间、战略和全局上考虑和分析问题，抓住时机，确立目标。同时，力图将目标明确化和愿景化，使下属真正理解并建立信心，持久投入。

管理者要具备团队管理能力。他们不仅能够让员工体验解决难题、分享成功的乐趣，而且能够让员工认识到他们是这个团队的一部分，每个人都是这个团队有价值的贡献者。管理者通过及时有效的沟通不仅能解决许多工作中现存的和潜在的问题，更能让团队成员知道团队需要他们,激发他们的工作热情,形成和谐的团队。管理者必须了解团队中每个人有形的和无形的需求,尽力满足他们的需求或引导改变他们的需求。随着管理者这方面能力的加强,团队成员会更有活力、更有聚合力、更忠诚。

管理者还承担着创造公正、公平和支持环境的任务。在组织管理中要保障员工的知情权、选择权、监督权,使管理真正做到公平、公正和公开,体现制度面前人人平等。通过聆听员工意见,响应需求,促进行为结果,帮助完成目标。另外,管理者要具备调解的能力。调解工作起着维持组织内部或外部关系稳定的作用。由于组织利益格局具有一定的复杂性,社会矛盾纠纷也存在多元性,预防以及处理大量的纠纷和矛盾已成为管理者日常工作的重要内容。因此,管理者必须具备全面深入的调查研究能力、突出的协调能力、较强的语言表达能力、及时总结归纳的能力、必要的对下施压并使下属有效贯彻和执行上级管理意志的能力。

管理者要持续不断地汲取知识和磨炼自身技能,以维护作为领导者的地位。现代社会,科技信息的快速发展要求我们随时作出快速反应,组织的前瞻性日益成为竞争的砝码。新的思想、概念、工具层出不穷,要求领导者对决策进行反省,并用开放的态度广泛地学习。与此同时,整个组织也将逐渐向开放的学习型组织转变。有科学家预言,由于变化越来越快,持续地学习和改革将是未来的管理者唯一不变的任务。

三、管理者的素质

管理者的素质是指管理者的与管理相关的内在基本属性与质量。我国从20世纪80年代初开始,便对管理者的素质理论进行了一系列的研究。概括起来看,主要包括6个方面的内容,即良好的政治素质、思想素质、知识素质、心理素质、能力素质和身体素质。

(一) 政治素质

要成为一个好的管理者,必须有良好的政治素质,能够自觉地维护人民利益和国家利益,在政治的大是大非问题上旗帜鲜明,具有政治上的坚定性。

(二) 思想素质

在社会主义市场经济条件下,管理者应该具有强烈的事业心、责任感、创业精神以及良好的思想作风和工作作风。特别是对企业的管理者来说,一定要具有6种现代意识:

(1) 商品经济意识。目前,我国的市场机制虽然已初步建立,但"重生产、轻销售,重产值、轻效益"的思想依然普遍存在。可以肯定地说,从产品经济意识向商品经济意识转变的快慢将决定企业的命运。

(2) 市场竞争意识。许多管理者对市场占有率下降等形势缺乏应有的警惕,不去强化风险意识,不敢直面市场竞争的残酷。企业管理者一定要有强烈的竞争意识,积极参与竞争,认识自身的优势和面临的危机,提高自己在市场竞争中的地位。

(3) 开拓创新意识。随着市场竞争的白热化和科学技术的更新大大加快,管理上的创新屡见不鲜。管理者应树立"创新则生,守旧则亡"的基本观念。只有敢冒险、敢创新、勇于开拓,才能使组织走向辉煌。

(4) 服务意识。由于科学技术的传播速度越来越快,制造技术和设备的差距越来越小,企业之间的竞争中心日益转移到服务上来,越来越依靠服务质量在市场竞争中取胜。因此,管理者要牢固确立顾客至上和优质服务的意识。

(5) 诚信意识。现代化的企业越来越实行开放式经营,甚至跨国经营,企业与外部的关系越来越密切,诚实守信成了企业公共关系的道德规范。管理者具有诚信意识,才能把事情做好。

(6) 法制意识。市场经济是法制经济,守法经营是管理者必须守住的一条防线,管理者不能带头做违法犯罪的事。

(三) 知识素质

管理者必须具备一定的知识。一般来说,管理者应当具有政治、法律、经济学、管理学、心理学、社会学及相关专业知识。因为组织是社会的细胞,在社会的大环境中生存和发展会与多方面发生关系,这就要求管理者具有丰富的社会人文知识。其中,主要是关于政治、法律方面的知识以及文化、心理、道德、历史等方面的知识,以确保所做决策的正确性。管理者应成为自己所从事领域的专家,掌握该领域的科学前沿知识。现代管理理论是一切管理者的必学科目,一个想要成功的管理者,必须掌握管理学的基本原理,在实践中创造性地应用管理知识,并形成独特的管理艺术风格。

(四) 心理素质

心理素质是形成独特管理风格的决定性因素。心理素质的好坏是衡量管理者素质高低的重要指标。一个好的管理者要具有美好的理想、强烈的事业心;要具有坚强的意志,克服困难的勇气和精神;要具有积极乐观的精神,热爱工作,热情待人;还要宽容大度、机智幽默;面对危险的形势,能镇定自如地指挥下属;面对乐观的形势,能看到隐藏的危险。

(五) 能力素质

管理者的能力素质主要包括以下内容:较强的分析、判断和概括能力;决策能力;组织、指挥和控制的能力;沟通、协调能力;不断探索和创新的能力;知人善任的能力等。

(六) 身体素质

管理者应该有强健的体魄和充沛的精力,这是保证工作正常进行的硬性条件。管理者负责指挥、协调、组织等工作,要求高,任务重,必须有良好的身体作支撑。

四、21 世纪管理者面临的挑战

21 世纪的管理者面临着一个急剧变化的新时代。这个时代的潮流集中表现为四大发展趋势,即信息网络化、经济全球化、知识资源化和管理人本化。这四大发展趋势给当今的管理者提出了一系列新的挑战。

(一) 信息网络化

信息网络化的标志是人们通过互联网与对方可以在全球范围内进行实时的信息交流。不管人在何方,不管信息内容如何庞杂,只要通过网络,一切信息的搜索、采集、分类、传递都可以在很短的时间内完成。不仅可以随时下载还可以自由上传,并且处理速度越来越快、安全越来越有保证。因此,网络在军事、政务、商务、医务、教育、文化、娱乐、购物和日常生活中得到越来越广泛的应用。信息网络化正在改变着人们的生活方式和工作方式,改变着企业的经营方式和组织形式。信息网络化正在改变世界的面貌,正在引发一场管理革命。网络对管理者的挑战不仅仅是如何提高在管理中应用网络进行电子商务的能力,更重要的是在新的时空条件和信息高度透明的情境下,如何确定新的管理理念。例如,是否要开设网络博客与下属及消费者进行沟通?如何利用网络对下属机构的活动进行实时监控和互动?如何更好地利用网络去搜索信息、发现和捕捉商机?在信息网络化条件下,突发事件发生的频率大大增加,未来的不确定性更加突出,组织或管理者如何增强处理突发事件的能力?这些都是管理者面临的新挑战。

（二）经济全球化

经济全球化是信息网络化的必然结果。在网络化条件下，不可能像过去那样封锁信息、闭关锁国。改革开放是时代的要求，不管人们愿意与否，在最近几十年中经济全球化得到了迅猛发展，特别是中国加入WTO以后，经济蓬勃发展，突飞猛进，经济全球化的发展更加势不可挡。目前，世界各国经济上互相依存、互为补充、争取共赢的局面已经形成。企业可在全球范围内优化配置资源，组织全球供应链。中国制造的商品已遍布全球，跨国企业的分支机构已深入全球许多国家之中，在中国最偏僻的地方也能看到跨国公司的身影。经济全球化正在使世界变平，但由于各国发展程度、历史传统、宗教信仰、社会制度、民族文化、资源禀赋、地缘政治等存在着巨大的客观差异，必然形成多元文化、多元宗教、多元种族、多元价值观并存的现实世界，这就要求管理者必须具有宽大、包容、博爱的胸怀来进行相互交流和管理。只有相互理解、相互尊重才能在这多样化的世界中，抓住经济全球化所带来的机遇，迅速发展自己。经济全球化使各个经济体之间、各企业之间的关系变得十分错综复杂，风险的积累和扩大变得难以控制，这就要求管理者必须研究怎样才能为自己构建更加可靠的防火墙，规避经济全球化可能带来的风险，尽量使自己不受或少受损害。同时，管理者必须重新审视组织的发展战略、组织机构、管理理念、经营方式、规章制度、人力资源是否适应经济全球化的时代，应该怎样才能与时俱进。

（三）知识资源化

知识资源化与信息网络化和经济全球化密切相关。一方面，信息网络化和经济全球化必须建立在以信息技术为代表的现代科学技术高度发展的基础上；另一方面，现代科学技术知识又借信息网络化和经济全球化在全球范围内迅速、便捷地流动和传播，从而使知识成为现代社会经济发展中最重要的资源。随着社会经济技术的发展进步，消费者对商品和服务的要求越来越高，对商品的卫生标准和生态环境的要求也更加苛刻。因此，企业及其他社会组织必须不断地创新，才能满足消费者的需要，从而使市场竞争空前激烈，而构成组织核心竞争力的最重要的要素就是创新知识。知识资源化给管理者提出了全新的挑战。过去管理者主要是管人、财、物和相关信息的配置和流动，如今却要把管理的重点放到对知识的管理上。特别是要管好技术创新、制度创新，维护品牌、声誉、知识产权、培养与招聘人才和建立学习型组织等问题，因为这些知识的管理问题都是任何组织基业长青的关键所在。

（四）管理人本化

管理人本化是几千年来社会进步的结果，也是现代社会文明的标志。人是知识的载体，在知识资源化的今天，处理好人与人的关系成为管理者的头等大事。管理者应追求实现组织目标，但又必须真心实意地树立"人人生来平等"的观念，尊重每一个人，维护每一个人的合法权益，在自由平等的条件下，为每一个人创造全面发展的机会。实际上，不能靠空喊"一切从人出发"的口号来解决问题，而是要在管理中真正努力实现公平正义，这是管理者面临的最艰巨的任务。由于历史和文化的原因，我国各类组织中的"官本位"管理制度尚未得到彻底改革，有些管理者潜意识中的"官贵民贱"观念并未清除，"唯上"、"媚上"、"一言堂"作风盛行。更有些领导以"救世主"自居，似乎是他恩赐给人民"尊重"与利益，根本没有想到自己的权力是人民给的，人民才是自己的衣食父母，毫无感恩和谦卑之心。这样的管理者讲再多的"以人为本"也毫无意义。管理人本化要求在管理者的灵魂深处爆发革命，才有可能在管理中公平、公正地维护相关利益者的正当权益，才会去考虑为每一个有关的人创造全面发展的平等机会。应当看到，管理人本化是一个理想目标，从重视人到尊重人再到全面地发展人，可能要经过一个漫长的渐进过程才能逐步实现。

【学习自测】

一、思考题

1. 一个精通管理学科的博学者，是否就是一位成功的管理者？
2. 如何才能提高管理能力？
3. 未来管理者应具备的素质有哪些？谈谈你的观点。
4. 简要说明管理人员的选聘标准。

二、选择题

1. 管理人员需要具备多种技能，如概念技能、人际技能、技术技能等。越是处于高层的管理人员，对以上三种技能按其重要程度的排列顺序为（　　）。
   A. 概念技能、技术技能、人际技能　　B. 技术技能、概念技能、人际技能
   C. 概念技能、人际技能、技术技能　　D. 人际技能、概念技能、技术技能

2. 对基层管理者而言，最重要的是（　　）。
   A. 技术技能　　B. 人际技能　　C. 概念技能　　D. 管理技能

3. 有一种技能对高层管理者最重要，对中层管理者重要，对基层管理者不重要，它就是（　　）。
   A. 技术技能　　B. 人际技能　　C. 概念技能　　D. 管理技能

4. 有一种技能对所有层次管理者来说重要性大体相同，它就是（　　）。
   A. 技术技能　　B. 人际技能　　C. 概念技能　　D. 管理技能

5. 一个管理者所处层次越高，面临的问题越复杂，越无先例可循，就越需具备（　　）。
   A. 技术技能　　B. 人际技能　　C. 概念技能　　D. 管理技能

6. 在特定工作领域内运用技术、工具、方法等的能力被称为（　　）。
   A. 技术技能　　B. 人际技能　　C. 概念技能　　D. 都不正确

三、讨论题

1. 假设你是一位管理人员，在日常工作中如何把握好管理工作与事务工作？
2. 针对管理作业人员、管理管理人员和管理整个企业这三项不同的任务而言，因为管理的具体对象不同，你认为这些管理工作在管理职能和管理技能方面的表现有何不同？

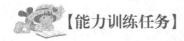【能力训练任务】

任务一：尝试制定计划

（一）情境描述及任务要求

给自己制定一个计划，可以是生活方面的，也可以是学习或工作方面的。要求如下：

1. 内容尽可能详细；
2. 具有执行的可能，不能太简单，也不能太复杂；
3. 时间设定为一周。

一周之后，回顾一下有多少事情是按照计划去做的，有多少事情是没有完成的。分析一下没有完成的原因。

（二）成果评价

对个人计划及计划完成情况分析报告进行二分评估。

任务二：人际技能训练（一）

（一）情境描述及任务要求

现在考虑一下你特别在乎并非常想改善的某个人际关系，也许是与某个朋友的关系，甚至是与老板、同事、员工的关系，当你想到这个关系的时候，你可以先做几个深呼吸让自己平静下来，然后问自己："要让这段关系的品质得到明显的改善，我该做什么？"

1. 当你这样想的时候，答案是否会自然浮现？
2. 你是否很有信心地认为做这件事情会使这个人际关系得到改善？你是怎么知道的？

（二）成果评价

对个人作业进行二分评估。

任务三：人际技能训练（二）

（一）情境描述及任务要求

1. 回想一个你身边近期产生的人与人之间的矛盾并分析其时间、内容与影响。如果你是当事人，你会如何处理？
2. 列举一个自己处理过的调解矛盾的例子。

（二）成果评价

对个人作业进行二分评估。

任务四：概念技能训练（一）

（一）情境描述及任务要求

根据给出的词语，写出它们的定义，然后抄出词典上的定义并予以对比。

词语	自己下的定义	词典上的定义	备注
按照			
稍微			
奖赏			
重申			
的确			
瞄准			
实用			

(续表)

词语	自己下的定义	词典上的定义	备注
真诚			
废品			
汗水			
以上			
摸索			

(二) 成果评价

自评自己下的定义的准确度。对个人作业进行二分评估。

任务五：概念技能训练（二）

(一) 情境描述及任务要求

1. 读3篇当前的政论短文，在学习团队内复述其要点。
2. 读3篇当前有关国家经济的时论短文，复述其要点。
3. 分析一个当前的社会现象，并整理出产生的原因以及可能引发的结果。

(二) 成果评价

对个人表现进行二分评估。

任务六：头马训练

(一) 情境描述及任务要求

1. 如果你带一队人到某单位参观，当遇到对方领导时你该讲些什么？
2. 如果有人带一队人到你的单位参观，当遇到对方领导时你该讲些什么？
3. 找一个领导对下属施加压力从而使管理目标达成的故事，并谈谈你的看法。
4. 你对周围亲近的人是否有较强的影响力，为什么？
5. 你对自己参与的群体给予的关注度不同，这些关注度的分配是否合理，为什么？

(二) 成果评价

对个人作业进行二分评估。

任务七：管理者心智训练

(一) 情境描述及任务要求

美国对75位取得成功的创业家做了研究，归纳出"企业家的心理特征"。请以此为标杆，检讨自我心智。

1. 自信。他们普遍都有很强的自信心，有时有咄咄逼人的感觉。
2. 急迫感。创业家通常很急切地想看到事物的成果，因此会给别人带来许多的压力。他们信仰"时间就是金钱"，不喜欢也不会把宝贵的时间浪费在无聊琐碎的事情上。
3. 广泛的知识。几乎大事小事无所不知，他们既能掌握事情全盘的来龙去脉，又能明察秋毫。
4. 脚踏实地。做事实在——不会为了使自己舒服一点而马虎从事。超人的能力——

他们能够从杂乱无章的事物中整理出一套逻辑的构架,有时候他们做决策时会全凭感觉。

5. 崇高的理想。为了达到个人理想,他们不会计较虚名;他们生活简单务实,必要时常常身兼数职。

6. 客观的人际关系态度。他们为了事业往往是"冷酷无情"、"不顾面子",给人以"大公无私"、"就事论事"的感觉。

7. 情绪稳定。他们通常不喜形于色,也很少在人前抱怨和发牢骚;遇到困难时,他们总是坚韧不拔,战胜困难。

8. 迎接挑战。喜欢承担风险,但并不是盲目地冒险。他们乐于接受挑战,并从克服困难上获得无穷乐趣。

（二）成果评价

每个人写出自我心智检讨的书面报告。对个人报告进行二分评估。

【单元概要】

> 1. 凡有共同劳动,就有组织管理。管理是伴随着组织的产生而产生,随着组织规模的扩大而日益显示出其重要性。管理是一种社会现象或文化现象,管理的载体是"组织"。
>
> 2. 管理就是在一定的环境下,由组织中的管理者通过计划、组织、领导和控制等环节来有效地配置组织资源,以期实现组织目标的过程。管理工作是在组织中开展的,是相对区别于作业工作又为作业工作提供服务的活动。管理工作在本质上不同于作业工作。称职的管理者不能事必躬亲地使自己陷入作业工作中,而要设法通过他人并同他人一道实现组织的目标。
>
> 3. 管理具有自然属性和社会属性,管理又是科学与艺术的结合。
>
> 4. 管理的基本职能包括计划、组织、领导和控制。不同类别的管理者在工作上的差别不在于职能本身有什么明显不同,而主要是各项管理职能履行的程度和重点有所不同。
>
> 5. 管理者是指从事管理活动的人,即在组织中担负对他人的工作进行计划、组织、领导和控制等工作,以期实现组织目标的人。管理者首要的任务是做好管理工作,管理的对象包括各类社会组织及其构成要素与职能活动。
>
> 6. 亨利·明茨伯格提出了一个管理者究竟在做什么的分类纲要,结论是管理者承担着10种不同的但却高度相关的角色,这10种角色从总体上分为3大类型,即人际关系、信息传递和决策制定。
>
> 7. 管理者要具备3种核心技能,即技术技能、人际技能和概念技能。不同层次的管理者对3种技能的需要程度明显不同。
>
> 8. 管理者的管理职能是通过一系列管理工作过程与大量的活动实现的。这些管理工作过程与活动可以整合成4个方面10大管理实务,包括确定目标、制定计划、建立机构、选聘人员、指挥、激励、沟通、协调、工作监控、绩效评价。管理者必须具备各种管理实务技能,也就是处理这10大管理实务的技术与能力。管理者核心技能的高低决定其管理实务技能水平的高低。
>
> 9. 管理者的素质包括6个方面的内容,即良好的政治素质、思想素质、知识素质、心理素质、能力素质和身体素质。

【延伸阅读】

古与今：现代管理学的故事

在人类历史上，自从有了有组织的活动，就有了管理。经过长期的积累和总结，人类对管理活动有了初步的认识和见解，从而开始形成一些朴素、零散的管理思想。随着社会的发展和科学技术的进步，一些人又对管理思想加以提炼和概括，找出管理中带有规律性的东西，并将其作为一种假设，结合科学技术的发展，在管理活动中进行检验，继而对检验结果加以分析研究，从中找出属于管理活动普遍原理的东西。这些原理经过抽象和综合就形成了管理理论。这就是管理理论的形成过程。

管理活动是一种历史范畴，是与一定历史条件下人类的生产实践相联系的。因此，管理思想与理论的形成和发展与时代特征密切相关。根据信息流动方式、人和物流动方式、生产方式和国际政治经济关系，可以把工业化从开始到今天的过程分为工业化初期、工业化中期、工业化后期和后工业化时期（新经济初期）四个历史时代，如表1-5所示。

表1-5 管理思想和理论的演化与时代背景

时 间	时 代	时 代 特 征	主要管理理论	代表人物和著作
18世纪60年代至19世纪末	工业化初期	电报、电话、信件、单据；铁路、马车、轮船；蒸汽机、机械；殖民地统治	工厂代替作坊，劳动分工能够提高生产率	亚当·斯密《国富论》(1776)；查里·巴贝奇《论机器和制造业的经济》(1832)
20世纪初至20世纪50年代	工业化中期	电话、电报、信件、单据；汽车、铁路、轮船、飞机；电气化、机械化、流水线生产；殖民地纷纷独立，殖民体系瓦解（经历两次世界大战）	科学管理 一般行政管理 行为管理 定量管理	泰勒《科学管理理论》(1911)；法约尔《工业管理与一般管理》(1916)；梅奥《工业文明中人的问题》(1933)；麦格雷戈《企业的人性面》(1960)；统计学、运筹学等
20世纪60年代至20世纪80年代	工业化后期	计算机网络、传真、电话、电视；飞机、高速公路、高速铁路、轮船；电子化、自动化；冷战时期	过程管理 系统管理 权变管理 精益生产 全面质量管理 大规模定制	哈罗德·孔茨《管理丛林》(1965)；系统管理学会《经营系统》(1975)；弗雷德·菲德勒的权变理论；威廉·大内《Z理论》(1980)
20世纪90年代	后工业化时期	光缆及国际互联网；高速大型飞机、高速公路、高速铁路；世界级制造系统；冷战结束，知识经济蓬勃发展，全球经济一体化	公司再造 ERP 虚拟组织 核心能力理论 学习型组织	迈克尔·哈默《公司再造》(1994)；威廉·戴维陶、麦克·马隆《虚拟企业》(1992)；彼得·圣吉《第五项修炼》(1994)

学习单元二

计划与决策

学习目标

能力目标

① 学会分析环境和界定问题；
② 训练决策能力；
③ 训练制定计划的能力；
④ 像合格的管理者那样有效地利用时间。

知识目标

① 掌握环境分析的基本内容与方法；
② 掌握决策的程序与方法；
③ 掌握制定计划的一般程序与工具；
④ 明确时间管理的误区，掌握时间管理的方法。

素质目标

① 养成开放式、系统、动态的思维习惯；
② 养成制定计划与科学决策的良好习惯。

能力模块一　分析环境

【情境任务导入】

欧洲迪士尼乐园于1992年4月在巴黎郊外建成了,一开放就遭遇巨大的挑战。当时,欧洲正值严重的经济衰退,人们都在节约开支。欧洲迪士尼乐园的价格明显高于美国迪士尼,门票按一张42.25美元收费,宾馆也按一晚340美元的价格收费,高于巴黎最高档宾馆的价格。欧洲人有喜欢午餐和晚餐饮酒的习惯,而迪士尼乐园却规定在乐园内不准饮酒。迪士尼公司认为周一游客少而周五游客多,而实际情况恰恰相反,致使周一游客多而服务人员少,周五游客少而服务人员多,工作混乱。他们听说欧洲人不吃早餐,就设计了很小的餐馆规模,结果,在只有350个座位的餐馆里,却要提供2 500份早餐,游客排起了长长的队伍……

开办者本以为在法国开设的迪士尼乐园一定会大获成功,可结果却令人大失所望,到1993年9月,巴黎的迪士尼乐园亏损额高达9.6亿美元,陷入困境。

请思考:
1. 环境因素对迪士尼乐园经营绩效影响大吗?
2. 他们面临的环境包括哪些因素?请对这些环境因素进行简要分析。
3. 请指出其失败的教训,提出你的建议并说明理由。

【必备知识内容】

一、管理工作的约束力量——环境

组织是一个开放的系统,任何组织都是在一定的环境中从事活动的。环境是组织生存和发展的土壤,它既为组织活动提供必要的条件,也对组织活动起着制约作用。环境的特点及其变化必然会影响组织活动的方向、内容和方式选择。随着经济、社会、科技等诸多方面的迅速发展,特别是世界经济全球化和一体化过程的加快以及全球信息网络的建立和消费需求的多样化,组织所处的环境更为开放和动荡。这种变化几乎对所有组织都产生了深刻的影响。正因为如此,环境分析成为一种日益重要的职能。

所谓环境是指一切存在于组织内外并对组织有现实和潜在影响的各种力量和条件因素的总和。环境不仅包括组织外部环境,还包括组织内部环境。

外部环境是企业生存和发展的前提条件,是企业不可控的。内部环境是企业生存和发展的基础,是可控的。企业的生存发展,从根本上说取决于利用自身条件去适应所处的外部环境。各种环境要素对企业生产经营活动的影响错综复杂、相互交织,有些因素有利于企业的生存和发展,有些因素对企业的经营活动可能带来不利。正是这种企业环境因素的二重作用,对企业的生存和发展既形成了机会,又孕育着风险。管理者对环境中各种力量和条件及其发展变化的理解和把握以及他们对这些力量作出适当反应的能力,都会影响到组织的绩效水平。

按照环境因素是对所有相关组织都产生影响还是仅对特定组织具有影响,可以将组织外部环境区分为任务环境因素和一般环境因素。

所谓任务环境是指对某一具体组织的组织目标的实现有直接影响的那些外部环境因素,又称微观环境。例如,对企业而言,来自供应商、分销商、消费者、竞争对手等的变化都将直接影响企业的经营活动,属于该企业的任务环境。我们可以想象,当管理者打开电视机或收音机,在办公室打开邮件或电脑屏幕,许多新问题就摆在面前,并对管理者的日常工作带来压力,需要管理者面对和解决,因为任务环境中的情况在不断变化。

所谓一般环境是指政治、法律、经济、社会、文化、科学技术等对所有组织都产生间接影响的外部环境因素,又称宏观环境。例如,国家的宏观经济政策、利率政策、社会的文化传统、国家的外交政策等都会给企业的经营活动带来影响,而且往往无法控制这些环境因素。对管理者而言,一般环境比任务环境更复杂,更难以把握,也更难以作出适当的反应。

管理环境除了任务环境和一般环境以外,还包括组织的内部环境。组织内部环境一般包含组织文化和组织经营条件两部分。组织经营条件是指组织所拥有的各种资源的数量和质量的状况,包括人员素质、资金状况、技术水平、物质条件、信息管理水平、企业信誉等,对组织的绩效有着直接的影响。组织文化是指处于一定经济社会文化背景下的组织,在长期发展过程中逐步形成的独特的价值观、行为规范、道德准则以及群体意识等,对组织的绩效有着长期的和间接的影响。

管理环境的具体构成如图 2-1 所示。

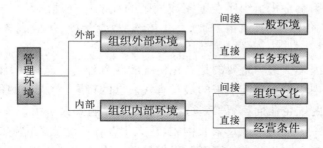

图 2-1 管理环境的构成

要区别一个因素是否是环境因素以及是什么环境因素,关键取决于该因素对某一组织绩效的影响以及影响是直接的还是间接的。若有影响,这一因素就是该组织的环境影响因素之一;若没有影响,则这一因素对这一组织而言就不是环境影响因素。一般来说,组织的外部环境因素决定了一个组织可以做什么、不可以做什么以及有哪些机会和威胁;内部环境因素则决定了该组织中的管理者能够做什么以及可以怎么做、做到何种程度等。

二、组织的外部环境

(一) 宏观环境

宏观环境是指间接影响企业经营活动的各种外部因素。宏观环境因素主要包括政治法律环境、经济环境、社会文化环境、技术环境、自然环境等五大类。

1. 政治法律环境因素

政治法律环境因素是指一个组织所在国家的政治总体的稳定性、宏观管理手段及政策的连续性、政府对组织发展及其作用所持的态度以及由此制定的相关法律文件。它一般包括一个国家的社会制度、政治形势、国际关系、国家法律和法令、政府政策等。

政治法律环境因素中特别重要的是法律因素,因为政治环境中的许多因素都是以法律的形式出现,以便制约和限定企事业单位的生产经营活动。一个国家的政治法律直接影响企事业单位的管理政策和管理方法。组织必须通过政治法律环境研究,了解国家和政府允许组织干什么、鼓励组织干什么和禁止组织干什么,从而使组织活动符合社会利益,并运用法律保护企业的合法利益,减少不必要的损失。

2. 经济环境因素

经济环境因素是指一个组织在开展活动时,所在的整个经济系统的运行情况。它包括国内外经济形势、政府财政和税收政策、利率、汇率、通货膨胀、企业所在地区或所服务地区消费者的收入水平、劳动力的供求状况等。

经济环境因素对企业经营活动有直接的影响。例如,在物价上涨时,企业必须为原材料支付更高的价格,同时也可能要适当提高产品价格以弥补成本的上涨;在社会就业压力较大、很难找到更好的工作时,员工往往会比较珍惜自己的工作机会,管理成本会更低;在消费者的收入减少或预期收入减少时,就会推迟购买或者不购买一些非必需品等。

经济环境因素对非营利性组织来说也是至关重要的,例如,国家经济情况的好坏直接影响政府的购买力和政府对许多非营利性组织的财政支持。

3. 社会文化环境因素

社会文化环境因素是指组织所在国家或地区的社会传统理念及人文素质,主要包括一个国家的人口数量、年龄结构、风俗习惯、文化传统、教育程度、价值观念、道德伦理、宗教信仰、商业习惯等。

社会文化环境因素中最为重要的是文化传统和教育程度。文化传统是一个国家或民族在长期的发展过程中积累和沉淀下来的最具有代表性的特质,对人们的价值观、生活习惯等产生重要影响。对跨国企业而言,民族文化对员工的影响要大于组织文化的影响。教育程度则直接关系到组织员工的来源及素质构成,在文化教育环境比较优越的条件下,组织就易于获得人力资源优势。诸如此类的因素对人们的约束力量往往比正式法律的约束力量要大得多。

4. 技术环境因素

科学技术是第一生产力。技术的含义很广,它既包括生产技术(如劳动手段、工艺流程的改进、发展与完善,特别是新技术、新设备、新工艺、新材料、新能源的生产与制造等),也包括管理技术(如管理方法、计划决策方法、组织方法的改进与更新等),还包括生活技术、服务技术等内容。

技术对组织及其管理工作具有重要的影响。任何企业为了达到其预定目标,都必须进行生产经营活动,而任何生产经营活动都与一定的技术密切相关。例如,由于高精尖技术的产生和发展,很多企业采用电子计算机进行设计和控制生产;技术进步能使现有产品变得过时或无用,并迫使组织和管理者去寻找能够满足客户需要的新方法;技术进步也可能使人员技能和知识结构不再符合要求,也迫使组织和管理者去寻找不断提升人员技能的新途径。

组织要想生存和发展,就必须关注技术环境的变化,并对技术环境的变化予以迅速响应。具体来讲,组织必须关注与所处领域的活动直接相关的技术手段的变化,关注该领域研发成果和技术发展动态,关注技术转移和技术商业化的速度,关注专利技术及保护情况。对跨国公司而言,还要关注全球相关领域技术的发展趋势、东道国的科技体制和科技政策等因素。

5. 自然环境因素

相对于其他宏观环境因素而言,自然环境是相对稳定的。自然环境主要由一个国家或地区的资源状况、地理位置、气候条件等组成。

自然环境因素与企业的厂址选择、原材料供应、产品输出、设备和生产技术的应用等众多方面都有着紧密的关系。在企业的生产经营活动中,必须根据自然资源环境、交通运输条件以及原材料、能源供应状况和产品销售区域等权衡利弊,正确决策。我国许多农村地区的乡镇企业,在发展初期正是靠优越的地理位置和资源开采而逐渐积累资金的。

随着经济和技术的发展,自然环境无论是从法律上还是从企业的社会责任角度来说都将成为企业必须关注的问题。对任何组织来说,不仅要有效地利用和开发自然环境,更要很好地保护环境。

(二) 微观环境

微观环境也称具体环境,是特定的组织所面临的现实环境,这些环境因素与实现组织目标直接相关,由对组织绩效产生积极或消极影响的关键要素组成。每个组织面临的具体环境因素是有差异的,下面从企业的角度介绍企业所面临的微观环境因素,主要包括供应商、顾客、竞争者和管制机构。

1. 供应商

供应商是组织从外部获取投入的来源,对一个企业来说,供应商可能是组织也可能是个人,企业从他们那里获得原材料、劳动力、信息、资金、服务等。供应商供应的数量、供应产品或服务的质量和价格、供应的及时性直接影响到企业产品和服务的质量及成本水平,因此,企业对供应商有许多要求,同时也给予稳定的供应商一定的支持。

企业要关注供应商 4 个方面的因素,即是否存在其他货源、供应商所处行业的集中程度、寻找替代品的可能性和企业后向一体化的可能性。

2. 顾客

顾客是那些购买企业产品或服务的个人或组织。一个组织的产品或服务只有转化为商品并且被顾客消费之后才能给企业带来效益,因此,顾客是一个企业生存的基础并使它能够继续存在。

一个企业可能要面对多种顾客,如个人和组织、批发商、零售商和最终消费者、国内和国外顾客等。企业的顾客会因受教育水平、收入水平、生活方式、地理条件等众多方面的不同而对企业的产品和服务提出不同的要求,企业在市场营销、质量管理、产品设计、战略决策等方面必须充分关注顾客的差异。

3. 竞争者

与本企业竞争资源的其他组织就是竞争者。这些外部资源既包括组织从外部环境中获取的投入,如资金、人才、原材料等,也包括外部环境中接受组织输出的组织和个人,如顾客。企业与竞争者竞争的最大资源是顾客为购买产品或服务而支付的货币。

组织在研究竞争者时，主要从现有竞争者的状况、潜在竞争者的状况和替代品的提供者三个方面进行研究。

（1）现有竞争者。是指已经和企业开展资源争夺的组织，最典型的就是同行业竞争者。现有竞争者之间的对抗是组织必须面对的最具潜在性威胁的因素，高度对抗的结果往往会导致价格竞争，引发价格大战，降低获取资源的机会并降低组织的盈利空间。对现有竞争者，主要分析其数量、规模、资金、技术、实力（销售增长率、市场占有率、产品的获利能力）、发展方向等，并由此确定自己的主要竞争者，帮助企业制定相应的竞争策略。

（2）潜在竞争者。是指现在还没有和组织争夺资源，但在不久的将来可能会进入组织所在市场并和组织争夺资源的组织。潜在竞争者进入的可能性大小与进入壁垒有关。一般而言，进入壁垒主要有规模经济、品牌忠诚度和阻止进入的法规三个来源。假如某些组织在所处行业中的规模较大并拥有显著的规模经济，那么，新进入者进入该行业的代价就会很大。假如组织获得了客户对产品或服务的高度忠诚，新进入者将会发现要获得一定的市场份额极其不易且成本高昂，这就加大了进入的难度。在某些情况下，法规也会形成一种进入壁垒，从而加大新竞争者进入的难度。

（3）替代品提供者。虽然和组织所提供的产品或服务形式不一样，但其产品的使用价值或功能相同，能够满足消费者的需要相同，在使用过程中可以相互替代，因此，替代品提供者会参与到争夺市场份额的竞争中。例如，手机和数码相机虽然属于两类产品，但带拍照功能的手机会夺走一部分打算购买数码相机的顾客。随着技术的不断进步，具有相同使用功能、满足相同需求的替代品将会越来越多，组织必须要密切关注替代品的变化情况，并积极采取应对措施。

企业的竞争不仅限于生产同类产品或提供同类服务的不同企业之间，有时候，两个不相关的企业会因获得一笔贷款而竞争。非营利组织之间也存在竞争关系，不同地区的政府部门在吸引外商投资时相互竞争，不同企业在人才招募上也存在竞争等。现代企业要以更加开放的心态同昔日的竞争对手合作，竞争的实质不是消灭对手，而是促使参与竞争的各方努力工作，结成战略伙伴，共同从事研究与开发、合作生产和联合营销等。

4. 管制机构

微观环境中包含的管制机构与宏观环境中的政治法律环境因素不同。这种管制机构主要有两类。一类是能够直接影响和控制企业行为的机构，如技术监督部门、行业协会、工商行政部门等，它们有权力直接根据相关的制度和文件对组织所提供的产品和服务进行评价，如果不符合相关制度和标准就进行处罚。另一类是一些社会公众机构，如绿色和平组织、消费者协会、新闻机构等，它们虽然没有直接处罚的权力，但对组织的市场形象有很大的影响。例如，2001年，中央电视台报道南京冠生园月饼的"陈馅事件"，导致许多顾客对月饼行业不信任，不仅严重影响了冠生园月饼的销售，而且直接导致当年月饼市场的严重衰退。

相对于宏观环境，微观环境的变化将直接增加或减少组织的效益，组织的管理者更注重对微观环境的研究和分析，主要原因在于微观环境比宏观环境更容易被识别，并且宏观环境的变化对组织的影响往往要通过微观环境对组织的作用才能表现出来。

三、组织的内部环境

组织的内部环境是组织履行基本职能所需的各种内部资源、经营条件和组织文化。

（一）经营条件

经营条件主要包括资源条件和企业能力。

1. 资源条件

组织资源可分为有形资源、无形资源和人力资源三大类。有形资源一般是指在企业财务报表上能够查到的比较容易确认和评估的一类资产，包括企业财力资源、物力资源、市场资源和环境资源等；无形资源是指企业不能从市场上直接获得，不能用货币直接度量的一类经营资产，包括独特技术、信誉、商标等；人力资源是指组织成员向组织提供的技能、知识以及决策能力，又称人力资本。企业资源形成企业的经营结构，是构成企业实力的基础。

企业能投入到经营活动中的资源是有限的。企业资源要从全局来分析，把握企业各种资源的数量、质量、配置等状况，把握未来需求以及与理想的差距。企业资源的现状和变化趋势是企业制定总体战略和进行经营领域选择时最根本的制约条件。

资源分析还需注意的是特殊资源，也称关键资源或异质性资源。关键资源是指企业资源中满足价值性、稀缺性、不可模仿和替代性标准的资源，它是固化在企业内部的，无法从市场上通过交易获得，尤其像独特的生产工艺、独特配方、营销渠道、知名品牌等，这些资源的开发与积累都需要一定的时间和成本，其他企业无法与之分享，这些资源决定着企业的竞争优势。

2. 企业能力

企业是资源的特殊集合体，能否产生竞争优势取决于各种资源能否形成一种综合能力。企业能力主要包括产品竞争能力、研究与开发能力、生产能力和营销能力。

（1）产品竞争能力主要体现在产品的市场地位、收益性、成长性、竞争性与结构性等方面。

（2）研究与开发能力主要从新产品开发组织、开发计划、开发过程和开发效果等四个方面进行衡量。企业的研究与开发能力由企业科技队伍的现状和变化趋势来决定，如果研发人员短缺，须评估是否能在短期内聘到合适的人才，否则，企业就要考虑其他途径，如与高等院校或科研单位合作，以解决研发中的问题。

（3）生产能力是企业资源转换的中心环节，必须在数量、质量、成本、时间等方面符合市场需求才能形成有竞争力的生产能力。生产能力分析主要包括工艺流程设计是否高效、库存控制水平如何、产品质量和产品成本是否具有竞争性等。

（4）营销能力主要包括市场定位能力和营销管理能力。市场定位主要考察市场调查和研究的方法是否得当、目标市场确定得是否恰当；营销管理能力主要考察营销队伍的建设与培训、营销人员的考核与激励、应收账款管理等一系列工作。

（二）组织文化

1. 组织文化的构成要素

组织文化是指组织所有成员所共有的核心价值观、信念、共识及行为规范的组合，它说明了组织的共有价值观以及员工共同遵守的一系列行为方式。

不同企业的组织文化具有相同的结构。组织文化一般由精神文化、制度文化和物质文化三个层次构成。其中，精神文化是核心，决定着制度文化和物质文化；制度文化处于中间层；物质文化则处于外层。

精神文化表现为一系列明确的价值观、道德准则及清晰的价值信条。当人们将精神文化中的价值观和道德准则与组织的领导风格、组织结构、规章制度、业务流程、运作程序、工资制度与分配机制等要素结合在一起时,就形成了组织的制度文化。当人们将精神文化中的价值观和道德准则与组织中的物质条件相结合时,就形成了组织的物质文化。

精神文化是组织文化的不可视部分,通过长期积累而深深根植于员工脑海中,以至于有时候意识不到它们的存在,这种深层次的信念是组织文化的精髓。物质文化是组织文化的可视部分,是组织文化的有形载体,一般可以用符号、传奇故事、英雄人物、口号、仪式、着装、办公室布局、厂区布局、企业形象标识等表示。

2. 组织文化的功能

组织文化的主要功能体现在以下四个方面:

(1) 导向功能。组织文化规定着组织所追求的目标和方向,能对组织每个成员的价值取向以及行为取向起到导向作用,使组织成员能自觉地把自己的言行与组织的要求对照进行检查,从而使之符合组织价值观的基本要求。

(2) 凝聚功能。组织文化的凝聚功能表现在组织文化所体现的群体意识中。这种凝聚功能主要通过两个方面得以体现:一方面是目标凝聚,即以组织目标成为组织成员的奋斗方向;另一方面是价值凝聚,即通过共同的价值观,把组织成员牢牢地团结在一起。

(3) 激励功能。组织文化的激励功能是指组织文化能形成一种组织中成员之间相互信任、彼此尊重、理解的氛围,从而激励组织成员的士气,通过组织成员对文化的认同,提高他们的积极性,进而产生一种愿为组织奉献的精神。

(4) 约束功能。组织文化对组织成员的约束功能是以无形的、非正式的、非强制性的各种规范和人际关系为准则,对组织成员的思想和行为起到一定的约束作用。组织成员自从到组织的第一天起,其实就一直在接受组织文化的熏陶,当他发现自己的思想和行为方式与组织文化不相符合时,他就会逐渐放弃原有的思想和行为方式,接受并融入组织文化之中。组织文化实际上是组织的一种有效的柔性管理方式。

由此可见,组织文化对组织的生存和发展有着重大的影响,它在一定程度上影响和决定了管理者可以做什么和不可以做什么的规范。因此,管理者在内部环境的管理上,要注重良好组织文化的培育和形成。

四、环境分析的步骤与方法

(一) 环境分析的一般步骤

环境包含了外部和内部影响组织经营活动的各种因素,环境分析的困难在于如何通过对这些复杂因素的分析而对战略决策的制定作出贡献。一种简单的分析方法是力图把所有的影响因素都罗列出来,从中识别出有利因素和不利因素。但是,罗列环境因素不是分析目的,而感知环境因素变化的能力是十分必要的。如果环境分析仅仅停留在这种简单的罗列上,就不能确定出关键的战略因素,更不能形成企业战略的完整框架。因此,需要从确定企业战略地位的角度来分析和把握环境的影响,为此,有必要归纳出环境分析的一般步骤。

第一步,宏观环境评审。宏观环境评审可视为对环境因素的扫视,就是要在繁杂的环境因素中找出影响过去企业发展的关键因素以及对企业未来起决定作用的因素。

宏观环境评审时须注意,对于不同的组织,同样的环境因素的战略重要性是不一样的。在进行了宏观环境评审之后,针对所识别出的关键因素,需要进一步分析其战略含义,不仅要分析这些因素的过去和现状,更重要的是分析未来。

第二步,宏观环境性质分析。就是要分析某些环境因素是相对静止还是处于变动之中以及未来变动的不确定性程度如何、不确定的来源是什么、如何处理这些不确定性等。这有助于理解环境因素对组织战略的近期以及长远的影响,组织必须对所识别出来的具有战略重要性的变化因素加以审慎考虑。

第三步,产业环境分析。宏观环境因素的作用点是产业环境。产业环境也被称为微观环境或任务环境。产业环境分析就是要把对环境分析的中心转移到对产业环境的分析上。产业环境是企业竞争直接发生的场所,组织的外部环境因素最终要在产业竞争结构中发挥作用。产业环境分析的目的就是要辨别出在产业环境中正在起作用的关键力量,并识别这些因素的重要性程度。

第四步,组织竞争地位分析。就是要分析组织在为资源、为顾客而竞争的时候是如何立足的。通过对组织资源、能力、价值链及市场份额的分析,认清组织自身的竞争优势在哪里、竞争劣势是什么以及如何发挥优势提高组织的竞争地位。

第五步,识别关键机会与威胁。这是环境分析的最后一步,就是要识别对企业来说关键的机会和威胁,以作出积极应对。这种分析需要与组织所拥有的资源能力结合起来才能做出深入的判断,一般可采用内外部环境相结合的综合分析方法来实现。

(二)环境分析的方法

环境分析的方法较多,本教材仅对使用比较广泛的方法进行简要介绍。

1. 环境不确定性评估矩阵

美国学者邓肯认为,环境的不确定性程度可以由组织环境的变化程度(动态性)和复杂程度(复杂性)两个维度决定。首先是变化程度,如果组织环境的构成要素经常变动,则称之为动态环境;如果变化很小,则称之为稳态环境。其次是环境复杂性程度。复杂性程度是指组织环境中的要素数量以及组织所拥有的与这些要素相关的知识广度。复杂性还可以依据一个组织需要掌握的有关自身环境的知识来衡量。

环境不确定性矩阵的每个单元代表了变化程度和复杂程度的不同交点,如图2-2所示。

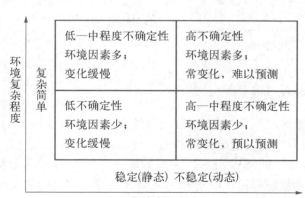

图2-2 环境不确定性评估矩阵

(1) 简单与不稳定的环境。这种环境下的不确定性进一步增加。尽管组织的外部影响因素很少,然而,这些因素的变化较大,也很难预测,往往与组织初衷相违背。面对这种环境,组织必须警惕引起这些因素变化的条件。

(2) 复杂与不稳定的环境。这种环境下的不确定程度最高。组织面临着众多的外部因素,且变化频繁,对组织的决策影响极大,特别当几种因素同时变化时,环境会发生激烈动荡。

邓肯的环境不确定性矩阵有助于组织识别外部环境的不确定性程度。

2. 产业环境分析——五种力量模型

产业环境对组织的影响更直接、更频繁,因而是组织分析外部环境的焦点。迈克尔·波特教授提出的"五种力量模型"是产业环境分析一种特别有效的工具。他发现,在企业经营环境中,能够经常为企业提供机会或产生威胁的因素主要有五种,即产业内部现有企业之间的竞争、供应商、顾客、其他行业中的潜在进入者和替代产品及其生产企业组织,如图 2-3 所示。

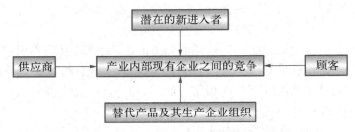

图 2-3 迈克尔·波特教授的五种力量模型

迈克尔·波特教授的模型适用于企业,也适用于其他类型的组织。这一模型帮助人们深入分析行业竞争压力的来源,使人们更清楚地认识到组织的优势和劣势以及组织所处的行业发展趋势中的机会和威胁。

3. SWOT 分析矩阵

组织经营管理活动的实质就是不断在内部条件、外部环境及经营目标三者之间寻求动态平衡的过程。安德鲁斯等人(Andrews et al.)的"优势—劣势—机会—威胁"(SWOT)模型为组织和管理者提供了一种内部环境与外部环境相结合的综合分析方法,如图 2-4 所示。

SWOT 分析是优势(Strengths)、劣势(Weakness)、机会(Opportunities)、威胁(Threats)分析法的简称,是一种通过对组织内外部环境各方面因素的综合分析,进而分析组织的优势和劣势以及面临的机会和威胁的一种方法。从整体上看,SWOT 可以分为两部分:第一部分为优劣势分析(SW 分析),主要着眼于组织自身的实力及其与竞争对手的比较;第二部分为机会和威胁分析(OT 分析),主要将注意力放在外部环境的变化及对组织的可能影响上。

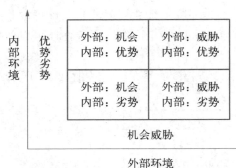

图 2-4 SWOT 分析矩阵

例如,20 世纪 80 年代,随着中国零售业的开放,大型跨国连锁零售公司纷纷进入中国市场,表 2-1 为某大型跨国连锁零售公司在中国市场的内外环境因素综合分析情况。

表 2-1 某大型跨国连锁零售公司在中国市场的 SWOT 分析

	优势(S)	劣势(W)
内部环境	1. 良好的企业和品牌形象 2. 规模经济,产品多样化,种类齐全 3. 由先进的信息技术所支持的国际化物流系统 4. 有着强有力的人力资源的开发和管理能力,能聚集和培养优秀管理人才 5. 拥有世界范围内最优秀的供货商,并通过自己的大规模采购获取更好的价格	1. 面对人力资源比较廉价的中国,在没有形成经营规模前,其高投入的物流系统难以发挥效用,并增加营运成本 2. 中国并不发达的基础设施妨碍了高科技的使用效能。中国有购买力的人口分布与美国十分不同,其选址的指导思想不一定适应 3. 海外采购的价格优势难以体现,因为中国是消费大国,同时也是生产大国 4. 由于产品多样化,可能在适应性上比起更加专注于某一领域的竞争对手存在劣势 5. 对顾客消费习惯的认知和把握需要较长时间的积累
	机会(O)	威胁(T)
外部环境	1. 中国加入了 WTO,放宽了限制,并有良好的吸引外资的政策 2. 拥有 14 亿人的人口大国,经济高速增长 3. 中国零售业业态单一,本土零售企业经营管理水平低,规模小 4. 规模经营和低价战略是零售业制胜的法宝	1. 中国零售企业的学习能力强,并具有本土化优势 2. 其他国际连锁零售巨头也纷纷进入中国市场,将会成为竞争对手 3. 政治问题、文化差异和消费习惯差异会影响到公司的运作

组织在对内外环境因素综合分析的基础上,一是可以重新审视已有的发展目标和战略,二是能够调整或制定出新的战略目标和计划。调整和制定新的战略目标和计划的基本思路是:发挥优势因素,克服劣势因素,利用机会因素,化解威胁因素;考虑过去,立足当前,着眼未来。运用系统的综合分析方法,将排列与考虑的各种环境因素相互匹配起来加以组合,得出一系列公司未来发展的可选择对策。

SWOT 分析技术被广泛用于组织战略分析、评价与制定中,有助于组织识别自身的优势与劣势,认清环境条件的机会与威胁,以便充分发挥自己的优势,把握环境机遇,采取相适应的组织战略。

4. 波士顿矩阵(BCG 矩阵)

对于规模庞大、产品种类多的企业而言,经营战略的着眼点与产品单一的企业不同。产品种类较多的企业的战略环境分析的重点是能否获得一个均衡而有效的产品组合。波士顿咨询公司(BCG)设计出了一个以产品市场占有率为横轴、以市场销售增长率为纵轴的矩阵,两个维度交叉形成四个象限,分别代表四种不同的市场地位,如图 2-5 所示。

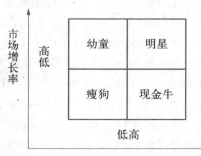

图 2-5 BCG 矩阵

由 BCG 矩阵可以得出，一个企业理想的产品结构是在"现金牛"、"明星"、"幼童"类产品之间的一个恰当组合。企业可以用"现金牛"产品来扶植"幼童"和"明星"产品的发展。如果企业将大量资金投向"明星"产品而忽略"现金牛"产品，则会使之成为无源之水。"瘦狗"产品的战略目标应该是予以更新或淘汰，要么用新产品取代，要么彻底退出市场。可见，用 BCG 矩阵选择适宜性战略时，要以最有利于使产品从"幼童"转向"明星"并最终发展成为"现金牛"产品为原则。BCG 矩阵浅显易懂，被作为企业战略评价和选择的分析工具。但由于市场占有率和销售增长率有时不易掌握，在一定程度上影响了其适用性。

需要说明的是，在运用环境分析方法时，评估环境的不确定性、判断外部环境对组织带来的是机会还是威胁以及用 BCG 矩阵选择适宜的产品组合等都需要决策者大量经验的积累。从这个意义上说，上述方法都是分析的结果而非分析的过程，但仍然能为管理者进行决策提供重要指导。

五、环境管理的新动态

随着环境全球化趋势的加剧，未来的管理将面临更多的挑战，探讨这种挑战对组织的未来至关重要。此外，组织之间的合作以及组织与其他国家组织之间的合作也越来越多，跨文化管理也是需要探讨的热点之一。

（一）全球化环境对管理者的挑战

全球化使企业所处的环境变得极其复杂而更具竞争性。随着贸易壁垒的逐步消除，商务活动正在变成一个统一的全球领域，消费者对一切事物的偏好趋同，要求组织在全球范围内进行合理的资源配置，即将不同业务部门放在最合理的地方，而不必将所有经营单位都布局在同一个地域，这对管理者在全球范围内进行资源配置是一项极大的挑战。此外，管理者还必须了解东道国的政治及法律环境、经济环境、文化环境方面的差异，必须学会理解与自己全然不同的其他人的价值观，并了解其他人的思维方式和行为方式。如何适应不同国家的习惯，了解不同国家的经济、政治及法律、文化环境的种种变化并富有管理成效，是摆在所有管理者面前的一项艰巨的任务。全球化环境要求管理者必须成为优秀的全球化管理者。

（二）跨文化管理

在全球化环境对管理者的挑战中，文化环境最具挑战性。美国研究人员通过对全球化管理者的广泛访谈发现，个人特点、特定的文化背景下的管理错误都可能致使管理者的国际委派任务以失败而告终。派往国外工作的管理者常常会患上"思乡症"，管理学将其称为"文化休克感"。这都是由于对国外文化的不适应造成的。

对国外文化的不适应是由于人们思考和看待世界的方式存在文化差异，而这些差异直接影响着工作关系、领导方式和激励方式。例如，在高度重视集体主义精神、以人际关系为导向的社会中，集体主义备受推崇，因而当集体业绩突出时，以集体为单位的奖励制度更能产生激励作用，而以个人为单位的奖励制度则不会产生明显的激励作用；相反，有可能被认为是对个人的羞辱。因此，在不同的文化背景下，社会文化价值观各不相同，它们都会影响到管理者决策、领导、激励和控制的方式。

要使国际经营富有成效，管理者需要熟悉他们工作的国家和组织的文化，并培养对不同文化差异的敏感性，这是避免在文化方面犯重大错误所必需的。由于国际经营的地域越来越广泛,对众多国家文化差异的了解是全球管理者必须要做的一项基础工作,在此基础上,根据文化差异的特性,实施与之相适应的管理方式,制定与之相适应的管理制度,学会跨文化管理,这些将成为全球管理者经营成败的关键。

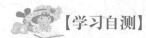

【学习自测】

一、思考题

1. 组织与外部环境之间的关系是怎样的?
2. 环境分析的目的是什么?环境与战略之间的关系是怎样的?
3. 全球化环境对组织有何影响?对管理者有何影响?
4. 请列举能影响企业经营的各种因素并将这些因素分类。
5. 什么是组织文化?怎样描述一个组织的组织文化?举例说明。
6. 组织文化是如何影响管理者的管理行为的?人们常用更换领导人的方法来改变不佳的组织业绩,这种方法总能奏效吗?举例说明。
7. 简述波特的"五力"模型。
8. 简述 SWOT 分析法的内容。

二、选择题

1. 有些企业领导在谈经营之道时,非常强调外部机会的作用,认为只要抓住了机会,不愁企业不发展。假设这是一种可接受的说法,你认为需要具备的前提是(　　)。
   A. 企业有没有能力是无所谓的,机会自然会锻炼出能力
   B. 有能力还需要有机会,仅有能力还不足以保证企业的发展
   C. 外部环境对企业发展的影响要远大于内部实力的作用
   D. 机会是相对于能力而言的,没有能力肯定抓不住机会
2. 第二次世界大战以后,跨国公司获得了很快的发展,但在后来却一度因为一些发展中国家的国有化政策受到很大影响,这属于(　　)。
   A. 政治环境　　　B. 社会文化环境　　C. 经济环境　　　D. 自然环境
3. 经济环境包括(　　)。
   A. 科技发展水平　B. 社会经济结构　　C. 经济法律　　　D. 科技体制
4. 近年来,绿色食品越来越受到人们的欢迎,这一因素的变化属于外部环境因素中的(　　)。
   A. 经济环境　　　B. 技术因素　　　　C. 社会文化环境　D. 政治环境
5. 下述管理工作中,对外部环境的依赖性最强的是(　　)。
   A. 制定发展战略　　　　　　　　　B. 选拔一个销售经理
   C. 组建公司新的领导班子　　　　　D. 确定公司管理者的考核指标
6. 市场经济中要提倡"以义治商"和"以义取利",这里的"义"指的是(　　)。
   A. 义气　　　　　B. 法律　　　　　　C. 和气　　　　　D. 伦理道德
7. 以下行为中不属于企业社会责任的表现是(　　)。
   A. 治理污染　　　　　　　　　　　B. 定期或不定期培训员工
   C. 为顾客提供售后服务　　　　　　D. 开发新产品

8. 国民生产总值、利率和通货膨胀率是反映组织（　　）的指标。
   A. 社会文化环境　　B. 政治法律环境　　C. 经济环境　　D. 技术环境
9. 法律和（　　）是影响和制约组织社会责任的两个直接因素。
   A. 法规　　　　　B. 制度　　　　　C. 道德　　　　　D. 政策
10. 以无形的、非正式的、非强制性的各种规范和人际伦理关系为准则，对组织成员的思想和行为起到一定的限制作用，这就是组织文化的（　　）。
    A. 导向功能　　　B. 凝聚功能　　　C. 激励功能　　　D. 约束功能
11. 在波士顿矩阵中，主要为企业提供利润的是（　　）。
    A. 问题类　　　　B. 明星类　　　　C. 金牛类　　　　D. 瘦狗类

三、简答题

你认为企业是否应当承担社会责任？如果应当承担，包括哪些社会责任？对你个人来说，社会责任意味着什么？

【能力训练任务】

任务一：寻找对手——五种竞争力模型；认识自己——价值链分析

（一）情境描述及任务要求

实地调查一家企事业单位或搜集一家企业的系统资料，运用"五力"分析法，分析该组织的外部环境；运用价值链分析法，分析该组织的内部环境。

（二）成果评价

在小组共同研讨的基础上，每组都要认真进行组织外部环境分析和内部环境分析；在课堂上组织一次交流。对各组表现进行二分评估。

（三）知识链接：价值链分析

价值链也称增值链，是指企业创造价值的一系列经营活动所组成的链条。价值链是由一系列生产经营活动构成的。波特将价值活动区分为两大类：(1) 基本活动。主要有采购、生产、储运、营销、服务等功能或活动，是对创造价值直接做出贡献的活动；(2) 支援活动。主要有技术开发、人力资源管理、财务等功能或活动，是为创造价值作出间接贡献的。

价值链分析就是对上述企业各种经营活动（含基本活动与支援活动）的领域与环节进行深入的分析。一方面，可以对每一项价值活动进行分析；另一方面，通过对各项价值活动之间的联系进行分析，找出优势与劣势，以提高价值的创造能力。

任务二：环境与文化分析

（一）情境描述及任务要求

1. 如果你要在校园内开设一家打字复印店，你要面临的一般环境和具体环境有哪些？结合具体情况进行分析。
2. 搜集并访谈至少两位外国人的资料，要求他们讲述在中国喜欢做的事情和不喜欢做的事情有哪些，并分析从中反映了什么样的文化差异。
3. 到两家超市或零售商店进行访谈，比较两家超市或零售商店的日常经营有何不同？

在接待顾客方面有何不同？形成这些不同的原因有哪些？

（二）成果评价

每个人的简要分析报告作为一次作业，实行二分评估。

任务三：进行个人 SWOT 分析

（一）情境描述及任务要求

通过对个人的 SWOT 分析，描绘未来 5 年个人职业生涯的行动计划。

1. 评估你个人的长处和短处，列出那些你认为特别重要的特质。
2. 识别职业生涯的机会和威胁。
3. 列出 4～5 个在未来 5 年中你要实现的目标。
4. 描绘未来 5 年职业生涯的行动计划。

（二）成果评价

每位学生写出分析报告，小组或全班交流。对个人分析报告进行二分评估。

任务四：问题辨析

（一）情境描述及任务要求

1. 在生意场上，吃回扣、拿好处的现象比比皆是，有人认为这样可以套牢双方的业务关系。你是怎样看待这个问题的？
2. 你对奶粉行业的"三聚氰胺"事件的观点是怎样的？
3. 分析斯诺登的"泄密事件"给谷歌在全球市场带来的影响。

（二）成果评价

小组或全班交流。对个人交流情况进行二分评估。

能力模块二　进行决策

【情境任务导入】

袁之隆先生是南机公司的总裁。这是一家生产和销售农业机械的企业。2012 年产品销售额为 3 000 万元，2013 年达到 3 400 万元，2014 年预计销售可达 3 700 万元。每当坐在办公桌前翻看那些数字和报表时，袁先生都会感到踌躇满志。

这天下午又是业务会议时间，袁先生召集了公司在各地的经销负责人，分析目前和今后的销售形势。在会议上，有些经销负责人指出，农业机械产品虽有市场潜力，但消费者的需求趋向已有所改变，公司应针对新的需求，增加新的产品种类，来适应这些消费者的新需求。

身为机械工程师的袁先生，对新产品研制和开发工作非常内行。因此，他听完了各经销负责人的意见之后，心里便很快算了一下，新产品的开发首先要增加研究与开发投资，然后需要花钱改造公司现有的自动化生产线，这两项工作约耗时 3～6 个月。增加生产品种同时意味着必须储备更多的备用零件,并根据需要对工人进行新技术的培训,投资又进一步增加。袁先生认为,从事经销工作的人总是喜欢以自己业务方便来考虑,不断提出各种新产品的要求,却全然不顾品种更新必须投入的成本情况,就像以前的会议一样。事实上,公司目前的这几种产品的经营效果还很不错。结果,他决定仍不考虑新品种的建议,目前的策略仍是改进现有的品种,以进一步降低成本和销售价格。他相信,改进产品成本、提高产品质量并开出具吸引力的价格将是提高公司产品竞争力最有效的法宝。因为,客户们实际考虑的还是产品的价值。尽管他已做出了决策,但他还是愿意听一听顾问专家的意见。

请思考:

如果你是顾问专家,你对袁先生的决策会作如何评价?

【必备知识内容】

一、决策的含义

在一个组织的管理岗位上,管理人员要做出许多决策,有大的,有小的,而且一旦决策错误,就会导致严重的后果。在任何企业中,管理者决策的影响最终将不仅仅局限在企业绩效的某个方面,有时甚至会关系到企业的生存与发展。

美国著名的经济学家赫伯特·A·西蒙指出:"决策是管理的心脏,管理是由一系列决策组成的;管理就是决策。"

美国学者亨利·艾伯斯认为:"决策有狭义和广义之分。狭义地说,决策是在几种行为方针中作出选择;广义地说,决策还包括在作出选择之间必须进行的一切活动。"

"决策"一词的英语表述为 decision,意思就是作出决定或选择。一般地理解,决策就是作出决定的意思,即对需要解决的事情作出决定。但事实上,决策不仅指高层领导作出决定,也包括人们对日常问题作出决定。如某企业要开发一种新产品、引进一条生产线以及某人选购一种商品或选择一种职业等都带有决策的性质。可见,决策活动与人类活动是密切相关的。

在一切社会组织的管理活动中,决策都居于重要的地位,是一项重要的管理活动。决策是科学,也是经验。它既要求决策者按科学的程序、依据科学的理论、采用科学的方法进行分析决策,又需要决策者的智慧、判断力和经验。事实上,决策贯穿于管理的全过程,在计划、组织、领导以及控制等管理活动中,都需要作出一定的决策。决策是每个管理者工作的重要组成部分。因此,人们把决策看作管理的核心问题。

从管理活动出发,决策的含义有狭义和广义之分。狭义的决策就是管理者作决定的意思,俗称拍板,即出主意、定方向、拟计划、拿办法,即从两个以上的备选方案中选择一个的过程;广义的决策则指管理者为了达到一定目标,在掌握充分的信息和对有关情况进行深刻分析的基础上,用科学的方法拟定并评估各种方案,从中选出合理方案的过程。计划职能实质上可以看作决策的开展与决策方案的落实。

进行一项有效的决策活动必须同时具备以下几个前提:

(1) 在组织现状与组织目标之间客观地存在着一定的差距;
(2) 决策者已经清楚地认识到这种差距的重要性及其影响;
(3) 必须能够有效地去激励决策者努力缩小这种差距;
(4) 应当拥有采取缩小这种差距的行动所必需的资源。

如果没有第一或第二个前提,决策活动只能是无的放矢,缺乏存在的价值;如果缺乏第三或第四个前提,决策活动只能是纸上谈兵,流于形式,缺乏现实性。

二、决策的原则

决策的原则是指决策必须遵循的指导原理和行为准则。它是科学决策指导思想的反映,也是决策实践经验的概括。决策过程中所需要遵循的具体原则是多种多样的,但是,就决策的基本原则而言,主要有以下6条。

(一) 满意原则

决策的满意原则是针对最优化原则提出的。最优化的理论假设是把决策者作为完全理性化的人,决策是以"绝对理性"为指导,按最优化准则行事的结果。对决策者来说,要想使决策达到最优必须具备以下条件:① 能掌握与决策相关的一切信息;② 决策者对未来的外部环境和内部条件的变化能准确预测;③ 决策者对可供选择的方案及其后果完全知晓;④ 决策不受时间和其他资源的约束。

在现实中,这些条件不可能完全具备。这就决定了决策者难以作出最优决策,只能作出相对满意的决策。

满意决策就是能够满足合理目标要求的决策,具体包括以下内容:

(1) 决策目标追求的不是使企业及其期望值达到一种理想的完善状态,而是使其能够得到切实的改善,实力得到增强。

(2) 决策的备选方案不是越多越好、越复杂越好,而是要达到能抓住外部环境提供的机会,较好地利用内部资源,满足分析对比和实现决策目标的要求。

(3) 决策方案的选择不是避免所有风险,而是对可实现决策目标的方案进行权衡,做到利中取大,弊中取小。

(二) 系统原则

采用系统决策技术是科学决策的重要特点,也是科学决策的重要保证。系统原则是指决策时要围绕问题或机遇,对相关因素和环境作出系统分析与综合,以洞察和把握实质,从而发现更佳的方案,作出更好的选择。

系统原则要求管理者在决策时从全局出发,把握整体,而不是片面地从局部出发看问题。强调全局观念,并不意味着对局部利益的无视,而是为了更好地把握机会或解决问题。如果缺乏全局观念,头痛医头,脚病医脚,反而会南辕北辙,无法达到目的。

(三) 分级原则

在组织内部分级进行决策是组织业务活动的客观要求。这是因为:

(1) 组织需要的决策一般都非常广泛、复杂,是高层管理者难以全部胜任的,必须按其难度和重要程度分级进行。

(2) 组织管理的重要原则是权责对等和分权管理。实现分级决策,把部分重复进行的、程序化的决策权下放给下属,有利于分权管理。所以说,分级决策是分权管理的核心。

（3）组织要建立领导制度和层级管理机构，而领导制度和层级管理机构要有效运行，必须遵循一定的原则。其中，包括确定决策机构的具体形式、明确决策机构同执行机构之间的关系等。这些规则的建立和运行也要以决策的分级原则为基础。

（四）信息原则

信息是决策的基础。管理者在决策时离不开信息，信息的数量和质量直接影响决策水平。知己知彼方能百战不殆，这就要求管理者在决策之前以及在决策过程中尽可能地通过多种渠道收集信息，作为决策的依据。

在收集信息时，管理者要把握好信息的准确性、时效性、适用性和足够性。信息不准确、已经过时、缺乏针对性、没有实用价值、太少或太多等都可能对决策造成不利影响。

（五）集体和个人相结合的原则

决策要减少风险，就要充分利用机会，关键时刻有人敢于负责，当机立断。否则，就会错失良机。因此，既不能事事集体决策，人人参与；又不能事事个人决策，一个人拍板。要坚持集体决策与个人决策相结合的原则，根据决策事务的轻重缓急，对那些带有战略性、非程序化的、不确定型的事关组织全局的决策，应由集体制定，对其他的应酌情选择个人决策或集体决策。

决策作为决策者的意志反映，由少数人进行意见最易统一；而决策要得到顺利实施，就需要有较多的人参与。因此，组织在建立决策体系时，要吸收各方面人士参加，把不同看法、意见和分歧解决在决策过程之中，应注意发挥个人和集体的智慧，把决策的制定和执行紧密地衔接起来。决策要有效地进行，必须做到科学化和民主化，实事求是，按客观规律办事。无论是集体决策还是个人决策，都要建立在广泛的民主基础上，在民主的基础上实行集中，这是提高决策质量的保证。从这一意义上讲，决策的集体与个人相结合原则反映了决策科学化和民主化的客观要求。

（六）反馈原则

由于事物的发展和客观条件变化，或因原来决策考虑不周，都可能使实施结果偏高或低于预定目标。反馈原则是指根据变化了的情况和实践结果，对初始决策作出相应的调整或改变，使决策趋于合理的原则。反馈原则是实现动态平衡、提高决策质量及实现决策科学化的保证。著名企业家张瑞敏提出的"要有二次决策"就是反馈原则的具体体现。

三、决策的过程

决策是提出问题并解决问题的过程。决策作为一个活动过程，有着一定的步骤和阶段。西蒙认为，决策绝不只是限于从几个备选方案中选定一个方案，而是包括若干阶段、涉及许多方面的整个过程。

决策是一个比较复杂的逻辑过程，这是因为决策问题的性质有不同，决策者的个人风格有不同，决策的时间有不同，决策的方法也有不相同。但是，决策的过程却有着一般的规律性，包含前后衔接的8个步骤。

（一）发现问题

决策始于对问题的发现。问题就是未来预期目标状况与实际状况之间的差距。实际状况和所想要状况的偏差提醒决策者潜在机会或问题的存在。它可能是已经存在着的、正现实地发生着的或走向未来途中可能发生的。发现问题的关键是确立科学合理的期望标准。

发现问题后，还必须对问题进行分析，找出产生问题的内在原因，为决策的下一步程序做好准备。通常，决策者可以根据实际工作中的某些变化发现组织中已经发生或潜在的问题，并找出产生问题的原因，如工作效率下降、人员流动增加、任务不能按期完成、客户的投诉等。这些因素的出现或消失会引起实际状态与预期状态的差异。诊断原因的同时还是决策者通过分析发现机会的过程，这又可能带来组织未来的发展。

（二）搜集信息

信息是决策的原料，详尽而可靠的信息是科学决策的前提和保证。发现问题之后，要针对所要解决的问题，搜集组织内部和外部相关的情报和信息资料。

对情报资料的要求是：

（1）广泛性。凡与目标有关的信息资料，无论直接或间接，都要尽可能搜集。

（2）客观性。情报资料必须客观地记载对象、时间、地点和数量等。

（3）科学性。对搜集来的资料必须采取科学的方法进行加工整理。

（4）连续性。要求情报资料能连续地反映事物发展的全过程及其规律性，要尽可能连贯。

对于情报和信息资料，一方面要有针对性地进行搜集、整理，另一方面也要依靠平时的积累和储备，充分发挥信息中心、资料室、档案室、数据库等的作用，依靠社会组织的力量进行搜集。

（三）确定目标

决策目标是根据所要解决的问题确定的，即根据问题的现状、要求和解决的可能性提出决策所希望达到的结果。

目标体现的是组织想要获得的结果。能否正确地确定目标是决策成败的关键。在确定目标时，必须把要解决问题的性质、结构及其原因分析清楚，才能有针对性地确定出合理的决策目标。确定目标应符合以下要求：首先，目标要有根据，要明确了解决策所需解决的问题的性质、范围、特点和原因；其次，目标必须具体明确；再次，目标应分清主次关系；最后，要规定目标的约束条件。

决策目标往往不止一个，而且多个目标之间有时还会有矛盾，这就给决策带来了一定的困难。要处理好多目标的问题，可采用以下三种办法：一是把要解决的问题尽可能地集中起来，减少目标数量；二是把目标依重要程度的不同进行排序，把重要程度高的目标先行安排决策，减少目标间的矛盾；三是进行目标的协调，即以总目标为基准进行协调。

（四）拟订方案

组织的目标确定以后，决策者就要提出达到目标和解决问题的各种方案。任何一个问题都不是只有一种解决方案，选用何种方案，应视其在各相关限制因素的优劣地位及成本效益而定。

拟订方案就是在对大量情报资料的整理、分析和科学计算的基础上，探索和研究解决问题及实现目标的各种可行的行动方案。可行方案应满足以下条件：

（1）整体详尽性。尽可能多地列出有可能达到目标的备选方案。

（2）相互排他性。各方案必须有区别，各自独立。

（3）方案可比性。每一方案都应根据已确定的约束条件和评价标准及指标体系，用确切的定量数据反映方案的效果，以便比较和选择。

（4）实现的可能性。从实现的条件和实施的结果看能否保证决策目标的实现。应有两个以上可行方案才有选择余地。

(五) 评估方案

所谓评估方案,是对各备选方案的利弊得失给出科学求实的评定,即对每一可行方案按决策目标要求,从各方面估计其执行结果并进行分析论证的过程。它为方案的最终选择提供了基础,对决策方案的评估论证主要有价值论证、可行性论证和应变论证。

1. 价值论证

即论证该方案付诸实施后能否带来价值和带来多大价值。它包括两方面:一是全面论证决策方案的价值,就是要从社会、经济、当前和长远、物质和精神、投入和产出等多方面综合平衡方案的价值,并通过各方面的价值平衡,得出总的价值评价;二是历史论证决策方案的价值,就是要把决策目标和方案放在事物发展的过程中来看,重视其连续性,要看方案是否比过去进步和是否有助于今后的发展。经过全面衡量和历史比较得出的总价值评价如果是肯定的,就可以进行下一步的论证。

2. 可行性论证

即论证该方案是否可以在实践中付诸行动。首先要进行机遇研究,即研究该决策方案实施的时机是否成熟。其次,要进行初步可行性研究,即要抓住主要矛盾,分析有无利用机遇和达到增加经济效益和社会效益的条件。最后,要进行系统可行性研究,不仅对主要矛盾,而且要对整个过程中能预见到的每个环节,进行可行性分析。

3. 应变论证

即估计原有决策条件发生变化的各种可能性,提出相应的应变措施,对这些措施进行论证,论证的结果就是应变方案。制定应变方案是从最坏的可能性准备并向最好的方向努力,即使最坏的情况出现时,也因事先做了准备,可以应付自如,不致造成损失或尽量减少损失。

(六) 选择方案

选择方案是在比较鉴别各种方案优劣的基础上,选取一个满意方案的过程,它是决策过程中的关键环节。如果说寻求对策属于"谋"的性质,可由专家承担;选择方案则属于"断"的范畴,应由决策者负责。

决策者在决策时,应积极采用先进的决策技术,充分发挥决策者个人及专家的智慧,将静态的科学计算同动态的变化规律预测有机地结合起来,对可行方案进行选择。在综合考虑的基础上,一般应选择代价最小、效益最高、风险度最小的那种方案。

(七) 试验实证

试验实证通常发生在特定的领域,其决策问题往往是性质复杂的,或有全局意义的,或属开创性的。试验实证可以选择方案的关键部分,也可以模拟试验方案的整体性能。决策者要根据试验实证的不同结果,采取不同的后续手段。

(八) 评价效果

在方案正式实施后,决策者要及时追踪评价实施的效果。如果发现方案实施中由于各种不确定因素影响而发生了偏离目标的情况,要采取有效措施加以修订和补充,以确保既定目标的顺利实现。

四、决策的方法

决策的科学化必须以科学的决策方法作为保证。科学决策方法是人们对决策规律的理解和把握。按照决策方式的不同,决策方法分为定性决策方法和定量决策方法两大类。

(一) 定性决策方法

定性决策方法又称主观决策法,是利用决策者的知识、经验和能力,根据所掌握的信息,通过对事物运动规律的分析,在把握事物内在本质联系基础上进行决策的方法。适用于受社会、政治、经济因素影响较大的、所含因素错综复杂的、综合性的战略问题的决策。由于定性分析方法主观性强,论证缺乏严密性,必须与定量决策法有机地结合,决策才能准确、科学。下面主要介绍集体决策中常用的德尔菲法、头脑风暴法、名义小组技术等。

1. 德尔菲法

德尔菲法又称专家意见法,是以匿名方式通过几轮函询征求专家的意见,组织预测小组对每一轮专家的意见进行汇总整理后作为参考再发给各专家,供他们分析判断以提出新的论证。几轮反复后,专家意见渐趋一致,最后供决策者进行决策。

当决策者面临着一项重大技术问题决策时,运用这种技术的第一步是要设法取得有关专家的合作,然后把要解决的关键问题分别告知专家,请他们单独发表自己的意见并对实现新技术突破所需的时间作出估计,在此基础上,决策者收集并综合各位专家的意见,再把综合后的意见反馈给各位专家,让他们再次进行分析并发表意见。在此过程中,如遇到差别很大的意见,则把提供这些意见的专家集中起来进行讨论。如此反复多次,最终形成代表专家组意见的方案。

德尔菲法的优点是能充分发挥各位专家的作用,集思广益,准确性高;能把各位专家意见的分歧点表达出来,取各家之长,避各家之短。同时,德尔菲法又能避免出现以下几种情况:权威人士的意见影响他人的意见;有些专家碍于情面,不愿意发表与其他人不同的意见;出于自尊心而不愿意修改自己原来不全面的意见。德尔菲法的主要缺点是过程比较复杂,花费时间较长。

运用德尔菲法的关键在于:第一,选择好专家,这主要取决于决策所涉及的问题或机会的性质;第二,决定适当的专家人数,一般以 10~50 人较好;第三,拟订好意见征询表,意见征询表的质量直接关系到决策的有效性。现在这种方法普遍运用于政府机构、企业及各类组织中。

2. 头脑风暴法

头脑风暴法又称专家会议决策法,是指依靠一定数量专家的创造性思维来对决策对象未来的发展趋势及其状况作出集中的判断。头脑风暴法是常用的集体决策方法,便于个人发表创造性意见,主要用于收集新设想和新创意。通常是将对解决某一问题有兴趣的人集合在一起,在完全不受约束的条件下,敞开思路,畅所欲言。通过这种方式引起思维相互交流与碰撞,达到思维的启发与共振,产生组合效应,从而产生创造性思维。

头脑风暴法的创始人、英国心理学家奥斯本为该决策方法的实施提出了四项原则:

(1) 对别人的建议不作任何评价,将相互讨论限制在最低限度内;

(2) 建议越多越好,参与者不要考虑自己建议的质量,想到什么就应该说出来;

(3) 鼓励每个人独立思考,广开思路,想法越新颖和越奇异越好;

(4) 可以补充和完善已有的建议以使它更具说服力。

头脑风暴法对预测有很高的价值,但这种方法有明显的弊端,即受心理因素影响较大,易屈服于权威或大多数人的意见;如果专家个性较强,则往往不愿意轻易改变自己已经发表的意见。这种方法的时间安排应在 1~2 小时，参加者以 5~6 人为宜。由头脑风暴法派生的质疑头脑风暴法也是一种集体产生设想的方法，它是指组织另外一些专家对直接头脑风暴法所产生的预测结果通过会议形式进行质疑、评判和估价。

3. 名义小组技术

在集体决策中，如对问题的性质不完全了解并且意见分歧严重，则可采用名义小组技术。在决策小组中，小组的成员互不通气，也不在一起讨论和协商，小组只是名义上的。名义上的小组可以有效地激发个人的创造力和想象力。

决策者首先召集一些具备一定知识和经验的人，把要解决的问题的关键内容告诉他们，并请他们独立思考，要求每个人尽可能地把自己的备选方案和意见写下来。然后再按次序让他们一个接一个地陈述自己的方案和意见。在此基础上，由小组成员对提出的全部备选方案进行投票，根据投票结果，赞成人数最多的备选方案即为所要的方案。尽管如此，决策者最后仍有权决定是接受还是拒绝这一方案。

（二）定量决策方法

定量决策法是指运用数学方法解决经济问题的决策方法，其核心是把与决策有关的变量与变量以及变量与目标之间的关系通过建立数学模型表现出来，然后经计算求出答案，供决策者参考。定量决策方法主要适用于具有较详细的预测数据资料的决策，所运用的数学工具多种多样，复杂程度也不相同。

决策者在进行决策过程中，要考虑未来的状况。根据未来情况的可控程度，决策方法分为：确定型决策方法、风险型决策方法和不确定型决策方法三大类。

1. 确定型决策方法

在比较和选择活动方案时，如果未来情况只有一种结果并为决策者所知，则须采用确定型决策方法。常用的确定型决策方法有量本利分析法、线性规划法、投资回报率分析法等，这里主要介绍量本利分析法。

量本利分析法又称保本分析法或盈亏平衡分析法，是通过考察产量（或销售量）、成本和利润的关系以及盈亏变化的规律来为决策提供依据的方法。其关键是找出企业不盈不亏时的产量，即保本产量或盈亏平衡产量，此时，企业的总收入等于总成本。

量本利的原理如图 2-6 所示。图中，Q 表示产量，F 为固定成本，V 为可变成本，C 为总成本，P 为产品单价，S 为销售收入，Q_0 为盈亏平衡点产量。

量本利分析法是以盈亏平衡点产量（销售量）为是否生产的依据，其公式为：

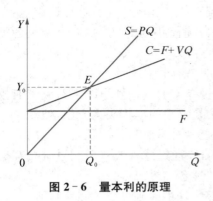

图 2-6　量本利的原理

$$Q_0 = \frac{F}{P-V}$$

要获得一定的目标利润 B 时，其公式为：

$$Q_B = \frac{F+B}{P-V}$$

例 2-1 某企业生产一种产品。其总固定成本为 200 000 元,单位产品变动成本为 10 元,产品销售价格为 15 元。该企业的最少产量为多少?如果要获得 20 000 元利润,该企业的产量应为多少?

解:

保本点产量为:

$$Q_0 = \frac{F}{P-V} = \frac{200\ 000}{15-10} = 40\ 000$$

若要获利 20 000 元,其产量应为:

$$Q_B = \frac{F+B}{P-V} = \frac{200\ 000 + 20\ 000}{15-10} = 44\ 000$$

答:该企业的最少产量为 40 000 单位才可保本,要获利 20 000 元,则产量要在 44 000 单位以上。

量本利分析法着重研究销售数量、价格、成本和利润之间的数量关系,它所提供的原理和方法在管理会计中有着广泛的用途,它也是企业进行决策、计划和控制的重要工具。

2. 风险型决策方法

风险型决策也叫统计型决策或随机型决策,是指已知决策方案所需的条件,但每种方案的执行都有可能出现不同后果,多种后果的出现有一定的概率,即存在着"风险",所以称为风险型决策。常用的风险型决策方法是决策树法。

决策树法是把每一决策方案各种状态的相互关系用树形图表示出来,并且注明对应的概率及其报酬值,从而选择出最优决策方案。它以损益值为依据,比较不同方案的期望损益值,从而决定方案的取舍。其最大的特点是能够形象地显示出整个决策过程,逻辑思维清晰,层次分明,非常直观。

决策树由决策结点、方案枝、状态结点、状态枝四个要素组成。方块结点代表决策结点,由决策结点引出的若干条树枝称为方案枝,圆圈结点代表状态结点,由状态结点引出的若干条树枝称为状态枝,状态枝上标明状态的情况和可能的概率。决策树用树枝分叉形态表示各种方案的期望值,剪掉期望值小的方案枝,剩下最后的方案就是最佳方案。

例 2-2 某企业在下年度有甲、乙两种产品方案可供选择,每种方案都面临滞销、一般和畅销三种市场状态,各种状态的概率和损益值如表 2-2 所示。

表 2-2 各种状态的概率和损益值

损益值 概率 市场状态 方案	滞销	一般	畅销
	0.1	0.3	0.6
甲方案	30 万元	70 万元	100 万元
乙方案	20 万元	50 万元	150 万元

试用决策树法选择最佳方案。

解:第一步:依据已知条件,绘制决策树。如图2-7所示。
第二步:计算期望损益值。
甲方案的期望值:30×0.1+70×0.3+100×0.6=84(万元)
乙方案的期望值:20×0.1+50×0.3+150×0.6=107(万元)
第三步:剪枝决策。
乙方案的期望值大于甲方案的期望值,将甲方案枝剪去,选择乙方案。

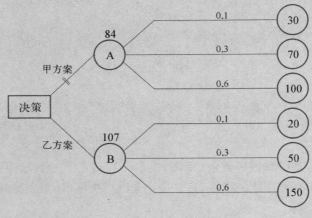

图2-7 决策树

3. 不确定型决策方法

在风险型决策方法中,计算期望值的前提是能够判断各种状况出现的概率。如果出现的概率不清楚,就要用不确定型决策方法。常用的不确定型决策方法主要有冒险法、保守法、折中法和后悔值法四种。采用何种方法取决于决策者对待风险的态度。

(1)冒险法(大中取大准则)。

这是一种乐观的方法,它基于对未来前景的乐观估计,不放弃任何一个获得最好结果的机会,愿意承担风险以争取最大收益。在方案取舍时,先取各方案在各种状态下的最大损益值(即最有利的状态发生),然后在各方案的最大损益值中取最大者对应的方案。

例2-3 某企业计划开发新产品,有三种设计方案可供选择。不同设计方案的制造成本和产品性能各不相同,在不同的市场状态下的损益值也不同,有关资料如表2-3所示。

表2-3 三种方案在不同市场状态下的损益值(冒险法)　　　　　　　单位:万元

损益值 \ 市场状态 方案	畅销	一般	滞销	最大损益值
方案甲	60	40	20	60
方案乙	90	30	10	90
方案丙	100	50	-40	100

方案丙的最大损益值最大,因此,选择方案丙。

(2) 保守法(小中取大准则)。

这是一种悲观的方法。在方案取舍时,先取各方案在各种状态下的最小损益值(即最不利的状态发生),然后在各方案的最小损益值中取最大者对应的方案。

例2-4 同例2-3,用保守法决策如表2-4所示。

表2-4 三种方案在不同市场状态下的损益值(保守法) 单位:万元

市场状态 损益值 方案	畅销	一般	滞销	最小损益值
方案甲	60	40	20	20
方案乙	90	30	10	10
方案丙	100	50	−40	−40

方案甲的最小损益值最大,因此,选择方案甲。

(3) 折中法。

保守法和冒险法都是以各方案不同状态下的最大或最小极端值为标准。但多数场合下决策者既非完全的保守者,也非极端冒险者,而是介于两个极端的某一位置寻找决策方案,即采用折中法。方法如下:首先,找出各方案在所有状态下的最大值和最小值;其次,根据自己的冒险偏好程度,给定最大值一个乐观系数a($0<a<1$),那么,最小值系数就是$1-a$;再次,用给定的系数和对应的各方案最大值和最小值计算各方案的加权平均值;最后,加权平均值的最大值对应的方案就是最佳方案。

例2-5 同例2-3,若取$a=0.7$,用折中法进行决策,则如表2-5所示。

表2-5 三种方案在不同市场状态下的损益值(折中法) 单位:万元

市场状态 损益值 方案	畅销	一般	滞销	加权平均值
方案甲	60	40	20	48
方案乙	90	30	10	66
方案丙	100	50	−40	58

最大系数为0.7,则最小系数为0.3。
各方案的加权平均值为:
方案甲:$60\times0.7+20\times0.3=48$
方案乙:$90\times0.7+10\times0.3=66$
方案丙:$100\times0.7+(-40)\times0.3=58$
Max(48,66,58)=66,因此,选择方案乙。

(4) 后悔值法（最小机会损失决策准则）。

管理者在选择了某方案后，如果实际发生的自然状态表明其他方案的收益更大，他（或她）将会为自己的选择而后悔。后悔值法就是使后悔值（又称机会损失）最小的方法。采用这种方法进行决策时，先计算各方案在各自然状态下的后悔值（某方案在某自然状态下的后悔值＝该自然状态下的最大收益－该方案在该自然状态下的收益），并找出各方案的最大后悔值，然后进行比较，把最大后悔值最小的方案作为最终的选择。

例 2-6 同例 2-3，用后悔值法进行决策，则应先作出后悔值表，如表 2-6。

表 2-6 后 悔 值 表　　　　　　　　　　　　　单位：万元

后悔值＼市场状态　方案	畅销	一般	滞销	最大后悔值
方案甲	40	10	0	40
方案乙	10	20	10	20
方案丙	0	0	60	60

Min(40,20,60)＝20，因此，选择方案乙。

【学习自测】

一、思考题

1. 什么是决策？决策应遵循哪些基本原则？
2. 决策时为什么要遵循满意原则而非最优原则？
3. 决策过程包括哪些活动？
4. 什么是德尔菲法？它有哪些优点？它有哪些缺点？哪些情形下适合运用德尔菲法？
5. 什么是头脑风暴法？头脑风暴法应遵循哪些原则？
6. 确定型决策、风险型决策和非确定型决策有何区别？
7. 法国哲学家埃米尔·卡蒂埃说过："当你只有一个念头时，你那个念头也许是最危险的念头。"你如何理解这一观点？你认为这句话对企业进行决策有何启示？

二、选择题

1. 下列哪位管理学者提出"管理就是决策"的主张？（　　）
　A. 西蒙　　　　　　B. 德鲁克　　　　　C. 泰勒　　　　　　D. 法约尔
2. 企业经营决策最终所选出的方案一般为（　　）。
　A. 较为满意的方案　　　　　　　　　　B. 最佳方案
　C. 利润最大的方案　　　　　　　　　　D. 成本最低的方案
3. 我国制定的五年计划属于（　　）。
　A. 战略决策　　　　B. 战术决策　　　　C. 风险决策　　　　D. 非程序决策

4. 决策树更适合（　　）。
   A. 确定型决策　　B. 非确定型决策　　C. 风险型决策　　D. 以上都是
5. 企业面临的环境越来越复杂，企业的决策难以靠个人的经验来应付了，因此，现代决策更多地开始依靠（　　）。
   A. 集体决策　　B. 决策树法　　C. 动态规划法　　D. 下级意见
6. 决策中的"软技术"是指（　　）。
   A. 定量决策方法　　B. 盈亏分析法　　C. 定性决策法　　D. 决策树法
7. 关于决策，正确的说法是（　　）。
   A. 决策是管理的基础　　　　　　B. 管理是决策的基础
   C. 决策是调查的基础　　　　　　D. 计划是决策的基础
8. 狭义的决策指（　　）。
   A. 拟订方案　　B. 评价方案　　C. 比较方案　　D. 选择方案
9. 决策者的个性对（　　）决策的影响最大。
   A. 风险型　　B. 确定型　　C. 不确定型　　D. 程序化
10. 你正面临是否购买某种奖券的决策。你知道每张奖券的售价以及本期共发行奖券的总数、奖项和相应的奖金额。在这种情况下，该决策的类型是什么？加入何种信息以后该决策将变成一个风险型决策？（　　）
    A. 确定型决策；各类奖项的数量　　　　B. 风险型决策；不需要加其他信息
    C. 不确定型决策；各类奖项的数量　　　D. 不确定型决策；可能购买该奖券的人数
11. 在管理决策中，许多管理人员认为只要选取满意的方案即可，无须刻意追求最优方案，对于这种观点，你认为以下哪种解释最有说服力？（　　）
    A. 现实中不存在所谓的最优方案，所以选中的都只是满意方案
    B. 现实管理决策中常常由于时间太紧而来不及寻找最优方案
    C. 由于管理者对什么是最优方案无法达成共识，只有退而求其次
    D. 刻意追求最优方案，常常会由于代价太高而得不偿失
12. 有一种说法认为"管理就是决策"，这实际上意味着（　　）。
    A. 对于管理者来说，只要善于决策就一定能够获得成功
    B. 管理的复杂性和挑战性都是由于决策的复杂性而导致的
    C. 决策能力对管理的成功具有特别重要的作用
    D. 管理首先需要的就是面对复杂的环境作出决策
13. 餐厅的一位女服务员不慎将饮料溅到了一位顾客的衣服上，顾客要求赔偿，餐厅经理就从餐厅的开支中拿出一笔开销给顾客清洗衣服，这是一个（　　）。
    A. 非程序化决策　　B. 确定型决策　　C. 不确定型决策　　D. 风险型决策
14. 某厂生产一种产品，其总固定成本为 300 000 元，单位产品变动成本为 50 元，产品销售价格为 80 元。该厂的盈亏平衡点产量应为（　　）件。
    A. 20 000　　B. 25 000　　C. 10 000　　D. 15 000
15. 一家饮料厂总经理正在考虑其广告部门提出的增加 1 000 万元广告费的建议。企业饮料的售价为每瓶 3 元，单位变动成本 2 元，预计增加的广告投入需至少带动

（　　）瓶饮料的额外销售，总经理才能拍板作这笔广告投入。
  A. 33 333 万   B. 500 万   C. 1 000 万   D. 1 500 万
 16. 在管理中，决策是（　　）。
  A. 高层管理人员所承当的任务 B. 高层和中层管理人员所承当的任务
  C. 高层主管和参谋人员所承当的任务 D. 每一个管理人员都可能要从事的活动

三、判断题

1. 决策是一个过程，而非瞬间行动。因此，决策实际上是一个"决策→实施→再决策→再实施"的连续不断的循环过程。（　　）

2. "三个臭皮匠，胜过一个诸葛亮"，这句格言说明组织决策常常比个人决策更有效。（　　）

3. 因为组织决策的效率总是低于个人决策，所以，在决定是否采取组织决策时，主要考虑的是效果的提高是否足以抵消效率的损失。（　　）

4. 决策的动态性要求决策者必须根据对其决策结果产生重大影响的其他人的决策，灵活地调整自己的决策方案。（　　）

5. 在选择最佳方案时有用的规则是：使执行该方案过程中可能出现的问题的数量减少到最小，而执行该方案对实现组织目标的贡献达到最大。（　　）

6. 利用经营单位组合分析法进行决策的目的是让高层管理部门知道企业哪些领域是"明日之星"和哪些领域是"明日黄花"，从而使资金在企业内部得到最有效地利用。（　　）

【能力训练任务】

任务一：头脑风暴法

（一）情境描述及任务要求

推荐和选拔组成一支 6~8 人的"专家"队伍，并进行角色和工作分配。从"专家"队伍中选派代表到学校有关部门了解学校面临的一个实际难题，然后由"专家"队伍运用头脑风暴探讨解决方案，并把方案反馈给该部门。

（二）成果评价

1. 通过运用头脑风暴法为学校解决实际问题掌握头脑风暴法的基本原理和操作步骤。

2. "专家"小组写出报告，介绍头脑风暴法的运用心得，分析所提交的方案为什么最终被学校采用或被舍弃。

3. 对个人在小组中的表现进行二分评估，对各组报告进行二分评估。

任务二：定量决策法

（一）情境描述及任务要求

1. 某企业固定成本 30 000 元，产品单位可变成本为 140 元，单位售价为 200 元，应按什么规模生产销售才能盈利？若想实现 150 000 元利润，应该实现多大销售量？如果销售量达到 1 000 件，企业能盈利多少？

2. 某企业为了扩大产品的生产,拟建设新厂。据市场预测,产品销路好的概率为0.7,销路差的概率为0.3。有三种方案可供企业选择:

方案A:新建大厂,需投资300万元。据初步估计,销路好时,每年可获利100万元;销路差时,每年亏损20万元。服务期为10年。

方案B:新建小厂,需投资140万元。据初步估计,销路好时,每年可获利40万元,销路差时,每年仍可获利30万元。服务期为10年。

方案C:先建小厂,3年后销路好时再扩建,需追加投资200万元,服务期为7年,估计每年获利95万元。

哪种方案最好?请运用适当的方法作出决策。

3. 某企业生产一种产品,市场预测结果表明有销路好、销路一般和销路差三种可能。备选方案有三个:一是扩建,二是技术改造,三是维持现状。扩建需投资25万元,技术改造需投资15万元。各方案在不同自然状态下的损益值如表2-7所示。

表2-7 三种方案在不同自然状态下的损益值   单位:万元

损益值 方案 自然状态	销路好	销路一般	销路差
A. 扩建	210	100	-60
B. 技术改造	160	80	-40
C. 维持现状	90	40	-20

(1) 应选择哪种方案?请运用适当的方法进行决策。

(2) 假设销路好的概率为0.5,销路一般的概率为0.3,销路差的概率为0.2,又该怎样进行决策?

(二)成果评价

1. 能根据已知条件,选择合适的决策方法。
2. 能正确地运用决策方法作出科学决策。
3. 作为一次作业,对个人完成情况进行五分评估。

任务三:东山再起面对的抉择

(一)情境描述及任务要求

巨人集团在20世纪90年代靠电脑起家,迅速崛起,并大力向房地产和保健品进军。由于战线过长,资金周转困难,不能及时偿还贷款,导致破产。经过大起大落,其掌门人史玉柱总结了战线过长的教训,在重整旗鼓、东山再起时,拟采取重点经营战略。可是主攻方向选在哪里?有的主张从老本行电脑做起,但有的人反对,认为电脑行业属于更新极快的高不确定性产业,离开这么多年,已经陌生,经营电脑风险太大。还有人建议从脑黄金做起,因为为了搞脑黄金已投入了一个亿,而且保健品处于低不确定性的环境之中。但也有人反对,理由是企业破产时就栽在脑黄金上,再搞脑黄金岂不是"重蹈覆辙"吗?史玉柱面临两难抉择⋯⋯

1. 你认为影响巨人集团决策有哪些因素?
2. 应该按照怎样的程序进行他们的决策?

3. 请作出你的选择,并说明理由。
4. 结合此例,谈谈你对决策的理解。
(二)成果评价
在小组讨论的基础上个人写出分析报告,对个人分析报告进行二分评估。

任务四:活动策划

(一)情境描述及任务要求
1. 由学生自选题目,在调研的基础上,运用创造性思维,策划一项活动,形成一个创意。选题应是学生生活中要解决的问题或熟悉的内容,并尽可能地与所学专业相关。
2. 每个人要深入思考,形成所策划活动的创意。
3. 以小组为单位,运用头脑风暴法等方法,深入研讨,集思广益,形成小组创意。将小组创意在班级进行交流,其他人可以现场质疑、建议与完善。
(二)成果评价
对每个人的创意进行二分评估,对各组的创意与在交流会上的表现进行二分评估。

能力模块三　制 定 计 划

【情境任务导入】

　　王志强毕业于某高职院校。他刚进入一家企业时,他的顶头上司就交给他为即将举办的一项大型营销活动制定一份活动草案。虽说是草案,可是怎样提出目标?怎样写出计划文本?在校期间可从来没写过,这可难坏了小王。
　　请思考:
　　1. 小王需要搜集哪些方面的信息?
　　2. 应依据什么确定目标?订立一个还是几个目标?
　　3. 一份简单的计划书包括哪些基本内容?

【必备知识内容】

一、目标与目标体系

(一)目标
　　一位父亲带着三个孩子到沙漠去猎杀骆驼。他们到达了目的地。父亲问老大:"你看到了什么?"老大回答:"我看到了猎枪、骆驼,还有一望无际的沙漠。"父亲摇摇头说:"不对。"父亲以相同的问题问老二。老二回答:"我看到了爸爸、大哥、弟弟、猎枪、骆驼、还有一望无际的沙漠。"父亲又摇摇头说:"不对。"父亲又以相同的问题问老三。老三回答:"我只看到了骆驼。"父亲高兴地点点头说:"答对了。"这个故事告诉我们:一个人若想走上成功之路,首先必须有明确的目标。目标一经确立之后,就要心无旁骛,集中全部精力,勇往直前。

目标是计划的核心要素。计划就是确立目标并筹划如何实现目标的过程。要科学地编制计划,首先就必须正确地制定目标。

目标是体现某种目的要求的具有数量或质量特征的具体化形式。目标是组织及其成员所有行为的出发点与归宿,在组织管理中处于十分重要的地位。完整的目标概念应包括以下含义:

(1) 目标既要有目标项目,又要有达到标准。如降低成本是目标项目,降低5%则是达到的标准。只有项目而无标准的目标不能成为有效的目标。

$$目标 = 目标项目 + 达到标准$$

(2) 目标是质与量的统一。完整的目标,既有质的规定性,又有量的界限。

(3) 目标是有时间维的。目标的实现一定要有明确的完成时限。

(二) 目标体系

任何管理组织内都不会只有单一目标存在的,总是同时存在若干目标,并构成组织的目标体系。

1. 组织体系纵向上的目标结构

在组织体系的纵向上,存在着组织不同管理层次之间的目标衔接问题,包括组织的总目标、中层目标和基层目标。下级目标成为完成上级目标的手段。由上至下是层层分解关系,由下至上是层层保证或综合关系,并构成了一个目标—手段链。

2. 组织体系横向上的目标结构

从组织体系的横向上看,同一管理层次的各个部门之间也有目标协调与组合问题。各职能部门的工作角度与利益不同,它们之间的目标可能发生冲突,必须进行很好的协调与衔接,以形成合力。

3. 目标多元化与目标次序

无论是组织纵向还是组织横向,甚至一个部门本身,都是一种目标多元化状态。这就产生了目标优先次序问题。即在多个目标(特别是平行目标)之间如何根据目标的重要程度排列出优先次序。必须根据组织的总目标,结合各目标之间的内在联系,区分轻重缓急,科学合理地加以排列。

(三) 制定目标

1. 制定目标的原则

(1) 明确性原则。目标的内容必须清楚明确,不能含糊不清。

(2) 先进性原则。目标标准的水平必须先进,具有激励性。

(3) 可行性原则。设立的目标标准不但是可以达到的,而且目标的数目也不宜过多,并充分考虑主客观条件的限制,具有很强的可操作性。

(4) 可度量性原则。表示目标的各种指标或标准要尽可能定量化,便于测量。对一些不好直接量化的,尽可能采用一些方法技术转化为量化指标。

2. 制定目标的依据

(1) 从本组织的宗旨出发,结合组织内外部环境,这是制定组织目标的最基本依据。

(2) 可根据前一阶段未实现的目标或标准的问题点以及出现的新问题确定目标。

（3）根据市场竞争的需要制定目标。

（4）根据上级部门提出的要求、部署或社会的形势要求制定目标。

（5）根据与国内外先进水平比较的差距制定目标，即所谓"标杆管理"。"标杆管理"就是通过分析研究，找出不同领域最好企业的方法或产品，并以此为标杆，设计和生产自己的产品，赶超最强的竞争对手。

3. 制定目标的程序

制定目标的基本程序可以分为"由上而下"、"由下而上"及"上下结合"等几种。一般业务较为简单的小企业或中基层单位采用"自上而下"的程序，即先由企业上层或部门直接主管提出总目标，再层层下达。而业务复杂的大企业则必须先由各部门制定目标，然后再综合为企业的总目标。但大多数情况下都是采取"上下结合"、"几上几下"的程序进行。

4. 获得员工对目标的认同

目标既是鼓舞员工奋斗的武器，又是需要靠员工的努力来实现的，因此，企业或部门订立的目标，必须最大限度地获得员工的理解、认可与支持。要获得员工的认可，订立目标就要充分考虑员工的需求，制定程序要尽可能地让员工参与，发布目标要为员工所广泛知晓与理解，目标实现过程要尽可能地实现员工的自主管理与自我控制。

二、计划工作应遵循的原理

（一）计划的含义

在日常生活、工作和学习中，我们常常会听到、看到或用到"计划"这个词，大到登月计划，小到班级的春游计划甚至个人的学习计划，计划可谓无处不在。古人运筹帷幄、决胜千里、未雨绸缪等指的就是计划。"凡事预则立，不预则废"，这个"预"字指的也是计划。在组织的管理工作中，计划更是与每一个人形影不离。营销部门要有营销计划，生产部门须作生产计划，管理高层也免不了要为组织的发展作好战略计划。

在管理学发展的历史过程中，许多专家、学者和管理大师在不同的背景下，从不同的角度对"计划"这个词进行了诠释，这里给出两种常见的定义。

狭义的计划是指为实现既定目标所制定的具体行动方案；广义的计划是指为实现组织既定的目标，对未来的行动进行规划和安排的活动。

正如哈罗德·孔茨所言："计划工作是一座桥梁，它把我们所处的这岸和我们要去的对岸连接起来，以克服这一天堑。"计划就是针对明确的工作目标去配置为达到目标所必需的各种资源，去选择一条适合自身特点的达到工作目标的道路，落实在纸上。

我们通常把计划的内容概括为"5W1H"，即 what、who、when、where、why、how。

（1）what：要做什么或完成什么，明确工作任务；

（2）who：由哪些人执行，明确工作任务的担当者；

（3）when：什么时候执行到什么程度，明确工作任务的进度；

（4）where：在什么地方进行工作，明确工作开展的地点、区域；

（5）why：为什么要这样做，明确工作的起因、动机；

（6）how：怎么开展工作，明确工作的方式方法。

计划工作具有承上启下的作用。一方面，计划工作是决策的逻辑延续，为决策所选择的目标活动的实施提供组织实施保证；另一方面，计划工作又是组织、领导、控制和创新等管理活动的基础,具有首位性。计划是组织内不同部门、不同成员行动的依据;计划可以增强管理的预见性,规避风险,减少损失;计划有利于在明确的目标下统一员工的思想行动;计划有利于合理配置资源,提高效率,取得最佳经济效益。因此,计划在管理活动中具有十分重要的地位,它是所有管理职能中最基本的。

(二) 计划工作应遵循的原理

计划工作是一个科学性、指导性、预见性很强的管理活动,同时又是一项复杂而困难的任务,为了做好计划工作,应遵循限定因素原理、许诺原理、灵活性原理和改变航道原理。

1. 限定因素原理

限定因素是指妨碍组织目标得以实现的因素,也就是说,在其他因素不变的情况下,抓住这些因素,就能实现组织的目标。限定因素原理是指在计划工作中,主管人员越是能够了解和找到对达到目标起限制性和决定性作用的因素,就越是能有针对性、有效地拟订各种行动方案。

限定因素原理有时又被形象地称作"木桶原理",其含义是木桶能盛多少水,取决于桶壁上最短的那块木板。主管人员在编制计划时,必须全力找出影响目标实现的主要限定因素,有针对性地采取措施。如果对问题面面俱到,不仅会浪费时间和费用,而且还有可能把主要注意力转移到决策的非关键性问题上,从而影响目标的实现。限定因素原理是决策的精髓。

2. 许诺原理

在计划工作中选择合理的期限应当遵循许诺原理。许诺原理可以表述为:任何一项计划都是对完成各项工作所作出的许诺,许诺越大,实施许诺的时间就越长,实现目标的可能性就越小。因此,许诺原理涉及计划期限的问题。合理的计划工作要确定一个未来的时期,这个时期的长短取决于实现许诺的任务所必需的时间。在计划工作中选择合理的期限还应加强短期计划和长期计划之间的协调,即长计划短安排,如果短期计划实现了,长期计划的实现就较顺利。

事实上,在大多数情况下,完成期限往往是对计划最严厉的要求。如果主管人员实现许诺所需的时间长度比他可能正确预见的未来期限还要长,如果他不能获得足够的资源并使计划具有足够的灵活性,他就应当减少许诺,或是将他所许诺的期限缩短。

3. 灵活性原理

灵活性原理强调的是能适应变化。计划工作中体现的灵活性越大,则由于未来意外事件引起损失的危险性就越小。为确保计划本身具有灵活性,在制定计划时,应量力而行,不留缺口,但要留有余地。计划工作是面向未来的,而未来又是不确定的,所以,在制定计划时,就要尽可能多地预见计划在实施过程中可能出现的问题,并制定出具体的应变措施,一旦发现问题,可以及时解决,从而确保计划尽可能地顺利实施。必须指出,灵活性原理是指在制定计划时要留有余地,至于执行计划,则一般不应有灵活性。例如,执行一个生产作业计划必须严格准确,否则就会发生组装车间停工待料或在制品大量积压的现象。

对主管人员来说,灵活性原理是计划工作中最主要的原理。在承担的任务重、目标期限长的情况下,灵活性便显示出它的作用。本身具有灵活性的计划又被称为"弹性计划",即能适应变化的计划。当然,灵活性是有一定限度的。

4. 改变航道原理

改变航道原理是指计划的总目标不变,但实现目标的进程可以因情况的变化随时改变。

计划制定出来后,计划工作者就要管理计划,促使计划实施,而不能被计划所"管理",被计划框住。必要时可以根据当时的实际情况做必要的检查和修订。因为未来情况随时都可能发生变化,制定出来的计划不可能一成不变。尽管在制定计划时预见了未来可能发生的情况,并制定了相应的应变措施,但计划赶不上变化的现象时常发生,因而在必要时就要调整计划或重新制定计划。就像航海家一样,必须经常核对航线,一旦遇到变化就可绕道而行,故此原理被称为改变航道原理。

改变航道原理与灵活性原理不同,灵活性原理是使计划本身具有适应性,而改变航道原理是使计划执行过程具有应变能力。为此,计划工作者就必须经常地检查计划,重新调整和修订计划,以此达到预期的目标。

三、计划的编制过程

虽然各类组织编制的计划内容差别很大,但科学地编制计划所遵循的步骤却具有普遍性。管理者在编制任何完整的计划时,实际上都将遵循如图 2-8 所示的步骤,即使是编制一些小型的简单计划,也应该按照如下完整的思路去构思整个计划过程。

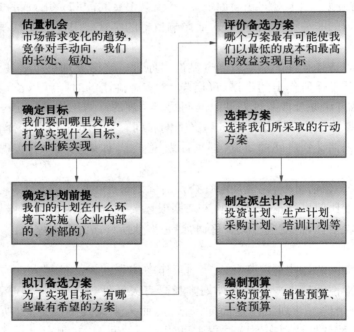

图 2-8 计划流程图

(一)估量机会

估量机会在实际的计划工作之前就要着手进行,是计划工作中不可缺少的一个起点。管理者利用收集到的资料,对组织的内、外部环境进行分析,对将来可能出现的机会进行估计,并全面、清楚地了解这些机会。分析自身的优势和劣势,了解自己所处的竞争地位,做到知己知彼。计划目标是否现实可行,便取决于这一步骤的工作。

(二)确定目标

在估量机会的基础上,计划工作的第一步就是要为组织以及各组成部分确立目标。目标是组织各项活动所要实现的最终目的,它决定了组织的发展方向并指导组织的行动。确定目标就是经过对机会的估量,明确各种环境因素的影响,分析组织的优势和劣势,确定组织总方针和要达到的总目标。

目标分解就是将决策确定的组织总体目标分解为组织中各个部门和各个环节的目标,将长期目标分解为各个阶段的分目标,通过分解,确定组织的各个部分在未来各个时期的具体任务以及完成这些任务应达到的具体目标,从而构成一个统分结合的目标体系,形成目标网络。通过各领域、各层次目标的相互支持,相互协调,形成一个完整的目标系统。

（三）确定计划前提

计划的前提条件是指计划的假设条件,即计划实施时预期的内、外部环境条件,对计划工作的前提了解得越细越透彻,并能始终如一地运用,则计划工作做得越协调。

由于未来环境的复杂性,要搞清楚每一个细节是不现实的,因此,组织所要确定的计划前提必须限于那些关键性的、对计划的实施影响最大的条件。为了使企业或组织的各个领域和各个部门的计划协调一致,各级、各类管理人员所依据的计划前提条件也必须协调一致。

（四）拟订备选方案

计划前提条件确定后,就要拟订各种可行的方案供评价和选择。从理论上说,拟订可行方案要做到既不重复又不遗漏。因为如果所拟订出来的各个方案在执行中互相重复交叉的话,就很难对各个方案的优劣进行独立的评价。而如果不能找出所有的可行方案,就可能会遗漏某些好的计划方案,从而影响所确定的计划方案的质量。但实际上,由于认识能力、时间、经验和费用等原因,管理者并不可能找到所有的可行方案,而只能拟出若干个比较有利于预期目标的可行方案进行评价分析。当然,管理人员应当牢记这一格言:"如果看起来似乎只有一种行动方案,这一方案很可能就是错误的。因为这容易使人们放弃去探索更好的方案。"

（五）评价备选方案

拟订备选方案后,应根据环境和目标来权衡各种因素,并对各个方案进行评价。备选方案可能有几种情况:有的方案利润大,但成本也大;有的方案利润小,但风险也小;有的方案对长远规划有益,有的方案对当前工作有好处。在这几种方案并存的条件下,就要根据组织的目标来选择一个较合适的方案。一般来说,由于备选方案多,而且有大量的可变因素和限定条件,评价备选方案的工作往往是非常复杂的,常需借助于运筹学、数学方法和计算机技术等各种手段来进行方案评价。

（六）选择方案

这是作出决策的一步,即选出组织将采取的行动方针。管理人员或者依据自己的经验,或者通过对备选方案进行实验,或者对方案进行分析研究来作出选择。为了保持计划的灵活性,选择的结果往往可能是两个或更多的方案,需要决定首先采取哪个方案,而将其余的方案也进行细化和完善,作为备选方案。

（七）制定派生计划

选择好方案后,计划工作并没有完成,还需为涉及计划内容的各个部门制定总计划的派生计划。几乎所有的总计划都需要派生计划的支持和保证,完成派生计划是实施总计划的基础。例如,一家航空公司为在激烈的市场竞争中赢得优势,决定购买一批客机,以增加航班并获得经营的规模优势。这一基本计划需要制定很多派生计划来支持,如雇佣和培训各类人员的计划、建立维修设施的计划、制定飞行时刻表计划以及广告筹资和办理保险的计划等。

(八)编制预算

计划的最后一步是把计划转化为预算,使之数字化。预算是汇总组织各种计划的一种手段,将各类计划数字化后汇总。预算用数字表述计划,并把这些数字化的计划分解成与组织的职能业务相一致的各个部分,预算就与计划工作相联系,预算将资源使用权授予组织各部门,但又对资源使用状况进行控制。

四、与计划工作有关的技术与方法

计划工作效率的高低和质量好坏在很大程度上取决于所采用的方法和技术。现代组织面对更加复杂和动荡的外部环境,未来的各种不确定因素也日渐增多,计划的方法就显得尤为重要。下面介绍几种常用的计划方法。

(一)滚动计划法

对于中长期计划而言,由于环境的不断变化,在制定计划时存在着诸多的不确定因素,因而在计划实施一段时间之后,就可能出现与实际不符的情况。这时如果仍然按照原计划实施下去,就可能导致巨大的错误和损失。滚动计划法是将短期计划、中期计划和长期计划有机地结合起来,根据近期计划的执行情况和环境变化情况,定期修订未来计划。

滚动计划法的具体做法是:在计划制定时,同时制定未来若干期的计划,但计划内容采用近细远粗的方法,即把近期的详尽计划和远期的粗略计划结合在一起。在已编制出的计划的基础上,每经过一段固定时期(如一年或一个季度,这段固定时期被称为滚动期),便根据变化了的环境条件和计划的实际执行情况,从确保实现目标出发对原计划进行调整,每次调整时,保持原计划期限不变,而将计划期限顺序向前推进一个滚动期。图2-9是一个滚动计划编制过程的示意图。

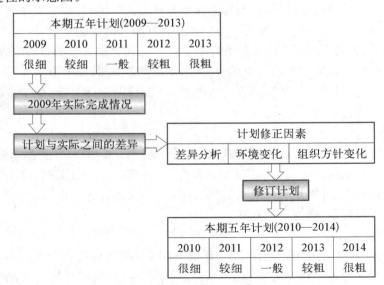

图2-9 滚动计划编制过程示意图

滚动计划法加大了计划编制的工作量,但其优点是明显的。这种方法推进了对远期计划的决策,增大了对未来估计的难确性,提高了计划的质量;同时,使长期、中期和短期计划相互衔接,保证了组织能够根据环境的变化及事件及时进行调整,使各期计划能够基本上保持一致,大大增强了计划的弹性,从而提高了组织的应变能力。

(二)甘特图

甘特图是在20世纪初由亨利·甘特开发的,它是一种线条图,横轴表示时间,纵轴表示要安排的活动及其进度。甘特图可直观地表明任务计划定在什么时候进行和完成,并可对实际进展与计划要求作对比检查。这种方法虽然简单,但却是一种重要的作业计划与管理工具。它能使管理者很容易搞清一项任务或项目还剩下哪些工作要做,并评估出某项工作是提前了还是拖后了或者按计划进行着,进行监控工作,调整注意力到最需要加快速度的地方,使整个项目按期完成。甘特图是基于作业排序的目的将活动与时间联系起来的最早尝试之一。

如图2-10所示,用一个图书出版的例子来说明甘特图。不难看出,在本例中,除了打印长条校样以外,其他活动都是按计划完成的。

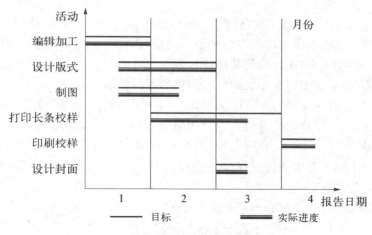

图2-10 甘特图实例

甘特图的优点是直观地标明了各项活动的计划进度和当前进度,能动态地反映项目进展情况,缺点是难以反映多项活动之间存在的复杂的逻辑关系。

(三)网络计划方法

网络计划方法是20世纪50年代末发展起来的,依其起源有关键路线法(CPM)与计划评审法(PERT)之分。美国杜邦公司在1956年制定企业不同业务部门的系统规划时,采用关键路线法制定了第一套网络计划。通过网络分析研究工程费用与工期的相互关系,使整个工程的工期缩短4个月。1958年,美国海军特种计划局和洛克希德航空公司在制定研制"北极星"导弹计划时,同样应用了网络分析方法与网络计划,这种计划方法是计划评审法,注重对各项工作安排的评价和审查,使原定6年的研制任务提前两年完成。

1. 网络计划方法的基本原理

网络计划方法是把一项工作或项目分解成多种作业,然后根据作业顺序进行排列,通过网络图的形式对整个工作或项目进行统筹规划和控制,以便用最短的时间和最少的人力、物力、财力去完成既定的目标或任务。

2. 网络图的绘制

网络图是网络计划方法的基础。任何一项任务都可以分解成许多步骤的工作,根据这些工作在时间上的衔接关系,用箭线表示它们的先后顺序,画出一个由各项工作相互联系并注明所需时间的箭线图,这个箭线图被称作网络图。图 2-11 是一个简单的网络图。

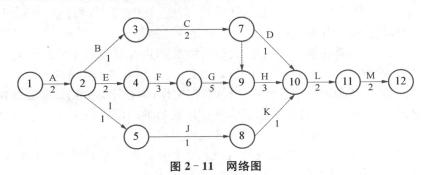

图 2-11 网络图

(1) 网络图的构成要素。

① "→"代表工序,是一项工作的过程,有人力、物力参加,经过一段时间才能完成。图中箭线下的数字是完成该项工作所需的时间。此外,还有一些工序既不占用时间,也不消耗资源,是虚设的,叫虚工序,用虚线箭头表示。网络图中应用虚工序的目的是为避免工序之间关系含混不清,以正确表明工序之间先后衔接的逻辑关系。

② "○"代表事项,是两个工序间的连接点。事项既不消耗资源,也不占用时间,只表示前道工序结束、后道工序开始的瞬间。一个网络图中只有一个始点事项和一个终点事项。

③ 路线是网络图中由始点事项出发,沿箭线方向前进,连续不断地到达终点事项为止的一条通道。一个网络图中往往存在多条路线,如图 2-11 中从始点①连续不断地走到终点⑫的路线有 4 条,即:

- 第 1 条路线:①→②→③→⑦→⑩→⑪→⑫;
- 第 2 条路线:①→②→③→⑦→⑨→⑩→⑪→⑫;
- 第 3 条路线:①→②→④→⑥→⑨→⑩→⑪→⑫;
- 第 4 条路线:①→②→⑤→⑧→⑩→⑪→⑫。

比较各路线的路长,可以找出一条或几条最长的路线,这种路线被称为关键路线。关键路线上的工序被称为关键工序。关键路线的路长决定了整个计划所需的时间。关键路线上各工序完工时间提前或推迟都直接影响着整个活动能否按时完工。确定关键路线,以此合理安排各种资源,对各工序活动进行进度控制,是利用网络计划技术的主要目的。

(2) 网络图的绘制原则。

① 有向性:各项工序都用箭线表示。

② 无回路:网络图中不能出现循环回路。

③ 两点一线:两个节点之间只能有一条箭线。

④ 一个起点一个终点:网络图只能有一个起点和一个终点。

⑤ 节点编号应从小到大,从左到右,不能重复。

一般来说,网络计划方法特别适用于项目性的作业,如大型设备的制造、各种工程建设等。它的优势体现在:它能把整个工程各项任务的时间顺序和相互关系清晰地表现出来,指出完成工程的关键环节和路线,使管理人员在制定计划时既可统筹安排,又不失去重点;它通过调动非关键路线上的人力、物力和财力,加强关键作业,对工程的时间进度与资源利用实行优化;可事先评定达到目标的可能性,指出实施中可能发生的困难点及其影响,减少了计划完成的风险;便于组织和控制,特别是对于复杂的大项目,可分成许多子系统来进行调整。

例2-7 已知某工程项目如表2-8所示,请画出该作业的网络图,并确定关键路线。

表2-8 作业关系表

作　业	紧后作业	作业时间
A	C、D	3
B	E、F	8
C	E、F	6
D	G	7
E	G	5
F	H	5
G	—	7
H	—	3

解:(1)网络图如图2-12所示。

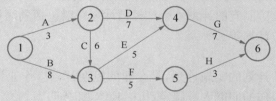

图2-12 网络图

(2)确定关键路线。

该项目的路线有5条:

路线1:①→②→④→⑥,路长为17;

路线2:①→②→③→④→⑥,路长为21;

路线3:①→②→③→⑤→⑥,路长为17;

路线4:①→③→④→⑥,路长为20;

路线5:①→③→⑤→⑥,路长为16;

路线2路长最长,为关键路线,即①→②→③→④→⑥。

五、计划的编制

(一) 计划的类型

按照不同的标志,计划可以划分为多种类型,如表 2-9 所示。

表 2-9 计划的类型

划分标志	计划类型
计划表现形式	宗旨、目标、战略、政策、程序、规则、规划和预算
企业职能	销售计划、生产计划、供应计划、新产品开发计划、财务计划、人事计划、后勤保障计划
制定计划的管理层次	上层管理计划、中层管理计划、基层管理计划
计划的内容	专项(专题)计划和综合计划
计划的期限	长期计划、中期计划、短期计划
范围广度	战略计划、策略计划、作业计划
计划的明确程度	指导性计划、具体性计划

在企业生产经营中,通常划分战略计划、生产经营计划和作业计划三种基本类型。

1. 战略计划

它也叫战略规划,决定的是企业在未来较长时期的工作目标和发展战略,一般是由企业的高层管理人员制定。其特点:一是长期性,一般涉及企业未来 3~5 年、10~15 年甚至更长的时间;二是综合性,它的涉及面广,相关因素多;三是权威性,战略计划是一种宏观指导性计划,对企业的所有其他计划具有指导和约束作用。

2. 生产经营计划

生产经营计划通常为年度计划。企业生产经营计划是在战略计划的指导下,根据企业的经营目标、方针、政策等制定的计划。生产经营计划一般包括利润计划、销售计划、生产计划、成本计划、物资供应计划等。

3. 作业计划

它是企业生产经营计划的实施计划,是企业的短期计划。作业计划一般是由基层管理人员或企业负责计划工作的职能人员制定,指标具体,任务明确。

(二) 计划的表现形式

宗旨、目标、战略、政策、程序、规则、规划和预算都可以作为计划的表现形式,体现了计划的多样性。

1. 宗旨

任何组织活动都有一定的目的和任务,宗旨就是一个组织最基本的目标,它是一个组织继续生存的理由,也是社会赋予它的基本职能。宗旨明确了一个组织是干什么的和应该干什么。例如,一个企业的宗旨是追求股东权益最大化或是向社会提供有价值的商品和服务等。

2. 目标

目标是在充分理解组织宗旨的条件下建立起来的,是组织活动在一定条件下要达到的预期结果。确定目标本身也是计划工作,目标不仅是计划工作的终点,而且也是组织工作、领导工作以及控制活动等所要达到的结果。组织中各个管理层次都应该建立自己的目标,组织低层次目标必须与高层次目标相一致,组织要完成一个高层次目标,必须先完成较低层次的目标,循序渐进。

3. 战略

战略一词来自军事用语,是指通过对交战双方进行分析判断而作出对战争全局的筹划和指导。对组织来说,战略是为了实现组织长远目标所选择的发展方向。战略的目的是通过一系列的主要目标和政策,来决定组织未来的发展方向,总目标和总战略要通过分目标和分战略来逐步加以实现。

4. 政策

政策是指组织在决策或处理问题时用来指导和沟通思想的方针和一般规定。政策是管理的指导思想,规定了组织活动的范围与界限以及鼓励什么与限制什么,它为管理人员的行动指明了方向。政策的目的不是要约束下级使之不敢擅自决策,而是鼓励下级在规定的范围内自由处置问题,主动承担责任,使下级在不违反政策的前提下,尽可能地发挥自己的判断力,从而作出更符合实际的决定。制定政策要充分分析组织的目标,要保持一贯性、完整性和稳定性。

5. 程序

程序是一种经过优化的计划,它规定了处理某些经常发生的问题的标准方法和步骤。如果说政策是人们思考问题的指南,程序就是行动的指南,它是办事手续,具体规定了某一件事情应该做什么和如何去做,其实质是对所要进行的行动规定时间顺序。对组织内大多数政策来说,都应该规定相应的程序来指导政策的执行。管理的程序化水平是管理水平高低的重要标志。

6. 规则

规则是一种最简单的计划,它规定了某种情况下能采取或不能采取的某种具体行动。程序由许多步骤组成,如果不考虑时间顺序,其中的某一步就是规则。在通常情况下,一系列规则的总和就构成了程序。

7. 规划

规划是为了实现既定方针所必需的目标、政策、程序、规则、任务分配、执行步骤、使用资源以及其他要素的复合体。规划是粗线条的、纲领性的计划。规划有大有小,有长远的和近期的,其目的在于划分总目标实现的进度。

8. 预算

预算也被称为数字化的计划,是用数字表示预期结果的一份报表。预算可以用财务术语或其他计量单位来表示,这种数字形式有助于更准确地执行计划。通过预算可以考核管理工作的成效和对预算目标的偏离情况,从而实现控制的目的。

(三) 计划书内容的基本结构

1. 计划书内容的框架模式

不同类型的计划,计划书的格式会有所不同,但一些基本的内容与项目是共同的。计划按照用途与思路的不同,大致可以划分为基本框架模式与问题框架模式两种框架类型。

2. 计划书基本内容结构模式

一般的计划均采用这种模式,主要用于社会组织及其下属部门的年度及以下时间段的工作计划。其主要内容结构为:① 内外环境(背景)分析;② 确定工作目标(任务);③ 制定行动(工作)方案,包括工作内容、要求、途径、措施等;④ 资源配置方案,包括执行人、资金预算、物资配备、完成时限等。重要的工作计划书最开始的部分通常还要提出工作的指导思想。

3. 计划书的专案(问题)内容结构模式

这是指为解决特定问题或开展某项工作而拟订专案计划所采用的模式。其主要内容结构为:① 对所要解决的问题或专项任务进行分析与界定;② 分析主客观环境,把握有利与不利条件;③ 寻求与确定解决问题或完成任务的路径与行动目标;④ 制定解决问题或完成任务的方案与措施。

4. 计划书的基本项目

一份完整的计划书的基本项目包括:① 封面(标题);② 序言;③ 正文,主要包括环境或问题分析、行动目标、工作方案、资源配置等内容;④ 附件,主要有计划指标体系、计划进度表以及其他相关资料。

六、目标管理

目标管理是管理专家彼得·德鲁克于1954年在其名著《管理实践》中最先提出的,以泰勒的科学管理理论和行为科学理论为基础形成的一套管理制度。这种方法的实质是以目标来激励员工的自我管理意识,激发员工行动的自觉性,充分发挥其智慧和创造力,以期最终形成员工与企业共命运、同呼吸的共同体。

(一)目标管理的含义

目标管理是一种通过科学地制定目标、实施目标、考核目标、依据目标进行考核评价来实施管理任务的管理方法。

目标管理在指导思想上是以Y理论为基础的,即认为在目标明确的条件下,人们能够对自己负责。目标管理是一个全面的管理系统,它用系统的方法,将组织的任务转化为目标并层层分解成组织单位和成员的分目标,以有效地实现组织的总目标。

目标管理的概念可以从以下几个方面来理解。

1. 目标管理具有目标体系,是一种总体的管理

目标管理方法通过手段—目标链,将组织目标层层分解,形成目标体系。组织的最高管理层确定了总目标,各单位主管人员又根据所属部门目标设置本单位的目标,以此类推,直到设置出每个组织成员的个人目标,这样就产生了目标的连锁,这种连锁形成组织的目标体系。在目标分解过程中,权、责、利三者已经明确,而且相互对称。只有每个员工和部门完成了自己的分目标,整个企业的总目标才可能完成。

2. 目标管理实行参与管理,是一种民主的管理

目标管理中的目标不像传统的目标设定那样,单向由上级给下级规定目标,而是用参与的方式由上级与下级在一起共同确定目标。首先制定出总目标,然后对总目标进行分解,逐渐展开,通过上下协商,制定出企业各部门、各车间直至每个员工的目标;用总目标指导分目标,用分目标保证总目标,形成一个"目标—手段链"。因此,目标管理的目标转化过程既是

"自上而下"的,又是"自下而上"的。

3. 目标管理强调自我控制,是一种自觉的管理

德鲁克认为,员工是愿意负责的,是愿意在工作中发挥自己的聪明才智和创造性的,如果我们控制的对象是一个社会组织中的"人",则我们应"控制"的是行为的动机,而不应当是行为本身,也就是说必须以对动机的控制达到对行为的控制。目标管理实行自我控制,是一种"主动"的管理方式,用自我控制的管理代替压制性的管理,它使员工能够控制他们自己的行为。这种自我控制可以成为他们更为强烈的动力,推动他们尽最大努力把工作做好,不仅仅是"过得去"就行了。

4. 目标管理是一种注重成果的管理

目标管理强调成果,注重目标的实现,以制定目标为起点,以对目标完成情况的考核为终点。工作成果是评定目标完成情况的标准,也是人员考核和奖惩的依据,成为评价管理工作绩效的标志。采用目标管理能如实地评价员工的表现,克服了以往凭印象、主观判断等传统的管理方法的不足。对于达到目标的具体过程、途径和方法,上级则不做太多干预。所以,在目标管理制度下,监督的成分很少,而目标实现的能力却很强。

5. 促使下放权力

集权和分权的矛盾是组织的基本矛盾之一,唯恐失去控制是阻碍大胆授权的主要原因之一。推行目标管理有助于协调这一对矛盾,促使权力下放,有助于在保持有效控制的前提下,使组织气氛更有生气。

目标管理还力求将组织目标与个人目标更密切地结合起来,以增强员工的工作满足感,这对于调动员工的积极性和增强组织的凝聚力起到了很好的作用。

(二)目标管理的过程

美国管理学家斯蒂芬·P·罗宾斯(Stephen P. Robbins)认为目标管理共有 8 个步骤,如表 2-10 所示。

表 2-10 目标管理的典型步骤

各 个 步 骤	所 属 阶 段
1. 制定组织的整体目标和战略 2. 在经营单位和部门之间分配主要目标 3. 各单位的管理者和他们的上级一起设定本部门的具体目标 4. 部门的所有成员参与设定自己的具体目标 5. 管理者与下级共同商定如何实现目标的行动计划	1. 建立目标体系阶段
6. 实施行动计划	2. 目标实施阶段
7. 定期检验实现目标的进展情况,并向有关单位和个人反馈 8. 基于绩效的奖励促进目标的成功实现	3. 考评和反馈阶段

根据罗宾斯目标管理的 8 个步骤,可以将目标管理概括成三个主要阶段,表 2-10 中的第 1 步到第 5 步可概括为建立目标体系阶段,第 6 步可概括为目标实施阶段,第 7 步和第 8 步可概括为考评和反馈阶段。图 2-13 可以帮我们比较清楚、直观地了解目标管理的三个主要阶段。

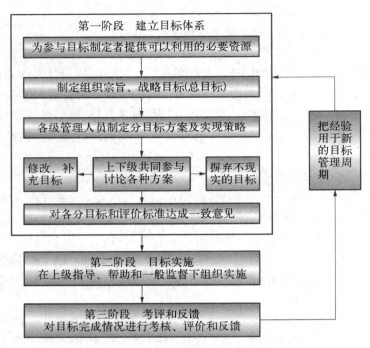

图 2-13 目标管理过程

下面对目标管理过程的三个主要阶段作简要说明。

1. 建立目标体系阶段

实现目标管理，首先要建立一套完整的目标体系，这是目标管理最重要的阶段，第一阶段可以细分为四个步骤：

（1）高层管理者预定目标。这是一个暂时的、可以改变的目标预案。该目标预案必须由上下级共同商量决定。同时，高层管理者必须根据企业的使命和长远战略，估计客观环境带来的机会和挑战，对本企业的优势和劣势有清醒的认识，对组织应该和能够完成的目标心中有数。

（2）重新审议组织结构和职责分工。目标管理要求每一个分目标都有确定的责任主体。因此，在预定目标之后，需要重新审查现有组织结构，根据新的目标分解要求进行调整，明确目标责任者和协调关系。

（3）确立下级的目标。上级明确组织的规划和目标后，商定下级的分目标。在讨论中上级要尊重下级，平等待人，耐心倾听下级意见，帮助下级发展一致性和支持性目标。每个员工和部门的分目标要和其他的分目标协调一致，支持本单位和组织目标的实现。

（4）上级和下级就实现各项目标所需的条件以及实现目标后的奖惩事宜达成协议。分目标制定后，要授予下级相应的资源配置的权力，实现权责利的统一。由下级写成书面协议，编制目标记录卡片，整个组织汇总所有资料后，绘制出目标图。

2. 目标实施阶段

在实施组织目标时，一方面，要依靠执行者自主管理，自我控制，主动地、创造性地去工作；另一方面，还需上级管理者充分授权，由直接管理转变为间接管理，即针对下级的目标实施情况提出问题，进行指导和协调，并为下级更好地达到目标创造良好的工作环境。

3. 考评和反馈阶段

上级要对各级目标的完成情况进行定期的检查和考核。检查的依据就是事先确定的目标。应当根据目标对检查的最终结果进行评价,并将评价结果及时反馈。反馈对绩效有积极的影响,它可以使执行者认识到自己的成绩和不足。如果目标没有完成,应分析原因,总结教训,切忌相互指责,以保持相互信任的气氛。通过总结经验教训,把成功的经验和好的做法固定下来,并加以完善,使之科学化、系统化、标准化、制度化,对不足之处进行原因分析,采取措施加以改进,从而把好的经验用于新的目标管理周期。

（三）目标管理的优缺点

1. 目标管理的优点

（1）提高管理水平。以最终结果为导向的目标管理,迫使各级管理人员去认真思考计划的效果,而不仅仅是考虑计划的活动。为了保证目标的实现,各级管理人员必然要深思熟虑实现目标的方法和途径,考虑相应的组织机构和人选以及需要怎样的资源和哪些帮助。

（2）改进组织结构的职责分工。目标管理能够促使管理人员根据目标去确定组织的任务和结构。目标作为一个体系,规定了各层次的分目标和任务,在允许的范围内,组织结构要按照实现目标的要求来设置和调整,各个职位也应当围绕所期望的成果来建立,这就会使组织结构更趋合理与有效。为了取得成果,各级管理人员必须根据他们期望的成果授予下属人员相应的权力,使其与组织的任务和岗位的责任相对应。

（3）调动员工的主动性、积极性、创造性。强调自我控制和自我调节,将个人利益和组织利益紧密联系起来,起到良好的激励作用。

（4）改善人际关系。目标管理强调组织内部的纵向和横向沟通,增进了意见交流和相互了解,改善了人际关系。

2. 目标管理的缺点

在实际操作中,目标管理也存在许多明显的缺点。

（1）目标难以制定。组织内的许多目标难以定量化和具体化;许多团队工作在技术上不可分解;组织环境的可变因素越来越多,变化越来越快,组织的内部活动日益复杂,使组织活动的不确定性越来越大。这些都给人们对组织的许多活动制定数量化目标带来了困难。

（2）目标管理的假设不一定都存在。目标管理是以相信人的积极性和能力为基础的,对人性的假设基于Y理论。Y理论对人类的动机作了过分乐观的假设,实际上,人是有"机会主义本性"的,尤其是在监督不力的情况下。因此,许多情况下,目标管理所要求的承诺、自觉和自治气氛难以形成。

（3）目标商定可能增加管理成本。目标商定要上下沟通、统一思想是很费时间的;每个单位和每个个人都关注自身目标的完成,很可能忽略了相互协作和组织目标的实现,滋长本位主义、临时观点和急功近利倾向。

（4）目标短期化。几乎在所有实行目标管理的组织中,确定的目标一般都是短期的,很少有超过一年的。主要是外部环境的可能性变化使各级管理人员难以作出长期承诺所致。短期目标会导致短期行为,有可能损害组织的长期利益。

美国的一份调查报告指出,世界500强的公司几乎一半以上都使用了目标管理,但只有20%~25%的公司取得了成功。其原因有三点:① 目标制定不科学;② 执行过程中经理不能很好地沟通;③ 缺乏高层管理人员的支持。因此,在推行目标管理时,除了掌握具体的方法以外,还要特别注意把握工作的性质,分析其分解和量化的可能;培养员工合作精神,建立和健全各项规章制度,改进领导作风和工作方法;要逐步推行,长期坚持,不断完善,从而使目标管理发挥预期的作用。

【学习自测】

一、思考题

1. 什么是计划?计划包括哪些内容?
2. 计划工作应遵循的原理有哪些?
3. 制定计划的基本步骤是什么?你认为每一步都是必需的吗?
4. 计划有哪些分类标准?按不同标准列出相关的类型。
5. 滚动计划法的具体做法是怎样的?它具有哪些优点?
6. 目标管理有哪些特点?目标管理有哪些步骤?目标管理有哪些优缺点?
7. 美国行为科学家艾得·布利斯提出:"用较多的时间为一次工作事前计划,做这项工作所用的总时间就会减少。"你赞成这种观点吗?能否举出实例以支撑你的看法?

二、选择题

1. 古人云:"凡事预则立,不预则废。"这是说(　　)的重要性。
   A. 领导　　　　　B. 计划　　　　　C. 控制　　　　　D. 组织
2. 在管理中,居于首位的工作是(　　)。
   A. 计划　　　　　B. 组织　　　　　C. 人员配备　　　D. 指挥
3. 计划由于具有确认组织目标的独特作用,成为其他各项管理职能执行的基础,这是指计划具有(　　)。
   A. 目的性　　　　B. 首位性　　　　C. 普遍性　　　　D. 效率性
4. 灵活性原理是指计划工作中体现的灵活性越大,则未来意外事件引起的损失的危险性就越(　　)。
   A. 大　　　　　　B. 小　　　　　　C. 灵活　　　　　D. 捉摸不定
5. 一家企业因为要上一个新的项目急需筹措资金。他们想到了向银行贷款。厂长找到财务科长说:"张科长,企业要上新的项目,需要资金,你也知道我们企业目前缺乏这笔资金。请你想办法从银行申请到贷款。"对于该厂长的这一指示,你觉得主要在以下哪方面还不够明确?(　　)
   A. 贷款目的　　　B. 贷款地点　　　C. 向谁贷款　　　D. 何时贷款
6. 根据计划的明确程度,可以把计划分为(　　)。
   A. 长期计划和短期计划　　　　　　B. 战略性计划和战术性计划
   C. 指导性计划和具体计划　　　　　D. 程序性计划和非程序性计划
7. (　　)明确规定了目标,并提供了一整套明确的行动步骤和方案。
   A. 长期计划　　　B. 战略计划　　　C. 指导性计划　　D. 具体计划
8. 在计划的层次体系中,最抽象的是(　　)。
   A. 政策　　　　　B. 预算　　　　　C. 宗旨　　　　　D. 战略
9. 在计划的层次体系中,最具体的是(　　)。

A. 政策　　　　B. 预算　　　　C. 目标　　　　D. 战略
10. （　　）是一份用数字表示预期结果的报表,可以称为一份"数字化"的计划。
A. 政策　　　　B. 预算　　　　C. 规划　　　　D. 规则
11. （　　）使各级管理人员在决策时有一个明确的思考范围,同时也有利于统一和协调组织成员之间的思想和行动。
A. 使命　　　　B. 程序　　　　C. 规则　　　　D. 政策
12. 计划工作的真正起点是（　　）。
A. 确定目标　　B. 认清前提　　C. 估量机会　　D. 拟订可行方案
13. 1954年,（　　）提出了一个具有划时代意义的概念——目标管理。
A. 西蒙　　　　B. 德鲁克　　　C. 梅奥　　　　D. 亨利·甘特
14. 以下哪个是不可评估的目标（　　）。
A. 在本年末实现利润15%
B. 产品抽查的不合格率低于1%
C. 主管人员增加与下属的沟通
D. 在不增加费用和保持现有质量水平的情况下,本季度生产率环比增长10%
15. 计划是管理者用以识别并选择适当目标和行动方案的过程。计划过程包括的步骤有（　　）。
A. 决定组织将要追求的目标　　　　B. 决定采用哪些行动方案以实现目标
C. 决定如何配置组织资源以实现目标　　D. 组织必要的人力资源和物力资源
E. 进行部门划分和人员配备
16. 计划的性质包括（　　）。
A. 目的性　　　B. 普遍性　　　C. 创新性　　　D. 艺术性
E. 效率性
17. 以范围广度为分类标准,计划可分为（　　）。
A. 战略计划　　B. 业务计划　　C. 指导性计划　　D. 具体计划
E. 作业计划
18. 目标管理的特点有（　　）。
A. 参与管理　　B. 自我控制　　C. 下放权力　　D. 群众监督
E. 注重成果
19. 目标管理可以分为以下几个阶段（　　）。
A. 环境调查　　B. 目标设置　　C. 组织实施　　D. 目标分解
E. 目标成果评价
20. 目标管理的优点有（　　）。
A. 关注长期目标　　　　　　　　B. 形成激励
C. 有助于改进结构和职责分工　　D. 目标设置容易
E. 使组织的目标性增强,促成了管理的改进
21. 目标管理的缺点有（　　）。
A. 偏重短期目标　　　　　　　　B. 不能形成激励

C. 目标设置困难　　　　　　　　D. 无助于改进职责分工
E. 缺少灵活性

22. 目标管理中,主管对员工人性的判断是基于(　　)。
　　A. X 理论　　　B. Y 理论　　　C. 复杂人假设　　　D. 经济人假设

23. 某顾客到一家百货商店考察,翻阅了其规章制度手册,有三条特别引起他的注意:(1) 我们只售高贵时髦的衣服和各种高级用具;(2) 货物售出超过 30 天,不再退还购货款;(3) 在退还顾客购货款前,营业员须注意检查退回的货物,然后取得楼层经理的批准。试问这三条规定各自属于计划的哪一种形式?(　　)
　　A. 都是规则　　　　　　　　　B. 都是政策
　　C. 分别是政策、规则、程序　　D. 分别是政策、规划、程序

24. 能够直观地表明计划任务的起始时间以及实际进度与计划要求的对比,帮助管理者掌握实际进度偏离计划的情况,既简单又实用,使管理者对计划任务的完成情况可以一目了然,以便对计划工作进行正确评估,这种方法是(　　)。
　　A. 目标管理　　　B. 滚动计划法　　　C. 甘特图法　　　D. 网络计划法

25. 在网络图中,有一种活动只是用来表示活动之间的相互依存和相互制约的逻辑关系,但不消耗资源,也不占用时间,这种活动是(　　)。
　　A. 活动　　　B. 实活动　　　C. 虚活动　　　D. 假设活动

26. 关于关键线路,下列说法正确的是(　　)。
　　A. 一个网络图中只有一条关键线路
　　B. 关键线路的路长决定了整个计划任务所需的时间
　　C. 关键线路上各工序完工时间提前或推迟都直接影响着整个活动能否按时完工
　　D. 确定关键线路,据此合理地安排各种资源,对各工序活动进行进度控制,是利用网络计划技术的主要目的

27. 滚动计划方法的作用是(　　)。
　　A. 计划更加切合实际,并且使战略性计划的实施也更加切合实际
　　B. 使长期计划、中期计划和短期计划相互衔接
　　C. 使短期计划内部各阶段相互衔接
　　D. 大大加强了计划的弹性

三、简答题

某公司要建造一小型加工车间,其作业内容和时间如表 2-11 所示(先行作业是指该作业开始之前必须完成的相邻作业),画出该作业的网络图,并确定关键路线。

表 2-11　小型加工车间建造网络计划作业

作业名称或内容	预期所需时间(天)	先行作业名称
A. 审核设计图样,购买建材	4	—
B. 平整、清理施工现场	2	A
C. 建立框架并砌墙	7	B
D. 搭建楼板	2	C

(续表)

作业名称或内容	预期所需时间(天)	先行作业名称
E. 安好门窗	2	C
F. 布设电线	2	E
G. 安装各种电动机械	3	F
H. 平整室内地面	3	D
I. 室内清理	2	G,H
J. 工程交接验收	2	I

【能力训练任务】

任务一：天天汉堡创业计划

（一）情境描述及任务要求

当迈克·瑞斯曼从大学毕业时，他在麦当劳的工作从临时变为全天制。刚一开始，他是经理助理，很快地成长为一名经理，不久就晋升为区业务经理。

一天，在上班路上每天要经过的一幢房屋前，迈克看到一个"出售"的标志。这一房屋坐落于一条车流量很高的街道上，他认为这是一个适合汉堡快餐店的最佳位置。迈克认为这个闲置房屋预示着一个机会，也许这正是他创建自己的快餐店的时机。但是，迈克不想做一个麦当劳的经销商，他认为创建自己的连锁店才能赚大钱，并且更有发展前途。

在一笔祖父留给他的信托基金和父母的财政支持下，他开始实现自己的梦想。迈克发现，与购买经销权不同的是，他需要考虑许多事情才能逐渐开始自己的创业。他需要制定一个创业计划书。

任务要求：

1. 假如迈克想要创业开设"天天汉堡"店，他应当如何开始自己的计划？
2. 每个小组经过讨论，为迈克设计一个可行的行动计划，从天天汉堡创业计划书开始。

（二）成果评价

1. 按计划工作的步骤制定计划，计划书包含应有的要点。
2. 对小组的创业计划书进行二分评估。

任务二：编制活动计划书

（一）情境描述及任务要求

1. 根据能力模块二中"任务四：活动策划"所形成的活动创意，运用计划制定原则与方法，制定一份该活动的计划书。要科学地规划有关要素，计划书要科学可行，结构要合理，编制要素齐全。

2. 在课上进行交流与论证。

（二）成果评价

对小组的活动计划书进行二分评估。如被班级采纳，可多加一分。

（三）知识链接

制定活动方案

活动方案指的是为某一次活动所制定的书面计划。制定活动方案对活动的有效开展起着非常重要的作用。

活动计划书的撰写是为了保证活动的正常运行并达到预期的效果。最常用的方法是现场模拟法，即模拟现场整个活动的流程，根据每一个环节制定出需要支持的事项，因此，计划书的真正撰写顺序是先撰写现场活动流程，再根据流程来撰写活动方案。并且计划书需要写得尽量详细，活动能否顺利进行很大程度上取决于细节，细节决定活动的成败。

活动计划书的一般格式如下：

1. 计划书名称

尽可能具体地写出策划名称，如"×年×月××大学××活动计划书"，置于页面中央，也可以写出正标题后将此作为副标题写在下面。

2. 活动的背景

这部分内容应根据策划书的特点在以下项目中选取内容重点阐述：基本情况简介、主要执行对象、近期状况、组织部门、活动开展原因、社会影响以及相关目的动机。另外，应说明问题的环境特征，主要考虑环境的内在优势、弱点、机会及威胁等因素，对其作全面的分析（SWOT分析），将内容重点放在环境分析的各项因素上，对过去、现在的情况进行详细的描述，并通过对情况的预测制定计划。如环境不明，则应该通过调查研究等方式进行分析加以补充。

3. 活动的目的、意义和目标

用简洁明了的语言将目的要点表述清楚；在陈述目的要点时，该活动的核心构成或策划的独到之处及由此产生的意义（经济效益、社会利益、媒体效应等）都应该明确写出。活动目标要具体化，并需要满足重要性、可行性、时效性。

4. 资源需要

列出所需人力资源和物力资源，可以列为已有资源和需要资源两部分。

5. 活动开展

作为计划书的正文部分，表现方式要简洁明了，使人容易理解，但表述方面要力求详尽，写出每一点能设想到的东西，没有遗漏。此部分不仅仅局限于用文字表述，也可适当地加入统计图表等；对策划的各工作项目，应按照时间的先后顺序排列，绘制实施时间表有助于方案核查。人员的组织配置、活动对象、相应权责及时间地点也应在这部分加以说明，执行的应变程序也应该在这部分加以考虑。这里可以提供一些参考方面：会场布置、接待室、嘉宾座次、赞助方式、合同协议、媒体支持、校园宣传、广告制作、主持、领导讲话、司仪、会场服务、电子背景、灯光、音响、摄像、信息联络、技术支持、秩序维持、衣着、指挥中心、现场气氛调节、接送车辆、活动后清理人员、合影、餐饮招待、后续联络等。

6. 经费预算

根据实际情况进行具体、周密的计算后，用清晰明了的形式列出活动的各项费用。

7. 活动中应注意的问题及细节

内外环境的变化,不可避免地会给方案的执行带来一些不确定性因素,因此,当环境变化时是否有应变措施、损失的概率是多少、造成的损失多大、应急措施等也应在策划中加以说明。

8. 活动负责人及主要参与者

注明组织者、参与者姓名、嘉宾、单位(如果是小组策划应注明小组名称、负责人)。

任务三：英语考试通过计划

(一)情境描述及任务要求

假如6个月后你将参加全国大学英语四级考试,请你根据所学的相关知识,结合你的实际情况,编制一份为期6个月的通过英语考试计划。

每执行一个月后,按照滚动计划法的原理修订这份计划,并继续执行。

(二)成果评价

考察每个人前两个月的计划书,使用二分评估表对每个人滚动计划法的运用情况进行组内评价。

任务四：制定目标管理方案

(一)情境描述及任务要求

每组为所在班级或小组(寝室)制定一个3个月期限的目标管理方案,并进行分解和细化。要求如下：

1. 应进行必要的调查研究,正确地确定目标与标准,要具有可操作性；
2. 方案必须充分体现目标管理的特点与要求,有完整的结构；
3. 一个月后进行检查和评估。

(二)成果评价

1. 对小组制定的目标管理方案在班级组织交流与评价。对小组方案及交流情况进行二分评估。

2. 每位学生写出个人目标管理的体会和心得,选部分代表在课堂上进行交流。对个人体会进行二分评估。

(三)知识链接

哈罗德·孔茨的管理人员目标检测表

目标是否实现需要有合理的检测机制。由于目标是多样化的,又要在实施过程中层层分解,因而在目标设定时必须考虑目标的检测性问题,如目标本身的覆盖范围是否适当、目标分解后上下前后是否协调、有无相互矛盾的目标函数、目标评判的标准是否已经确定、分解的目标有无相应的责任和授权、组织成员自定的目标是否过分夸张等。哈罗德·孔茨教授曾提出一张组织中管理人员目标的检测表,内容包括:

1. 目标是否包括我的工作的主要特征？
2. 目标的数目是否太多？如果太多,能合并一些目标吗？
3. 目标是否可考核,即我是否知道期末已经实现了目标？

4. 这些目标是否表示了：数量多少？质量如何(如好到什么程度或具体的特征)？时间(何时)？成本(按什么成本)？
5. 这些目标是有挑战性的吗？
6. 是否已给这些目标安排了优先程序(次序、侧重等)？
7. 这套目标是否包括改进工作的目标和个人发展的目标？
8. 这些目标是否同其他主管人员和组织单位的目标协调？它们是否和我们上级领导人的目标、我们部门的目标以及公司的目标协调？
9. 是否已将目标传达给所有需要掌握这种信息的人？
10. 短期目标是否与长期目标相一致？
11. 目标依据的假定是否已清楚明确？
12. 这些目标是否能随时提供反馈，从而采取必要的纠正步骤？
13. 所掌握的权力与资源是否足以去实现这些目标？
14. 是否考虑给予那些想实现目标的个人一些机会去提出他们的目标？
15. 分派给下属人员的责任是否都能控制？

能力模块四 时 间 管 理

【情境任务导入】

给 工 作 排 序

查尔斯·史瓦在担任伯利恒钢铁公司总裁期间，曾经向管理顾问李爱菲提出这样一个不寻常的挑战："请告诉我如何能在办公时间内做好更多的事，我将支付给你25 000美元的顾问费。"

于是，李爱菲递了一张纸给他，并对他说："写下你明天必须做的最重要的各项工作，先从最重要的那一项工作做起，并持续地做下去，直到完成。完成这项工作以后，重新检查你的办事次序，然后进行第二项重要的工作。任何一项着手的工作花掉你整天的时间，都不用担心。只要手中的工作是最重要的，就坚持做下去。因为如果按这种方法你无法完成全部的重要工作，那么即使运用任何其他方法也同样无法完成它们。而且，倘若不借助优先次序，你可能连哪一种工作最为重要都不清楚。将上述的一切变成你每一个工作日里的习惯。当这个建议对你生效时，把它提供给你的部属采用。"

数星期后，史瓦寄了一张面额25 000美元的支票给李爱菲，并附言她确实为他上了十分珍贵的一课。伯利恒后来之所以能够跃升为世界上最大的独立钢铁制造者，据说正是因为李爱菲的那数句真言。

请思考：
这则故事对你有何启发？

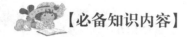

【必备知识内容】

一、时间与时间管理

（一）时间的特点

时间是一种特殊的资源,是物质运动的顺序性和持续性,是物质存在的客观形式之一。任何一种物质的变化、运动或发展的过程,都永远是在时间和空间内发生的。时间有两种含义:一是"时段",即两个瞬时之间的间隔长短;二是"时刻",指某一瞬时是什么时间。时间具有以下 4 项独特性:第一,时间的供给毫无弹性,即时间的供给量是固定不变的,在任何情况下都不会增加也不会减少,每天都是 24 小时。第二,时间无法蓄积,即时间不像人力、财力、物力和技术那样可以被积蓄储藏。无论愿不愿意,我们都必须消费时间。第三,时间无法取代,即任何一项活动都有赖于时间的堆砌,也就是说,时间是任何活动所不可缺少的基本资源。第四,时间无法失而复得。一旦丧失,则永远丧失。

（二）时间管理及其重要性

时间管理就是合理安排自己的计划,掌握重点,有效地利用时间。时间管理的目标是掌握工作的重点;其本质是一种自我管理;其方法是通过制定周密的计划来完成工作;其所探索的是如何减少时间浪费,减少对目标没有价值的时间消耗,以便有效地完成既定目标。所以,时间管理的对象不是"时间",而是面对时间所进行的自我管理。自我管理需要引进新的工作方式和生活习惯,包括订立目标、妥善计划、分配时间、权衡轻重、权力下放、自我约束并持之以恒。

有人曾粗略地统计过一个活到 72 岁的美国人的时间花费:睡觉,21 年;工作,14 年;个人卫生,7 年;吃饭,6 年;旅行,6 年;排队,6 年;学习,4 年;开会,3 年;打电话,2 年;找东西,1 年;其他,3 年。

时间管理一直是个重要的问题,但从来没有像今天这么重要过。为什么?因为现在是信息爆炸的年代,人人都面临着竞争的压力,社会对你具有比以前多得多的要求。在这种情况下,积极的时间管理就成为我们的必要手段。

会不会利用时间关键在于会不会制定完善的、合理的工作计划。所谓工作计划,就是填写自己和企业的工作时间表——某年某月某日要做什么事;哪些事先做,哪些事后做;哪个时间内以哪些事为重点;安排哪些时间做哪些事;最重要的目标何时达到;等等。但是,有计划地利用工作时间并不是要求管理人员把未来的时间全部填满工作内容,而是要合理地安排最主要的工作和最关键的问题。这些工作和问题,只要安排得适时和得当,就会像机器的主轴带动整个机器运转那样,促使其他事情也能按时完成。

二、时间管理的原则

时间管理更注重个人的管理,关注完成的工作是否具有有用性。工作会自动地膨胀,占满所有可用的时间,因此,应该把最佳的时间用在最重要的事情上,所谓"好钢用在刀刃上"。我们要遵循时间管理中的两个重要原则:一个是 80/20 原则,另一个是目标明确原则,这将会达到事半功倍的效果。

80/20 原则就是 80% 的结果由 20% 的行动所产生。在时间管理上也是如此,即 20% 的时间投入完成整个工作任务的 80%。

时间管理中的目标明确原则是高效达成任务的关键因素。目标是指组织预期要求达到的目的或结果,具有预测性、可计量性和激励性等特点。目标明确就是由组织或个人制定一定时期内期望达到的目标,然后积极主动地设法实现这些目标。所以说,目标明确是时间管理中的重要原则。

三、时间管理的方法

究竟什么占据了人们的时间?这是一个经常令人困惑的问题。著名管理学家科维提出了一个时间管理的理论,把工作按照"重要"和"紧急"两个不同的程度进行划分,基本上可以分为既紧急又重要、重要但不紧急、紧急但不重要、既不紧急也不重要 4 个"象限"。时间管理理论的一个重要观念是有重点地把主要精力和时间集中地放在处理那些重要但不紧急的工作上,以做到未雨绸缪。

在人们的日常工作中,很多时候往往有机会很好地计划和完成一件事,但却没有及时去做。随着时间的推移,造成工作质量下降。因此,把主要精力有重点地放在重要但不紧急这个"象限"的事务上是必要的。要把主要精力放在重要但不紧急的事务处理上,需要很好地安排时间。一个好的方法是建立预约,即将自己的工作按轻重缓急分为紧急并且重要、重要但不紧急、紧急但不重要 3 类;安排各项工作的优先顺序,粗略估计各项工作的时间和占用百分比;在工作中记载实际耗用时间;将每日计划时间与实际耗用时间进行对比,分析时间运用效率;重新调整自己的时间安排,更有效地工作。只有建立了预约,自己的时间才不会被无谓的事务所占据,从而有效地开展工作。

可以通过时间四象限图来直观地了解时间管理的有效方法(见图 2-14)。

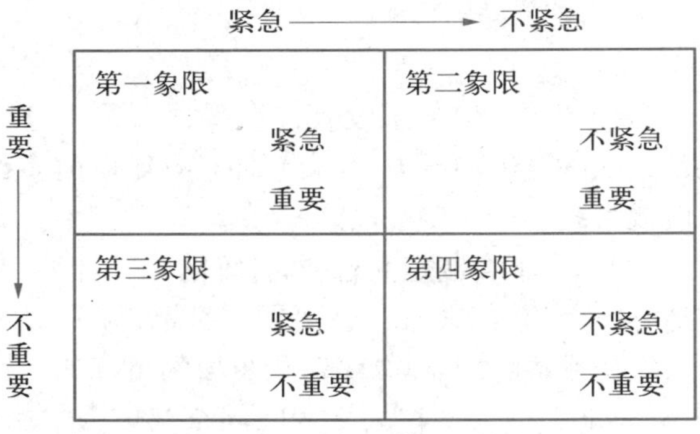

	紧急	不紧急
重要	第一象限 紧急 重要	第二象限 不紧急 重要
不重要	第三象限 紧急 不重要	第四象限 不紧急 不重要

图 2-14 时间四象限图

第一象限是重要又紧急的事。例如,应付难缠的客户、准时完成工作、住院动手术等。这是考验我们的经验和判断力的时刻。很多重要的事都是因为一拖再拖或事前准备不足而变得迫在眉睫的。

第二象限是重要但不紧急的事。包括长期的规划、问题的发掘与预防、参加培训、向上级提出问题处理的建议等。多投入一些时间在这个象限,有利于提高实践能力和缩小第一象限的范围。这个象限的事情不会对我们造成催促力量,必须主动去做,这是发挥个人管理能力的领域。

第三象限是紧急但不重要的事。这一象限的内容经常与第一象限的内容相混淆,因为迫切的呼声会让我们产生"这件事很重要"的错觉。电话、会议、不速之客都属于这一类。我们花很多时间在这里面打转,自以为是在第一象限,其实不过是在满足别人的期望与标准。

第四象限属于不紧急也不重要的事。虽然看起来好像根本不值得花时间在这个象限,但我们往往在前三个象限来回奔走,忙得焦头烂额,不得不到第四象限去疗养一番再出发。

要成为时间管理大师,轻松地把时间管好,一切要从简单的计划开始。以下是管理好时间的5个步骤:第一,列单。把要做的事情一项一项记录下来。第二,组织。根据列好的清单分门别类,依据重要性排序。第三,删除。看看排在最后的事情是否必要,如果没有必要,就把它删掉。第四,习惯。将上述3个步骤变成日常生活的习惯。第五,体会成就。当以上的步骤办妥以后,你就会发现,自己比没有计划的日子完成的事情多了,人也感觉有成就感了。这个成就感就是优质计划的回报。

在时间管理的过程中,还须应付意外的事件,因为计划没有变化快,须为意外事件留一些时间。有3个预防此类事件发生的方法:其一,每件事情都留有充分的预备时间;其二,将工作分解成若干单元;其三,准备一套应变措施。

出色的时间经营者能够做到有效的时间管理,即记录自己的时间,以认清时间耗在什么地方;管理自己的时间,设法减少非生产性工作的时间;集中自己的时间,由零星向集中,成为连续性的时间段。我们要很好地完成工作,就必须善于利用自己的工作时间。工作是无限的,时间却是有限的。时间是最宝贵的财富。没有时间,计划再好,目标再高,能力再强,也是空的。时间如此宝贵,但它又是最有伸缩性的,它可以一瞬即逝,也可以发挥最大的效用。时间是潜在的资本。我们必须充分、合理地利用一切可利用的时间,压缩时间的流程,使时间的价值最大化。

时间管理是组织的财富之源。"时间就是金钱"的观念早已深入人心,但对个体而言,做好时间管理不仅意味着丰厚的经济利益,更能令自己的事业突飞猛进。保持焦点,一次只做一件事情,一个时期只有一个重点。要学会抓住重点,远离琐碎。

四、时间管理的误区

在时间管理上有很多误区。例如,很多管理人员从早忙到晚,不但在工作时间内挤满了各种工作,而且在工作时间以外也寻找时间继续工作。单纯从这个现象看,并不能表明该管理人员会利用时间。他的工作精神固然是好的,但称不上是好的管理者。真正会利用时间的管理者,不是把大量时间花在忙乱的工作中,而是用在拟订计划中。表面看来,做计划和考虑问题的时间占用得多了;实际上,从总耗用时间量上来计算,却节省了许多宝贵的时间,正所谓"磨刀不误砍柴工"。我们探索克服时间浪费的途径,便是培养克服时间管理误区的技能。具体来说,时间管理的误区主要有以下几种。

(一)工作缺乏计划

大量的时间浪费源于工作缺乏计划。例如,没有考虑工作的可并行性,结果使并行的工作以串行的形式进行;没有考虑工作的后续性,结果工作做了一半,发现有外部因素限制,只能搁置;没有考虑对工作方法的选择,结果长期用低效率、高耗时的方法工作。

(二)组织工作不当

组织工作不当中最常见的一种情况就是不会拒绝,这不是一个明智的行为。量力而行地说"不",对己对人都是一种负责。自己不能胜任请托的工作,不仅浪费自己的时间,还会打乱请托人的时间安排,结果"双输"。所以,接到别人的请托,要先分析一下自己能不能如期按质地完成工作。如果不能,就要与请托人协调,在必要的时刻敢于说"不"。

对管理者而言,因组织工作不当而造成的时间浪费往往表现为找不到合适的下属授权。每个人的精力都是有限的,管理者应当学会授权,将主要的精力和时间放在最重要的事情上。

（三）时间控制不够

在时间控制方面,往往存在这样的问题:不善于处理不速之客的打扰;不善于处理无端电话的打扰;受泛滥的"会议病"困扰。不少中、高层管理者抱怨,会议竟占去他们日常工作时间的四分之一,甚至三分之一！更令他们感慨的是,在这么多的会议之中,几乎有一半的会议是徒劳无功的,是浪费时间！

（四）进取意识不强

有些人之所以会让时间白白流逝而毫无悔恨之意,最根本的原因就是缺乏进取意识,缺乏对工作和生活的责任感和认真态度。这一情况通常在以下方面得到表现:个人的消极态度;做事拖拉,找借口不干工作;做白日梦;工作中闲聊,煲电话粥。如果一直处于迟钝的时间感觉中,换句话说,当你觉得时间可有可无,不愿面对工作中的具体事务,沉溺于"天上随时掉下大馅饼"的美梦时,那就需要好好反省一下了。因为你正在丧失宝贵的机会,已处在一个被社会逐步淘汰的过程中。

走出时间管理的误区,就要抛开"忙、盲、茫"3个字。不要瞎忙,也不要乱忙,不应茫茫然。走出时间管理的误区就是马上行动,调整好心态,调整好自己的思想,改变心境。

【学习自测】

1. 时间有什么特点?
2. 时间管理的含义是什么?
3. 时间管理要遵循的两个重要原则是什么?
4. 画出时间四象限图。
5. 时间管理包括哪五个步骤?
6. 在时间管理的过程中,怎样应付意外事件?
7. 时间管理的误区包括哪些方面？怎样克服?
8. 如果以80岁寿命来计算,你已用去多少天？还剩下多少天?
9. 用时间管理的五个步骤要求自己。

【能力训练任务】

任务一：撰写时间日记

（一）情境描述及任务要求

请记录自己昨天一天的活动,包括所想所做的事（从起床到就寝）,它们花了多少时间。分析哪些是合理的？哪些是浪费的？尝试把这项活动坚持一个月。

提示：从细节认识时间，才能最大限度地有效利用时间。

（二）成果评价

梳理出每天合理利用的时间包括＿＿＿＿＿＿＿＿＿＿＿＿＿＿＿＿＿＿＿＿。

浪费的时间包括＿＿＿＿＿＿＿＿＿＿＿＿＿＿＿＿＿＿＿＿＿＿＿＿＿＿＿。

对个人时间日记及梳理情况进行二分评估。

任务二：诊断上周的时间分配

（一）情境描述及任务要求

回顾上周的学习与生活，你在哪些事情上花的时间最多？运用时间四象限图，分析自己的时间分配是否科学合理，思考有没有改进的空间。

在划分既紧急又重要的事情和紧急但不重要的事情时要特别小心，不要把急迫的事都当成既紧急又重要的事情。两者的区别在于这件事是否有助于达成重要的目标。如果答案是否定的，应归入紧急但不重要的事情。

（二）成果评价

运用时间管理的方法诊断自己在分配时间方面是否存在问题。

清楚地回答出目前已经具备的是＿＿＿＿＿＿＿＿＿＿＿＿＿＿＿＿＿＿＿＿。

需要努力达到的是＿＿＿＿＿＿＿＿＿＿＿＿＿＿＿＿＿＿＿＿＿＿＿＿＿。

对每个人完成时间分配的诊断情况进行二分评估。

任务三：制定时间管理计划

（一）情境描述及任务要求

1. 给自己设定一个目标，并按照时间管理的五步骤制定出相应的计划，可以是生活方面的，也可以是学习或工作方面的。

2. 一周之后，回顾一下你在这段时间内有多少事情是按照制定的计划去做的？有多少的事情是你没有完成的？分析一下没有完成的原因。

（二）成果评价

尝试把时间管理变成日常生活习惯。

对个人计划进行二分评估，对计划执行情况的分析报告进行二分评估。

（三）知识链接

为进行有效的时间管理，我们可以参照以下10个措施。

1. 设立明确的目标

时间管理的目的是在最短时间内实现更多目标。必须把一个时段内（如2014年度）的4～10个目标写出来，找出一个核心目标，并依其重要性排列，然后依照目标制定详细的计划。要实现目标，最为关键的是依照计划进行。

2. 列一张总清单

把今年要做的每一件重要的事都列出来，并进行目标切割。将年度目标切割成季度目标，列出清单，记录每一季度要做的事情。将季度目标切割成月目标，并在每月初重新列一遍，碰到突发事件需要更改目标时，要及时进行调整。每个星期天，把下周要完成的每件事情列出来。每天晚上把第二天要做的事情列出来。

3. 按照80/20原则做事

用80%的时间来做最重要的那20%的事情,首先要了解对自己来说哪些事情是最重要的。

4. 每天留出半小时到一小时的"不被干扰"时间

假如你每天能有一个小时完全不受任何人干扰,思考一些事情,或是做一些你认为最重要的事情,那么,这一个小时可以抵过你一天甚至三天的工作效果。

5. 行事与你的价值观相吻合,不可互相矛盾

价值观不明确,就很难知道什么最重要,也难以把握好时间分配。时间管理的重点不在于管理时间,而在于如何分配时间。你永远没有时间做好每件事,但永远有时间做对你来说最重要的事。

6. 争取每一分钟都做最有效率的事情

要做好一份工作,到底哪几件事情是最有效率的,把它们列出来,然后分配时间把它们做好。一定要强化效率意识。

7. 充分地授权

列出目前生活中所有可以授权的事情,把它们写下来,然后开始找人授权,找适当的人来授权,这样效率会比较高。不会利用他人资源的人,一定是效率低下者。

8. 归并同类事情,尽可能一次做完一类事

假如在做纸上作业,那段时间就都做纸上作业;假如是在思考问题,那段时间就只做思考;打电话的话,最好把电话累积到某一时间,一次打完。重复做一件事情,就会熟能生巧,效率也一定会有所提高。

9. 做好"时间日记"

花了多少时间在哪些事情上?把它们详细记录下来,便会发现浪费了哪些时间。若能找到浪费时间的根源,就有办法加以改变。

10. 强烈地意识到时间大于金钱

要习惯于用金钱去换效率。例如,该坐车时去坐船就是最大的时间浪费。另外,可以用金钱去换取别人的成功经验,尤其应跟成功人士换,这会少走弯路,节省很多时间。

任务四:寻找用80%的时间去做的20%的事情

(一)情境描述及任务要求

从上一年度你做过的事情中列出那些使你获得了持续而优异的表现、对你的生活或工作产生了积极意义的事情,看看在这些事情上你分配了多少时间,详细列出来。对这类事情,你在以后的时间管理中是否会继续倾斜,为什么?

(二)成果评价

每个人对自我时间分配进行分析后,小组进行讨论,在全班交流,归纳出那些属于20%的事情。根据交流情况组内进行二分评估。

(三)知识链接

在哪些方面持续而优异的表现会对生活或工作有积极的意义?有人拿这个问题问过数千人,发现绝大多数的答案可归类如下:人际关系、充足的准备工作、周详的规划与组织、善待自己、抓住机会、充实自我、增进能力。这些都属于重要的事。

学习单元二 计划与决策

【单元概要】

1. 环境是组织生存与发展的土壤,它既为组织活动提供条件,同时也对组织活动起制约作用。环境不仅包括组织外部环境,还包括组织内部环境。外部环境中的宏观环境主要包括政治法律环境、经济环境、社会文化环境、技术环境、自然环境等五大类。外部环境中的微观环境主要包括供应商、顾客、竞争者和管制机构四种。内部环境主要包括经营条件和组织文化。管理者对环境的理解和把握以及他们对这些力量作出适当反应的能力都会影响到组织的绩效水平。

2. 从确定企业战略地位的角度来分析和把握环境的影响,一般按照五个步骤来进行环境分析。环境分析的方法有很多,常用的有环境不确定性评估矩阵、五种力量模型、SWOT分析矩阵、波士顿矩阵等。在全球化环境对管理者的挑战中,跨文化管理最具挑战性。

3. 决策贯穿于管理的全过程,在计划、组织、领导以及控制等管理活动中,都需要作出一定的决策。决策是每个管理者工作的重要组成部分。因此,人们把决策看作管理的核心问题。决策要遵循满意原则、系统原则、分级原则、信息原则、集体和个人相结合的原则以及反馈原则,它们是科学决策指导思想的反映,也是决策实践经验的概括。决策活动是一个科学的动态过程,一般包括8个步骤。进行合理决策经常会受到环境、过去决策、决策者、组织文化和时间等诸多因素的影响。

4. 常用的决策方法一般分为定性决策法与定量决策法两大类。定性决策法主要有头脑风暴法与德尔菲法。定量决策方法一般分为确定型决策、风险型决策和不确定型决策方法三种。确定型决策的主要方法是量本利分析法;风险型决策常用的方法是决策树分析法;不确定型决策方法常用的有冒险法、保守法、折中法和后悔值法等。

5. 狭义的计划是指为实现既定目标所制定的具体行动方案。广义的计划是指为实现组织既定的目标,对未来的行动进行规划和安排的活动。计划是管理的首要职能。一个完整的计划要清楚地回答"5W1H"6个问题。计划工作应遵循限定因素原理、许诺原理、灵活性原理和改变航道原理。按照不同的标准,可以将计划分为不同的类型。

6. 对于整个计划的编制,必须要遵循8个步骤,而选择合适的编制计划的方法同样有举足轻重的作用。管理人员要了解和掌握一些重要的计划编制方法,这些方法包括甘特图法、滚动计划法、网络计划技术等。随着目标管理的广泛应用,目标管理的具体实施标准与考核依据越来越重要。目标管理强调组织的成员参与目标的制定,被称为"管理中的管理"。

7. 时间是一种特殊的资源,它的供给毫无弹性,无法蓄积,无法被取代,无法失而复得。时间管理就是合理安排自己的计划,掌握重点,有效地利用时间。会不会利用时间,关键在于会不会制定完善的、合理的工作计划,尤其要合理地安排最主要的工作和最关键的问题。时间管理的对象是面对时间所进行的自我管理。自我管理需要引进新的工作方式和生活习惯,包括订立目标、妥善计划、分配时间、权衡轻重、权力下放、自我约束并持之以恒。

8. 时间管理关注完成的工作是否具有有用性,80/20原则与目标明确原则是时间管理中必须遵循的两个重要原则。时间四象限图是时间管理的有效工具,它可以帮助我们把工作进行分类。要按照管理时间的5个步骤记录自己的时间、管理自己的时间和集中自己的时间,走出时间管理的误区,才能有效地利用好时间,成为出色的时间经营者。

学习单元三

组织与人事

学习目标

能力目标

① 培养分析、理解和概括组织结构的能力；
② 培养设计简单组织结构的基本能力；
③ 培养设计简单职务说明书的能力；
④ 培养执行招聘和业务培训的基本能力；
⑤ 培养设计职业发展规划的能力。

知识目标

① 了解组织设计、组织结构和组织变革的有关知识；
② 掌握岗位设计的有关知识；
③ 掌握员工招聘和甄选的有关知识；
④ 掌握员工培训和发展的有关知识。

素质目标

① 能够全面、概括、全局性地了解事物；
② 能够通过面对面交流形成对个体的认知；
③ 能够用发展的眼光预测并规划事物的长期发展。

能力模块一　组织结构认知与设计

【情境任务导入】

乐百氏组织结构的调整

1989年,在广东中山市小榄镇,何伯权等五个年轻人租用乐百氏商标开始创业。创业伊始,何伯权与公司的每个员工都保持一种很深的交情,甚至同住、同吃、同玩,大家都感觉得到乐百氏就是一个大家庭,有福同享,有难同当,公司的凝聚力很强。这时采用直线职能制这种结构模式,使乐百氏在创业初期得到快速和稳定的发展。

12年间,五位创始人不仅使乐百氏从一个投资不足百万的乡镇小企业发展成中国饮料工业龙头企业,而且把一个名不见经传的地方小品牌培育成中国驰名商标。然而,随着乐百氏的壮大,原来的组织结构显得有点力不从心。特别是自2000年3月与法国最大的食品饮料集团达能签订合作协议并由达能控股后,直线职能制的弊端更加暴露无遗。为了完成销售任务,分公司都喜欢把精力放在水和乳酸奶这些好卖的产品上,其他如茶饮料那些不太成熟的产品就没人下工夫,这对新产品的发展非常不利。更糟糕的是,由于生产部门只对质量和成本负责,销售部门只对销售额和费用负责,各部门都不承担利润责任,其结果就变成了整个集团只有何伯权一个人对利润负责。

近几年来,乐百氏的销售额直线下降,有着50年国际运作经验的达能肯定不愿看到这种局面,因此,寻求变化势在必行,其中,组织结构的改革就是为适应新形势的举措之一。

资料来源:韦乔凡,《21世纪人才报》,2002年4月8日。

请思考:
1. 乐百氏公司早期的组织结构是什么形式?这种组织结构有什么特点?
2. 早期的组织结构为乐百氏的发展提供了哪些帮助?
3. 早期的组织结构为什么会在乐百氏发展壮大之后成为阻碍企业发展的因素?

【必备知识内容】

一、组织设计原则

当今世界,人类社会组织空前发展,其影响已深入社会政治生活、经济生活、文化生活和家庭生活等各主要的社会生活领域之中。可以说组织对人类生活的渗透已经无所不在。一个人从生到死,无不处于这种或那种社会组织之中,如医院、保健站、幼儿园、各类学校、机关、团体、工厂、商店、企业等,五花八门,无不与人类的生活密切相关。

在现代社会生活中,人们已普遍认识到组织是人们按照一定的目的、任务和形式编制起来的社会集团,组织不仅是社会的基础和社会的基本单元,而且是社会的生存细胞。

组织是由人组成的系统。组织要完成自己的目标需要根据每一位成员的能力安置工作、分配职务并落实每一个职位的责权利。为了保证责权利的明确,组织要建立起层次清晰、任务明确、权责对等的结构。只有这样,组织才能建立起有效的沟通协调机制,才能运行顺畅。图 3-1 是我们列举出的某公司组织结构图。

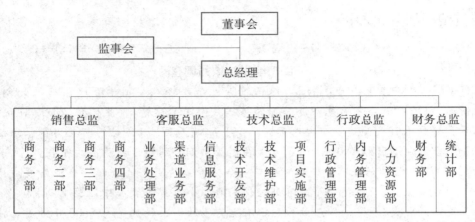

图 3-1 某公司组织结构图

合理完善的组织结构是在一定规则下建立起来的。尽管世界上各种组织结构的设计过程千变万化,呈现出色彩纷呈的独特个性,但一些基本的规则却得到了一致的肯定,形成了组织结构设计过程中人人都遵守的行为准则。具体来说,有以下 5 种。

（一）任务与目标原则

组织结构设计的根本目的是为实现企业的战略任务和经营目标服务的。这是一条最基本的原则。组织结构的全部设计工作必须以此作为出发点和归宿点,即企业任务、目标同组织结构之间是目的和手段的关系;衡量组织结构设计的优劣,要以是否有利于实现企业任务和目标作为最终的标准。从这一原则出发,当企业的任务和目标发生重大变化时,例如,从单纯生产型向生产经营型或从内向型向外向型转变时,组织结构必须作相应的调整和变革,以适应任务和目标变化的需要。

（二）专业分工和协作的原则

现代企业管理工作量大,专业性强,分别设置不同的专业部门,有利于提高管理工作的质量与效率。在合理分工的基础上,各专业部门只有加强协作与配合,才能保证各项专业管理的顺利开展,达到组织的整体目标。为贯彻这一原则,在组织设计中要十分重视横向协调问题。主要的措施有:

(1) 实行系统管理,把职能性质相近或工作关系密切的部门归类,成立各个管理子系统,分别由各副总经理(副厂长、部长等)负责管辖。

(2) 设立一些必要的委员会及会议来实现协调。

(3) 创造协调的环境,提高管理人员的全局观念,增加相互间的共同语言。

> 知识补丁
>
> 孔茨：健全组织工作的 15 条基本原则
> 1. 目标一致原则
> 2. 效率原则
> 3. 管理幅度原则
> 4. 分级原则
> 5. 授权原则
> 6. 职责的绝对性原则
> 7. 职权和职责对等原则
> 8. 统一指挥原则
> 9. 职权等级原则
> 10. 分工原则
> 11. 职能明确性原则
> 12. 检查职务与业务部门分设原则
> 13. 平衡原则
> 14. 灵活性原则
> 15. 便于领导原则

（三）有效管理幅度原则

由于受个人精力、知识、经验条件的限制，一名领导人能够有效领导的直属下级人数是有一定限度的。有效管理幅度不是一个固定值，它受职务的性质、人员的素质、职能机构健全与否等条件的影响。这一原则要求在进行组织设计时，领导人的管理幅度应控制在一定水平，以保证管理工作的有效性。由于管理幅度的大小同管理层次的多少呈反比例关系，这一原则要求在确定企业的管理层次时，必须考虑到有效管理幅度的制约。因此，有效管理幅度也是决定企业管理层次的一个基本因素。

（四）集权与分权相结合的原则

企业在进行组织设计时，既要有必要的权力集中，又要有必要的权力分散，两者不可偏废。集权是大生产的客观要求，它有利于保证企业的统一领导和指挥，有利于人力、物力、财力的合理分配和使用。而分权是调动下级积极性和主动性的必要组织条件。合理分权有利于基层根据实际情况迅速而正确地作出决策，也有利于上层领导摆脱日常事务，集中精力抓重大问题。因此，集权与分权是相辅相成的，是矛盾的统一。没有绝对的集权，也没有绝对的分权。企业在确定内部上下级管理权力分工时，主要应考虑的因素有企业规模的大小、企业生产技术特点、各项专业工作的性质、各单位的管理水平和人员素质的要求等。

（五）稳定性和适应性相结合的原则

稳定性和适应性相结合原则要求组织设计时，既要保证组织在外部环境和企业任务发生变化时能够继续有序地正常运转；又要保证组织在运转过程中，能够根据变化了的情况作出相应的变更，组织应具有一定的弹性和适应性。为此，需要在组织中建立明确的指挥系统、责权关系及规章制度；又要求选用一些具有较好适应性的组织形式和措施，使组织在变动的环境中，具有一种内在的自动调节机制。

当然，除了注意这些原则外，还要关注影响组织结构的重要因素，包括以下 6 种：

（1）组织目标。以目标是否需要作为组织部门存在的前提，这是组织结构划分的首要因素。

（2）组织战略。组织结构是保证组织实现其目标的手段。因为目标产生于组织的战略，所以战略与结构紧密结合，结构应服从于战略。如果组织对战略做了重大调整，就需要修改组织结构，以适应和支持这一调整。

（3）技术。任何组织都需要采取某种技术，将投入转化为产出。为达到这一目标，组织要使用设备、材料、知识和富有经验的员工，并将这些组合到一定类型和形式的活动之中。

（4）组织规模。组织规模小，结构可以简单；规模大，则结构复杂。员工人数也会影响组织的复杂程度和正式化与集权化的程度。

（5）经营环境。环境包括总的一般环境和具体工作环境两部分。环境的复杂性和变动性决定了环境的不确定性。当环境由稳定和简单趋向变动和复杂时，关于环境的信息不足或不可靠，以及对特定组织活动的效果难以了解，导致制定管理决策过程中的不确定程度大为增加。组织结构设计与所处环境的不确定程度密切相关。环境较为确定的行业或部门，其组织结构设计可以采用较为稳定的机械结构；而环境复杂多变的行业和部门，应采用弹性的有机结构。

（6）人员结构与素质。组织是需要依靠人来运行的，因此，人员结构与素质的情况在很大程度上影响着组织的结构。

二、管理层次与部门划分

在组织结构的设计过程中,最重要的两个维度是以纵向的维度来划分管理层次和以横向的维度来划分部门。

(一) 组织的纵向结构设计

组织的纵向结构设计就是确定管理幅度和划分管理层次。

1. 管理幅度的含义

管理幅度又称管理宽度,是指在一个组织结构中,管理人员所能直接管理或控制的部属数目。这个数目是有限的,当超这个限度时,管理的效率就会随之下降。

因此,主管人员要想有效地领导下属,就必须认真考虑究竟能直接管辖多少个下属,即管理幅度问题。

对企业来说,确定管理幅度须考虑以下 5 个影响因素:

(1) 计划制定的完善程度。事先有良好、完整的计划,工作人员都明确各自的目标和任务,清楚自己应从事的业务活动,则主管人员就不必花费过多的精力和时间从事指导和纠正偏差,主管人员的管辖幅度就可以大一些,管理幅度大,管理层次就相对少一些;反之,计划不明确、不具体,就会限制一个管理人员的管辖范围,管理幅度就相对较小。

(2) 工作任务的复杂程度。若主管人员经常面临的任务较复杂,解决起来较困难,并对企业活动具有较大影响,则他直接管辖的人数不宜过多;反之,可增大管理幅度。

(3) 企业员工的经验和知识水平。当管理人员的自身素质较强,管理经验丰富,在不降低效率的前提下,可适当增加其工作量,加大管理幅度;同样,下属人员训练有素,工作自觉性高,也可采用较大的管理幅度,让他们在更大程度上实行自主管理,发挥创造性。

(4) 完成工作任务需要的协调程度。如工作任务要求各部门或一个部门内部需要协调的程度高,则应减少管理幅度,以较为高耸的结构为宜。

(5) 企业信息沟通渠道的状况。如果企业沟通渠道畅通,通信手段先进,信息传递及时,可加大管理幅度。

2. 管理层次的含义

所谓管理层次,就是在职权等级链上所设置的管理职位的级数。

当组织规模相当有限时,一个管理者可以直接管理每一位作业人员的活动,这时候,组织就只存在一个管理层次。而当规模的扩大导致管理工作量超出了一个人所能承担的范围时,为了保证组织的正常运转,管理者就必须委托他人来分担自己的一部分管理工作,这使管理层次增加到两个层次。随着组织规模的进一步扩大,受托者又不得不委托其他的人来分担自己的工作,依此类推,就形成了组织的等级制或层次性管理结构。

图 3-2 形象地表现了管理层次和管理幅度的关系。

	a	b	c
管理幅度:	4	8	16
管理层次:	6	4	3
管理人员数:	1 365	585	273

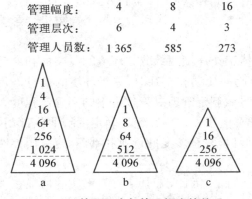

图 3-2　管理层次与管理幅度的关系

3. 两种典型的组织结构

当组织规模一定时,管理层次和管理幅度之间存在着一种反比例的关系。管理幅度越大,管理层次就越少;反之,管理幅度越小,管理层次就越多。这两种情况相应地对应着两种类型的组织结构形态,前者称为扁平型结构,后者则称为高耸型结构(见图 3-2)。一般来说,传统的企业结构倾向于高耸型,偏重于控制和效率,比较僵硬。扁平型结构则被认为比较灵活,容易适应环境,组织成员的参与程度也相对较高。所以,企业组织结构出现了一种由高耸向扁平演化的趋势。

扁平型结构有利于缩短上下级距离,密切上下级关系,信息纵向流动快,管理费用低,而且由于管理幅度较大,被管理者有较大的自主性、积极性和满足感,同时也有利于更好地选择和培训下层人员;但由于不能严密监督下级,上下级协调较差,管理宽度的加大也加重了同级间相互沟通的困难。

高耸型结构具有管理严密、分工明确、上下级易于协调的特点。但管理层次增多,需要从事管理的人员数增加,彼此之间的协调工作也急剧增加,互相扯皮的事会层出不穷;在管理层次上所花费的设备和开支,所浪费的精力和时间也随之增加。管理层次的增加会使上下的意见沟通和交流受阻,上层管理者对下层的控制变得困难,易造成一个单位整体性的破裂;同时由于管理严密,而影响下级人员的主动性和创造性。

(二)组织的横向结构设计

组织的横向结构设计就是进行部门划分。

部门指的是组织中管理者按照专业化分工的要求,为完成规定的任务而有权管辖的一个特殊的领域。部门是企业的细胞,它的设计关系到组织的运行效率。

在组织设计方面,企业高层管理者需要反复考虑的内容是设置多少个管理部门;每个职能部门的职责权限是什么;应该建立几个管理层次;每一级的管理层次又起着什么样的作用。为了加强企业的价值链管理,优化组织结构和业务流程,降低组织的经营成本,增强企业的竞争力,企业应该定期或不定期调整自己的组织机构,进行部门的合理划分。

在图 3-3 中我们列举了联想集团的组织架构,以作参考。

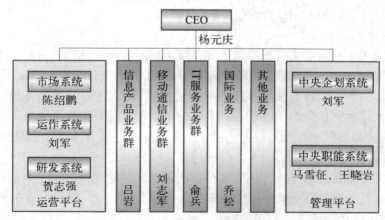

图 3-3 联想集团组织架构示意图

通常的部门划分方法包括以下 7 种。

1. 按人数划分

这是一种最简单的划分方法,即每个部门规定一定数量的人员,由主管人员指挥完成一定的任务。这种划分的特点是只考虑人力因素,在企业基层组织的部门划分中使用较多,如每个班组人数的确定。

2. 按时间划分

这种方法也常用于基层组织划分。例如,许多工业企业按早、中、晚三班制进行生产活动,部门设置也是早、中、晚三套。这种方法适用于那些正常的工作日不能满足市场需求的企业。

3. 按职能划分

这种方法是根据生产专业化原则,以工作或任务的性质为基础来划分部门。这些部门被分为基本的职能部门和派生的职能部门。基本的职能部门处于组织机构的首要一级,当基本的职能部门的主管人员感到管理幅度太大且影响到管理效率时,就可将本部门任务细分,从而建立派生的职能部门。这种划分方法的优点是遵循了分工和专业化原则,有利于充分调动和发挥企业员工的专业才能,有利于培养和训练专门人才,提高企业各部门的工作效率。其缺点是各职能部门容易从自身利益和需要出发,忽视与其他职能部门的配合,各部门横向协调差。

4. 按产品划分

这种方法划分的部门是按产品或产品系列来组织业务活动。这样能发挥专业设备的效率,部门内部上下关系易协调;各部门主管人员将注意力集中在特定产品上,有利于产品的改进和生产效率的提高。但这种方法使产品部门的独立性比较强而整体性比较差,加重了主管部门在协调和控制方面的负担。

5. 按地区划分

相比较而言,这种方法更适合于分布地区分散的企业。当一个企业在空间分布上涉及地区广泛,并且各地区的政治、经济、文化、习俗等存在差别并影响到企业的经营管理时,应将某个地区或区域的业务工作集中起来,委派一位主管人员负责。这种方法的优点是因地制宜,取得地方化经营的优势效益。其缺点是需要更多的具有全面管理能力的人员,增加了最高层主管对各部门控制的困难,地区之间不易协调。

6. 按服务对象划分

这种方法多用于最高层主管部门以下的一级管理层次中的部门划分。它根据服务对象的需要,在分类的基础上划分部门。例如,生产企业可划分为专门服务于家庭的部门、专门服务于企业的部门等。这种方法提供服务的针对性强,便于企业从满足各类对象的要求出发安排活动。按这种方法组织起来的部门,主管人员常常列举某些原因要求给予特殊照顾和优待,从而使这些部门和按照其他方法组织起来的部门之间的协调发生困难。

7. 按技术或设备划分

这也是一种划分部门的基本方法。这种方法常常和其他划分方法结合起来使用。这种划分方法的优点在于能经济地使用设备,充分发挥设备的能力,便于设备的维修和材料供应,同时也有利于发挥专业技术人员的特长。

需要指出的是,部门的划分是为了保证组织目标的实现而对业务进行安排的一种手段。一个组织究竟采取何种方式划分部门,应该视具体情况而定。实际运作中,每个组织都应该根据自身条件,选择最适合自己的最佳划分方式。

三、常见的组织结构

组织结构具有不同的形式。按照业务经营部门职责权限的大小以及业务经营部门与职能管理部门之间的关系不同,可以分为直线制、职能制、直线职能制、事业部制、模拟分权制和矩阵制等各类结构。

(一) 直线制

直线制是一种最早也是最简单的组织形式。它的特点是企业各级行政单位从上到下实行垂直领导,下属部门只接受一个上级的指令,各级主管负责人对所属单位的一切问题负责。厂部不另设职能机构(可设职能人员协助主管负责人工作),一切管理职能基本上都由行政主管自己执行。直线制组织结构的优点是:结构比较简单,责任分明,命令统一。缺点是:它要求行政负责人通晓多种知识和技能,亲自处理各种业务。这在业务比较复杂、企业规模比较大的情况下,把所有管理职能都集中到最高主管一人身上,显然是难以胜任的。因此,直线制只适用于规模较小、生产技术比较简单的企业,对生产技术和经营管理比较复杂的企业并不适用。图3-4是直线制组织结构图示例。

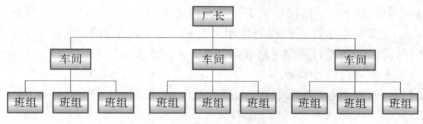

图3-4 直线制组织结构图

(二) 职能制

职能制组织结构是指各级行政单位除主管负责人外还相应地设立一些职能机构。例如,在厂长下面设立职能机构和人员,协助厂长从事职能管理工作。这种结构要求行政主管把相应的管理职责和权力交给相关的职能机构,各职能机构就有权在自己业务范围内向下级行政单位发号施令。因此,下级行政负责人除了接受上级行政主管人指挥外,还必须接受上级各职能机构的领导。

职能制的优点是能适应现代化工业企业生产技术比较复杂、管理工作比较精细的特点;能充分发挥职能机构的专业管理作用,减轻直线领导人员的工作负担。但缺点也很明显:它妨碍了必要的集中领导和统一指挥,形成了多头领导;不利于建立和健全各级行政负责人和职能科室的责任制;另外,在上级行政领导和职能机构的指导和命令发生矛盾时,下级就无所适从,影响工作的正常进行,容易造成纪律松弛,生产管理秩序混乱。图3-5是职能制组织结构图示例。

(三) 直线-职能制

直线-职能制也叫生产区域制或直线参谋制。它是在直线制和职能制的基础上,吸取这两种形式的优点而建立起来的。我国绝大多数企业都采用这种组织结构形式。

这种组织结构形式是把企业管理机构和人员分为两类:一类是直线领导机构和人员,

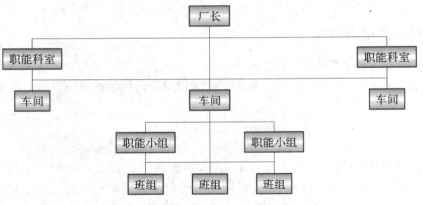

图 3-5 职能制组织结构图

按命令统一原则对各级组织行使指挥权;另一类是职能机构和人员,按专业化原则从事组织的各项职能管理工作。直线领导机构和人员在自己的职责范围内有一定的决定权和对所属下级的指挥权,并对自己部门的工作负全部责任。职能机构和人员是直线指挥人员的参谋,不能对直接部门发号施令,只能进行业务指导。

直线-职能制的优点是:既保证了企业管理体系的集中统一,又可以在各级行政负责人的领导下,充分发挥各专业管理机构的作用。其缺点是:职能部门之间的协作和配合性较差,职能部门的许多工作要直接向上层领导报告请示才能处理,这一方面加重了上层领导的工作负担;另一方面也造成办事效率低。为了克服这些缺点,可以设立各种综合委员会或建立各种会议制度,以协调各方面的工作,起到沟通作用,帮助高层领导出谋划策。图 3-6 是直线-职能制组织结构图示例。

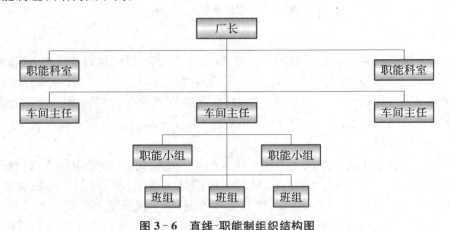

图 3-6 直线-职能制组织结构图

(四)事业部制

事业部制最早是由美国通用汽车公司总裁斯隆于 1924 年提出的,故有斯隆模型之称,也叫联邦分权化,是一种高度(层)集权下的分权管理体制。它适用于规模庞大、品种繁多、技术复杂的大型企业,是国外较大的联合公司所采用的一种组织形式。近几年,中国一些大型企业集团或公司也引进了这种组织结构形式。事业部制是分级管理、分级核算、自负盈亏的一种形式,即一个公司按地区或按产品类别分成若干个事业部,从产品的设计、原料采购、成本核算、产品制造到产品销售,均由事业部及所属工厂负责,实行单独核算,独立经营,公司总部只保留人事决策、预算控制和监督大权,并通过利润等指标对事业部进行控制。也有的事业部只负责指挥和组织生产,不负责采购和销售,实行生产和供销分立,但这种事业部正在被产品事业部所取代;还有的事业部则按区域来划分。图 3-7 是事业部制组织结构图示例。

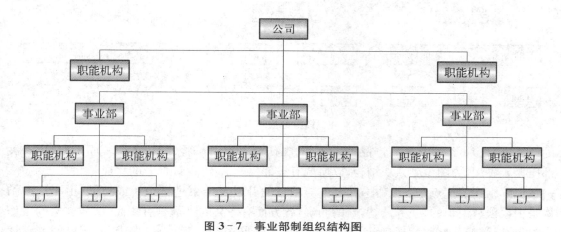

图 3-7 事业部制组织结构图

(五)模拟分权制

这是一种介于直线职能制和事业部制之间的结构形式。

许多大型企业,如连续生产的钢铁、化工企业,由于产品品种或生产工艺过程所限,难以分解成几个独立的事业部;或者由于企业的规模庞大,以致高层管理者感到采用其他组织形态都不容易管理,这时就出现了模拟分权组织结构形式。所谓模拟,就是要模拟事业部制的独立经营,单独核算,但不是真正的事业部,实际上是一个个生产单位。这些生产单位有自己的职能机构,享有尽可能大的自主权,负有"模拟性"的盈亏责任,目的是要调动它们的生产经营积极性,达到改善企业生产经营管理的目的。需要指出的是,各生产单位由于生产上的连续性,很难将它们截然分开。以连续生产的石油化工企业为例,甲单位生产出来的产品直接就成为乙生产单位的原料,这当中无须停顿和中转。因此,它们之间的经济核算只能依据企业内部的价格,而不是市场价格,也就是说,这些生产单位没有自己独立的外部市场,这也是与事业部的差别所在。

模拟分权制的优点除了调动各生产单位的积极性外,还可解决企业规模过大不易管理的问题。高层管理人员将部分权力分给生产单位,减少了自己的行政事务,从而把精力集中到战略问题上来。其缺点是:不易为模拟的生产单位明确任务,易造成考核上的困难;各生产单位领导人不易了解企业的全貌,在信息沟通和决策权力方面存在着明显的缺陷。图 3-8 是模拟分权制组织结构图示例。

(六)矩阵制

在组织结构上,把既有按职能划分的垂直领导系统又有按产品(项目)划分的横向领导关系的结构称为矩阵组织结构。

矩阵制组织是为了改进直线职能制横向联系差、缺乏弹性的缺点而形成的一种组织形式。它的特点表现在围绕某项专门任务成立跨职能部门的专门机构上,例如,组成一个专门

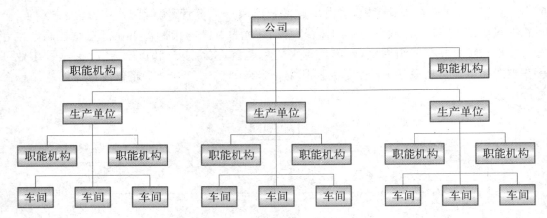

图3-8 模拟分权制组织结构图

的产品(项目)小组去从事新产品开发工作,在研究、设计、试验、制造各个不同阶段,由有关部门派人参加,力图做到条块结合,以协调有关部门的活动,保证任务的完成。

矩阵结构的优点是:机动、灵活,可随项目的开发与结束进行组织或解散;由于这种结构是根据项目组织的,任务清楚,目的明确,各方面有专长的人都是有备而来,故在新的工作小组里,能沟通、融合,能把自己的工作同整体工作联系在一起,为攻克难关、解决问题献计献策;由于从各方面抽调来的人员有信任感、荣誉感,使他们增加了责任感,激发了工作热情,促进了项目的实现;它还加强了不同部门之间的配合和信息交流,克服了直线职能结构中各部门互相脱节的现象。矩阵结构的缺点是:项目负责人的责任大于权力,因为参加项目的人员都来自不同部门,隶属关系仍在原单位,只是为"会战"而来,所以,项目负责人对他们管理困难,没有足够的激励手段与惩治手段,这种人员上的双重管理是矩阵结构的先天缺陷;由于项目组成人员来自各个职能部门,当任务完成以后,仍要回原单位,因而容易产生临时观念,对工作有一定的影响。

矩阵结构适用于一些重大攻关项目。企业可用来完成涉及面广、临时性的、复杂的重大工程项目或管理改革任务。特别适用于以开发与实验为主的单位,尤其适用于应用性研究单位等。图3-9是矩阵制组织结构图示例。

图3-9 矩阵制组织结构图

以上几种组织结构形式各有利弊。组织应该依据目标与实际情况进行灵活选择。必要时可以将几种形式结合在一起,以便更有效地保证目标的实现。

【学习自测】

一、选择题

1. 斯隆模型也叫联邦分权化,也即(　　)。
   A. 职能制结构　　　　　　　　　B. 事业部制结构
   C. 直线-职能制结构　　　　　　　D. 矩阵制结构

2. 下列关于管理幅度与管理层次的描述正确的是(　　)。
   A. 管理幅度与管理层次共同决定组织规模
   B. 为了保证管理效果,管理幅度越大越好
   C. 当组织规模一定时,管理幅度与管理规模成正比关系
   D. 管理幅度越窄,管理层次就越多,组织结构就呈扁平型

3. 组织结构设计的出发点和依据是(　　)。
   A. 权责利关系　　B. 企业目标　　C. 分工合作关系　　D. 企业面临的环境

4. 企业划分部门的方法有多种,其中,早、中、晚三班制是(　　)。
   A. 按产品划分　　B. 按职能划分　　C. 按人数划分　　D. 按时间划分

5. 在组织结构上,把既有按职能划分的垂直领导系统又有按产品(项目)划分的横向领导关系的结构称为(　　)。
   A. 直线制结构　　B. 模拟分权结构　　C. 矩阵组织结构　　D. 事业部结构

二、判断题

1. 组织作为人的集合,就是每个人的加总。　　　　　　　　　　　　　　(　　)
2. 扁平型组织结构有利于领导控制,但会影响下属的工作积极性。　　　(　　)
3. 电影院的观众是拥有特定的共同目标的群体,所以,他们是一个组织。(　　)
4. 按职能来划分企业部门,如生产部门、营销部门和财务部门等。这种划分方法能够突出企业的重点业务活动,有利于提高中层管理者的专业技能。因此,现代大企业普遍采用这种方法进行部门设计。　　　　　　　　　　　　　　　　　　(　　)
5. 当管理幅度一定时,组织规模与管理层次成正比关系。　　　　　　　(　　)

三、简答题

1. 谈谈你对组织的理解。
2. 组织设计应考虑哪些原则?举例说明为什么?
3. 管理幅度与管理层次的关系是什么?
4. 部门划分的方法有哪些?
5. 事业部制与直线职能制在框架形式上非常相似,你认为两者的本质区别是什么?
6. 你认为现代医院的组织结构形式是什么样的?为什么?

四、案例题

某公司有高层管理人员5人,高层、中层、基层的管理幅度分别为5人、6人和10人。现该公司通过加强管理人员培训,使他们的自身素质和工作能力都有一定的提高,同时通过改进管理方式,把管理权限更多地授予中层和基层管理人员。这样,既调动了中层和基层管理人员的工作积极性,又保证了高层管理人员能集中精力和时间处理企业的重

大事项。该公司还通过管理手段的现代化,实现了对工作全过程的有效控制,使各级管理者处理日常工作的时间和精力有所减少。由此使高层、中层和基层管理人员的管理幅度分别扩大为 7 人、10 人和 15 人,该公司的组织结构向扁平式变化。

根据案例提供的资料回答下列问题(其中 1 为单选,2 和 3 为多选):

1. 现在该公司高层管理人员能有效地管理(　　)名中层管理人员。
   A. 25　　　　　　B. 35　　　　　　C. 50　　　　　　D. 75
2. 导致该公司管理人员管理幅度变化的主要因素有(　　)。
   A. 工作性质的变化　　　　　　B. 工作能力的提高
   C. 授权范围的扩大　　　　　　D. 协调控制的加强
3. 扁平式组织结构的优势是(　　)。
   A. 有利于高层管理者接近基层　　B. 有利于调动下属人员的工作积极性
   C. 有利于加强高层管理者对基层的控制　　D. 有利于加强横向协调

【能力训练任务】

任务一:制作办公室工作人员职务说明书

(一)情境描述及任务要求

每天,我们都在出入各种办公室。毕业后,大部分的学生将进入工作单位开始职业生涯,其中的很多人将在文职岗位(即办公室中)完成职业生涯的初期积累。办公室工作是一种看似简单却需要大量细心与耐心的工作。因其接触到所在单位的方方面面,需要做大量协调沟通工作;同时,办公室岗位因为处于后方支持的位置,往往得不到企业的重视和资源倾斜。所以,办公室工作人员往往成为每个企业中"最熟悉的陌生人"。请观察你所能接触到的教学办公室,了解你所在班级的班主任工作情况,编制一份班主任职务说明书,为办公室招聘新的班主任做好准备。

(二)成果评价

1. 将编制完成的职务说明书在班级内公示,并与所有班级成员进行讨论。
2. 将编制完成的职务说明书交给班主任本人评价,确定是否与实际工作相符合。

(三)知识链接

如何编制职务说明书

职务说明书是工作分析人员根据某项职务工作的物质和环境特点,对工作人员必须具备的生理和心理需求进行的详细说明。它是职务分析的结果,是经职务分析形成的书面文件。

职务说明书由职务描述与职务规范两部分组成。职务描述是经过职务分析收集资料后产生的。职务描述是说明某一职务的职务性质、责任与权利关系、主体资格条件等内容的书面文件,职务规范是任职者任用条件的具体说明,两者结合起来构成了针对某一职务的完整、全面、详细的职务说明。编写职务说明书就是编制职务描述和职务规范两个书面文件。

职务说明书的写作应该使用简洁、直接的语言和结构,充分反映出职务的特征。在职务分析写作过程中,应注意做什么、如何做和为什么要做三个方面的问题。做什么是以职务中所需要的体力活动和智力活动的有关说明来表示的;如何做指的是执行职务任务所采取的方法或程序,有体力活动和脑力活动两种不同的程序;为什么要做指的是执行职务任务所要达到的目标。在这一过程中,应涉及下列问题:

1. 完成这项职务的所有任务使用了什么工具、材料和设备?
2. 是否还有其他没有观察到的工具、设备、材料?如有,如何工作?
3. 完成这项职务的所有任务采用了什么方法或过程?
4. 有没有其他的方法或过程也能完成这一工作?

编写职务的叙述材料时,应该小心地选择语言,选定的词应当要简洁,尽量避免用词含糊。有关单词使用的一般原则如下:

1. 宁用简单的而不用牵强的单词,限制使用不精确的单词。
2. 宁用具体的而不用抽象的单词。
3. 宁用单纯的而不用迂回的单词。
4. 宁用短的而不用长的单词。
5. 有限制地使用形容词。
6. 只有读者能了解时才使用相关技术术语,否则应避免或加以说明。

举例:人力资源经理职位说明书。

基本信息	职位名称		人力资源经理	职位编号	
	所属部门		人力资源部	直接上级	人力资源总监
职位概述	依据公司的发展战略目标组织编制和实施人力资源规划,组织协调各部门的人力资源工作,为公司年度经营业务和管理的有序开展提供人力资源保障和支持					
任职资格	学　　历		大学本科以上		
	专　　业		人力资源管理、行政管理、企业管理等相关专业		
	工作经验		5年以上人力资源管理工作经验		
	能力素质		具有很强的沟通协调能力、组织管理能力、激励能力、分析判断能力;工作细致、原则性强		
	业务了解范围		熟悉国家有关政策法规;全面掌握人力资源管理知识;了解国内外人力资源管理的新动向		
工作关系	内　　部		公司各部门		
	外　　部		人才交流中心、培训机构、咨询机构、劳动部门等		
岗位职责	职责细化描述				
	职责一		制定人力资源管理规章制度		
	工作任务		1. 组织编制公司人力资源管理的相关制度,上报人力资源总监和总经理批准 2. 执行人力资源管理的各项制度并组织落实和适时修正		
	职责二		人力资源规划与开发		

（续表）

		职 责 细 化 描 述
岗位职责	工作任务	1. 组织编制并落实人力资源发展规划，为重大人事决策提供建议和信息支持
		2. 编制和落实公司人力资源规划，实现公司人力资源和业务发展之间的供需平衡
		3. 配合公司管理部门进行文化建设活动
	职责三	招聘管理
	工作任务	1. 依据公司各部门、下属单位的需求和岗位任职条件，制定员工招聘计划
		2. 通过推荐、媒体介绍、公开招聘等形式招聘新员工
		3. 组织面试、复试，择优录用新员工
	职责四	培训管理
	工作任务	1. 组织制定公司各类岗位人员的培训计划并具体实施
		2. 根据公司发展的要求，针对各类岗位员工设计培训方案并具体实施
		3. 组织实施培训效果评估
	职责五	绩效考核管理
	工作任务	1. 安排人员定期组织各部门，各分公司、各子公司实施员工绩效考核
		2. 根据公司任命程序组织实施干部晋升前考核
	职责六	薪酬管理
	工作任务	1. 引进具有竞争力的薪酬管理体系，组织制定公司的薪酬政策
		2. 负责组织员工的日常薪酬福利管理
		3. 安排人员按规定为员工办理各种保险手续
	职责七	员工关系管理
	工作任务	1. 根据政府劳动部门的规定组织制定公司统一的劳动合同文本
		2. 安排人员组织员工办理劳动合同签订及续签手续
		3. 组织受理员工投诉和公司内部劳资纠纷，完善内部沟通渠道
		4. 协同法律顾问处理有关劳动争议
	职责八	部门内部管理
	工作任务	1. 制定部门的工作计划和工作制度，进行下属员工的分工和组织工作
		2. 对下属员工进行考核和业务指导

任务二：势在必行的组织变革

（一）情境描述及任务要求

WTB是一家脱胎于计划经济的中小型国有企业，以汽轮机叶片加工为主，正在向国际市场和航天军工产品市场拓展。其原有的组织结构是职能式组织结构（见图3-10），适合于流程简单、技术要求变化不大的规模生产。随着外贸、航天军工产品业务的增加,技术要求越来越复杂,要求对流程、体系的控制越来越严格,因此,产生的沟通和协调任务也越来越繁重。在这种形势下,WTB 主要采用成立项目组的方式来保证合同的履行。项目组通常由质量管理部门或主管副总牵头,相关职能部门抽调人员参加项目会议进行协调,再回到本部门进行传达贯彻。

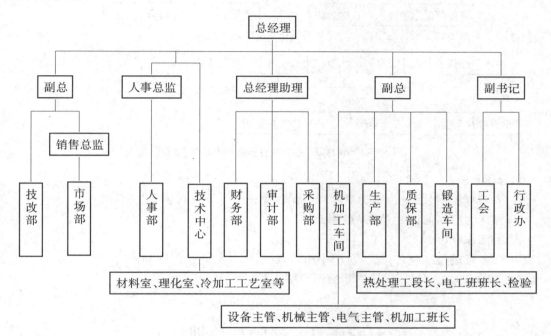

图 3-10　WTB 原有的组织结构图

这种矩阵式组织和传统的职能式组织结构之间的匹配目前似乎存在着一定的问题。典型的情况是,项目组在合同签订和履行的前期阶段运行顺利,但进入批量生产阶段后,就常常出现落实不到位的现象。外贸、军工、航天等产品的技术含量高,流程复杂,对可靠性和精度的要求都更高,必须确保流程管理和体系管理的有效性。加班加点召开会议以及协调矛盾和解决突发性问题占用相关高层管理人员大量的时间和精力。公司总经理认为公司所有的职能部门都应围绕和服务于高质量履行客户合同这个目标。而目前在批量生产阶段,协调不力和生产组织的老模式是造成合同履行出问题的关键所在。根据这个思路,公司总经理正在酝酿的组织再造方案是根据工艺特点,以现有的两个生产车间为核心设立两个准事业部(见图 3-11),由两名副总分别任事业部总经理,同时将技术、质量、核算、人事等必要的职能下放到事业部,事业部实行内部核算。公司总经理的想法是要将决策的权限下放下去,既能解决横向协调沟通问题,又能由准事业部进一步优化生产过程的管理。

桌上的一份组织再造计划书是公司总经理已经酝酿很久了。他期望着这项改革能够为 WTB 的战略转型提供坚实的保障,但是,准事业部制能够提高公司的合同履行能力吗?项目组在新的组织结构中又应当如何发挥作用呢?公司总经理又陷入了深深的思考当中。

资料来源:黄昱方,"组织变革:WTB 成长转型的探索与实践",中国管理案例共享中心案例库,www.cmcc-dut.cn,有删节。

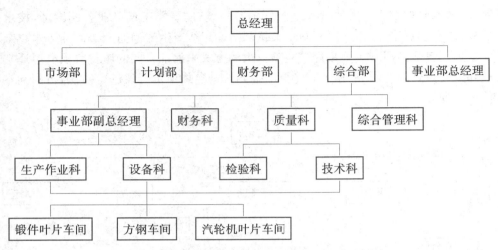

图3-11 WTB正在酝酿的准事业部的雏形部分

请思考：
1. WTB的项目组是否属于矩阵式组织？项目组运行遇到了哪些问题？
2. 你认为应如何设计WTB的组织结构？

(二) 成果评价
1. 在全班进行小组讨论交流，由小组代表发言，其他同学提问和评价。
2. 勾勒出你为WTB设计的新的组织结构图。

能力模块二 选聘与培训员工

【情境任务导入】

难产的招聘方案

分公司新上一条新产品生产线，总公司授权分公司在总公司下达的计划内自行招聘新员工。杨经理会同人事主管研究新员工招聘问题。

杨经理要求人事主管，要做好这项工作必须有一个详细的招聘工作方案。招多少人、要什么条件、招聘要遵循哪些原则与程序、有哪些实际工作要做等都要在认真研究的基础上详细列出。杨经理提出，该生产线技术含量较高，操作比较复杂，不经过一定的岗前培训是无法胜任的。因此，招聘后如何进行培训是一个非常重要的问题，要求人事主管尽快落实。

很快，人事主管就拿出招聘方案。杨经理看完后，很不满意，觉得有许多问题在方案中都没有说清楚，特别是不具有操作性。这位人事主管刚接手这项工作，缺乏这方面的经验，面对经理提出的问题，尽管经过几次认真修改，仍未达到要求。由于时间紧迫，杨经理决定亲自帮助人事主管研究制定这几个方案。

招聘员工的数量、条件等基本问题杨经理与人事主管已基本商定了。但是,对招聘的原则、操作要领、工作实务以及培训的内容、方式等问题,还没有理清思路。他们两人现在正在经理办公室里反复研究,以求能够尽快地制定出科学、有效的新员工招聘与培训工作方案。

资料来源:单凤儒,《管理学基础》(第四版),高等教育出版社,2012年。

请思考:

1. 你认为员工招聘计划或方案应包括哪些内容?
2. 你能帮助杨经理提出选拔人才的标准吗?
3. 人员招聘应采取哪几个步骤?
4. 你知道员工培训的内容与步骤吗?

【必备知识内容】

(一)员工招聘与甄选

组织结构建立起来之后,就要选拔与配备人员,并进行人员培训与管理,这些属于人力资源管理范畴。人力资源管理的内容主要包括人力资源需求预测与规划、人员选聘与组合、人员使用与激励、人力资源开发等。

在确定了组织内的一些职位后,就可以通过招聘、选拔、安置和提升来配备所需的员工及管理者。要依据职位或岗位的要求和受聘者具备的素质和能力进行选聘。

企业通常要制定中长期人力资源发展规划。这是确定具体招聘计划的重要依据。一定时期的招聘计划的制定,最重要的有两个步骤:一是评估现有的人力资源状况;二是评估未来的人力资源需求,从而确定所要招聘员工的数量、种类与质量。主要内容应包括:现状评估、未来需求;招聘数量、种类、质量与来源;招聘程序、方法、组织等。

招聘的核心过程是甄选。甄选是对应聘者是否符合组织招聘要求以及是否胜任工作的鉴别与评价过程。甄选的方法通常有审阅申请表、考试、绩效模拟测试、面试等。甄选的科学性和可靠性在相当大程度上取决于甄选方法的信度和效度。

(1)信度。甄选所采用的方法首先必须是可信任的,即信度高。信度是指运用某一甄选方法对同一对象测度结果的一致性程度。这一指标反映的是甄选方法本身的可靠程度。如果被测试者分数稳定,说明方法可靠,测试结果才更可信。

(2)效度。甄选所采用的方法不但可靠,而且有效,即效度高。效度是指甄选方法与工作标准之间的相关程度。这一指标反映的是甄选方法的有效程度。如所测试的方法和要求与所要测度的内容联系不大,说明这种方法及其结果就是无效的。

员工招聘的基本工作包括确定需要、编制计划、实施选聘、上岗培训等工作,具体步骤如下:

(1)初次面试。初次面试多半是根据招聘的一些标准与条件来进行筛选,淘汰掉明显不符合职务要求的应聘者。

(2)审查申请表。审查申请表的目的是为了帮助招聘人员对应聘者有基本了解,并根据其条件决定是否有必要对其进行进一步考核。一般来说,申请表的内容包括姓名、年龄、性别、家庭情况、受教育情况、特长、简历等。在申请表的具体编排上，应依据企业及职务的要求而定，尽量做到与职务密切相关。同时，在用词上也应做到清晰明了，应使招聘者通过申请人所填的具体内容即可做出有效的初步判断。

（3）录用面试。面试的目的是进一步获取应聘者的信息，在初次面试和审查申请表的基础上，加深对应聘者的认识，有助于对应聘者合格与否做出判断。同时，计划得当的面试还可以达到使应聘者了解企业和宣传企业形象的目的。

（4）测试。测试是运用系统的、统一的标准及科学的、规范化的工具，对不同人员的各种素质给予公正而客观的评价。它是选聘过程中重要的辅助手段，特别是对于那些其他手段无法确定的个人素质（如能力、个性特征、实际技能等）更为有效。最常用的测验包括智力测验、知识测验、个性测验和兴趣测验等。

（5）人才评价。这是为选聘重要管理职位或高技能岗位人才而采用的方式。即让候选人参加一系列管理情境模拟活动，让评价人员观察和分析受试者在一个典型的管理环境中如何运作，以考察其实际管理技能或技术技能。例如，选拔管理者可采用公文处理模拟测试、无领导小组讨论和企业决策模拟竞赛等方式。参加评估的人员是评估专家和经过培训的企业管理者，一般由待选聘岗位的顶头上司参与，并由评估小组集体讨论做出最后结论评估，作为上级审批人员聘任的依据。

（6）对新员工进行上岗教育。开展上岗教育，既向新员工介绍企业情况、企业的职能、任务和人员等情况；又使新管理人员适应工作，包括学习工作所需要的知识和能力，执行任务采取的合适态度，以适应本单位的准则和价值观念。

（二）员工培训与发展

员工进入企业后，从事正常工作所需的技能并不是一次到位的。企业对它所雇用的每一位员工都有承担着培养与发展的职责。获得企业的培训与在企业内的发展机会，不仅是员工更好地完成企业工作要求的保障，也是员工应该获得的基本权利和福利保障。所以，作为一个合格的企业管理者，在员工进入岗位的那一刻起，就应该将员工的培训与发展作为今后的日常工作来进行规划。

1. 员工培训计划与实施

制定培训计划的依据主要根据以下三方面因素来确定培训计划的具体内容：

（1）组织本身的要求，即根据组织宗旨、目标与所处环境等因素确定培训的内容与安排；

（2）企业经营任务和工作岗位的要求，即根据工作的具体内容和市场与技术未来发展需要等因素来选择培训的内容与方法；

（3）根据受培训者的工作表现与能力及其自身发展需要等因素选择培训内容、培训时间与方法等。

员工培训作为一项具有战略性意义的重要工作，必须有周密的计划和精心的组织。培训计划的主要内容包括培训目的、培训对象、培训时间、课程内容、师资来源、实施进度和培训经费等项。制定培训计划的程序包括：组织培训需求调研，可以采用分发培训需求调查表等方式征求相关员工意见；根据需求确定组织的需要与目标，由人力资源管理部门拟订培训草案；将培训草案上报上一级主管审定，即可组织实施。

实施培训计划时，要注意以下几点：一是落实培训所需资源与条件，如场所、时间、员工

(含学、教双方)等,确保严格执行培训计划;二是加强日常管理,建立并严格执行培训制度与秩序;三是注重对员工的有效激励,使其明确培训目的,增强学习兴趣,并尽可能采用自主管理的方式,提高学习效果;四是加强培训的考核与评估。既包括对每位学员的学习成绩评估,又包括对整个培训过程的效果评估;既要注意培训过程评估,又要注意培训结果评估。

企业对各级、各类员工的素质、能力要求不同,具体培训内容也应不同。但培训的基本内容都包括思想觉悟与职业道德、技术与业务理论知识和技术与业务能力三部分。如果是对管理者进行培训,技术与业务理论知识、技术与业务能力的培训中均应包括管理的理论与技能。员工培训主要包括以下方式与方法:

(1) 岗前培训。员工上岗前,必须接收系统的培训。主要培训内容包括生产技术规程与标准、安全生产规范、企业规章制度、职业道德等。具体培训方法包括:讲授法,邀请企业内外培训师进行较为系统的知识生产、技术、经营、管理等知识与规范的讲授;讨论法,围绕某个专题,组织员工进行研究讨论;模拟法,运用角色扮演、情景剧等方式模拟实际生产与管理活动。

(2) 在岗辅导。在完成工作任务的过程中,由管理者或有经验的师傅进行各种形式的辅导。

(3) 岗位练兵。即在生产经营过程中,边干边学,不断学习新知识和新技术,提高技术操作的熟练程度。

(4) 集中培训。即企业根据发展的需要或引进新设备和新技术的需要,组织员工进行集中性的培训。

(5) 脱产进修。为培养技术骨干,企业将员工送到专门学校或培训班进行系统的学习和进修。

(6) 网络培训。这是一种利用计算机网络进行培训的方式。这种方式信息量大,新知识和新观念传递快,且适合分散式学习,节省学员集中培训的时间与费用,优势明显,更适合员工培训。

(7) 技术考核与晋级。通过技术考核与晋级,可以调动员工通过自学自练、提高技术水平的积极性,会有力地促进员工技术水平的提高。

2. 促进员工的全面发展

促进员工的全面发展是一切社会组织的最根本性任务。从马克思主义的基本理论到现代社会发展的时代要求,都决定了促进人的全面发展是整个社会乃至一切社会组织的一项最根本性任务。每个组织在实现本组织宗旨和完成生产经营任务的同时,都必须高度重视本组织成员的全面发展问题,并将其列入重要的管理目标,下工夫抓出成效。在现代管理中,只抓工作绩效的管理者只是"半个管理者";而在抓工作的同时抓人的社会生活质量与成长的管理者才是"完整的管理者"。

为促进员工的全面发展,应特别注重抓好以下工作:

(1) 尊重员工的主人翁地位,尊重员工的政治权利,充分发挥其议政和参与管理的积极作用。

(2) 鼓励员工的首创精神,支持他们在工作中的改革与创新,满足其成就事业、自我实现的需要。

(3) 建立终身学习的体系,提供员工学习理论与技术的必要条件,鼓励他们技术与业务上的进步,促进其自身素质的不断提高。

(4) 尊重员工的个性,鼓励员工健康的个性发展和人格的自我完善。

(5) 满足员工的各种社会心理需要,创造和谐的人际环境,在组织中建立健康、向上、团结、融洽的团体氛围。

(6) 在完成工作任务的同时,关心并促进员工的身心健康。

(7) 要利用本组织的各种有利条件,使本组织的成员有高质量的、愉悦的社会生活,使他们不但是"工作的人",而且还成为"幸福的人"。

(8) 树立组织成员的社会责任意识,使他们成为自觉维护社会公德、承担社会义务的高素质的社会成员。

3. 员工职业生涯规划表

下表是某公司的员工职业生涯规划表,可以作为员工职业发展规划的参考。

概　　述			
1. 我的老师、家人、朋友希望我将来做什么?			
2. 通过已经填写的职业生涯规划表,概述个人的职业规划近期、中期与长期目标以及实现各阶段职业生涯目标的具体岗位规划和提升计划是如何设计的?			
阶段	职业目标	具体岗位规划	具体提升计划
近期 (3年)			
中期 (3～5年)			
长期 (5年以上)			
第一部分　个人基本信息			

姓　名		性别		出生年月		血型	
最欣赏的人		理由					
最欣赏的人		理由					
我的知识	类　别		起止时间	学校	专业	证　书	
	第一学历						
	最高学历						
	其他培训经历						

(续表)

	起止时间	工作单位	职位	主要工作内容及业绩
主要工作或实践经历				

	项目	自我评价	我的再次提升思路
我的技能优势	技术技能		
	人际沟通能力		
	分析能力		
	情感能力		
	其他		

我生活或工作中的成功经验（案例）	

公司评价	

	项目	自我评价	我的解决方案或思路
我的技能劣势	技术技能		
	人际沟通能力		
	分析能力		
	情感能力		
	其他		

（续表）

我生活或工作中失败的教训（案例）			
公司评价			
基本素质特征	项　目	自　我　评　价	公　司　评　价
	职业观		
	金钱观		
	思维方式		
	逻辑能力		
	关系建立		
	创新能力		
	领导力		
	执行能力		
	抗压能力		
	性格倾向		
核心竞争力/兴趣点/特长			

(续表)

第二部分　职业规划倾向类型选择			
类　型	倾向类型的说明		各类型所占百分比
进取型	视成功为升入组织或职业的最高阶层。特别注重在群体中的地位，追求更高职务		
安全型	追求认可、稳定；视成功为长期的稳定和相应不变的工作认可		
自由型	追求不被控制；视成功为经历的多样性。希望有工作时间和方法上的自由，最讨厌打卡机		
攀登型	挑战、冒险，愿意做创新工作，视成功为螺旋式不断上升和自我完善		
平衡型	视成功为家庭、事业、自我事务等均衡协调发展		
第三部分　个人职业生涯定位			
时间	项目	自我定位	实现时间	公司定位
近期职业生涯定位	角色定位			
	工作岗位规划			
	技术职称与能力规划			
	详细说明希望选择哪条晋升通道或组合			
	期望薪酬			

(续表)

时间	项目	自 我 定 位	实现时间	公 司 定 位
中期职业生涯定位	角色定位			
	工作岗位规划			
	技术职称与能力规划			
	详细说明希望选择哪条晋升通道或组合			
	期望薪酬			
时间	项目	自 我 定 位	实现时间	公 司 定 位
长期职业生涯定位	角色定位			
	工作岗位规划			

(续表)

时间	项目	自我定位			实现时间	公司定位
长期职业生涯定位	技术职称与能力规划					
	详细说明希望选择哪条晋升通道或组合					
	期望薪酬					
第四部分　实现近期目标的提升计划与措施						
个人提升计划	提升目标（预期效果）	学习提升方式			时间安排	指导人
	1.					
	2.					
	3.					
	4.					
	5.					
	6.					
	需要公司提供的资源支持与帮助					

(续表)

	提升目标 (预期效果)	学习提升方式	时间安排	指 导 人
公司意见	1.			
	2.			
	3.			
	4.			
	5.			
	6.			
	需要公司提供的资源支持与帮助			

本人意见：

　　　　　　　　　　　　　　　　　　　　　　　　　　年　月　日

直接上级意见：

　　　　　　　　　　　　　　　　　　　　　　　　　　年　月　日

人力资源部意见：

　　　　　　　　　　　　　　　　　　　　　　　　　　年　月　日

(续表)

主管领导意见：
    年　月　日

填写表格说明：

1. "我的技能"栏主要包括四方面的技能：第一，技术技能，指应用专业知识的能力，此技能有证书的需填写证书名称；第二，人际沟通能力，指在群体中与他人共事、沟通、理解、激励和领导他人的能力；第三，分析能力，指在信息不完全情况下发现问题、分析问题和解决问题的能力；第四，情感能力，指在情感和人际危机前不会受其困扰和削弱、能保持冷静、受到激励的能力以及在较高的工作责任压力下保持镇定和理性的能力等。

2. "角色定位"说明：在一个企业中有四种角色，包括企业拥有者、职业经理人、专业技术人员与普通工作人员，选择一种你认为最有希望也最有可能从事的角色。

3. 几种倾向类型无所谓好与坏，是自然形成的，在企业里最好是什么类型的人都有，仅需要在五种类型后分配不同的权重比例（某一单项可以是0%），使其相加等于100%。

4. "个人职业生涯定位"中，近期指1~3年，中期指3~5年，长期指5年以上。

5. "详细说明希望选择哪条晋升通道（或组合）"指管理、技术、业务三条晋升通道或三者的任意组合，并详细说明实现职业目标的具体岗位、能力目标以及实现时间。

6. 公司评价、公司定位、公司意见及直接上级、人力资源部、公司领导意见不由个人填写。

【学习自测】

一、选择题

1. 以下内容不属于人力资源管理的是（　　）。
   A. 人力资源需求预测与规划　　　B. 人员选聘与组合
   C. 人员使用与激励　　　　　　　D. 顾客满意度调查

2. 甄选的科学性和可靠性在相当大程度上取决于（　　）。
   A. 甄选方法的信度和效度　　　　B. 人力资源管理者的素质和技术水平
   C. 企业人力资源制度的完善性　　D. 企业领导者的决心和干预程度

3. 培训的基本内容不包括（　　）。
   A. 思想觉悟与职业道德　　　　　B. 企业目标
   C. 技术与业务理论知识　　　　　D. 技术与业务能力

4. （　　）是一种利用计算机网络信息进行培训的方式。
   A. 脱产培训　　　　　　　　　　B. 在岗培训
   C. 网络培训　　　　　　　　　　D. 技术考核与晋升

二、判断题

1. 信度是指甄选方法与工作标准之间的相关程度。　　　　　　　　（　　）
2. 员工招聘基本工作包括确定需要、编制计划、实施选聘、上岗培训等工作。
　　　　　　　　　　　　　　　　　　　　　　　　　　　　　　（　　）

3. 在岗辅导是指在生产经营过程中,边干边学,不断学习新知识、新技术,提高技术操作的熟练程度。（　　）
4. 计划得当的面试可以达到使应聘者了解企业和宣传企业形象的目的。（　　）
5. 在现代管理中,管理者只要抓好工作绩效就是一个"完整的管理者"。（　　）

三、简答题

1. 人力资源管理的主要职能有哪些?
2. 常用的员工招聘甄选方法有哪些?
3. 员工职业发展的含义是什么?为什么企业要重视员工的职业发展?
4. 员工培训计划的具体内容有哪些?
5. 促进员工的全面发展要从哪几方面入手?

四、案例题

韩国三星公司（以下简称"三星"）成立于1938年,它由一家小杂货店在几年内就跃居韩国企业之首的关键是三星的用人之道。

从1957年开始,三星就实施严格的人才选拔制度,选择员工的标准是"具有智能、诚实和健康的人"。在把符合条件的人招聘为企业员工后,公司会不惜花费大笔资金把他们培养成为对企业发展有用的人才,包括严格的选拔、有效的培训以及安排合适的岗位等。

三星的选拔工作立足于实际工作能力。对在实际业务中涌现出来的人才,三星一定会予以提升。此外,允许优秀人才犯错误也是三星人事管理的又一个重要原则,前提是员工尽职尽责地工作。对那些因工作懈怠、以己之利而损公司之利的人,公司必将严惩不贷。这种人才选拔制度使三星人才辈出。

三星更重视人才培训,它以一套独特而系统的培训制度著称。每年用于员工培训的费用就达1亿美元之多。新员工要经过24天的集训方可上岗,以培养他们同心协力的三星精神。公司对原有员工都提供很多进修机会,并明文规定,从董事到普通员工,每人每年至少受训两周,使大家及时掌握新经贸知识和政治经济形势。

三星在企业内部设立了管理能力部门、业务知识部门和精神状态部门等三大职能教育机构,对员工进行有针对性的教育培训,聘请著名专家开办讲座,派部分员工赴海外进修,培养他们的海外工作能力。为更好地适应企业国际化经营的需要,公司从1991年起正式实施国际化人才培训制度,选出一些优秀员工派驻国外,通过一年的驻外生活体验,掌握当地的经济运作方式和法律规范文件,了解当地风土人情和文化习俗,以通晓当地国情民意的人为三星将来发展服务。

三星还十分重视人才的自我提高。三星总是积极创造条件,主要采取岗位教育、集体研讨和自我总结的方式,使员工通过自学和自省不断进步。随着三星集团日益走向国际化经营,三星制定了一系列政策来迅速获得海外的先进技术和当地优秀人才。

正是因为三星的人才政策才使其既能有效地吸收和培训人才,又能合理地任用人才和提高人才质量,从而真正实现人才济济,各尽其能。

根据案例提供的资料回答下列问题:

1. 三星的"允许优秀人才犯错误"这一人事管理原则有什么特点?
2. 三星的人才培养的做法有什么好处?
3. 在企业步入国际化阶段时,如何获得所需人才?三星给了我们哪些启示?

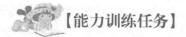【能力训练任务】

任务一：一份合格的招聘启事

（一）情境描述及任务要求

班主任职务说明书已经准备好了。现在请以学校主管部门的名义，为招聘新的班主任拟订一份招聘启事。在招聘启事中，要充分说明职务说明书提出的有效内容，使看到启事的人，能够明确学院的招聘要求，尽量减少招聘工作的重复工作量。

（二）成果评价

1. 将招聘启事在全班进行讨论，形成规范的书面材料。
2. 在招聘网站上寻找类似岗位的招聘启事，对比分析自拟启事的优缺点。

（三）知识链接：招聘启事模板

1. 公司介绍

××有限公司责任公司成立于××年××月××日，属于民营企业，目前为×××行业领军企业，年营业额×××元，公司员工……企业文化等都是招聘启事要写清楚的。

2. 需要招聘员工的具体要求

年　　龄：

性　　别：

学历要求：

能力要求：

岗位职责：

工作经验：

其他要求：

工作待遇：

3. 面试者请提供个人简历及××证件

4. 应聘流程

××有限公司责任公司人事部

联系地址：××××省×××市×××

联系人：××××

电话：×××××

公司网址：×××××

任务二：角色扮演招聘面谈

（一）情境描述及任务要求

1. 应聘者的任务。在这次活动中，你的角色是一位刚刚毕业的大学生，准备应聘一个培训经理的职位，这是一家大银行里的一个基层管理职位。这个职位对人的要求是受过高等教育，理解能力强，有干劲。作为培训经理，必须与各个层次的人员沟通，包括管理人员、员工和客户，并且要有效地保护和利用银行的资产。

2. 面谈者的任务。在本次活动中，你将扮演一位经理，与一位应聘培训经理的候选人面谈。你的目标是决定这个应聘者是否具备适应这一职位的技能、知识、能力和动机。本次面谈将持续10分钟。

3. 观察者的任务。首先,面谈者好的方面表现为哪些?其次,作为应聘者好的方面表现为哪些?最后,你所要观察的是双方在面谈过程中应聘者的缺陷表现在哪里?如何改进才能使本次面谈更为有效?

面谈一般要持续10分钟。面谈结束以后,三个参与者利用大约3分钟的时间静静地思考一下,最好将一些感受、观点和意见写下来,以便进行讨论。作为观察者,发言时间不超过5分钟。

(二)成果评价

1. 根据每个人在面谈中的表现,按照三分规则进行评分。
2. 根据观察者的表现,按照二分规则进行评分。

【单元概要】

1. 组织是人们按照一定的目的、任务和形式编制起来的社会集团。组织要建立起层次清晰、任务明确、权责对等的结构。合理完善的组织结构是在一定规则下建立起来的。这些原则包括任务与目标原则、专业分工和协作原则、有效管理幅度原则、集权与分权相结合原则、稳定性和适应性相结合原则。影响组织结构的重要因素包括组织目标、组织战略、技术、组织规模、经营环境和人员结构与素质等。

2. 在组织结构的设计过程中,最重要的两个维度是以纵向的维度来划分管理层次和以横向的维度来划分部门。组织的纵向结构设计就是确定管理幅度和划分管理层次;横向结构设计就是进行部门划分。

3. 管理幅度是组织结构中管理人员所能直接管理或控制的部属数目。影响管理幅度的因素包括计划制定的完善程度、工作任务的复杂程度、企业员工的经验和知识水平、完成工作任务需要的协调程度和企业信息沟通渠道等。

4. 管理层次是指在职权等级链上所设置的管理职位的级数。

5. 当组织规模一定时,管理层次和管理幅度之间存在着一种反比例的关系。管理幅度越大,管理层次就越少;反之,管理幅度越小,管理层次就越多。这两种情况相应地对应着两种类型的组织结构形态,前者称为扁平型结构,后者称为金字塔形结构。

6. 部门指的是组织中管理者按照专业化分工的要求,为完成规定的任务而有权管辖的一个特殊的领域。通常的部门划分方法包括按人数划分、按时间划分、按职能划分、按产品划分、按地区划分、按服务对象划分和按技术或设备划分。实际运作中,每个组织都应该根据自身条件,选择最适合自己的最佳划分方式。

7. 按照业务经营部门职责权限的大小以及业务经营部门与职能管理部门之间的关系不同,可以分为直线制、职能制、直线职能制、事业部制、模拟分权制和矩阵制等各类结构。

8. 人力资源管理的内容主要包括人力资源需求预测与规划、人员选聘与组合、人员使用与激励、人力资源开发等。

9. 要依据职位或岗位的要求和受聘者具备的素质和能力进行选聘。在员工进入企业后,通过培训和职业规划来促进员工的全面发展。

【延伸阅读】

（一）学习型组织

学习型组织(Learning Organization)是美国学者彼得·圣吉(Peter M. Senge)在《第五项修炼》(The Fifth Discipline)一书中提出的管理观念。企业应建立学习型组织，其含义为面临变化剧烈的外部环境，组织应力求精简、扁平化、弹性因应、终生学习和不断自我组织再造，以维持竞争力。知识管理是建设学习型组织的最重要的手段之一。

学习型组织不存在单一的模型，它是关于组织的概念和雇员作用的一种态度或理念，是用一种新的思维方式对组织的思考。在学习型组织中，每个人都要参与识别和解决问题，使组织能够进行不断地尝试，以改善和提高它的能力。学习型组织的基本价值在于解决问题，与之相对的传统组织设计的着眼点是效率。在学习型组织内，雇员参加问题的识别，这意味着要懂得顾客的需要。雇员还要解决问题，这意味着要以一种独特的方式将一切综合起来考虑以满足顾客的需要。组织因此通过确定新的需要并满足这些需要来提高其价值。它常常是通过新的观念和信息而不是物质的产品来实现价值的提高。学习型组织的特点可以用图3-12来表示。

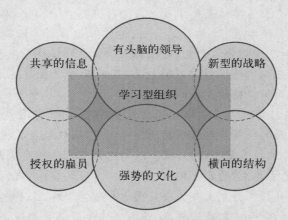

图3-12 学习型组织的特点

学习型组织应包括以下5项要素：

（1）建立共同愿景(Building Shared Vision)。愿景可以凝聚公司上下的意志力，透过组织共识，大家努力的方向一致，个人也乐于奉献，为组织目标奋斗。

（2）团队学习(Team Learning)。团队智慧应大于个人智慧的平均值，以做出正确的组织决策，透过集体思考和分析，找出个人弱点，强化团队向心力。

（3）改变心智模式(Improve Mental Models)。组织的障碍多来自个人的旧思维，如固执己见和本位主义，唯有透过团队学习和标杆学习，才能改变心智模式，有所创新。

（4）自我超越(Personal Mastery)。个人有意愿投入工作，专精工作技巧的专业，个人与愿景之间有种创造性的张力，正是自我超越的来源。

(5) 系统思考(System Thinking)。应透过资讯搜集掌握事件的全貌,以避免见树不见林,培养综观全局的思考能力,看清楚问题的本质,有助于清楚了解因果关系。

学习型组织具备以下几个特征:

(1) 组织成员拥有一个共同的愿景。组织的共同愿景,来源于员工个人的愿景而又高于个人的愿景。它是组织中所有员工共同愿望的景象,是他们的共同理想。它能使不同个性的人凝聚在一起,朝着组织共同的目标前进。

(2) 组织由多个创造性个体组成。在学习型组织中,团体是最基本的学习单位,团体本身应理解为彼此需要他人配合的一群人。组织的所有目标都是直接或间接地通过团体的努力来达到的。

(3) 善于不断学习。这是学习型组织的本质特征。所谓善于不断学习,主要有四点含义:一是强调终生学习。即组织中的成员均应养成终生学习的习惯,这样才能形成组织良好的学习气氛,促使其成员在工作中不断学习。二是强调全员学习。即企业组织的决策层、管理层和操作层都要全心投入学习,尤其是经营管理决策层,他们是决定企业发展方向和命运的重要阶层,因而更需要学习。三是强调全过程学习。即学习必须贯彻于组织系统运行的整个过程之中。约翰·瑞定(J. Redding)提出了一种被称为"第四种模型"的学习型组织理论。他认为,任何企业的运行都包括准备、计划、推行三个阶段,而学习型企业不应该是先学习然后进行准备、计划、推行,不要把学习与工作分割开,应强调边学习边准备、边学习边计划、边学习边推行。四是强调团体学习。即不但重视个人学习和个人智力的开发,更强调组织成员的合作学习和群体智力(组织智力)的开发。学习型组织通过保持学习的能力,及时铲除发展道路上的障碍,不断突破组织成长的极限,从而保持持续发展的态势。

(4) 扁平式结构。传统的企业组织通常是金字塔式的,学习型组织的组织结构则是扁平的,即从最上面的决策层到最下面的操作层,中间相隔层次极少。它尽最大可能地将决策权向组织结构的下层移动,让最下层单位拥有充分的自决权,并对产生的结果负责,从而形成以"地方为主"的扁平化组织结构。只有这样的体制,才能保证上下级的不断沟通,下层才能直接体会到上层的决策思想和智慧光辉,上层也能亲自了解到下层的动态,吸取第一线的营养。只有这样,企业内部才能形成互相理解、互相学习、整体互动思考、协调合作的群体,才能产生巨大的和持久的创造力。

(5) 自主管理。学习型组织理论认为,自主管理是使组织成员能边工作边学习并使工作和学习紧密结合的方法。通过自主管理,可由组织成员自己发现工作中的问题,自己选择伙伴组成团队,自己选定改革和进取的目标,自己进行现状调查,自己分析原因,自己制定对策,自己组织实施,自己检查效果,自己评定总结。团队成员在自主管理的过程中,能形成共同愿景,能以开放求实的心态互相切磋,不断学习新知识,不断进行创新,从而增加组织快速应变和创造未来的能量。

(6) 组织的边界将被重新界定。学习型组织边界的界定建立在组织要素与外部环境要素互动关系的基础上,超越了传统的根据职能或部门划分的"法定"边界。例如,把销售商的反馈信息作为市场营销决策的固定组成部分,而不是像以前那样只是作为参考。

(7) 员工家庭与事业的平衡。学习型组织努力使员工丰富的家庭生活与充实的工作生活相得益彰。学习型组织对员工承诺支持每位员工充分的自我发展,而员工也以承诺对组织的发展尽心尽力作为回报。这样,个人与组织的界限将变得模糊,工作与家庭之间的界限也将逐渐消失,两者之间的冲突也必将大为减少,从而提高员工家庭生活的质量(满意的家庭关系、良好的子女教育和健全的天伦之乐),达到家庭与事业之间的平衡。

(8) 领导者的新角色。在学习型组织中,领导者是设计师、仆人和教师。领导者的设计工作是一个对组织要素进行整合的过程,他不只是设计组织的结构和组织政策、策略,更重要的是设计组织发展的基本理念;领导者的仆人角色表现在他对实现愿景的使命感,他自觉地接受愿景的召唤;领导者作为教师的首要任务是界定真实情况,协助人们对真实情况进行正确和深刻的把握,提高他们对组织系统的了解能力,促进每个人的学习。学习型组织有着它不同凡响的作用和意义。它的真谛在于:学习一方面是为了保证企业的生存,使企业组织具备不断改进的能力,提高企业组织的竞争力;另一方面学习更是为了实现个人与工作的真正融合,使人们在工作中活出生命的意义。

尽管学习型组织的前景十分迷人,但如果把它视为一贴万灵药则是危险的。事实上,学习型组织的缔造不应是最终目的,重要的是通过迈向学习型组织的种种努力,引导出一种不断创新和不断进步的新观念,从而使组织日新月异,不断创造未来。

学习型组织的基本理念不仅有助于企业的改革和发展,而且对其他组织的创新与发展也有启示。人们可以运用学习型组织的基本理念去开发各自所置身的组织创造未来的潜能,反省当前存在于整个社会的种种学习障碍,思考如何使整个社会早日向学习型社会迈进。或许,这才是学习型组织所产生的更深远的影响。

(二) 流程再造

流程再造是指一种从根本上考虑和彻底地设计企业的流程,使其在成本、质量、服务和速度等关键指标上取得显著提高的工作设计模式。流程再造的核心是面向顾客满意度的业务流程,而核心思想是要打破企业按职能设置部门的管理方式,代之以业务流程为中心,重新设计企业管理过程,从整体上认可企业的作业流程,追求全局最优,而不是个别最优。

企业的管理应该是流程驱动的管理,一贯实施流程管理,而且管理得比较得当的企业,确实可以在日常的管理过程中,适时地对流程进行修正和调适,所以,这种企业的流程往往适应性比较强,流程的设置和运行也要科学得多,但这并不意味着它们就不需要对流程进行再造。如果客户的需求和市场发生了巨大的变化,企业的生意模式要实现根本性的变革,流程就必须要再造。例如,戴尔公司推行的直销模式如果在IBM公司的传统流程上套用,恐怕就难以产生预期效果,但IBM公司的传统流程对于自身奉行的生意模式却是有效的。另外,流程再造的目的也是要通过对企业和产业流程的梳理和精简来实施流程化管理。也只有在流程经过优化的企业里,实现流程导向和推行流程管理才可能成为现实。

企业流程再造的历程可以比较清晰而具体地描述为以下几个阶段:

第一阶段,预备阶段。任务是搭建团队,锁定目标。

第一步,建立组织。在企业管理高层建立以企业掌舵人牵头的流程再造工作推进机构,并给予充分授权,直接向企业最高管理层负责,并建立定期进度报告和追加授权制度。

第二步,设定标杆。通过对现存及潜在竞争对手的全面分析,给企业选定一个或几个比自己强大而具有可追赶性的成长性优势企业,作为标杆企业。

第三步,识别目标。在高度市场化的今天,客户需求呈现出多元化和个性化特征,任何一家企业,哪怕位居世界500强之首,也不可能独占市场,不可能满足所有的客户需求。企业只能尽力地追求目标客户群的最大化,但总是有限的。企业必须清楚地知道自己需要向哪些客户服务,才能获取经济和社会效益的最大化。所以,要参照标杆企业,重新识别目标市场,对企业客户源进行分析,分析的重点包括现有客户群的忠诚度、流失客户的特征及流失原因、潜在客户的成长性及共性特征、客户的需求、满足客户需求的可能性,为客户区分重要度。只有找准最重要和最有价值的客户群,企业战略才能有的放矢。

第二阶段,自检阶段。任务是系统诊断,判定症结。

第一步,自检战略导向。对比检查针对各类客户及各层次需求的满意率和满足率,根据差距检查战略导向存在的问题,并对企业战略导向进行调校。

第二步,自检生意模式。依据调校后的企业战略导向推动生意模式转型。按照美国学者玛格丽塔的观点,生意模式不是固定不变的,一个成功的生意模式与现存的生意模式相比,代表的是一种"更好的方法",应该随着环境的变化和自身竞争能力的发展,进行适应性调整,这种调整有时候甚至可能是革命性的重构。黄卫伟教授认为,如果企业能力与客户价值之间不对称,就会出现能力—价值困境,表现为能力超越客户价值或者能力达不到客户价值要求。解决能力超越客户价值的困境需要改变现行的生意实现模式,帮助价值链上的相关企业建立营利模式。随着市场的演变和需求的多样化,企业赖以成长和生存的生意模式已经无法再帮助企业产生利润和维持增长。这时,企业就必须尽快改善或抛弃陈旧的生意模式,迎合市场和客户的需求,推动生意模式转型。

第三步,自检运营模式。运营模式是生意模式的具体体现,也是推进并最终实现生意模式调整或者重构的关键。要依据生意模式转型的方向和特征,对现有运营模式进行彻底地适应性诊断,确定其症结所在。

第三阶段,设计阶段。任务是营造环境,设计方案。

第一步,转换思维模式。流程再造要顺利推进,必须在发起之初,就尽早消除组织对变革的抗拒。可以公布前一阶段自检诊断结果,组织对流程再造可能形成阻力的人员和主要参与人员到标杆企业参观,全员示警,进行危机教育,采用组织大讨论、征文、演讲、研讨、笔会等有效方式,自上而下地进行思想渗透,转换职工心智模式,增强职工承受力,推动企业文化变革,逐步形成新的核心价值观,营造创新氛围,建设创新文化,消除组织抗拒能量聚合的机会。统一企业职工的思想认识,打消顾虑,认同企业新的愿景。在组织中形成强大的支持变革的场效应力。

第二步,设计运营模式。在创新文化包围下,进行全员发动,自下而上地引导员工发挥积极性和原创精神。集中群众的智慧和高层的判断力,全员参与,全员设计,根据新的适应客户和市场需求的生意模式,为企业选定新的与生意模式相配套的运营模式。

第三步,诊断现有流程。比照新选定的运营模式,聘请外部专家参与,以内部流程再造推进团队为主,鼓励全体员工全面介入,诊断企业现有流程,进行流程效率和效能评估,判定症结所在,确定冗余流程和边缘地带。

第四步,设计再造方案。组织内、外部专家在系统诊断的基础上,参照标杆企业流程再造的经验做法,以新的运营模式为中心重新设计企业流程和推进流程再造的实施方案。

第四阶段,推行阶段。任务是以点带面,强力推行。

第一步,局部试点。选定试点单位,进行局部试点,对实施方案和新流程进行试验性验证。考虑到流程再造的高风险性,局部试点一般不选择核心流程,通常选定辅助流程,在见效比较快、职工基础好、管理者认识到位、对核心流程不至于形成致命影响的流程段进行试验。为了更全面地验证实施方案的科学性和适应性,可以选择同时多点试验,或者进行长效试验、多轮反复试验。要通过试验取得比较完整、可信度高的原始验证数据和相关资料。

第二步,完善方案。根据试点采集的信息分析情况以及对方案预期目标的验证情况,对设计方案进行完善修订,对预期目标进行调校,确定方案实施顺序和重点。因为对主流程的再造,尤其是对核心流程的再造牵涉面比较广,实施需要一定的过渡和调适,在此期间,企业往往需要被迫停产或减产,出现任何意外都可能给企业带来巨大风险。所以,在正式方案拟制时,通常应该设计应急预案,提高企业流程再造的抗风险能力。

第三步,交流沟通。在流程再造推进过程中,必须建立沟通渠道。流程再造方案涉及所有组织机构和全体员工的利益和权力调整,方案出台前应广泛而充分地与全体员工交流沟通,取得大多数人的理解和支持。一线员工虽然没有太多的决策权,但他们的热情、情绪和群体价值取向却完全可能影响和左右一个部门甚至一个组织的决策,取得他们的支持可以有效地减弱管理层中利益受损人员和部门发动集群抗拒的可能性。在方案转入实施以前,还要对全员进行分层培训和宣传教育,使上上下下都明白为什么再造、怎样再造和自己需要做什么。

第四步,权力模式变革。实施阶段,首要的是消除障碍,对原有的组织结构进行迅速变革,对管理人员进行迅速调整,对权力重新进行分配,为流程再造打好组织基础。

第五步,新旧流程切换。流程再造虽然要稳妥推进,不能冒失,但一旦条件成熟,需要全面推进时,又必须快刀斩乱麻,果断地完成新旧流程的同步切换,废旧立新。如果过渡期设得过长,新旧流程就容易打架,矛盾交织,难以排解。

第五阶段,调校阶段。任务是完善规范,持续改进。

第一步,流程调校。在新流程运行过程中,要不间断地对其与新的运营模式之间的适应性进行调校,通过短期的模式,要彼此适应。流程调校阶段最重要的一项任务就是邀请重要客户和主要的利益相关人参与对新流程的评估,并根据评估结果参与对新流程的改进完善设计。不但可以增强流程对重要客户和主要利益相关人期望值的适应性，可以更全面、及时地理解他们的需求变化，从而提高新流程的适应性。而且更主要的是可以通过交流来提高新流程在客户中的认知度和影响力，使客户得到心理满足。

第二步，信息化跟进。很多人认为，应该先上信息化手段，再推进流程再造。退一步讲，至少也应该信息化与流程再造同步进行，互相支撑。笔者认为，信息化不宜早行，过早推行信息化，可能将过时流程中的一些做法通过现代化信息化的手段固化下来。因为在流程没有再造以前实施信息化，只能是对现有流程进行信息化描述，现有流程的一些不足也可能通过信息化包装被隐藏起来，给后来的流程再造带来很大的不便，影响流程再造的效果。何况，在流程重新调整和优化后，信息化需要做大量的配套调整工作。如果在流程再造以后，针对精简优化后的流程及时跟进信息化建设，将有效地发挥新流程的功效。

第三步，评估体系跟进。流程再造以后，新流程的启动惯性和员工的兴奋感、自豪感可能带动流程正常运行一段时间。但是，从长远讲，流程的正常运行必须靠薪酬拉动。在流程再造以后，如果绩效评估体系没有做相应的调整，薪酬不与流程绩效挂钩，新流程就无法维持运行。在全面实施流程再造以后，要重新设计以流程绩效、对整体流程贡献率大小以及流程协调度为主要考核重点的新的绩效评估体系，并根据新的绩效评估体系，在新流程运行惯性消除以前，及时出台新的薪酬制度，实现对流程的有效拉动。

第四步，规范流程。新的流程出台后，要进行有计划的推广，让价值链相关企业、客户、利益相关人知晓、关心并及时给予评定。经过一段时间的循环运行和反复修正完善，逐步成熟和稳定，被企业内外各方面广泛认可以后，要以正式流程管理文件、图表等企业标准的形式对其规范化，也就是说，将新的流程相对固化下来，作为一段时间内的标准。

第五步，流程随诊。客户需求在不断变化，市场格局在不断调整，企业也需要不断调整自己的生意模式和运营模式，与此同时，要对流程随时进行诊断，查找问题，提供改进意见，供决策参考。

第六步，持续改进。流程再造并不是一劳永逸的，而是一个循环往复、逐级递进的过程。企业要根据诊断情况，对流程反复完善，不断改进。

学习单元四

协调与沟通

学习目标

能力目标

① 培养有效运用权力的基本能力；
② 培养有效指挥的基本能力；
③ 培养有效激励员工的基本能力；
④ 培养人际交往和人际沟通的基本能力；
⑤ 培养建设高效团队的基本能力。

知识目标

① 了解权力的来源和授权的有关知识；
② 了解不同领导风格的有关知识；
③ 掌握与领导方式有关的理论知识；
④ 掌握人际沟通的有关知识；
⑤ 理解团队工作的含义和团队工作的方法。

素质目标

① 初步形成正确运用权力的价值观和方法论；
② 初步形成尊重他人立场和价值观的基本素养；
③ 初步形成在同理心基础上的人本主义世界观。

能力模块一　建立领导风格

【情境任务导入】

是实行更为严格的管理还是更注重民主管理与激励？

北达商用机械公司三分厂的工作长时间不见起色,最近连续出现生产责任事故与产品质量问题,在全公司大会上受到总经理的点名批评。

三分厂的王厂长感受到巨大的压力,在公司大会的第二天就在分厂会议室召集紧急领导班子会议。在领导班子会议上,大家都感到压力大,必须加强管理,尽快扭转被动局面,但在如何加强管理上却存在意见和分歧。刘副厂长主张应实行更为严格的管理,重点是加强管理的规范化,并加大惩罚的力度。要进一步加强制度建设,严格劳动纪律,加大现场监督力度,杜绝一切怠工或违纪现象,对于"顶风上",出现迟到、早退、事故,特别是出现产品质量问题的,一律实行重罚。而赵副厂长则不赞成这种意见,认为这是一种传统的、已经过时的管理思想。他主张应坚持以人为本,重视人的需求,充分尊重员工,加强管理的重点是加强民主管理,主要靠鼓励员工参与管理、实行自我控制等激励手段。而刘副厂长则坚持认为,在中国现阶段,又是这种流水线生产,还是规范化的科学管理更可行。在这种流水线生产条件下,过分依靠自觉是不可行的,强有力的现场监督控制才是唯一有效的管理。两个人争执不下。

王厂长觉得两个人的意见都有道理,一时拿不定主意……

资料来源:单凤儒,《管理学》,科学出版社,2009 年。

请思考:
1. 你更赞成哪位副厂长的意见?并说明理由。
2. 你认为这两位副厂长各是什么样的领导风格?
3. 就三分厂如何加强管理的问题提出你的建议。

【必备知识内容】

一、领导概述

领导是领导者及其领导活动的简称。领导者是组织中那些有影响力的人员,他们可以是组织中拥有合法职位的、对各类管理活动具有决定权的主管人员,也可能是一些没有确定职位的权威人士。领导活动是领导者运用权力或权威对组织成员进行引导或施加影响,以使组织成员自觉地与领导者一道去实现组织目标的过程。领导是管理的基本职能,它贯穿于管理活动的整个过程。

领导者在按顺序进行计划、组织职能之后,就要执行领导职能。领导职能是指在实现组织目标的过程中,领导者运用其影响力对被领导者进行指挥、激励与沟通,激发劳动积极性,促进团队合作的一系列活动与工作。这是领导者,特别是中层和基层管理者最经常性的职能。

（一）领导的本质特征

领导的本质特征可以归纳为以下几点：

（1）领导的目的指向是更好地实现组织目标。离开对目标的追求,领导将毫无意义。

（2）领导本质上是一种"人"与"人"之间的关系或活动。这里所讲的领导,是与计划、组织、控制三个职能相对应的一个职能,是一种狭义上的领导概念。它特指在管理过程中,领导者对"人"的直接作用与影响。

（3）领导的核心是一种影响力。影响力只是领导的核心,而不是领导的全部,领导应是借助影响力作用于他人,以实现目标的"活动或过程"。

（4）实施领导行为最关键的手段与途径是作用于被领导者的心理,影响其需求、态度与情感。注重对被领导者的心理影响与激励,是现代领导行为的普遍趋势。

（二）领导要素

领导要素是影响领导有效性的主要因素。构成有效领导的要素主要有：

（1）权力。包括权力的性质与有效运用。这是领导的核心要素。权力实质上就是一种影响他人思想与行动的影响力。正是依靠这种影响力,领导者才能有效地实施领导行为,才能达成预期领导目标。权力要素涉及领导者拥有何种类型和多大范围的权力以及权力是如何运用的。

（2）领导者素质与风格。领导者作为领导主体,是决定领导成效最关键的要素。主要包括：领导者自身的基本素质；对管理理论的掌握,特别是管理技能的高低；领导者的人性观；由其人性观所决定的领导方式与风格等。

（3）被领导者需求与个性。被领导者是领导系统中至关重要的影响因素,领导的权威以被领导者的接受与服从为前提,工作绩效是依靠被领导者受到激励后的努力来创造的。而要实施有效的激励,就必须了解被领导者的需求与个性,只有实施有针对性的领导,才能事半功倍。

（4）领导手段。领导手段是指领导者施加作用的方式或手段。运用领导手段是具体实施领导行为和发挥领导作用的过程,对领导成效至关重要。

（5）情境。情境是指领导者实施领导行为所处的各种环境与条件因素。领导行为、管理方式、被领导者对管理的反应等无不受到情境因素的影响。不与千变万化的情境紧密结合,就没有正确的领导方式与领导手段可言,就不会有成功的领导者。

（三）领导手段

领导手段主要有权力的形成和运用、激励和沟通。

（1）权力的形成和运用。是指领导者凭借权威,直接命令或指导下属行事的行为。领导者运用各种来源的权力通常称为指挥。指挥的具体形式有部署、命令、指示、要求、指导、协调等。指挥具有强制性(不同程度的)、直接性、时效性等特点。指挥是领导者最经常使用的领导手段。

（2）激励。是指领导者通过作用于下属心理来激发其动机,推动其行为的过程。激励的具体形式包括能够满足人的需要,特别是心理需要的种种手段。激励具有自觉自愿性、间接性和作用持久性等特点。激励是领导者调动下属积极性和增强群体凝聚力的基本途径。

(3) 沟通。是指领导者为有效推进工作而交换信息、交流情感、协调关系的过程。具体形式包括信息的传输、交换与反馈以及人际交往与关系融通、说服与促成态度(行为)的改变等。这是领导者保证管理系统有效运行和提高整体效应的经常性职能。

管理者经常进行大量的协调工作。但是,一些工作形式与上述三种领导手段有一定程度的交叉。所以,领导职能主要讲的就是权力的形成和运用、激励和沟通者三种基本的领导手段。

二、权力的形成和运用

权力是管理者行使领导职能最重要的条件,管理者凭借权力与权威进行有效的指挥。领导权力广义上包括两个方面:一是管理者的组织性权力,即职权。这是由管理者在组织中所处的地位所被赋予的,并由法律和制度明文规定,属正式权力。这种权力直接由职务高低决定其大小以及拥有与丧失。二是管理者的个人性权力,主要指管理者的威信。这种权力主要不是靠职位因素而是靠管理者自身素质及行为赢得的。它并不随职位的丧失而丧失,即狭义上讲的权力。个人性权力包括在广义的权力概念中。

(一) 权力的来源机制

管理者的权力主要来源于三个方面,其来源机制可以概括为一个综合模型,如图4-1所示。一个管理者如果获得了组织的正式授权,其自身有很高的素质,并获得其下属的认可、服从与追随,他就拥有权力与权威。管理者权力的形成及其大小主要受以下因素影响:

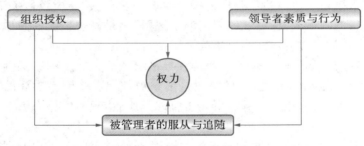

图4-1 权力形成机制

1. 组织授权

组织的性质、管理体制、组织文化、管理者在组织中所占据的职位、组织授权的程度等,这是最基本的权力来源。

管理者的职权是组织为实现目标,作为保证目标实现的必要条件赋予占据一定职位的管理者的。影响组织授权的主要因素有:

(1) 管理体制。组织实行集权程度不同的管理体制,对不同层次管理者的授权会有很大的差别。集权体制下的高层管理者权力大,而分权体制下的基层管理者的权力会更大些。

(2) 职位。管理者由于所占据职位的高低与责任的大小,获得明显不同的合法资格、授权与名誉,这将导致被管理者不同程度的服从与尊重。

(3) 组织授予的实际决定能力,即组织授予一个管理者在资源处置、活动决定、对人奖惩等方面的实际权限,这将更直接地影响到被管理者的服从与追随。

2. 管理者自身影响力

管理者自身的素质、风格及其领导行为也对权力产生很大的影响。

3. 被管理者

被管理者的素质、个性,特别是对领导的认可与服从程度,对管理者的权力也有很大的影响。被管理者的服从与追随程度除了受其自身因素影响外,还受到组织对管理者的授权与管理者自身素质等因素的影响。被管理者受到作用时,出现对管理者的服从与追随的反应主要基于以下心理:

（1）对正统观念的认同。在长期社会生活中形成的正统观念,认可组织与职位的权威性,自然会天经地义地服从与追随上级。

（2）对利益的追逐。如果对上级的服从与追随有利于被管理者获得奖酬等利益,下级就会服从与追随上级。

（3）基于恐惧心理。由于被管理者担心不服从上级可能受到惩罚,出于趋利避害的心理,就会服从其上级。

（4）理性信从。即出于对管理者的业务专长与决策正确性的信任而服从并追随管理者。

（5）情感因素。当被管理者与管理者之间建立融洽亲密的感情时,被管理者就会发自内心地愿意服从与追随。

（6）自我实现。如果管理者能够有利于被管理者自我需要的实现,被管理者会为了追求自我实现需要的满足而服从与追随管理者。

4. 其他因素

其他因素包括管理工作的性质、环境等。

从管理者的角度来看,一个管理者究竟有没有权力和有多大权力主要可以从以下两大类、九种影响力（权力）分析其来源（见图4-2）：

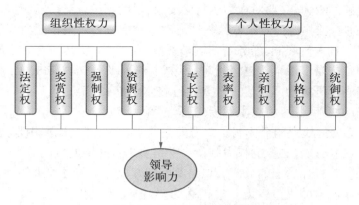

图4-2　管理者权力构成

（1）法定权。法定权是指管理者由于占据某种职位,有了组织授权而拥有的影响力。被管理者会基于正统观念认为理所当然地要接受管理者的领导。

（2）奖赏权。奖赏权是指管理者由于能够决定对下属的奖赏而具有的影响力。其下级为了获得奖赏而服从与追随领导。

（3）强制权。强制权是指管理者由于能够决定对下属的惩罚而拥有的影响力。下级出于恐惧的心理而服从领导。

(4) 资源权,即资源控制权。这是指由于管理者控制着组织或员工所需要的稀缺资源而拥有的影响力,包括人、财、物、时间、信息以及培养、晋升、自我实现等机会。下级为实现工作或个人目标就会亲近、服从与追随领导。

(5) 专长权。专长权是指管理者由于自身具有业务专长而拥有的影响力。下级会出于对管理者专业知识与能力的信任与佩服而服从领导。

(6) 表率权。表率权是指管理者率先垂范,由其表率作用而形成的影响力。管理者的思想境界、模范行为能赢得被管理者的敬仰,下级会出于敬佩而服从与追随。

(7) 亲和权。亲和权是指管理者借助与部下的融洽与亲密关系而形成的影响力。下级愿意服从与追随与自己有密切关系的领导。

(8) 人格权,即管理者的人格魅力。这是指由于管理者具有超凡的人格魅力,令下级敬佩甚至崇拜,从而形成的影响力。主要表现为鲜明个性、领导风格和个人形象等。

(9) 统御权。这是指管理者由于具有驾驭全局、统领下级、用权艺术等突出能力与策略而形成的影响力。管理者行政技能强,决策正确,处事有方,知人善任,令下级追随,从而产生很高的威信与权威。

上述前四种权力主要受职位因素影响,属组织性权力;后五种权力主要由管理者个人因素决定,属个人性权力。这九种影响力既是管理者权力的来源,又是管理者提高权威的途径。

(二) 权力的运用艺术

权力是实现组织目标的必要条件,运用权力的目的就是保证有效地实现组织目标。正确、有效地运用权力,应注意以下几方面:

1. 正确处理权力的自主与制衡

这是指在运用权力的过程中,既要保证管理者在所授权力范围内独立自主地行使实现目标所必需的足够的权力,又要对权力进行必要、科学的制约,以保证正确地行使权力。

(1) 保证管理者独立地行使权力。一是正确地分配权力。要根据实现组织目标的整体要求,根据各部门、各人员职能、任务,科学合理地分配权力,使其拥有完成任务或目标所必需的足够的权力。二是上级不要越级指挥,不要干预下级职权范围内的工作。上级不能运用最终控制权来剥夺下级的职权。三是要通过科学、明确的制度规范体系来保证权力的配置。要订立明确的权责制度,将权限明晰化,真正落到实处。

(2) 要建立必要的权力制衡体制。权力失去约束,就可能造成滥用权力。因此,在强调自主用权的同时,还必须有必要的权力制衡。一是要进行必要的权力分解。要将决策权,执行权(指挥权)和监督权作适当的分离。二是要处理好权力运用过程中的利益关联因素。对可能给决策者带来利益的决策权力要进行制约;监督权行使者要与决策、执行无利害关系;在行使权力中同一些人发生利益关联时,要回避。三是要通过法律和制度体系来保证权力制衡。

在管理实践中,要通过合理的权力配置、清晰的权力界定和严密的制度体系来实现独立用权与权力制衡的有机结合。

2. 科学地使用权力

(1) 坚持从实际出发,按客观规律办事。科学地运用权力,首先表现为运用职权进行决策和指挥的正确性。要保证正确决策与指挥,就必须从实际出发,尊重客观规律,确保用权力取得尽可能好的效果。

(2) 运用权力要同民主管理相结合,要同思想工作相结合,要同管理者的言传身教相结合。一是运用权力要同民主管理相结合。管理者在运用权力的过程中,要充分尊重下级,发挥他们的主动性和创造性,鼓励员工参与决策,支持各种形式的民主管理。二是运用权力同思想工作相结合。权力运用的过程基本上是强制的过程,一般会产生诸如消极对抗、逆反心理等副作用;在权力运用过程中,坚持做深入细致的思想政治工作,以获得下级的认可与支持,消除由权力强制性带来的副作用。三是运用权力与管理者的言传身教相结合。管理者运用权力的过程也是带领组织成员共同奋斗的过程。在这一过程中,管理者自身的模范行为、带头作用、榜样力量都是非常重要的。管理者在行使权力的同时,率先垂范,会赢得下级的敬佩和信从。

(3) 正确处理相关人员的职权关系。一是坚持统一指挥原则。工作中实行统一领导,防止令出多门;上级不越权指挥,下级不越级汇报。二是严格进行职权界定,使职权范围明晰化。三是加强授权。管理者要将授权作为"分身术",尽可能向下级授权,既减少自身工作压力,又有助于激励下级。四是相互尊重职权。无论是上下级还是同级,都应是配合而不是越位,干好自己的事,切不可染指别人的权力。

3. 酌情适度地运用奖惩

(1) 重视奖惩效应。奖励与惩罚是以权威作为支撑基础的,没有权威,自然也没有能力进行奖惩;但另一方面,奖惩又对权威产生重要的反作用,即奖惩将有助于增强管理者的权威。因此,权威是实施奖惩的条件,奖惩又是强化权威的手段。重奖有贡献的人,就能激励更多的人追随管理者并努力作贡献,从而产生显著的权威强化效应;而惩罚违规者,会使更多的人不敢向组织纪律和管理者的权威挑战,同样会产生显著的权威强化效应。有效地运用奖惩手段是管理者增强自身权威的重要途径。

(2) 奖惩分开。有功则奖,有过则罚。这不但适应组织内的不同人,也适应一个人的不同方面。一个组织中,如果有功不奖,有过不罚,这个组织就是一潭浑水,管理者也自然无权威可言;同样,对一个人的优点和贡献方面该奖则奖,而对其错误该罚则罚,绝不可以功抵过。管理者必须旗帜鲜明,奖惩分明,形成一个清正的治理局面。

(3) 酌情适度,恩威并重。奖惩的核心是寻求奖惩效应的最大化,即通过奖励产生尽可能显著的激励作用;通过惩处产生尽可能大的威慑作用。奖惩中要注意:一是要根据管理目标、实际情境、奖惩事件、奖惩对象的实际,酌情适度地进行奖惩,一定要做到必要、恰当、有效。二是要针对奖惩对象及其他人敏感的需要或心理选择奖惩形式,增强奖惩的震动作用,以放大奖惩效应。三是要以事实为根据,令奖惩对象和其他人员心服口服。否则,就会产生不良后果。四是管理者在运用权力进行奖惩时,必须突破平均主义、老好人等传统观念,加大奖惩的力度。奖惩没有一定的力度,就不会在被管理者中造成一定的刺激作用,很难收到预期效果。

4. 授权

授权是指由管理者将自己所拥有的一部分权力赋予下级,以期更有效地完成任务并有利于激励下级的一种管理方式。管理者授权是现代管理的一种科学方法与领导艺术。

授权有利于组织目标的实现。通过科学的授权,使基层拥有实现目标所必需的权力,自主运作,可以更好地促进目标的实现。授权有利于领导者从日常事务中超脱出来,集中力量处理重要的决策问题。授权是领导者的分身术,高明的领导者都会恰当地运用授权。授权有利于激励下级。下级若拥有完成任务的权力,能按照自己的意图,独立自主地进行工作,就会获得一种信任感和满意感,这有利于调动其工作的积极性、主动性和创造性。授权有利于培养和锻炼下级。下级在自主运用权力、独立处理问题的过程中,会不断地提高管理能力,提高综合素质。

在授权中,应遵循如下原则:

(1) 依目标需要授权原则。授权是为了更为有效地实现组织目标,所以,必须根据实现目标和工作任务的需要,将相应类型与限度的权力授予下级,以保证其有效地开展工作。

(2) 适度授权原则。授权的程度要根据实际情况决定,要考虑到工作任务及下级的情况灵活决定。既要防止授权不足,又要防止授权过度。

(3) 职、责、权、利相当原则。在授权中要注意职务、权力、职责与利益四者之间的对等与平衡,要真正使被授权者有职、有权、有责、有利。要注意授权成功后合理报酬的激励作用。

(4) 职责绝对性原则。领导者将权力授予下级,但仍必须承担实现组织目标的责任。这种职责对领导者而言并不随授权而推给下级。

(5) 有效监控原则。授权是为了更有效地实现组织目标,所以,在授权之后,领导者必须保有必要的监督控制手段,使所授之权不失控,确保组织目标的实现。

管理中的授权一般包括以下类型:

(1) 口头授权与书面授权。这是就授权的传达形式而言。书面授权比口头授权更正规、更规范。

(2) 个人授权与集体授权。这是就授权主体而言。可以由管理者个人决定将其所拥有的一部分权力授予下级,也可以由领导班子集体研究,将该层次拥有的一部分权力授予其下级。

(3) 随机授权与计划授权。这是就授权的时机而言的。有时是按照预定的计划安排将某些权力授予下级,而有时是由于某些特殊需要而临时将权力授予下级。

(4) 长期授权与短期授权。这是就授权的期限而言的。有时为完成特定任务需要而进行短期授权,完成任务即结束授权。而那些为完成长期任务需要而进行的授权就要较长时期地将权力授予下级。

(5) 逐级授权与越级授权。这是就授权双方的关系而言的。来自顶头上司的授权就属于逐级授权,而来自更高层次的领导者的授权就是越级授权。

三、领导效能的决定因素

所谓领导效能,是指领导者在实施领导过程中的行为能力、工作状态和工作结果,即实现领导目标的领导能力和所获得的领导效率与领导效益的系统综合。领导的行为和行动能否产生预期的效能或效果,取决于领导者、领导风格和领导工作的情境三方面因素。

(一) 领导者

领导者所拥有的职位权力和个人权力的大小对领导效能有着十分重要的作用。领导者的职位权力是由组织制度客观规定的,它与组织的健全程度有关。而领导者个人权力的大小则与领导者的素质、品质或个性特征密切相关。从古至今,一直有人在尝试着说明领导者的个人特质是决定领导效能的关键因素。这种研究被称为领导特质理论。

特质论的研究主要集中在领导者与非领导者以及有效的领导者与无效的领导者之间的素质差别上。研究认为,伟大的人物与普通的人有很大的差异,正是这些与众不同的特质使伟人们发挥杰出的领导作用。例如,有的研究将有效领导者的特质归纳为身体特质(如外貌、身高、精力)、背景特质(如教育、经历、社会地位、社会关系)、智力特质(如判断能力、语言能力)、性格特质(如热情、开朗、自信、机敏)、工作相关特质(如进取心、忍耐性、创造性)以及社交特质(如合作性、人际技巧、声望、老练程度等)。中国传统中也有这样一种认识,认为领导者必须大智(有谋略)、大勇(有魄力、敢干)、大度(气量大、宽以待人)。对有效领导者特质的归纳,不同的国家和不同的学者各不相同,但都有这样的共同认识,即领导者是先天赋予的,而不是后天培养的,即使某些特质可以通过"学习"而来,但人们学习能力的差异也是与生俱来的。

领导特质理论对领导行为和现象的解释显然是不完善的。这表现在:一是对有效领导者所应具备特质的内容及相对重要性的认识很不一致,甚至相互冲突。如美国的马歇尔将军和麦克阿瑟将军都是著名的军事将领,但前者性格内向,后者的个性则正好相反。二是认为领导者是先天的,这有片面性。现代领导行为学家普遍认为,领导行为的有效性是一种后天的习惯,是一系列实践的综合,而实践总是可以学会的。三是忽视了被领导者及其他情境因素对领导效能的影响。

(二) 领导风格

进入 20 世纪 60 年代以后,对领导研究的重点开始从领导者可能具有哪些特质转向领导者应当如何行为。与特质论不同,领导行为理论认为,个人可以通过合适的、最优的领导行为的学习和培训而使其更加有效地开展领导工作。

领导行为可以有不同的方式、形态或作风、风格。人们在现实中常会有这样的感受:有的领导和蔼可亲,平易近人,给下级以充分的信任和自主权;有的领导则严厉粗暴,高高在上,独断专行。领导风格的差异不仅因为领导者的特质存在着不同,更由于他们对权力运用方式及对任务和人员之间关系有不同的理解、态度和实践。不同的人以及同一个人在不同的时期和场合,都可能表现出不同的领导风格。例如,一名与科研人员打交道的领导人可能在他们探究和试验过程中给以充分的自主,但同样这个领导人在执行有关处理危险化学品必须穿戴保护衣物的规定时,就可能非常专断。这类判若两人的领导行为屡见不鲜,它不能从领导者的特质中得到解释,而只能从领导风格因时而异中寻找答案。领导风格到底有什么样的不同和变化呢?

1. 基于权力运用的领导风格分类

早期研究领导行为的学者主要是从领导者如何运用其职权的角度来划分领导方式、风格或形式的。最基本的分类有专制式、民主式和放任式三种,在此基础上还有仁慈专制式和支持式两种变异。

(1) 专制式领导风格。专制式也称专权式或者独裁式,这种领导者独自负责决策,然后命令下属予以执行,并要求下属不容置疑地遵从命令。专制式领导主要凭借发号施令和实施奖惩的权力进行领导。这种领导行为的主要优点是:决策制定和执行速度快,可以使问题在较短的时间内得到解决。主要缺点是:下属依赖性大,领导者负担较重,容易抑制下属的创造性和工作积极性。鉴于这些优缺点,专制式领导适用于任务简单且经常重复、领导者只需与部属保持短期的关系或者要求问题尽快得到解决的场合。例如,在救火过程中的领导者以及每次都雇用新工人完成特定项目施工的建筑队领导,可以采用专制式领导风格而取得较好的效果。

(2) 民主式领导风格。民主式也称群体参与式,指领导者在采取行动方案或作出决策之前听取下属意见,或者吸收下属参与决策的制定。例如,民主式的销售经理往往允许并要求销售员参与制定销售目标,而专制式的销售经理则仅仅向各销售员分配指标。民主式领导者通常在作出决策之前要与下属磋商,得不到下属的一致同意便不采取行动。这种领导风格有利于集思广益,制定出质量更好的决策,同时还能使决策得到认可和接受,从而减少执行的阻力,并增进部属的自尊心和自信心,提高他们的工作热情和工作满足感。其不足之处是决策制定过程长,耗用时间多,领导者周旋于各派意见之间,容易优柔寡断,唯唯诺诺。虽然民主式领导备受推崇,但它也不是无条件适用的,而需要考虑领导工作所处的具体情境,以便扬其所长避其所短。

(3) 放任式领导风格。放任式的领导者极少行使职权,而留给下属很大的自由度,让其自行处理事情。他们撒手不管,听凭下属自己设定工作目标和决定实现目标的手段,很少或基本上不参与下属的活动,只是偶尔与他们有些联系,且常处于被动地位。这种领导方式虽能培养下属的独立性,但由于领导者之无为,下属各自为政,容易造成意见分歧,决策难以统一。因此,放任式领导很难得到提倡,除非被领导者是专家且具有高度的工作热诚,才可在少数情况下采取这种"无为而治"的领导方式。

课外小故事:三种领导方式何者优越

美国有学者做了一项实验,将一群儿童分成三组从事堆雪人活动,各组的组长被事先分别训练成按专制式、民主式和放任式进行领导。实验结果表明,放任式领导下的第一小组工作效果最差,所制作的雪人在数量和质量上都不如其他小组。采取专制式领导下的第二小组堆的雪人数量最多,说明工作效率最高,但质量不如民主式领导下的小组。最后一个小组采用民主式领导,由于孩子们积极、主动地发表意见,显示出很高的工作热情和创造性思维,小组长又在旁引导、协助和鼓励,结果堆出的雪人质量最高,但工作效率不及第二组,因为孩子们在商量如何堆出最像样、最好看的雪人时花了大量时间进行讨论才达成一致意见。这次实验验证了专制式和民主式领导是利弊并存的,而放任式领导在通常情况下往往弊多利少,不宜采用。

以领导者职权运用的程度为依据划分的领导行为风格,实际上是一个连续变化的系列,专制式和民主式只代表着两种极端形态的领导行为,在它们之间还可能存在多种中间形态的领导行为,如图 4-3 所示。

下面介绍的仁慈专制式和支持式就是领导行为连续统一体中的两种中间形态。

(4) 仁慈专制式也称开明专权式,是专制式领导风格向民主式方向的一种变异。这种风格的领导者虽然在作决策时可能仔细听取下属的意见,宣布执行命令时允许下属提出疑问并以说服方式使下属接受决策,但在作出最终决定的时刻往往表现得非常专断,不顾意见的不统一毅然作出决定,因此,这种领导风格是专制式的变异。

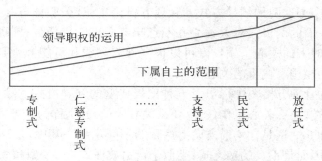

图 4-3 领导行为风格的连续变化

（5）支持式。支持式是靠近民主式的另一种变异,这种领导者对下属抱有相当大但并不是完全的信任,允许下属作出具体问题的决策,并在某些总体的、主要的决策中进行协商,鼓励下属积极参与决策制定,并且尽最大的可能帮助下属完成任务。这种领导风格对感受到挫折的员工将起极大的支持和引导作用。

2．基于态度与行为取向的领导风格分类

从领导者态度偏向和行为倾向的角度,可以将领导风格区分为关心任务式的与关心人员式的,或者说以任务为中心的和以人员或人际关系为中心的两种基本类别。

（1）以任务为中心（或关心任务式）的领导风格。这种类型的领导者最关心的是工作任务的完成,他们总是把工作任务放在首位,对人际关系却不甚关心,有时为了完成任务甚至不惜损害与上下左右的关系。受这种认识、态度和价值观的影响,这类领导者可能利用自己的法定权力和进行奖赏或惩罚的权力,命令下属去做某项工作并指挥他们做好这项工作,同时,还可能密切注视和掌握下属工作的进程及其工作中的表现。因此,以工作任务为中心的领导者往往在实际领导行为中表现为专制式的。这种领导风格通常可以带来较高的工作效率,但会降低组织成员的满意度和影响群体团结。

（2）以人员为中心（或关心人员式）的领导风格。这一类型的领导者把主要精力放在下属身上,关注他们的感情和相互之间的人际关系以及员工个人的成长和发展。其领导的权力多是建立在个人的专家特长和模范表率作用的基础之上。这类领导者与其说是通过指令（指示命令）还不如说是通过指向（指明努力的方向）来使下属人员完成预期的目标。他们尊重、体谅、关心和支持其下属,通过建立良好的人际关系去推动工作任务的完成。这种领导风格能够提高组织成员的满意程度,并加强群体的团结,但对工作效率的作用并不总是成正比的。换句话说,领导者多关心和体谅下属未必就能保证提高工作的效率。

（3）关心任务和关心人员结合式的领导风格。上述以任务为中心和以人员为中心的领导风格反映了两种最基本类型的领导行为。在这两种基本类型之间,也存在着多种中间形式。管理方格论指出,以任务为中心和以人员为中心这两个方面并不是相互排斥、非此即彼的,它们可以按不同的程度结合在一起。如图4-4所示,9.1型和1.9型就分别代表了以任务

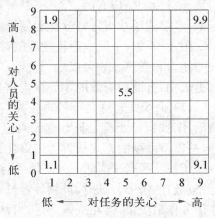

图 4-4 管理方格图

为中心和以人员为中心这两种领导方式。管理方格论主张,关心任务和关心人员是两个不同的方面,而不是一面的两极。对人关心并不意味着必定忽视任务;同理,对任务的重视也不意味着必定缺少对人的关心。领导者可以根据现实需要和可能,对两者或其中一者表示强烈的、较不强烈的或稍有偏重的关心。

图4-4所示的管理方格图中标出了五种比较典型的领导方式。除9.1型和1.9型是截然相反的两个极端(要么关心工作任务,要么关心人员,分别称为任务式和乡村俱乐部式)外,1.1型、5.5型和9.9型是在均衡方向上达到的不同水准。其中,1.1型既不关心工作任务,也不关心人员,因而是不良的贫乏式,类似于自由放任式。5.5型和9.9型都力争避免在领导工作中采取极端的方式,认为应该在关心任务与关心人员之间寻求妥当的结合。不过,5.5型是以两者的折中来求得平衡,领导者对工作任务和对人员的关心程度都适中,这虽然可获得正常的工作效率和合乎要求的员工士气,但绝非出类拔萃,因此,称这种妥协平衡的领导方式为中庸式。9.9型的领导者对工作任务和人员的关心都有高标准的要求,通过鼓励互信、互敬及相互协作的团队精神来取得关心任务和关心人员两方面的高程度的、有效的结合,故称为团队式。管理方格论认为,9.9型团队式领导是一种最理想的领导风格,应该以此作为领导者检讨和改进现有领导方式的努力方向。

(三) 领导工作的情境

究竟哪一种领导方式最好?美国俄亥俄州立大学的教授在将领导行为研究的着眼点从态度取向转向行为表现的实证调研中发现,对领导行为有效性的评价,实际上并不取决于领导者所采用的某一特定领导方式,而是根据该领导方式所应用的情境而定。由此,提出了领导方式对特定情境的适用性标准:与特定情境相适合的领导方式,可以成为有效的;而与特定情境不适合的领导方式,则往往是无效的。研究发现,在一种情境下具有相当效能的领导方式,在另一种情境下可能失去效能。因此,并不存在一种普遍最好的领导方式,有效的领导方式是因情境而权变的。由此就形成了权变领导理论的各种研究成果。

现实中,到底在什么样的情况下采取何种领导方式最适宜、最有效能呢?总的说来,领导工作情境包括被领导者素质和环境条件两大方面。

1. 依被领导者素质而权变的领导方式

领导者在选择合适的领导方式之前,必须考虑被领导者的素质特征,这样才能使所采取的领导行为产生应有的效能。领导寿命周期理论就是将被领导者的成熟程度作为一个情境因素,考察能够取得最好效能的领导方式是怎样因不同情境而权变的,如图4-5所示。

图4-5中,下属成熟程度反映被领导者在执行某一特定任务时承担起指导自己行动责任的能力和意愿。它可以划分为低、中等偏低、中等偏高和高这四个程度;与此相对应,能够取得成功、合适而有效的领导行为也就表现出不同的方式、风格或形态。

(1) 命令式。这是一种高任务与低关系组合的领导行为,适用于下属成熟程度很低的情形,即被领导者既无能力也无意愿承担责任。这时,领导者需要为被领导者确定工作任务,并以下命令的方式告诉他们做什么、如何做、何时何地做。

(2) 说服式。这是一种高任务与高关系组合的领导方式,适用于下属成熟程度中等偏低(较低)的情形。这时,被领导者虽有意愿承担责任但缺乏应有的能力,需要领导者对其工作任务作出决策,但在决策下达过程中宜采取说服的方式让被领导者了解所作出的决策,并在决策任务执行中给予大力支持和帮助,使其高度热诚又充满信心地产生预期的行动。

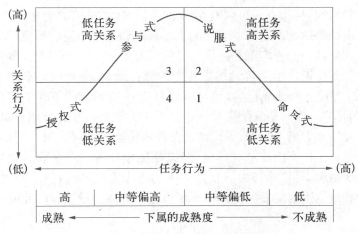

图 4-5 领导寿命周期曲线图

（3）参与式。这是一种低任务与高关系组合的领导方式，适用于被领导者有能力但不愿意承担责任的中等偏高（较高）成熟程度的情形。这时，需要让被领导者参与作出决策，领导者则从中给予支持和帮助。

（4）授权式。这是一种低任务与低关系组合的领导方式，只能适用于被领导者既有能力也有意愿承担责任的高度成熟的情形。领导者既不下达指令，也不给予支持，而是让被领导者自己决定和控制整个工作过程，领导者只起监督作用。

总之，随着下属从不成熟逐渐向成熟过渡，领导行为应当按着命令式、说服式、参与型和授权式方向逐步推移和权变。因为这种趋势类似于产品寿命周期曲线的变化，所以这种权变领导理论被称为领导寿命周期理论。

2. 依环境条件而权变的领导方式

领导的随机制宜理论指出，领导行为的有效性受环境条件的强烈影响。从领导行为取向的角度来看，究竟是采用任务中心式的还是人际关系中心式的领导行为更有效，取决于领导工作所面临的环境条件。这种要求领导行为随机制宜的环境条件由三方面因素构成：一是职位权力，即领导者所拥有的正式权力的大小及上级和组织对他支持的程度；二是任务结构，即下属所承担任务的明确化和常规化的程度；三是上下级关系，即下属对领导者的信任和忠诚程度。这三个因素的组合形成了八种不同的环境情形。依其对领导工作的有利程度分为有利、不利和中等三种状态，如表 4-1 所示。面对非常有利和非常不利环境的领导者，宜采用任务中心式的领导行为；反之，领导者若处在中等程度有利和中等程度不利的环境中，则采取人际关系中心式的领导行为，这样匹配会取得较好的领导效能。

表 4-1 领导方式的随机制宜

上下级关系	好				差			
任务结构	明确		不明确		明确		不明确	
职位权力	强	弱	强	弱	强	弱	强	弱
环境有利程度	有利				中等状态			不利
适宜的领导行为	任务中心式				关系中心式			任务中心式

总而言之,领导者的行为方式可以有多种,它们没有绝对的优劣之分,而只有与领导者所面临的特定情境是否适合的问题。下属的个人特点和工作环境的特点都可能影响到领导行为取得预期的效果,因此,它们都是决定领导行为有效性的权变因素。如图4-6所示,有效的领导者必须充分认识情境因素对领导效能的潜在影响,并采取如下两方面措施改进其领导效能:一是改变自己的领导行为,使之适应特定的领导情境。有位著名的军事家这样说过:"只有糟糕的将军,没有糟糕的士兵。"这说明一名优秀的领导者应该具有良好的素质,能学会和掌握多种领导方式,并针对不同的情况作出恰当的选择。另一方面,在可能的条件下也要设法改变领导工作所面临的具体情境,以便使领导者习惯采取的领导方式能更好地发挥出效能。也就是说,对领导行为与领导情境的适应关系,应该持一种动态的观点,在领导行为风格和领导情境因素的发展变化中不断改进和提高领导工作的效能。

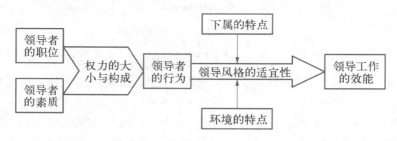

图4-6 领导效能的影响因素

【学习自测】

一、选择题

1. 在构成有效领导的要素中,(　　)是核心要素。
A. 领导者素质与风格　　　　　　B. 权力
C. 领导手段　　　　　　　　　　D. 情境

2. 以下选项属组织性权力的是(　　)。
A. 专长权　　B. 统御权　　C. 资源权　　D. 人格权

3. (　　)不属于领导特质理论的局限性。
A. 对有效领导者所应具备特质的内容及相对重要性的认识很不一致。
B. 忽视了被领导者及其他情境因素对领导效能的影响。
C. 认为领导者是先天的,这有片面性。
D. 领导者是先天赋予的,而不是后天培养的。

4. (　　)指领导者在采取行动方案或作出决策之前听取下属意见,或者吸收下属参与决策的制定。
A. 专制式领导风格　　　　　　　B. 民主式领导风格
C. 放任式领导风格　　　　　　　D. 仁慈专制式领导风格

5. (　　)的领导方式,适用于被领导者有能力但不愿意承担责任的中等偏高(较高)成熟程度的情形。

A. 命令式　　　　B. 说服式　　　　C. 参与式　　　　D. 授权式

二、判断题

1. 领导者是组织中那些有影响力的管理人员。（　）
2. 领导者一旦将权力授予下级，就不必承担实现组织目标的责任了。（　）
3. 领导的行为、行动能否产生预期的效能或效果，取决于领导者、领导风格和领导工作的情境三方面因素。（　）
4. 仁慈专制式领导风格是靠近民主式的另一种变异。（　）
5. 下属的个人特点可能影响到领导行为取得预期的效果。（　）

三、简答题

1. 构成有效领导的主要要素有哪些？
2. 简述权力的形成机制及如何正确地运用权力。
3. 简述领导方格理论。
4. 简述领导生命周期理论。

【能力训练任务】

任务：管理职业足球队——树立威信

（一）情境描述及任务要求

从来到北京的第一天起，你的职责似乎就明确无比——带领球队争取联赛冠军。可是一直默默无闻地担任助理教练的你，在外人眼中毕竟缺乏属于自己的威信。如何树立威信成为作为球队新聘教练的你的头等大事。

事实上，在你到达之前，队员们对此毫不知情。直到网上出现了消息，队员们还将信将疑，"怎么会是他？"在北京队中，教练A君一直是主教练，塞尔维亚人B君是总顾问，平时还负责球队的训练。当A君帅位有忧时，不少队员都认为，B君有可能代替A君执教，但最终的结果让他们吃了一惊。

五年前，你所在的另一支球队的辉煌，现在这批年轻的球员都未见证，他们更多的印象只是来自耳闻。"知道他以前做助教时，队伍成绩不错，去年跟我们打过，在我们主场打成1比1。他跟咱们队还真是挺有缘。"队长C君说，大伙都希望新教练能把球队带得更好，"今年球队成绩不理想，大家也一直没找到感觉。希望他来了之后，能给球队带来一些新东西，关键是成绩能有起色。"

本赛季成绩不佳，让队员们的信心受到了很大影响，多数队员对你的前景也是将信将疑。有队员表示，"听说他带弱队保级还行，带咱们这种球员个性鲜明的球队，不知道行不行？"其实，队员们倒不是不相信你，而是他们有共识，球队的表现不佳不是教练的问题，主要是外援能力不行。而目前，球队的五大外援中，得到队员们认可的一个也没有。按照中国足协的规定，直到7月的二次转会时，球队才能引进一名新外援。没有强力中锋，队员们对球队的攻击力都缺乏信心，"就现在这阵容，新教练来就能解决问题吗？"

如何尽快树立球员对你的信任，成为进入球队的第一件任务。

(二)成果评价

1. 对每位同学起草的工作方案按三分规则评定成绩。
2. 根据班级交流表现,按二分规则评分。

(三)知识链接

管理者如何在团队中树立威信

作为一个管理者,你拥有自己的下属,你首先应该明白,从人格角度和自然人角度,你和你的员工之间是平等的,没有高低贵贱之分,从这个意义上说,你是毫无特权可言的。甚至你手中"赏罚"的权力都必须是在员工认可的前提下,说到底是靠不住的,当员工炒你的"鱿鱼"时,你会发现一切的"赏罚"都会变得毫无用处。那么,你用什么来体现自己的意图呢?答案是在团队中树立属于自己的威信。

威信是一种客观存在的社会心理现象,是一种使人甘愿接受对方影响的心理因素。任何一个管理者,都以树立威信为自己的行为目标。威信使员工对管理者产生一种发自内心的由衷的归属和服从感。这又好像有一点精神领袖的味道,实践表明,当一个组织的行政领袖和精神领袖重合的时候,这个组织的战斗力将得到最大的发挥。当两者不同的时候,组织中的普通人员更倾向于行政领袖,优秀人员更倾向于精神领袖。

如何衡量一个管理者的威信呢?下面的"四力"是主要标志:

(1)感召力。管理者的命令有人执行,令出则行,禁出则止,一呼而百应,不但接受指挥的职员所占的比重大,而且指挥的灵敏度很高。

(2)亲和力。管理者应能成为一个被欢迎的角色,使员工能主动接近你,主动缩短心理距离,乐于向你袒露心胸,乐于听你的教诲。

(3)影响力。领导的语言、行动、举止、装束等都成为员工乐于效仿的。尤其是管理者的价值取向、思维方式和行为准则等会对员工产生决定性的影响。

(4)凝聚力。员工以一种归属的心理凝聚在管理者周围,乐于接受以管理者为核心的组织结构。

下面是几种常见的误区,一定要加以避免:

(1)以"压服"为威信的误区。这其实是一种封建家长制式的东西。有些管理者认为威信就是我说你听、我令你做,不得违背,习惯于用权力来压服员工,甚至于"牛不喝水强按头"。如有稍悖,就轻率地采用惩罚措施。这种"威信"必然只是表面上的,如果你想培养自己的员工阳奉阴违的能力,倒不失为一种好方法。

(2)以"好感"为威信的误区。这与压服式的"威信"是一种截然相反的观点。有些管理者充当一种"老好人"式的角色,他们不敢冒丝毫触动员工利益的风险,为了不得罪人的目的而到了某种姑息迁就的程度。但好感决不等于威信,"好好先生"做不了现代企业的管理者。

(3)以"清高"为威信的误区。一个出色的管理者必然有其过人之处,但这种过人之处只可能集中在某些侧面上。有个朋友认为管理者为树立威信就要时时处处显得比员工高明。其实,这毫无必要。某厂长一次下车间巡视,指出一车工技术粗糙,该职工微有不服之态。此厂长二话不说,换上工作服,上车床操演起来,果然又快又好。一时围观者为之叹服。如果事情到此为止,不失为以行动树立威信的范例。错就错在该厂长以下的言行。大概得意忘形,该厂长竟一拍胸脯言道:"技术不比你强,我敢做这个厂长吗?这不是吹牛,只要是车钳铆焊,如果有谁的技术比我好,我马上拱手让位。"此君把威信理解为轻狂了。这种狂傲反倒给人一种极端不自信的感觉,显然,此君并没有对自己作为一厂之长的工作性质和存在角色作清晰定位。据说,后来真有一好事青工要和此君比试焊接,该厂长自知失言,并未应战。此事在当地企业界传为笑谈。

(4)以"神秘"为威信的误区。一位朋友引用了孔子的"近之则不肖"。他认为威信来自距离感,一个管理者应以神秘的面貌出现在员工面前。这个朋友的话有一些道理,人们对未知的东西是没有安全感和归属感的,而这两者都是威信产生的基础。当一个管理者为了神秘而神秘和为了威严而威严时,就会显得不伦不类。千万不要低估员工的判断力,故弄玄虚对己而言是一种不自信的表现,对人而言是一种愚弄,绝不是长久相处之计。

(5)以"说教"为威信的误区。善于言辞表达是一项优秀的管理者素质。但正所谓言多必失、言多必无信,有些管理者片面地认为在各种场合多讲话、多演说会树立自己的威信。一言堂式的谈话必然会沦为一种说教。言不在多,在于能切中要害,打动人心。善于表达自己意见的人必须首先是一个能让对方愿意开口说话的人。

(6)以"刚愎"为威信的误区。有缺点和错误的人更容易赢得别人的尊重。有许多管理者都有护短的倾向,他们明知自己错了,却不许员工议论和反对。这是一种"虚荣"心理在作怪,当这种虚荣上升到一种偏执的程度时,便会表现出一种神经质的刚愎自用。其实,这种表面"刚",恰恰是内心无"刚"和缺乏勇气的表现。著名心理学家阿德勒说过:"从一个人看待别人的错误的方式上可看出他是否宽厚;而从他对待自己错误的方式上则更可判断他是否独立与坚强。"

我们经常说:"能对个人行为负责的人是一个合格的人。"而能对企业群体行为主动承担责任的人便是一个优秀的管理者,是一个有领袖气质的管理者。

能力模块二 学 会 激 励

【情境任务导入】

售后服务部的难题

杨经理近期被频繁发生的售后服务投诉事件所困扰。公司的产品已打开销路,市场占有率正在稳步提高。可是,公司近期却不断接到顾客的投诉,而且这些投诉大部分集中在售后服务环节。经初步了解,产品本身没有什么大的问题,问题在于售后服务做得不到位,从而引发了顾客的强烈不满,致使顾客投诉不断。杨经理决定亲自到售后服务部蹲点,帮助售后服务部主任解决这一问题。

售后服务部是一个新组建的部门。该部门主任以前是做行政后勤工作的,现在由他来主持售后服务部的工作,他对下属要求很严格,一心想把工作干好,然而事与愿违,结果非但没有把工作做好,反而常常遇到员工与他"顶牛"。该部门服务人员中的一部分是由别的部门抽调来的,另一部分是新招聘来的大学毕业生。他们的技术服务水平参差不齐,而且其中有的对自己的工作根本不感兴趣。由于经常分散在外工作,接触较少，这些人相互之间也不太熟悉。这些员工缺乏工作热情，在为顾客服务时既不够积极也不够热情，有时对维修服务工作极不负责任。例如，碰到只需稍作简单调试便可解决的问题，却让顾客掏腰包换零部件。因此，常常引发顾客对本公司产品及其售后服务的不满和抱怨。

事实上，为了鼓励员工提高售后服务质量，维修部主任也曾尝试过制定并实施一个考核与奖励方案。然而，由于售后服务的工作量不好考核、各种产品服务的工资可比性差、奖励的数额与差别不大等原因，使得该方案彻底失败了。

到底怎样才能对这些员工进行有效激励并调动他们的积极性呢？杨经理对此也感到有些棘手。

资料来源：单凤儒，《管理学基础》（第四版），高等教育出版社，2012年。

请思考：
1. 你知道什么是激励吗？它和调动人的积极性有什么关系？
2. 你能分析这些员工的想法、需要与兴趣是什么吗？
3. 请你为杨经理"支招儿"，怎样才能调动这些人的积极性？

【必备知识内容】

激励是领导工作的重要方面。在生产经营活动中，只有使参与企业活动的人都保持旺盛的士气和高昂的工作热情，才有可能使生产经营取得好的效果。有人做过一项研究，在按时计酬方式下工作的员工，一般只要发挥20%～30%的能力就可以保住饭碗，但如果给予充分的激励，员工的能力可以发挥80%～90%。这说明激励对员工潜能发挥的重要作用。

所谓激励，就是通过一定的手段使员工的需要和愿望得到满足，以调动他们的工作积极性，使其主动而自发地把个人的潜能发挥出来，奉献给组织，从而确保组织达成既定的目标。无论从帮助个人发展的角度还是从实现组织目标的角度来看，激励都是领导人员不可忽视的一项工作。

优秀的领导者一般都有调动员工积极性的心愿。但员工的积极性不会因领导者的良好心愿而自动激发出来的。要使员工们努力工作，领导者就必须首先了解员工心里在想什么、需要什么以及他们的工作动机是什么，在此基础上再有针对性地采取激励措施，这样才能取得预期的激励效果。领导者要强化对职工的激励，必须首先了解与人们工作有关的需要、动机和利益要求。

一、人性的几种假设

人究竟是为了什么样的利益而采取行动呢？不同时期的管理学者和组织行为研究者们都提出了各自的见解，从而形成了不同的人性假设模式。可以按观点形成的先后顺序划分为四种类型的人性假设。

（一）经济人假设

认为人是以一种合乎理性的、精打细算的方式行事，人的行为受经济因素的推动和激发，而经济因素是受企业控制的，人在企业里处于被动的和受控制的地位。这是传统的管理思想。与之相对应,激励的主要手段就是"胡萝卜加大棒",即运用奖励和惩罚"两手"来激发员工产生领导者和组织所要求的行为。

（二）社会人假设

认为人是受社会需要激励的,集体伙伴的社会力量要比上级主管的控制力量更加重要。这是初期的人际关系论的思想。与之相对应,领导者应该关心和体贴员工,重视员工之间的社会交往关系,通过培养和形成员工的归属感来调动人的积极性,以此来提高生产率。

（三）自我实现人假设

认为人是自我激励、自我指导和自我控制的,要求提高和发展自己的能力并充分发挥个人的潜能。这样,企业就应当把人作为宝贵的资源来看待,通过提供富有挑战性的工作使人的个性不断成熟并体验到工作的内在激励。把自我实现作为人工作的最根本目的,这是人际关系论发展到后期的新思想。这种假设认为,只要把工作变得有意义、富有吸引力和足以引起员工的成就感,就不需要其他外来的激励。人可以在自我内在激励中自动地将才能发挥出来。

（四）复杂人假设

这是20世纪60年代末70年代初提出的对待人性的一种权变思想。它认为现实组织中存在着各种各样的人,不能把所有的人都简单化、一般化地归类为前述某一种假设之下,而应该看到不同的人以及同一个人在不同的场合会有不同的动机和需要。认识到人是千差万别的,因此,激励的措施也应该力图多样、变动,并根据具体情况灵活、机动地采取合适的激励办法。

二、人的行为基本模式

领导者对员工人性的不同假设,自然会导致各种不同的激励方法和方式。

从灵活、权变的观点出发,领导者要诱导和激发员工朝着所期望的目标采取行动,首先必须了解人的需要、愿望、目标或其他各种动力,这些构成了人类行为的动机。人的动机不论是有意识的还是无意识的,都建筑在某些未满足而要求得到满足的需要基础之上。人在非常想得到满足而没有得到满足时,就会在生理和心理上失去平衡。为了补偿这种平衡,人就要去努力追求他所需要得到的东西。这样,人自身内在的需要就形成了促使人去行为的动机。人对获得需要的满足的欲望越迫切,其动机也就显得越强烈,工作热情也就越高。

人的内在的动机是促使人产生行为的基本原因,从这个意义上说,激励是一个心理过程。另一方面,人的行为不仅产生于其内在的需要和动机,还来自外界环境对人的刺激,这构成诱因。这些诱因既包括物质方面的刺激,如食物的香味、服装的款式、广告的宣传等,也包括精神方面的刺激,如群体的规范、朋友的劝告、表扬的力量和信仰的威力等。外在的刺激能否强烈地影响人的行为取决于人的内心是否对之有所感受。人们只有在感觉到某种东西对自己有益时,才会为之吸引或诱导。换言之,外在刺激只有与人的内在需要匹配并发生共鸣,才能产生激励作用。因此,我们将吸引、诱导或激发一个人的行为的诱因称做激励因素。激励因素与动机之间的关系正如外因与内因的关系一样,前者需要通过后者而起激励作用。例如,同样一笔金钱奖励,也许某人认为是一项重要的报偿,而另一人却认为无甚用处,因而对他起不了激励作用。由此可见,领导者在激励员工时,首先必须找出他们的需要是什么,然后再提供适当的刺激或诱因以激励员工努力工作。

管理学者和社会心理学家对激励进行了大量的探索与研究,形成了诸多观点与理论。

他们从不同角度与侧面,研究人的动机激发的因素、机制与途径等问题。大致可以把激励理论划分为三类(参见图4-7)。

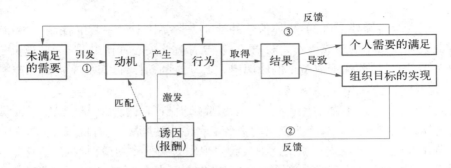

图4-7 人的行为的基本模式

注:① 内容型激励理论;② 过程型激励理论;③ 行为修正型激励理论。

(1) 内容型激励理论。内容型激励理论重点研究激发动机的诱因,代表性的理论包括马斯洛的需要层次理论、赫茨伯格的双因素论和麦克莱兰的成就需要激励理论等。

(2) 过程型激励理论。过程型激励理论重点研究从动机的产生到采取行动的心理过程,代表性的理论包括弗鲁姆的期望理论、亚当斯的公平理论以及波特和劳勒的整合期望模型等。

(3) 反馈型激励理论。也称结果反馈性理论或行为改造理论。这一理论重点研究通过结果反馈改造和修正行为,代表性的理论包括斯金纳的强化理论(又称操作条件反射论)、海德的归因理论以及挫折理论等。

三、内容型激励理论

内容型激励理论研究的是员工有哪些需求、这些需求对其工作积极性有何影响以及怎样强化这些需求。

(一) 需要层次理论

美国心理学家亚伯拉罕·马斯洛于1943年提出需要层次理论。这一理论成为研究人的需要以及有效激励的著名理论。

(1) 需要的基本层次。人的需要可分为五个层次,即生理需要、安全需要、社交需要、尊重需要和自我实现需要。前两种属于基础性的物质需要,后三种属于较高层次的精神性需要。

(2) 各层次需要的含义。① 生理需要。指维持人类自身生命的基本需要,包括对饮食、衣物、出行、住宿等方面的需要。② 安全需要。指人们希望避免人身危险和丧失职业、财物等威胁方面的需要。③ 社交需要。希望与别人交往,避免孤独,与同事和睦相处、关系融洽的欲望。④ 尊重的需要。人们渴望受到尊重,包括自尊与受人尊重两个方面。⑤ 自我实现的需要。这是一种最高层次的需要。它是指人能最大限度地发挥潜能,实现自我理想和抱负的欲望,即"想干想要干的事,想做想要做的人"的欲望或追求。既包括对远大理想的不断追求,又包括在短期内想做成一件简单的事的欲求。这一层次的需要是无止境的。

人的需要各层次的具体内容如图4-8所示。

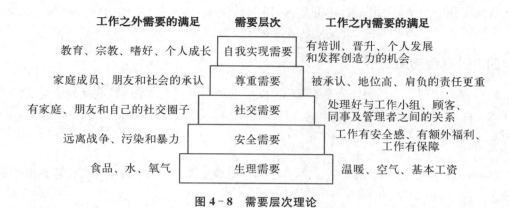

图 4-8 需要层次理论

(3) 马斯洛认为：① 不同层次的需要可同时并存,但只有在低一层次需要得到基本满足之后,较高层次需要才能发挥对人行为的推动作用。② 在同一时期内同时存在的几种需要中,总有一种需要占主导和支配地位,称之为优势需要,人的行为主要受优势需要驱使。③ 任何一种满足了的低层次需要并不因为高层次需要的发展而消失,只是不再成为主要激励力量。

(4) 对管理实践的启示。① 正确认识被管理者需要的多层次性。片面看待下属需要是不正确的,应进行科学分析,并区别对待。② 要努力将本组织的管理手段、管理条件同被管理者的各层次需要联系起来,不失时机地、最大限度地满足被管理者的需要。③ 在科学分析的基础上,找出受时代、环境及个人条件差异影响的优势需要。然后,有针对性地进行激励,以收到"一把钥匙开一把锁"的预期激励效果。

(二) 双因素论

美国心理学家弗雷德里克·赫茨伯格于 20 世纪 50 年代提出双因素论。

(1) 与人的工作积极性相关的因素有两大类。使人满意于工作、能激发人积极性的因素与引发人对工作的不满的因素是完全不相同的两类因素。他把前者称为激励因素,把后者称为保健因素。

(2) 保健因素是指不能直接调动人的工作积极性的因素。当人们得不到这些方面的满足时,便会产生不满,从而影响工作;但当人们得到这些方面的满足时,只是消除了不满,却不会调动人们的工作积极性。这大都是与工作环境或条件相关的因素,如工作环境、工资与福利、公司政策、人际关系等。

(3) 激励因素是指能直接调动人的积极性的因素。当人们得到这些方面的满足时,便会对工作产生浓厚的兴趣,产生很大的工作积极性。而得不到这些因素的满足时,也不会产生不满。激励因素属于高层次需要,大都是与工作本身相关的因素,如成就、工作兴趣、赏识、责任、个人成长机会等。

(4) 对管理实践的启示。① 管理者要善于区分管理实践中存在的两类因素,并加以区别对待。对保健因素要给予基本的满足,以消除下级的不满,如工作条件、住房、福利等。② 有效激励的核心是使员工对其所从事的工作本身满意。管理者应运用各种手段,最大限度地使员工对工作满意。例如,通过科学设计与调整工作的分工、宣传工作的意义、增加工作的挑战性、实行工作内容丰富化等来增加员工对工作的兴趣,千方百计地使其满意于自己所从事的工作。③ 在不同国家、不同地区、不同时期、不同阶层、不同组织乃至每个人,最敏感的激励因素是各不相同的,应灵活地加以确定。

四、过程型激励理论

内容型激励理论分析员工有哪些需要,以便管理者进行有效激励,重点分析员工的需要是什么。而过程型激励理论则作了深入的研究,它讨论员工是如何选择其行为方式以满足其需要。

(一) 期望理论

最有代表性的过程激励理论是美国心理学家维克多·弗鲁姆于1964年提出的期望理论。

(1) 基本思想。这一理论通过人们的努力行为与预期奖酬之间的因果关系来研究激励的过程。弗鲁姆认为,人们对某项工作积极性的高低,取决于他对这项工作能满足其需要的程度及实现可能性大小的评价。首先是工作能满足其较高的需要,如巨额奖金、他很在意的荣誉称号、他所渴望的职务提升等;同时,只要通过努力,达到目标的可能性也很大,这就会使其以极高的积极性努力完成这一工作。反之,若对达到目标不感兴趣,或者虽感兴趣但根本没有希望达到目标,他就不会有努力做好这项工作的积极性。

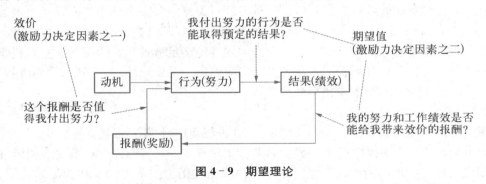

图 4-9 期望理论

(2) 理论公式。弗鲁姆通过一个公式来表达相关变量之间的关系。激励水平取决于效价与期望值的乘积,其公式是:

$$激发力量 = 效价 \times 期望值$$

激发力量是指受激励动机的强度,即激励作用的大小。它表示人们为达到目的而努力的程度。

效价是指目标对满足个人需要的价值,即某一个人对某一结果偏爱的强度。

期望值是指采取某种行动实现目标可能性的大小,即实现目标的概率。

由上式可见,激励作用的大小与效价和期望值成正比,即效价和期望值越高,激励作用就越大;反之,则越小。如果其中的一项为零,激发力量也就自然为零。

(3) 对管理实践的启示。① 选择激励手段,一定要选择员工感兴趣和评价高(即认为效价大)的项目或手段。这样,才能产生较大的激励作用。② 目标的标准不宜过高。凡是想起广泛激励作用的项目,都应是大多数人经过努力能实现的。这样,通过增大目标实现的概率来增强激励作用。③ 如果不从实际出发,不考虑员工的实际需要,只从管理者本人或上级主管的长官意志或兴趣出发,推行对员工来说效价不高、实现概率不大的项目,是不可能起到激励作用的。

(二) 公平理论

公平理论是美国心理学家斯达西·亚当斯于1965年提出来的。

(1) 基本思想。这一理论重点研究个人作出的贡献与所得报酬之间的比较对激励的影响。公平理论认为,人的工作积极性不仅受其所得的绝对报酬的影响,更重要的是受其相对报酬的影响。这种相对报酬是指个人付出劳动与所得到的报酬的比较值。付出劳动包括体力和脑力消耗、技术水平能力高低、工龄长短、工作态度等;报酬包括工资、奖金、晋升、名誉、地位等。

(2) 相对报酬的类型。作为反映付出与报酬的比较形式的相对报酬,主要包括两种基本类型:① 横比,即在同一时间内将自身同其他人进行比较,也就是以自己所付出的劳动与自己所得报酬的比值同其他人同期所付出劳动与其所得报酬的比值相比较。② 纵比,即拿自己不同时期的付出与报酬进行比较,也就是以本期自己所付出的劳动与自己所得报酬的比值同自己历史上所付出的劳动与其所得报酬的比值相比较。前者可称为社会比较,后者可称为历史比较。

(3) 对相对报酬公平性的评价。是否感到公平,所依据的就是付出与报酬之间比较出来的比值,即相对报酬。相对报酬如果合理,就会获得公平的感受,否则就是不公平的感受,如图4-10所示。

$$\frac{个人所得报酬}{个人付出劳动} = \frac{他人(或历史上个人)所得报酬}{他人(或历史上个人)付出劳动} \rightarrow 公平的感受$$

$$\frac{个人所得报酬}{个人付出劳动} < \frac{他人(或历史上个人)所得报酬}{他人(或历史上个人)付出劳动} \rightarrow 不公平的感受$$

图4-10 付出与报酬的比较

当获得公平的感受时,心情舒畅,努力工作;当得到不公平的感受时,就会出现心理上的紧张、不安,从而使员工采取行动以消除或减轻这种心理紧张状态。其所采取的具体行为包括试图改变其所得报酬或付出、有意或无意曲解自己或他人的报酬或付出和竭力改变他人的报酬等。

(4) 对管理实践的启示。① 在管理中要高度重视相对报酬问题。员工对自己的报酬进行横比和纵比是必然的现象。管理者如果对此不加以重视,就很可能出现员工"增收"的同时也"增怨"的现象。自古就有"不患寡而患不均"这种普遍的社会现象,管理者必须始终将相对报酬作为有效激励的手段来加以运用。② 尽可能地实现相对报酬的公平性。我国国有企业改革实行的打破"大锅饭"和"多劳多得,少劳少得"正是体现了这种公平理论的要求。③ 当出现不公平现象时,要做好工作,积极引导,防止负面作用发生。并通过改革与管理的科学化消除不公平,或将不公平产生的不安心理引导到正确行事的轨道上来。

(三) 整合期望模型

波特和劳勒在对期望理论与公平理论研究的基础上,将两者进行整合,于1968年提出了整合期望模型。整合期望模型的主要内容如图4-11所示。

(1) 激发力量:员工的努力程度。员工在工作中的努力程度受到两个方面的影响:① 员工基于对组织实现目标后本人所得回报的价值的感知。即他认为经过努力实现组织

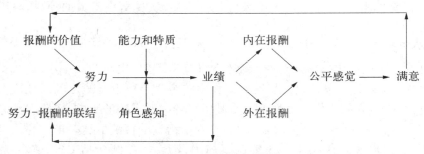

图 4-11 整合期望模型

目标后自己能够获得多大的回报以及是否值得。这如同期望理论中的效价。② 对自己付出努力与获得回报的联结度的感知。即通过努力取得绩效(或称业绩)和该绩效实现本人期望结果的可能性。这如同期望理论中的期望值。员工正是对这两方面因素综合评价来决定所付出的努力程度的大小。这也反映了管理者激发力量的大小。

(2) 工作绩效：由员工努力与其他因素综合决定。工作绩效是由多方面因素影响与决定的。① 个人努力程度是决定绩效的基本因素,努力程度越高,绩效通常会越显著。② 除努力外,绩效还受到员工个人能力和特质(人的个性品质)的影响。③ 员工的角色感知(对完成本职工作应尽职责的准确把握)也会影响绩效。④ 工作条件等其他因素也会影响绩效。

在个人努力和其他因素的综合作用下取得绩效,实现组织的目标。这一业绩形成反馈：所付出的努力与回报之间的关联与对比,即用实际验证通过努力实现绩效和该绩效实现本人期望结果的可能性。如果增加了这种可能性,就会激发更强的努力行为。

(3) 员工的满意程度：对报酬大小与公平性的评价。① 员工的满意程度首先取决于绩效使员工得到回报的大小。这种报酬既包括外在报酬,主要指由组织提供的薪金奖酬、职务地位、工作条件等；又包括内在报酬,主要指由工作带给员工的尊重感、自我实现、成就感等。前者与赫茨伯格提出的保健因素类似,后者与他提出的激励因素类似。② 满意程度还受到这种报酬是否公平感知的影响,即运用公平理论的准则进行评价。员工认为得到了回报且公平,则获得较高的满意感,否则,就会不满意。

(4) 反馈激励：满意带来效价的提升。如果获得满意,员工就会对实现组织目标所获得的回报有更高的价值判断,从而激发起更大的付出努力的积极性；反之,员工的积极性就会受到影响。

(5) 对管理实践的启示。① 这一模型在肯定了前两种过程型理论的基础上作了进一步整合,使管理者在实践中有更清晰和明确的激励运作思路,可以实现激励手段的综合化运用。② 在实际管理过程中,既要努力实现效价与期望值的最大化,又要做到报酬的公平性,真正实现两者的统一,这样才能形成较大的激发作用。

五、反馈型激励理论

内容型激励理论与过程型激励理论主要研究如何满足员工的需要,以促使其产生组织所期望的行为。反馈型激励理论则主要研究如何通过行为结果(绩效)与投入回报的反馈来引导或调整人的行为。这一理论的主要代表是哈佛大学心理学家斯金纳提出的强化理论(又称操作条件反射论)。这一理论依据的是"学习理论",即当人们的行为取得预期结果时,人就会重复甚至强化这一行为;而当行为的结果是人们所不愿意或不期望时,人就会中止或不再重复这一行为。强化过程包括四个要素:

(1) 管理者的管理手段,如奖励、表扬、批评、处罚等。

(2) 被强化的行为,即员工能够控制且对组织实现目标有影响的各种行为,如员工完成生产任务的行为。

(3) 绩效,即员工行为与资源投入形成的组织绩效,如提高生产效率、提高服务质量、研发出新产品等。

(4) 强化物,即由员工行为绩效所决定的、由管理者所调控的行为结果(对员工行为的回报),如涨工资、得奖金、被晋升、受处罚等。

上述这四个要素的不同组合,就构成了强化的激励过程,如图 4-12 所示。

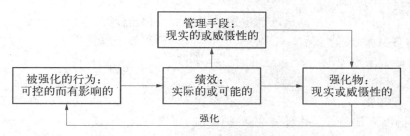

图 4-12　强化理论模型

强化理论为管理者提供了四种可供选择的策略:

(1) 正强化。即当员工有效地执行组织职能行为时,给予其所期望的结果,使员工由于有效行为而获得所期望的回报。管理者给予的这种员工所期望的结果就是正强化物。员工得到了正强化物,就会更加努力地工作,从而使有效行为获得正强化。这种正强化物一定是现实的奖励,如表扬、发奖金、提拔等。

(2) 负强化。即当员工执行组织职能行为时,管理者为员工消除他们不想要的结果,使员工采取组织所期望的行为,避免了不利结果的出现。这就使员工可能出现的不利于组织目标实现且导致对个人不利结果的行为被阻止。这就是负强化,这种被避免出现的不利结果就是负强化物。这种负强化物一般是威慑性的,而非现实的。例如,管理者对违纪处罚发出事先警告,使员工不敢违纪。

(3) 消退(也可称为去强化)。即当员工采取无效或干扰组织目标的行为时,管理者除去对这种行为有强化作用的所有强化物,从而使员工的行为失去动力而消退。例如,管理者要中止员工毫无意义的喋喋不休的闲聊时,不再表示出浓厚的兴致,而仅仅是礼貌性地回应,就会使这位员工的谈话兴趣消减,并很快中止谈话。再如,对正在火头上闹冲突的两个人采取"冷处理"的策略,也会取得较好的效果。

(4) 惩罚。即当员工出现违反纪律、破坏组织目标实现的不良甚至是危险的行为又不允许时间拖延时,管理者必须采用惩罚手段,对其行为进行处理,使其承担他不愿意承担的后果,从而迫使其中止行为。这种处罚就是强化物,一般是现实的。例如,当一名员工同顾客争吵并严重影响公司形象时,管理者当即提出批评,甚至作出处罚,以尽快中止其不良行为。

对管理实践的启示主要有:① 强化理论揭示了员工行为结果反馈影响其行为的机制,

管理者在实践中应利用这一机制,更加自觉地运用各种管理手段。② 要正确分析员工的行为类型、特点及一些情境因素,灵活地选择表扬、奖励(正强化)、预先警示、威慑(负强化)、"冷处理"(消退)及批评、处分、罚款(惩罚)等手段,有针对性地进行激励。

【学习自测】

一、选择题

1. ( )认为人是自我激励、自我指导和自我控制的,要求提高和发展自己的能力并充分发挥个人的潜能。
   A. 经济人假设　　　　　　　　　　B. 社会人假设
   C. 自我实现人假设　　　　　　　　D. 复杂人假设

2. ( )重点研究从动机的产生到采取行动的心理过程。
   A. 内容型激励理论　　　　　　　　B. 过程型激励理论
   C. 反馈型激励理论　　　　　　　　D. 效果型激励理论

3. ( )指人们希望避免人身危险和丧失职业、财物等威胁方面的需要。
   A. 生理需要　　B. 安全需要　　C. 社交需要　　D. 尊重需要

4. 保健因素都是与工作环境或条件相关的因素,如( )。
   A. 工作兴趣　　B. 责任和赏识　　C. 工资与福利　　D. 个人成长机会

5. 当得到不公平的感受时,就会出现( )。
   A. 心情舒畅,努力工作
   B. 试图改变其所得报酬或付出
   C. 有意、无意曲解自己或他人的报酬或付出
   D. 竭力改变他人的报酬

6. 强化理论的提出者是( )。
   A. 马斯洛　　B. 亚当斯　　C. 波特和劳勒　　D. 斯金纳

7. 当员工采取无效或干扰组织目标的行为时,管理者除去对这种行为有强化作用的所有强化物,这属于( )。
   A. 正强化　　B. 负强化　　C. 消退　　D. 惩罚

二、判断题

1. 社会人假设对应的激励手段主要是运用奖励和惩罚"两手",来激发员工产生领导者和组织所要求的行为。( )
2. 人的内在的动机是促使人产生行为的基本原因。( )
3. 生理需要、安全需要和社交需要属于基础性的物质需要。( )
4. 当人们在激励因素方面得到满足时,便会对工作产生浓厚兴趣。( )
5. 激励作用的大小与效价成反比,与期望值成正比。( )
6. 过程型激励理论讨论员工是如何选择其行为方式以满足其需要。( )

三、简答题

1. 简述人的行为的基本模式。
2. 简述需要层次理论的基本内容是什么?

3. 简述整合期望模型的主要内容。
4. 强化理论为管理者提供的可供选择的策略有哪些？

四、案例题

施迪闻是富强油漆厂的供应科科长，厂里同事乃至外厂的同行们都知道他心直口快，为人热情，尤其对新主意、新发明和新理论感兴趣，自己也常在工作里搞点新名堂。

前一阶段，常听见施科长对人嚷嚷说："咱厂科室工作人员的那套奖金制度，到了非改不可的地步了，是彻底的'大锅饭'平均主义。奖金总额不跟利润挂钩，每月按工资总额拿出 5% 当奖金，这 5% 是固定死了的，一共才那么一点钱。说是具体每人分多少，由各单位领导按每人每月工作表现去确定，要体现'多劳多得'原则，还要求搞什么'重赏重罚，承认差距'哩！可是谈何容易，'巧妇难为无米之炊'呀！总共就那么一点点，还玩得出什么花样？理论上是说要奖勤罚懒，干得好的多给，干得一般的少给，干得差的不给。可是你真的不给试试看？不造反才怪呢！结果实际上是大伙基本上拉平，皆大欢喜；要说有那么一点差距，确定分成三等，不过这差距也只是象征性的。照说这奖金也不多，有啥好计较的？可要是一个钱不给，他就认为这简直是侮辱，存心丢他的脸。唉，难办！一个是咱厂穷，奖金拨的就少；二是咱中国人平均主义惯了，爱犯'红眼病'。"

最近，施科长却跟人们谈起了他的一段有趣的新经历。他说："改革科室奖金制度，我琢磨好久了，可就是想不出啥好点子来。直到上个月，厂里派我去市管理干部学院参加一期中层管理干部培训班。有一天，他们不知从哪儿请来一位美国教授，听说还挺有名，来给咱们作一次讲演。"

"那教授说，美国有位学者，叫什么来着？……对，叫什么伯格，他提出一个新见解，说是企业对职工的管理不能太依靠高工资和奖金。又说钱并不能真正调动人的积极性。你说怪不？什么都讲金钱万能的美国佬，这回倒说起钱不那么灵来了。这倒要留心听听。"

"那教授继续说，能影响人积极性的因素很多，按其重要性，他列出了一长串单子。我记不太准了，最要紧的好像是'工作的挑战性'，这是个洋名词，照他解释，就是指工作不能太简单，轻而易举地就完成了；要艰巨点，让人得动点脑筋，花点力气，那活才有干头。再就是工作要有趣，要有些变化，多点花样，别老一套，太单调。他说，还要给自主权，给责任；要让人家感到自己有所成就，有所提高。还有什么表扬啦，跟同事们关系友好融洽啦，劳动条件要舒服安全啦什么的，我也记不准、记不全了。可有一条我是记准了：工资和奖金是摆在最后一位的，也就是说，最无关紧要。"

"你想想，钱是无关紧要的！闻所未闻，乍一听都不敢相信。可是我细想想，觉得这话是有道理的，所有那些因素对人说来，可都还是蛮重要的嘛！于是，我对奖金制度不那么担心了，还有别的更有效的法宝呢。"

"那教授还说，这理论也有人批评，说那位学者研究的对象全是工程师、会计师和医生这类高级知识分子，对其他类型的人未见得合适。他还讲了一大堆新鲜事。总之，我这回可是大开眼界啦。"

"短训班办完，回到科里，正赶上年末工作总结讲评，要发年终奖金了。这回我有了新主意。我那科里，论工作，就数小李子最突出：小李是大学生，大小也算个知识分子，聪明能干,工作积极又能吃苦,还能动脑筋。于是,我把他找来谈话。"

"别忘了我如今学过点现代管理理论了。我于是先强调了他这一年的贡献,特别表扬了他的成就,还细致讨论了明年怎么能使他的工作更有趣,责任更重,也更有挑战性……瞧,学来的新词儿,马上用上啦。我们甚至还确定了考核他明年成绩的具体指标。最后才谈到这最不要紧的事——奖金。我说,这回年终奖,你跟大伙儿一样,都是那么多。我心里挺得意:学的新理论,我马上就用到实际里来了。"

可是,小李子竟发起火来了,真的火了。他蹦起来说:"什么?就给我那一点?说了那一大堆好话,到头来我就值那么一点?得啦,您那套好听的请收回去送给别人吧,我不稀罕。表扬又不能当饭吃!"

美国教授和学者的理论听起来那么有道理,小李也是知识分子,怎么就不管用了呢?把我搞糊涂了。

资料来源:黄雁芳,《管理学教程案例集》,上海财经大学出版社,2001年,第163~165页。

根据案例提供的资料回答下列问题:

1. 案例中所提到的激励理论是指管理学中的哪个激励理论?按照这个理论,工资和奖金属于什么因素?能够起到什么作用?

2. 施科长用美国教授介绍的理论去激励小李,结果碰了钉子,问题可能出现在什么地方?根据案例提示的情况,说出你的理由。

3. 你认为富强油漆厂在奖金分配制度上存在的主要问题是什么?可以用什么办法解决?

【能力训练任务】

任务:管理职业足球队——走出低谷

(一)情境描述及任务要求

前段时间球队陷入了低谷,自从12月7日之后就再也没有赢得过一次连胜。主场输给上海队是队伍进攻打得最差的比赛之一,接下来的两场比赛也都以平局收尾。在主场球队确实打出了好的进攻,可是主力前锋始终无法破解进球荒,队员们的状态就在一场场平局中走向低谷。

作为主帅,你并没有因此失去信心。"我认为队员们正在找到状态,我们迟早会重新回到正轨上。球队需要看到成效,这就是我们真正需要的,我们确实取得了进步,而我必须按照这个模式继续推动球队前进。"

有声音说应该交易主力前锋D君,可你不这么认为。"我拥有的球员是优秀的,我要做的就是围绕球队的核心队员制定比赛战术,我们必须在这方面加把劲。人们都有自己的看法,但是当你被球迷寄予极大的希望时,你就必须拿出成绩。"

糟糕的开局之后,作为教练,必须承认球队遇到了问题。现在摆在面前的首要问题是,你必须重建队员们的信心,率队走出低谷。

1. 在班级上组织研讨。运用所学的激励理论,研究如何对球队进行有效激励。

2. 每人制定一份激励计划(也可以在每人提出一份计划的基础上综合)。

3. 以班级为单位,组织交流与评价。
(二) 成果评价
1. 根据个人制定的激励计划,按照三分规则评分。
2. 根据在交流会上的表现,按照二分规则评分。
(三) 知识链接

领导激励的方法与艺术

一个优秀的领导者不一定要在各个方面都比下属强,而在于具有调动下属积极性的能力。激励不仅是重要的管理手段,而且也是一门高深的管理艺术。领导者对下属的激发和鼓励,会使他们发挥更大的积极性和创造性。激励的方法虽然多种多样,但大体上可划分为如下几个类型:

1. 形象激励

形象激励主要是指领导的个人形象对被领导者的思想和行为能够起到明显的激励作用,从而推动各项工作的开展。领导者的一言一行往往会影响下属的精神状态。领导者形象是好是坏,下属心中自有一杆秤。如果领导者要求下属遵守的,自己首先违法;要求下属做到的,自己总是做不到,他的威信和影响力就会大大降低,他的话就会失去号召力,下属将会表面上服从,而背后投以鄙夷的眼光。如果领导者以身作则、公道正派、言行一致、爱岗敬业、平易近人,就会得到下属广泛的认可和支持,就能有效地督促下属恪尽职守,完成好工作任务。因而领导者应把自己的学识水平、品德修养、工作能力、个性风格贯穿于处世与待人接物的活动之中。

2. 情感激励

情感是人们情绪和感情的反映。情感激励既不是以物质利益为诱导,也不是以精神理想为刺激,而是指领导者与被领导者之间的以感情联系为手段的激励方式。领导者和被领导者的人际关系既有规章制度和社会规范的成分,更有情感成分。人的情感具有两重性;积极的情感可以提高人的活力;消极的情感可以削弱人的活力。一般来说,下属工作热情的高低同领导者与下属的交流多少成正比。古人云"士为知己者死,女为悦己者容","感人心者,莫过于情"。有时候,领导者一句亲切的问候或一番安慰话语都可成为激励下属行为的动力。因此,现代领导者不仅要注意以理服人,更要强调以情感人。要舍得情感投资,重视与下属的人际沟通,变单向的工作往来为全方位的立体式往来,在广泛的信息交流中树立新的领导行为模式,如家庭、生活、娱乐、工作等。领导者可以在这种无拘无束、下属没有心理压力的交往中得到大量有价值的思想信息,交流思想感情,从而增进了解和信任,并真诚地帮助每一位下属,使团体内部产生一种和谐与欢乐的气氛。

3. 需要激励

该理论认为需要是产生行为的原动力,是个体积极性的源泉。从需要着手探求激励是符合心理规律的有效途径。需要层次理论将人的基本需求由低级到高级分为五个层次,即生理的需求、安全的需求、社交的需求、尊重的需求、自我实现的需求。其中,生理的需求就是保障人们生存的物质享用方面的需要,只有这种最基本需求被满足到所维持生命所必须的程度后,其余的几种需求才能成为新的激励因素。安全的需求就是人身安全、劳动安全、职业安全、财产全等。在上述生理需求相对满足后,安全需求就会表现出来。社交的需求是指人们愿意建立友谊关系,渴望得到支持和友爱,希望归属于某一群体,为群体和社会所接纳。尊重的需求是指人都有自尊和被人尊重的需要,希望获得声望和权威,取得成绩时,希望被人承认。自我实现的需求是人最基本需求的最高层次的需求,这种需求意味着人们希望完成与自身能力相称的工作,使自身的潜在能力能够发挥出来。

需要层次理论告诉我们,需要的满足因一个人在组织中所做的工作、年龄以及员工的文化背景等因素的不同而有所差异。因此,领导者在激励下属时,应针对不同的对象与其不同的需要进行激励。只有掌握了下属的需求,才能积极地创造条件去满足下属的需要和有目的地引导需要,才能有针对性地做好领导工作,从而达到激励下属积极性的目的。

4. 心智激励

过去有人片面地认为,激励就是调动下属的积极性,让下属想干、愿干、有热情、心情舒畅,这实际上只说对了一半。激励下属想干、愿干是对"心"的激励;更重要的是要让下属能干、会干、创造性地干,这才是对下属"智"的激励。激励"心"是前提,激励"智"才是目的。激励从"心"开始,可以达到对"智"的激励。哈佛大学维廉·詹姆士通过对员工激励的研究发现,采取激励措施,能够有效地激发员工的工作能力。他的研究表明,在没有激励措施下,下属一般仅能发挥工作能力的 20%~30%,而当他受到激励后,其工作能力可以提升到 80%~90%,所发挥的作用相当于激励前的 3~4 倍。日本丰田公司采取激励措施鼓励员工提建议,结果仅 1983 年一年,员工提了 165 万条建议,平均每人 31 条,它为公司带来 900 亿日元利润,相当于当年总利润的 18%。下属的潜能不被激励,藏着就是无能。而下属的潜能对领导者来说是没有用的,领导者需要的是下属的效能,而不需要下属的潜能,因此,领导者应将下属的潜能进行激发,使之变成效能。这种对"心"的激励可以带来智力、智慧和创造力的开发,激励"心"与激励"智"要结合起来。

5. 信心激励

很多时候,下属可能对自己缺乏信心,不能清楚地认识和评价自己,尤其是对自己的能力,往往不清楚自己的优势和劣势以及实现目标的可能性有多大。因此,下属需要外界尤其是自己信赖的、尊重的、敬佩的人的鼓励,而来自上级的鼓励则更加可贵,它意味着上级会给自己提供成功的机会和必要的帮助,这无疑会激发下属的需要和激励下属努力进取。因此,领导者应努力帮助下属树立"人人都能成才"信心,让下属看到希望,扬起理想的风帆。下属有了信念、动力和良好的心态,就能激发出巨大的创造力。正像一句广告词说的那样:"只要有激情,一切就有可能"。

6. 赏识激励

赏识是比表扬和赞美更进一步的精神鼓励,是任何物质奖励都无法可比的。赏识和激励是激励的最高层次,是领导激励优势的集中体现。社会心理学原理表明,社会的群体成员都有一种归属心理,希望能得到领导的承认和赏识,成为群体中不可缺少的一员。赏识激励能较好地满足这种精神需要。

威廉·詹姆士说:"人性的第一原则是渴望得到赞赏。"领导者应做到会赏识和激励下属。当下属有进步时,他最需要得到的是认可;当下属获得成功时,他最需要给予的是赞赏;只要这样做,赏识激励就能产生预期效果。有时,领导者一句让人刻骨铭心的赏识的话,可能会让下属铭记一生,影响终身。对那些有才干、有抱负的下属来说,给予物质奖励还不如给他一个发挥其才能的机会,使其有所作为。因此,领导要知人善任,对有才干的下属,应为其实现自我价值创造尽可能好的条件。对下属的智力贡献(如提建议、批评等)也要及时地给予肯定的评价。领导者的肯定性评价也是一种常识,同样能满足下属的精神需要,强化其团队意识。

在领导激励中,领导者应注意正确把握以下原则,提高激励的效果。

(1) 物质激励与精神激励相结合原则。物质需要是人的基础需要,衣食住行等条件的改善对调动人的积极性有着极为重要的意义。人不仅有物质的需要,而且还有名誉、地位和成就等方面高层次的精神需求。原北大方正总经理王选曾说:"只对员工进行物质激励,忘掉了精神激励,这是害民政策;反过来,只进行精神激励和思想激励,没有物质激励,这是愚民政策。要不害民和不愚民,就要做到物质与精神相结合。"物质激励是基础,精神激励是根本。在现实工作中,领导者既要重视物质激励,又要重视精神激励,并把两者有机地结合起来。

(2) 充分考虑下属的个体差异,实行差别激励的原则。激励的目的是为了提高下属工作的积极性。影响下属工作积极性的主要因素有工作性质、领导行为、个人发展、人际关系、报酬福利和工作环境等。领导者应根据不同的类型和特点制定激励制度,而且在制定激励机制时一定要考虑到个体差异,因人而异。例如,在文化差异上,有较高学历的下属一般比较注重自我价值的实现,既包括物质利益方面的,也更看重精神方面的满足,如工作环境、工作兴趣、工作条件等,这是因为他们在基本需求能够得到保障的基础上而追求精神层次的满足;而学历相对较低的人首要注重的是基本需求的满足。因此,领导者在制定激励机制时一定要考虑到本单位的特点和下属的个体差异,这样才能收到最大的激励效力。

(3) 正激励与负激励相结合的原则。所谓正激励,就是对下属符合组织目标的期望行为进行奖励;所谓负激励,就是对下属违背组织目的的非期望行为进行惩罚。正负激励都是必要而有效的,不仅作用于当事人,而且会间接地影响周围其他人。领导者激励下属必须坚持以正面激励为主,应通过积极的、正面的激励保持员工队伍的蓬勃朝气、昂扬锐气和浩然正气,形成团结向上、奋发有为、开拓进取的良好局面。

(4) 激励个体与群体相结合的原则。个体是群体的组成单位,处理好激励个体与激励群体的关系有助于正确发挥个体与群体应有的作用。如果只注重对群体的激励,可能造成平均主义;如果长期把重心放在少数个体身上,又可能影响大家的积极性。因此,在激励的顺序上应先激励个体,然后再激励群体。在激励手段上可先用单一手段,然后再采用综合激励手段。在满足激励需要上,一定要先满足低层次的需要,然后再不断地满足高层次的需要。

能力模块三　善　用　沟　通

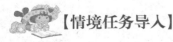

【情境任务导入】

摩托罗拉公司的沟通方式

摩托罗拉公司(Motorola)于1992年在天津经济开发区破土兴建它的第一家寻呼机、电池和基站等5个生产厂,成为摩托罗拉在其本土之外最大的生产基地,投资额比原来最初的投资增加9倍,员工从不到100人增加到8 000多人,年产值达到28亿美元,是一个在华投资成功的企业。

在摩托罗拉公司,每一个高级管理层都被要求与普通操作工建立介乎于同事与兄弟姐妹之间的关系——在人格上千方百计地保持平等。"对人保持不变的尊重"是公司的个性。最能体现其个性的是它的"Open Door"。"我们所有管理者办公室的门都是绝对敞开的,任何职工在任何时候都可以直接推门进来,与任何级别的上司平等交流。每个季度第一个月的1日至21日,中层干部都要同自己的手下和自己的主管进行一次关于职业发展的对话,回答'你在过去三个月里受到尊重了吗?'之类的6个问题。这种对话是一对一和随时随地的"。摩托罗拉的管理者们为每位下层的被管理者们还预备出了以下几种"Open Door"式表达意见和发泄的途径:

1. 我建议。从书面形式提出对公司各方面的意见和建议,全面参与公司管理。

2. 畅所欲言。这是一种保密的双向沟通渠道,如果员工要对真实的问题进行评论和投诉,应诉人必须在3天内对隐去姓名的投诉信给予答复,整理完毕后由第三者按投诉人要求的方式反馈给本人,全过程必须在9天内完成。

3. 总经理座谈会。每周四召开座谈会,大部分问题可以当场答复,7日内对有关问题的处理结果予以反馈。

4. 每日简报。方便、快捷地了解公司和部门的重要事情和通知。

5. 员工大会。由经理直接传达公司的重要信息,有问必答。

6. 教育日。每年重温公司文化、历史、理念和有关规定。

7. 墙报。

8. 热线电话。当你遇到问题时可以向这个电话反映,昼夜均有人值守。

9. 职工委员会。职工委员会是员工与管理层直接沟通的另一个桥梁,委员会主席由员工关系部经理兼任。

10. 589信箱。当员工的意见尝试以上渠道后仍无法得到充分、及时和公正解决,可以直接写信给天津市589信箱,此信箱钥匙由摩托罗拉中国区人力资源总监亲自掌管。

资料来源:左小德,"如何进行有效沟通",《企业管理》,2002年第2期。

请思考:
1. 摩托罗拉公司的沟通方式有哪些特点?
2. 你认为这些沟通方式是否能取得满意的结果?

【必备知识内容】

沟通是各种技能中最富有人性化的一种技能。社会就是由人互相沟通所形成的网络。沟通渗透于人们的一切活动之中,是流注人类全部历史的水流,不断延伸人们的感觉和信息渠道。人们已经习惯于生活在沟通的汪洋大海中,很难设想,要是没有沟通,人们该怎样生活。但至于什么是沟通,可谓众说纷纭。

一、沟通概述

沟通的含义是相当丰富而复杂的。从最一般的意义来说,所谓沟通,就是发送者与接收者之间为了一定目的和运用一定符号所进行的信息传递与交流的过程。

从沟通的定义可以看出,沟通过程涉及沟通主体(发送者和接收者)和沟通客体(信息)的关系以及信息发送者为影响接收者而使用的语言或非语言的行为。在沟通过程中,信息以怎样的方式被传送、又如何传递给接收者、接收者如何解读信息、信息最终以怎样的方式被理解等都与沟通过程中主体的语言行为息息相关。

(一)沟通的过程

沟通过程就是发送者将信息通过一定的渠道传递给接收者的过程。该沟通过程涉及发送者与接收者、通道与噪声、反馈等要素,并包括两个"黑箱操作"子过程:一个是发送者对信息的编码过程,另一个则是接收者对信息的解码过程。这两个子过程之所以被视为"黑箱"过程,是因为我们无法监测而且难以控制这两个过程,它们是人脑的思维和理解过程。前者是反映事实、事件的数据和信息如何经过发送者的大脑处理、理解并加工成双方共知的语言过程,后者是接收者如何运用已有的知识将其还原成事实、事件的过程。沟通过程如图4-13所示。

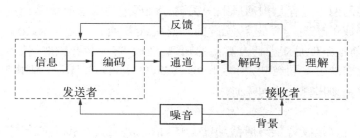

图4-13 沟通过程模型图

沟通的具体步骤如下:

第一步,发送者获得某些观点或事实(即信息),并且有传送出去的意向。

第二步,发送者将其观点或事实以言辞来描述或以行动来表示(即编码),力求不使信息失真。

第三步,信息通过某种通道传递。

第四步,接收者由通道接收到信息符号。

第五步,接收者将获得的信息解码转化为其主观理解的意思。

第六步,接收者根据他理解的意思加以判断,以采取不同的反应行为。

由此可以看出,一个看起来简单的沟通过程事实上包含着许多环节,这些环节都有可能产生沟通的障碍,从而影响沟通目的的实现。现在可以理解,为什么我们每天都有可能遇到因沟通而出现的误解、尴尬甚至是矛盾和冲突。

(二)沟通的要素

1. 发送者与接收者

沟通的主体是人,任何形式的信息交流都需要有两个或两个以上的人参加。由于人与人之间的信息交流是一种双向的互动过程,所以,把一个人定义为发送者而把另一人定义为接收者,这只是相对而言,这两种身份可能发生转换。在信息交流过程中,发送者的功能是产生和提供用于交流的信息,是沟通的初始者,处于主动地位;而接收者则被告知事实、观点或被迫改变自己的立场、行为等,处于被动地位。发送者和接收者这种地位对比的特点对信息交流的过程有着重要影响。

2. 编码与解码

编码是发送者将信息转换成可以传输的信号的过程。这些信号或符号可以是文字、数字、图画、声音或身体语言。编码是信息交流过程中极其关键的一环。若此环节出现问题，整个信息交流过程就会变得混乱不堪。如果编码的信号不清楚，将会影响接收者对信息的理解。毫无疑问，人们所拥有的语言水平、表达能力和知识结构对将自己的思想、观点、感情等进行编码的能力起着至关重要的作用。评价发送者的编码能力有三个标准：一是认知，即"对不对"的问题；二是逻辑，即"通不通"的问题；三是修辞，即"美不美"的问题。

解码就是接收者将获得的信号翻译、还原为原来的含义。它可能是将信息由一种语言翻译为另一种语言，也可能是理解他人点点头或眨眨眼的意思。在解码过程中，接收者需要利用自己具备的知识、经验以及文化背景，才能使获得的信号转换为正确的信息。如果解码错误，信息将会被误解或曲解。沟通的目的就是希望接收者对发送者所发出的信息作出真实地反应及采取正确的行动，如果达不到这个目的，就说明沟通不灵，产生了沟通障碍。

编码和解码的两个过程是沟通成败的关键。最理想的沟通应该是经过编码与解码两个过程后接收者形成的信息与发送者发送的信息完全吻合，也就是说，编码与解码完全"对称"。"对称"的前提条件是双方拥有类似的知识、经验、态度、情绪和感情等。如果双方对信息符号及信息内容缺乏共同经验，则容易缺乏共同的语言，就无法达到共鸣，从而使编码与解码过程不可避免地出现误差和障碍。

3. 信息

如果说发送者和接收者是沟通活动的主体，信息就是沟通传递的客体。接收者并不能直接探知发送者内心的思想和观点，他只有通过接收发送者传递的信息来理解对方真正的意图。在沟通过程中，人们只有通过"符号—信息"的联系才能理解信息的真正含义，由于不同的人往往有着不同的"符号—信息"系统，因而接收者的理解有可能与发送者的意图存在偏差。

4. 通道

通道是发送者把信息传递到接收者那里所借助的媒介物。口头交流的通道是声波，书面交流的通道是纸张，网上交流的通道是互联网，面对面交流的通道是口头语言与身体语言的共同表现。在管理活动中，对通道的选择必须尽可能符合信息的性质。例如，传达政府工作报告，就不宜通过口头形式而应采用正式文件作为通道；邀请朋友吃饭，宜采用备忘录，如果采用正式通知的形式就显得不伦不类；而员工绩效评估结果的公布，如采用口头表达的形式就会失去其严肃性与权威性，这时宜采用书面形式。正确选用恰当的通道对有效的沟通十分重要。然而，在各种通道中影响力最大的仍是面对面的原始沟通方式。因为它可以最直接地发出及感受到彼此对信息的态度与情感，因而，即使是在通信技术高度发达的美国，总统候选人也总是不辞辛苦地四处奔波去选民面前演讲。

5. 背景

背景是指沟通所面临的总体环境，这种环境可以是物质环境，也可以是非物质环境。任何形式的沟通都必然受到各种环境因素的影响。沟通的背景通常包括以下几个方面：

（1）心理背景。心理背景是指沟通双方的情绪和态度。它包括两方面内容：一是沟通者的心情和情绪。沟通者处于兴奋、激动状态时与处于悲伤、焦虑状态时的沟通意愿和行为是截然不同的,后者往往沟通意愿不强烈,思维处于抑制或混乱状态,编码与解码过程也会受到干扰。二是沟通双方的态度。如果沟通双方彼此敌视或关系淡漠,则其沟通常常会由于偏见而出现误差,双方都较难准确地理解对方的意思。

(2) 社会背景。社会背景是指沟通双方的社会角色及其相互关系。不同的社会角色关系有着不同的沟通模式。上级可以拍拍你的肩头,告诉你要勤奋、敬业,但你绝不能拍拍他的肩头,告诉他要乐于奉献。因为对应于每一种社会角色关系,无论是上下级关系还是朋友关系,人们都有一种特定的沟通方式,只有采取与社会角色关系相适应的沟通方式,才能得到人们的认可。但这种社会角色关系往往也会成为沟通的障碍,如下级往往对上级投其所好、报喜不报忧等,这就要求上级能主动改变和消除这种角色预期带来的负面影响。

(3) 文化背景。文化背景是指沟通者的价值取向、思维模式和心理结构的总和。通常情况下,人们体会不到文化背景对沟通的影响。实际上,文化背景影响着每一个人的沟通过程,影响着沟通的每一个环节。当不同文化发生碰撞和交融时,人们往往能较明显地发现这种影响。例如,由于文化背景的不同,东西方在沟通方式上存在着较大的差异:东方重礼仪、多委婉,西方重独立、多坦率;东方多自我交流、重心领神会,西方少自我交流、重言谈沟通;东方认为和谐重于说服,西方认为说服重于和谐。这种文化差异使不同文化背景的管理人员在沟通时遇到不少困难。

(4) 物理背景。物理背景是指沟通发生的场所。特定的物理背景往往造成特定的沟通气氛。例如,在能容纳千人的大礼堂进行演讲与在自己的办公室高谈阔论,其气氛和沟通过程是大相径庭的。又如,在嘈杂的市场听到一则小道消息与接到一个电话特意告知你一则小道消息,给你的感受也是截然不同的,前者显示出的是随意性,而后者体现的却是神秘性。

6. 噪声

噪声就是沟通过程中对信息传递和理解产生干扰的一切因素。噪声存在于沟通过程的各个环节,如难以辨认的字迹、模棱两可的语言、不正确的标点符号、电话中的静电干扰、生产场所中设备的轰鸣声以及接收者固有的成见、身体的不适、对对方的反感等,都可以成为沟通过程中的噪声。根据噪声的来源,可将它分成外部噪声、内部噪声和语义噪声三种形式。外部噪声来源于环境,它阻碍人们听到和理解信息。最常见的外部噪声就是谈话中其他声音的干扰,如机器的轰鸣声、小商贩的喊叫声、装修房子的声音等。这里所说的外部噪声并不单纯指声音,它也可能指刺眼的光线、过冷或过热的环境等。有时候,在组织中人们之间不太友好的关系、过于强调等级和地位的组织文化等也是影响有效沟通的外部噪声。内部噪声发生在沟通主体身上,如注意力分散、存在某些信念和偏见等。语义噪声是由人们对词语情感上的拒绝反应引起的,如许多人不喜欢听带有亵渎语言的讲话,因为他们认为这些词语是对他们的冒犯。

7. 反馈

反馈就是将信息返回给发送者,并对信息是否被接受和理解进行核实,它是沟通过程的最后一个环节。通过反馈,双方才能真正把握沟通的有效性。在没有得到反馈之前,发送者无法确认信息是否已经得到有效的编码、传递和解码。如果反馈显示接收者接收到并理解了信息的内容,这种反馈称为正反馈,反之,则称为负反馈。通过反馈,信息交流变成一种双向的动态过程。由于反馈能让沟通的主体参与并了解信息是否按他们预计的方式发送和接收以及信息是否得到分享,所以,反馈对沟通效果好坏是至关重要的。在沟通过程中,反馈可以是有意的,也可以是无意的。例如,课堂上教与学的过程是个沟通的过程,学生可以用喝倒彩的方式有意识地反馈出他们对教师讲授内容及教学方式的不满;学生也可以在课堂上显得疲惫和精神不集中,用这种无意间的神情与表情的流露反馈出他们对教师所授内容及教学方式不感兴趣。一个经验丰富的教师要善于根据学生的不同反馈对教学过程加以及时调整。

反馈可以检验信息传递的程度、速度和质量。获得反馈的方式有很多种,直接向接收者提问或者观察接收者的面部表情都可获得其对传递信息的反馈。但只借助观察来获得反馈还不能确保沟通的效果,将观察接收者与直接提问法相结合能够获得更为可靠和完整的反馈信息。

(三)沟通的方式

沟通的方式可以分为语言沟通和非语言沟通两大类。

1. 语言沟通

语言沟通是指利用语言、文字、图画、表格等形式进行的信息传递与交流。它建立在语言文字的基础上,可细分为口头沟通和书面沟通两种形式。研究结果表明,口头与书面混合沟通的效果最好,口头沟通次之,书面沟通最差。

(1)口头沟通。口头沟通是指运用口头语言进行的信息交流活动,如谈话、演讲、讨论、电话联系等。它是所有沟通形式中最直接的方式。口头沟通的优点是沟通方式灵活多样,简便易行,具有亲切感,信息可以在最短时间内被传送,并能在最短时间内得到对方回复。如果接收者对信息有疑问,信息的迅速反馈可使发送者及时反省所发送的信息中不够明确的地方并进行改正,有助于双方对问题的了解。其缺点是口说无凭,沟通范围有限,随机性强;口头沟通时所采取的面对面方式会增加沟通双方的心理压力,造成心理紧张,影响沟通效果;此外,在口头传递信息的过程中,每个人都以自己的偏好增删信息,从而使信息存在着失真的可能性。

(2)书面沟通。书面沟通是指运用书面的形式所进行的信息传递和交流,如书信、通知、文件、报刊、备忘录等。其优点是:第一,传播内容不易被歪曲,有利于长期保存,有据可查。一般情况下,发送者与接收者双方都拥有沟通记录,沟通的信息可以长期保存下去,便于事后查询。第二,书面沟通对信息的组织更周密,逻辑性强,条理清楚。书面语言在正式发表之前能够反复修改,直至作者满意,想表达的信息能被充分、完整地表达出来,其他因素对信息传达的影响大大减少。第三,书面沟通的内容易于复制,有利于大规模传播。其缺点是耗时较长,不能及时提供信息反馈,沟通效果受文化修养的影响较大,对情况变化的适应性较差。

2. 非语言沟通

非语言沟通是指借助非正式语言符号(即语言及文字以外的符号系统)所进行的信息传递与交流。一般而言,非语言沟通与语言沟通相互补充,在某种程度上强化了语言沟通的效果,不仅能使沟通双方正确估计到对方要表达的思想和情感,而且往往能引起"他(即对方)是怎样一个人"的猜想。美国心理学家艾伯特·梅拉比安经过研究认为,人们在沟通中所发送的全部信息仅有7%是通过语言来表达的,93%的信息则是通过非语言来表达的。非语言沟通的内涵十分丰富,包括身体语言沟通、副语言沟通、物体的操纵及空间距离等多种形式。

(1)身体语言沟通。这种沟通是通过动态无声的目光、表情、手势语言等身体运动或者是静态无声的身体姿势、衣着打扮等形式来实现的。一个动作、一个表情、一个姿势都可以向对方传递某种信息。人们可以借由面部表情、手部动作等身体姿态来传达诸如攻击、恐怖、腼腆、傲慢、愉快、愤怒等情绪或意图。如欢乐时手舞足蹈、悔恨时捶胸顿足、惧怕时手足无措等。

(2) 副语言沟通。这种沟通是通过非语词的声音、语调、语速的变化来实现的信息传递与交流。语音表达方式的变化,尤其是语调的变化,可以使字面相同的一句话具有完全不同的含义。一句话的含义往往不仅取决于其字面的意义,而且取决于它的弦外之音。例如,一句简单的口头语——"讨厌",当音调较低、语气委婉时,"讨厌"表达的是一种撒娇;而当音调升高、语气生硬时,"讨厌"则表达了一种反感和憎恶。

(3) 物体的操纵及空间距离。这是指人们通过物体的运用和环境布置等手段进行的非语言沟通。日常生活中,客人常常通过观察主人的办公室或住所的房间布置、装饰等来获得对其性格、爱好等方面的初步认识。

另外,人与人之间的空间位置关系也直接影响个人之间的沟通过程。国外有关研究证实,学生对课堂讨论的参与度直接受到学生座位的影响,以教师讲台为中心,座位越居中心位置的学生对课堂讨论的参与度也越大。

(四) 沟通的渠道

所谓沟通渠道,就是指信息在传递与交流时所经过的通道。当人们为解决某个问题或协调人际关系进行沟通时,必然要有相应的沟通渠道。沟通渠道的结构形式不同,对沟通的效率和效果产生的影响也不同。一般来说,按照沟通渠道的性质划分,可以把沟通渠道分为正式沟通渠道与非正式沟通渠道。

1. 正式沟通渠道

正式沟通渠道是指根据组织结构规定的路线和程序,由组织内部的规章制度明确规定进行的信息传递与交流的渠道。例如,组织与组织之间的信函来往,组织内部的文件传达、召开会议、上下级之间的定期情报交换以及组织正式颁布的法令、规章、公告等,都属于通过正式渠道进行沟通。这种正式渠道一般包括链式、轮式、环式、全通道式和Y式五种结构形式,如图4-14所示。

(1) 链式沟通渠道。链式沟通渠道是指在一个组织系统中,上下级之间交流信息采取的是上情下达和下情上报的形式。其优点是信息传递速度快,解决简单问题效率较高。其缺点是:① 信息经过层层筛选,容易出现失真现象,使上级不能直接了解下级的真实情况,下级也不能直接了解上级的真实意图;② 各层信息传递者接收的信息差异很大,平均满意程度有很大的差距;③ 处于最低层次的沟通者只能作上行沟通,所接收的信息失真度较大,这易使其心理压力大,产生不满足感;④ 每个成员的沟通面狭窄,彼此沟通的内容分散,不易形成群体共同意见,最低层次的沟通者与最高层次的沟通者难以沟通,不利于培养群体凝聚力。如果一个组织系统过于庞大,需要实行分层授权管理,链式沟通不失为一种行之有效的方法。

(2) 轮式沟通渠道。按轮式沟通渠道沟通,就是指信息沟通通过中间人来进行,其他人只能与中间人进行交流,中间人是各种信息的汇集点与传递中心,起着一种领导、支配与协调的作用。其优点是:权力高度集中;沟通速度快;解决问题精确度高;处于中心地位的领导(即中间人)掌握的信息多,能够汇总全面情况并迅速把自己的意见反馈出去。其缺点是:

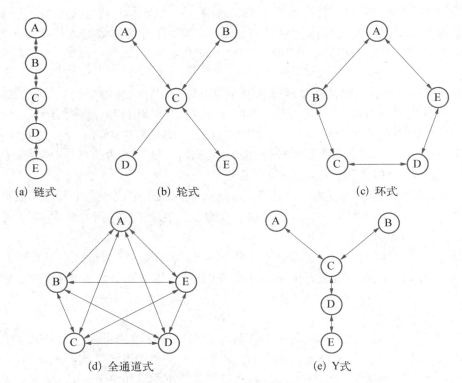

图 4-14 正式沟通渠道

沟通渠道少;缺乏横向交往,成员之间互不交流,平行沟通不足,不利于提高士气;下属经常被动地接收和传递信息,较少承担责任,不利于发挥下属的主观能动性。采用这种沟通渠道是加强组织控制以及争时间、抢速度的一个有效方法。在某一组织接受了紧急攻关任务或要求进行严格控制时,采用这种沟通渠道比较合适。

(3) 环式沟通渠道。环式沟通渠道可以看成是一个封闭式的控制结构,该结构中的每个人都可以与两侧的人同时进行沟通。其优点是组织内民主气氛较浓,团体成员都具有一定的满意度。其缺点是组织的集中化程度和领导人的预测程度较低,沟通速度较慢,信息分散,往往难以形成中心。如果需要在组织中创造出一种高昂的士气来实现组织目标,采用环式沟通渠道是一种有效的措施。组织中的决策机构、咨询机构、研发机构以及小规模工作群体适宜采用环式沟通渠道。

(4) 全通道式沟通渠道。全通道式沟通渠道是一个开放式的系统,成员之间能够自由主动地交流信息,通过协商进行决策。其优点是:① 渠道高度分散,组织内每一个成员都能同其他成员进行直接交流;② 所有成员平等,人们能够比较自由地发表意见和提出解决问题的方案;③ 沟通者之间全面开放,组织成员平均满足程度较高;④ 组织内士气高昂,合作气氛浓厚,可充分发挥组织成员的创新精神。其缺点是:① 沟通渠道多,容易造成混乱;② 对较大的组织不太适用,在一个较大的企业组织中,各成员不可能都有面对面接触的机会;③ 沟通路线的数目会限制信息的接收和传出的能力;④ 信息传递费时,影响工作效率。民主气氛很浓或合作精神很强的团体、委员会之类的组织机构一般都采用这种沟通模式。

(5) Y 式沟通渠道。Y 式沟通渠道是指在一个组织系统中,从上层领导到中层机构,再到基层部门,最后到基层工作单位的纵向沟通系统。其优点是集中化程度高,较有组织性,信息传递和解决问题的速度都较快,组织控制比较严格。其缺点是信息经过层层筛选,使上级较难了解下级的真实情况,信息被过多的中间环节所控制,可能造成信息失真,给工作带来不良影响。Y 式沟通渠道通常适用于那些规模较大而管理水平不高的组织。

一个组织要达到有效管理的目的,对沟通渠道的选择应视不同的情况而定。如果要求速度快、易于控制且成员具有较大的自主权与责任感,则轮式沟通较好。如果要求团体有高昂的士气,则环式沟通比较理想。如果组织非常庞大,需要分层授权管理,则链式沟通比较有效。总之,应具体情况具体分析,以确定适当的沟通渠道。

2. 非正式沟通渠道

正式沟通渠道是沟通渠道的主体,在一个组织中,大量信息是通过正式沟通进行传递和交流的。但除了正式沟通渠道之外,还存在非正式沟通渠道。一般来说,非正式沟通渠道的主要形式有单串型、饶舌型、概率型和密集型,如图 4-15 所示。图 4-15 中,(a) 为单串型,即信息通过一连串的人进行传递,人与人之间的信息传播呈直线式;(b) 为饶舌型,即信息通过一个关键人物向其他所有人进行传播;(c) 为概率型,即信息由一个人按偶然的机会传递给其他人,再由这些人传递给其他人,并无一定的中心人物,选择性较弱;(d) 为密集型,即在沟通过程中可能有几个中心人物有选择地把信息传递给其他人。

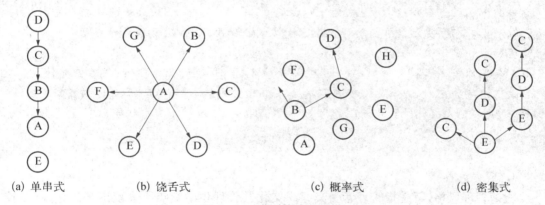

图 4-15 非正式沟通渠道

管理学家认为,一个组织中,无论设立了多么合适的沟通系统,总是还会有非正式沟通渠道在起作用。因此,为有效地达到目标,管理者应该像利用正式沟通渠道那样利用非正式沟通渠道,既要正视它的存在,又要正确利用它,用其所长,避其所短,让其为达到组织目标服务。

但也必须看到,非正式沟通一般是以口头方式进行的,不留证据,不负责任,且传播速度快,一旦发生之后,很难加以控制,因此,常被某些居心不良的人利用,例如,故意捏造一些无中生有的消息来破坏领导的威信,破坏集体的团结或瓦解组织的士气。因此,管理者必须对非正式沟通加以引导,对好的传闻应善于利用,对恶意的传闻应妥善处理,既要有效利用正式沟通系统来发挥沟通的功能,使非正式沟通减到最少,又要注意培养良好的人际关系,及时发现下属想要知道和需要知道的信息与他们实际接收到的信息的差距,并尽快提供相关资讯来弥补。

二、组织中的沟通

在组织内部所发生的沟通,往往会受到组织成员的地位或角色的影响,因为每一个人都会根据他的地位或角色对沟通的信息给予不同的理解和解释。组织内部沟通技巧的提高,一方面要学会对自身的角色有清醒的认识,另一方面要掌握熟练的技巧与不同的角色人物沟通。

(一) 与上司沟通

每个人都有一个上司,都有一个领导,都有一个管着你的人在上面。了解了不同上司的特征,就可以采取相应的策略以实现与不同上司的有效沟通。

课外小故事:了解你的上司

史敏从一所旅游学院毕业后,进入一家星级宾馆,担任总经理秘书。在工作的第一天,她就听见总经理在嘀咕另外一个秘书给他的咖啡又把糖加多了。总经理的声音很轻,没有责备的口吻,也没有让秘书重新去冲一杯,而是将就着喝了。接下来的这周,轮到史敏值日。她先用几个小纸杯分别调制了几种不同口味和不同纯度的咖啡,让总经理去挑选。就是这么一个小小的举动,居然令总经理大为感动,连他太太都没有细心到如此地步。总经理喜欢在午餐后小憩一会儿,史敏就坚守在门外替总经理挡驾,不让没有急事的下属或者拜访者打扰;总经理喜欢足球,喜欢罗纳尔多,对油头粉面的贝克汉姆却没有好感,于是,史敏就在办公桌上放了大罗的招贴画,电脑显示器的一角贴上了大罗在绿茵场上的贴纸……一年后,史敏升任到了主管的职位。

如果你能多了解上司一些,知道他喜欢什么、不喜欢什么、需要什么、不需要什么,然后做出默契的应对,你往往就能在职场关系中稳占先机,创造有利于自己的良好气氛和升职机会。史敏正是运用自己的细致入微赢得了领导的好感,为自己创造了升职的机会。

---

1. 管理风格

所谓管理风格,就是指管理者受其组织文化及管理哲学影响所表现出来的作风、格调、行为模式等。根据不同个体在思考问题时的结构化程度差别、过程和结果之间的优先级不同(目标导向)、注意力视角的不同和沟通速度的快慢四个维度,不同个体的管理风格可以分为创新型、官僚型、整合型和实干型四种类型,如图 4-16 所示。

2. 与不同特征的上司沟通

对不同管理风格的上司,与之相处的沟通方式要有所差别。

在与创新型特征的上司沟通时,由于他们很希望在每件事情的处理上留下他们的痕迹,并且对各种机会有他们独到的认识,应该让他们参与到问题解决中来。在沟通时,不要带着"最后"答案去见他们,而应该让他们

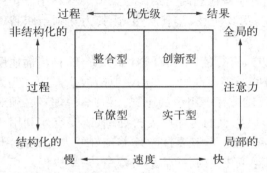

图 4-16 不同管理风格的上司分类矩阵

感觉到"问题还处在未决状态",因此,在信息组织上,可以这样说"建议……"、"我一直在想……"、"您怎么认为?"……

与官僚型上司沟通时,应记住"方法比内容重要"的原则,你必须使自己的风格适应他们的风格。具体地说,你要十分注重形式。例如,跟他们有事情相商,你也老老实实地打电话预约一下,千万不要做不速之客。同时,沟通时还要放慢速度,控制自己的情绪。在沟通过程中,如果你是创新型的人,要注意不要把不成熟的观点一股脑儿地倒给他们,这样,你反而会什么答案都得不到。

与整合型上司沟通时,要注意的策略应该是把所有相关的背景资料都准备好,把有可能要他们承担责任的问题先处理好。当你就某个问题请教他们时,他们会告诉你,你要注意影响,要注意他人的看法,然后,他们会告诉你,要注意谁谁谁的看法。至于解决问题的过程和方式如何,他们不太关心。

与实干型上司沟通,你要注意主动性。由于他们一般不会授权于你,你要采取主动的行动。在问题的提出上,要直接从问题的结果出发,要使他们感觉到问题的压力,甚至让他们觉得问题不解决是一种潜在的危机,以引起他们的注意,让他们马上觉得这个事情确实非办不可。

表4-2 不同管理风格的上司特征及沟通策略

类型	特征	"是"和"不"的含义	较适合的部门	沟通策略
创新型	有全局眼光、动作快、非结构化风格(无预约、新主张多)	是:也许 不:不	市场营销部门和高层管理部门	让其参与到问题中来;不要带着最后的答案去见他们;采用"非肯定"模式
官僚型	结构化风格、动作慢、关注过程与细节,思考非常严密	是:是 不:也许	办公室和会计部门	方法比内容重要,重视细节过程与形式
实干型	动作快、结构化风格、关注细节和结果	是:是 不:不	生产部门和技术开发部门	将所有相关背景资料都准备好,将有可能要他们承担的责任先预计好
整合性	动作慢、非结构化风格、关注过程、有全局眼光、适应变革	是:也许 不:也许	党政职能部门	提出问题要直接从问题的结果出发,注意你的主动性,引起他们对问题及其压力的关注

(二)与同事沟通

在工作中,平级沟通是非常重要的,因为每一项工作的协调都离不开其他部门的合作,平级之间沟通畅通了,工作效率自然就提高了。同事是与自己一起工作的人,与同事相处得如何,直接关系到自己工作、事业的进步与发展。

课外小故事:空中断桥后的感受

空中断桥游戏:在离地8米高的空中,架设了A、B两块木板,木板间距1.2米至1.9米,要求游戏者从A木板跨越至B木板。

> 李小姐从8米高的"空中断桥"上走下来后对记者说,在地上时,看见别的同事站在空中的桥上半天不敢跨过去,心里很不以为然。不就是1.3米的跨度吗?竟然还需要下面的人不断喊口号、不断给他掌声鼓励才能跨过去。但只有自己亲身走过之后才知道,在空中的感觉和在地面是完全不一样的。在地面的人很难理解在空中跨出那1.3米要有多大的勇气。
>
> 工作中,同事间的相处也是这样。我们都很善于对别人的工作评头论足;对他人的成绩不以为然,而对其过错却非常苛刻。"那是一个弱智的错误"是挂在很多人口头的话。这种方式既不利于工作,也不利于团结,而且如果每个同事都持这种思维方式的话,工作环境就会变得很压抑。
>
> 对此,李小姐体会颇深。她曾因同事和上级让她感到委屈而离开,她曾服务过的这家企业的业绩也一直在下滑。"这件事使我对同事多了戒备心理,也对别人更挑剔了。走过'空中断桥'后,我就想,如果当时我们同事间、老板与员工间都懂得站在对方的位置去判断是非,都懂得互相体谅、宽容,结果可能就不是这样。"

每一个人都有自己独特的生活方式与性格。在公司里,总有些人是不易打交道的。所以,你必须因人而异,采取不同的沟通策略。

1. 应对过于傲慢的同事

与性格高傲、举止无礼、出言不逊的同事打交道难免使人产生不快,但有时候你必须要和他们接触。这时,你不妨采取这样的措施:

第一,尽量减少与他相处的时间。在和他相处的有限时间里,你尽量充分地表达自己的意见,不给他表现傲慢的机会。

第二,交谈言简意赅。尽量用短句子来清楚地说明你的来意和要求。给对方一个干脆利落的印象,也使他难以施展傲气,即使想摆架子也摆不了。

2. 应对过于死板的同事

与这一类人打交道,你不必在意他的冷面孔,相反,应该热情洋溢,以你的热情来化解他的冷漠,并仔细观察他的言行举止,寻找出他感兴趣的问题和比较关心的事进行交流。

与这种人打交道,你一定要有耐心,不要急于求成,只要你和他有了共同的话题,相信他的那种死板会荡然无存,而且会表现出少有的热情。这样一来,就可建立比较和谐的关系了。

3. 应对好胜的同事

有些同事狂妄自大,喜欢炫耀,总是不失时机地自我表现,力求显示出高人一等的样子,在各个方面都好占上风,对这种人,许多人是看不惯的,但为了不伤和气,总是时时处处地谦让着他。

可是在有些情况下,他却会把你的迁就忍让当做是一种软弱,反而更不尊重你,或者瞧不起你。对这种人,你要在适当时机挫其锐气,使他知道山外有山、人外有人,不要不知天高地厚。

4. 应对城府较深的同事

这种人对事物不缺乏见解,但不到万不得已或者水到渠成的时候,他绝不轻易表达自己的意见。这种人在和别人交往时,一般都工于心计,总是把真面目隐藏起来,希望更多地了解对方,从而能在交往中处于主动地位,周旋在各种矛盾中而立于不败之地。

和这种人打交道,你一定要有所防范,不要让他完全掌握你的全部秘密和底细,更不要为他所利用,从而陷入他的圈套之中而不能自拔。

5. 应对口蜜腹剑的同事

口蜜腹剑的人,"明是一盆火,暗是一把刀"。碰到这样的同事,最好的应对方式是敬而远之,能避就避,能躲就躲。

如果在办公室里这种人打算亲近你,你应该找一个理由避开,尽量不要和他一起做事,实在分不开,不妨每天记下工作日记,为日后应对做好准备。

6. 应对急性子的同事

遇上性情急躁的同事,你的头脑一定要保持冷静,对他的莽撞,你完全可以采用宽容的态度,一笑置之,尽量避免争吵。

7. 应对刻薄的同事

刻薄的人在与人发生争执时好揭人短,且不留余地和情面。他们惯常冷言冷语和挖人隐私,常以取笑别人为乐,行为离谱,不讲道德,无理搅三分,有理不让人。他们会让得罪自己的人在众人面前丢尽面子,在同事中抬不起头。

碰到这样的同事,你要与他拉开距离,尽量不去招惹他。吃一点儿小亏、听到一两句闲话,也应装作没听见,不恼不怒,与他保持相应的距离。

(三) 与下属沟通

在被称为日本"经营之神"的松下幸之助的管理思想里,倾听和沟通占有重要的地位。他经常询问下属:"说说看,你对这件事是怎么考虑的?"他还经常到工厂里去,一方面便于发现问题,另一方面有利于听取工人的意见和建议。掌握与下属员工沟通的技巧和艺术,对领导者无疑有着举足轻重的意义。

1. 根据下属的"能力——意愿"特征选择沟通策略

完成任务的条件叫做能力,愿意投入工作的态度叫做意愿。按照能力和意愿的差异,可以把下属分为高能力低意愿、高能力高意愿、低能力高意愿和低能力低意愿四种类型。在与下属沟通的过程中,识别好下属的"能力——意愿"特征,采取针对性的沟通策略,有助于提高沟通绩效。

对高能力高意愿的下属,沟通过程中不要过多指导或干涉,下属会尽自己的努力去解决问题,只要授权给他就可以了。对高能力低意愿的下属,主要是老下属,可以和他一起规划他的职业生涯,给予充分激励,时刻关注对方的工作积极性,既要关注结果,也要关注过程。对低能力低意愿的下属,只要告诉他要干什么、不要干什么,告诉他应该每天按时上班、按时下班,告诉他如果没有做好就要扣奖金、扣工资就可以了。对低能力高意愿的下属,要关注对方工作的过程,采用事先指导、事中询问、事后检查的方式,尽量多给一些指导。

2. 主动有效地与下属沟通

之所以上级要主动地与下属沟通,是因为组织的上层管理者首先是公司各种政策、信息的发送者,其次组织沟通网络无论怎样建立,管理者都是重要的沟通中枢,对各种下行信息、反馈信息进行着加工处理和再传送。往往在一个组织中,上下级之间的垂直沟通很重要但又比较容易受干扰。因此,管理者从自己管理的组织中获得比较有效的信息,正确地整理和反馈,传达给下属准确的反馈信息,做出有效激励,是上司管理好下属的关键。

特别要强调的是,在主动与下属沟通时要注意掌握下属的需求,以达到良好的沟通效果。管理者在主动与下属沟通的过程中,要了解下属的内部需求特征,并通过一定的方式满足这种需求,以达到下属满意和激励下属努力工作的效果。因为沟通本身就是一种激励手段,使下属在沟通过程中就体会到备受器重,满足了其社交、受到尊重和自我实现的需求。

3. 运用赞扬与批评的技巧

(1) 赞扬下属作为一种沟通技巧,也不是随意说几句表扬的话就可以奏效的。赞扬下属时有一些技巧及注意点:① 赞扬的态度要真诚。在赞扬下属时,必须确认你赞扬的人的确有此优点并且要有充分的理由去赞扬他。② 赞扬的内容要具体。赞扬要依据具体的事实评价,自始至终委婉、诚恳,并针对问题的解决。例如,"你处理这次客户投诉的态度非常好,你的做法正是我们期望员工能做的标准典范"。③ 注意赞扬的场合。在众人面前赞扬下属,对被赞扬的员工而言,当然受到的鼓励是最大的,这是一个赞扬下属的好方式;但如果被赞扬的下属的表现不能得到大家客观的认同,其他下属难免会有不满情绪,因此,公开赞扬最好是能被大家认同及公正评价的事项。④ 适当运用间接赞扬的技巧。所谓间接赞扬,就是借第三者的话来赞扬对方,这样比直接赞扬对方的效果往往要好。间接赞扬的另一种方式就是在当事人不在场的时候赞扬,这种方式有时比当面赞扬所起的作用更大。一般来说,背后的赞扬都能传达到本人,这除了能起到赞扬的激励作用外,更能让被赞扬者感到你对他的赞扬是诚挚的,因而更能增强赞扬的效果。

(2) 除了赞扬下属要注意技巧外,批评下属也有讲究。高水平的批评不但有助于转变下属的错误行为,还能取得良好的人关系,使批评会成为最有效的激励。下面是一些批评下属时的技巧与注意点:① 要尊重客观事实批评他人。一定要客观具体,就事论事,批评他人并不是批评对方本人,而是批评他的错误的行为,千万不要把对下属错误行为的批评扩大到对下属本人的批评上。② 批评时不要伤害下属的自尊与自信。在针对不同的人采取不同的批评技巧时要关注一个原则:批评别人但不损对方的面子,不伤对方的自尊。例如,可以用这样的批评方式:"我以前也会犯下这种过错……","每个人都有低潮的时候,重要的是如何缩短低潮的时间"。③ 友好地结束批评。每次批评都应尽量在友好的气氛中结束。在会见结束时,应该对对方表示鼓励,提出充满感情的希望,例如,可以说"我想你会做得更好"或者"我相信你",同时报以微笑。④ 选择适当的场所。不要当着众人的面指责,最好选在单独的场合,如独立的办公室、安静的会议室、餐后的休息室或者楼下的咖啡厅。

三、学会倾听

一位有效的管理者必须花费相当多的时间与下属、上司及其他同事沟通,而在沟通过程中最常用到的能力是洗耳恭听的能力和能说善道的能力。所谓洗耳恭听,就是在听的态度上要做到用耳朵去听、用脑去思考、用心灵去感受,它强调的是倾听的能力;所谓能说善道,就是在沟通中要善于言辞、以理服人,它强调的是语言表达的能力。但人们在实践中往往重视语言表达能力的训练而忽视倾听能力的提升,结果是说的多、听的少,其实站起来发言需要勇气,而坐下来倾听也需要勇气,沟通的最大困难不是如何把自己的意见和观点说出来,而在于如何听出别人的心声。因此,相对于沟通而言,倾听的能力更为关键。

倾听是通向心灵的道路,是管理者成功的基石。倾听能够使人们与周围的人保持接触,失去倾听能力也就意味着失去与他人共同工作、生活、休闲的可能。一般来说,人们很少只为消遣而倾听,而是为了以下目标而倾听,即:获得事实、数据或别人的想法;理解他人的思想、情感和信仰;对听到的进行选择;肯定说话人的价值。对管理者来说,倾听有着十分重要的意义和作用,这是由管理工作的特点决定的。复杂多变的管理环境使个人难以作出正确的判断,从而无法制定出有效的决策方案。一位擅长倾听的管理者将通过倾听,从上级、同事、下属、顾客那里及时获得信息并对其进行思考和评估,不断提升管理水平,并使管理更加有效。

（一）有效倾听的技巧

有效的倾听既是一种技巧,又是一种极富警觉性与极费心思的历程。在面对面沟通的场合里,倾听不仅要做到"耳到",还要做到"眼到"、"心到"与"脑到"。所谓"眼到",就是要用眼睛去观察对方的表情、眼神、手势、体态与穿着等,以判断他的口头语言的真正含义。所谓"心到",就是要以换位思考的态度站在沟通对手的立场与角度去体会他的处境与感受。所谓"脑到",就是要运用大脑去分析对方的动机,以便了解他的口头语言是否话中有话、弦外有音。

倾听是一种艺术,有效的倾听能够使人不需要出声就达到沟通的目的,正所谓"此时无声胜有声"。然而,真正懂得倾听的人不及25%,人们对那些真正应该关心的信息,常常不是漏了,就是扭曲或误解了。因此,掌握倾听的方法和技巧,就成为培养和提高倾听技能的重点和关键。

1. 努力培养倾听的兴趣

在倾听时,倾听者既要保持良好的精神状态,又要以开放的心胸和积极的态度去倾听,这样不仅能够倾听到谈话的主要内容和观点,而且能够很容易地跟上说话者的节奏。即使自己对说话者所说的话感到失望,也要努力试着倾听正面的及有趣的信息。一个有效的倾听者,常常会在倾听过程中思考以下问题:说话者谈论的主要内容和观点是什么？采取了什么样的表达方式？哪些内容和观点对自己具有借鉴价值？从说话者身上自己能够学到什么？这些问题不仅能够帮助倾听者培养倾听的兴趣,而且能够让倾听者在倾听过程中学到很多东西,这正是所谓的"从听中学"。

2. 注视对方的眼睛

眼睛是心灵的窗户。一位细心、敏感的倾听者会适当注视对方的眼睛,保持与说话者的目光接触,而不是看窗外、看天花板或者看对方肩膀后面。如果直视他人的眼睛很困难的话,也可以用弥漫性的目光注视对方的眼睛周围,如发际、嘴、前额、颈部等。目光接触是一种非语言信息,表示"我在全神贯注听你讲话"。试想一下,如果你在说话时对方却不看你,你的感觉会如何？很可能会认为对方冷漠或不感兴趣,即使有重要的话题也不愿意再继续下去。

3. 了解对方的看法

倾听时可以不同意对方的看法,但至少要认真接纳对方的话语,点头并不时说"原来如此"、"我本来不知道"等,鼓励对方继续说下去。说不定他说的是正确的,你或许也可以从中获益。如果你不给对方机会,就永远也不知道对不对了。

4. 使用开放性的动作

人的身体姿势会暗示出对谈话的态度和兴趣。自然开放性的姿态代表着接受、容纳、尊重与信任。调查研究发现,攻击的、恳求的或不悦的声调以及弯腰驼背、手臂交叠、跷脚、眼神不定等肢体语言都代表并传递着负面的信息,并影响沟通的效果。所以,在倾听过程中,使用深感兴趣的、真诚的、高昂的声调会使人自信十足;恰当的肢体语言,如用手托着下巴等,也会显示出倾听者的态度诚恳,这些都能让说话者感受到倾听者的支持和信任。

5. 及时用动作和表情给予呼应

有效的倾听者不仅会对听到的信息表现出兴趣,而且能够利用各种对方能理解的动作与表情及时给予呼应和反馈。如用赞许性的点头、恰当的面部表情与积极的目光接触相配合,向说话人表明你在认真倾听;利用皱眉、迷惑不解等表情,给讲话人提供准确的反馈信息以利于其及时调整。

6. 学会复述

复述是指用自己的话来重新表达说话者所说的内容。有效的倾听者常常使用"我听你说的是……"、"你是否是这个意思?"、"就像你刚才所说……"等语言。之所以要重新表达说话者所说的话,是因为:首先,它是核查你是否认真倾听的最佳监控手段。如果你的思想在走神或在思考你接下来要说的内容,你肯定不能准确地复述完整的内容。其次,它是精确性的控制机制。用自己的语言复述说话者所说的内容并将其反馈给说话的人,可以检验自己理解的准确性。最后,复述对方说过的话,既表示了对说话者的尊重,又能够用对方的观点来说出自己的想法。这样,倾听者不仅能够赢得说话者的信任,而且还能够找到沟通语言,从而拉近彼此之间的距离。需要注意的是,复述如果运用不当往往被看做对说话人的一种不信任。可见,复述需要掌握一些技巧,例如,运用表情、体态来说明你并非怀疑,而只是想证实一下自己倾听到的与说话人所要表达的是否相符合。

7. 适时、适度地提问

作为一个倾听者,尽管其主要任务在于倾听他人所说。但是,如果倾听者能以开放的方式询问所听到的事,成为谈话的主动参与者,就会增进彼此间的交流和理解。可以说,提问既是对说话者的一种鼓励,表明你在认真倾听,也是控制和引导谈论话题的重要途径。提问既有利于倾听者把自己没有听到的或没有听清楚的事情彻底掌握,也有利于讲话人更加有重点地陈述、表达。需要注意的是,提问必须做到适时、适度,要多听少问,如果倾听者满脑子考虑的是如何问问题,或提问像连珠炮似的,问起来没完没了,这种提问就失去了应有的价值,还会引起说话者的反感和不满。

8. 抑制争论的念头

沟通中难免会出现不同的认识和看法,当自己的意见和看法与别人不一致的时候,倾听者一定要学会控制自己的情绪,尽量抑制内心争论的冲动,要有耐心,放松心情,一定要等对方把话说完再表达自己的看法和见解。有效的倾听者绝不会随意打断对方的谈话,更不会轻易动怒或争论。要记住,倾听的关键是"多给别人耳朵,少给声音",倾听的目的是了解而不是反对或争论。

(二) 倾听中的提问

提问能使倾听更具有含金量。在倾听过程中,恰当地提出问题并与对方交流思想与意见,往往有助于人们相互沟通。沟通的目的是获得信息,是知道彼此在想什么和要做什么。适时、适度地提问,不仅能够促进与鼓励讲话人继续谈话,从对方谈话的内容、方式、态度、情绪等方面获得更多的信息,而且能够促进双方和谐关系的建立,因为这样的提问往往有尊重对方的意味。

提问应掌握一些必要的技巧。恰当的提问能够给倾听的效果锦上添花,而不适宜的提问不仅使倾听的过程变得本末倒置,而且还有可能带来许多矛盾和问题,甚至引起别人的厌烦和不满。概括而言,要做到适时、适度的提问,需要注意以下方法和技巧。

1. 提出的问题要明确

进行有效提问是沟通双方共同的责任,因为它可以使双方受益,即双方都能从提问和回答中获得对事物更深刻的认识。但不管谁来提问,提出的问题一定要做到明确具体。这里所说的明确具体,既包括表述问题的词义明确具体,便于理解,也包括问题的内容明确具体,便于回答。如果提出的问题含混不清或过于抽象,不仅回答者难以回答,还有可能造成曲解或误解。另外,在提问时还要尽量语言精练、观点明确、抓住重点。在很多情况下,人们在提问之前总愿意加上一些过渡性的语言来引出自己所提的问题,但过渡性的语言一定要精练、简短,不要过于啰唆,否则,回答者可能还没有听到你的提问就对问题或你本人产生了反感。

2. 提出的问题要少而精

恰当的提问有助于双方的交流,但太多的提问会打断讲话者的思路,扰乱其情绪。至于提多少问题比较合适,不可一概而论,要根据谈话的内容和交谈双方的个人风格特点而定。如果你有爱问问题的习惯,在交谈时一定要控制自己提问的数量,最好做到少问或者不问问题;如果你从不愿意问问题,在与别人进行交流时最好预先设计一些问题,到时尽量把它提出来,以锻炼自己的胆量和勇气。不管你具有什么样的个人风格和特点,在交谈时都必须牢记一点,那就是多听少问。

3. 提出的问题应紧扣主题

提问是为获得某种信息,问什么问题要在倾听者总目标的控制掌握之下,要能通过提问把讲话人的讲话引入自己需要的信息范围。这就要求提出的问题要紧紧围绕谈话的内容和主题,不应漫无边际地提一些随意而不相关的问题,因为这既浪费双方的时间又会淡化谈话的主题。

4. 提问应注意把握时机

提问的时机十分重要,交谈中如果遇到某种问题未能理解,应在双方充分表达的基础上再提出问题。过早提问会打断对方思路,而且显得十分不礼貌;过晚提问会被认为精力不集中或未能理解,也会产生误解。一般情况下,在对方将某个观点阐述完毕后应及时提问。及时提问往往有利于问题的及时解决,但及时提问并不意味着反应越快越好,最佳的时机还需要倾听者灵活地捕捉。如果在不适当的时机提出问题,可能会带来意想不到的损失。

5. 提问应采取委婉、礼貌的方式

讲究提问方式,避免使用盘问式、审问式、命令式、通牒式等不友好、不礼貌的问话方式和语态语气。如果交谈的气氛较为紧张,有些人会对他人的行为、语调或话语产生防卫性反应。解决方法之一就是用开放性、友好的问句代替"为什么"型的问题。简单地问一问"为什么"易被看成是威胁性的。换句话说,为避免造成紧张的防卫气氛,我们最好不用"你为什么没有准时到,我们误车了",而说:"由于你没能准时到场,我们误了车。以后如果再有类似情况,你事先通知我们一声,好吗?"

此外,提问还应适应对方的年龄、民族、身份、文化素养、性格等特点。有的人率直热诚,你应坦诚直言,否则,他会不喜欢你的狡猾和不坦率;相反,有的人生性多疑,你最好旁敲侧击,迂回进攻,否则,很可能当即碰钉子。

(三) 有效反馈

反馈是有效倾听的一个重要组成部分,如果只是"倾听"而毫无反馈,对于信息提供者来说就好比是"对牛弹琴"。有效反馈是有效倾听的体现,在管理过程中,管理者通过倾听获得大量信息并及时作出有效反馈,这对激发员工的工作热情和提升工作绩效具有重要作用。不仅如此,反馈还能把谣言减少到最低限度,因为谣言的产生往往是由于不能及时得到准确消息。另外,有效反馈还能够建立领导和员工之间的紧密联系,更能防患于未然。

在倾听过程中,有效反馈可以起到激励和调节的作用。但要做到有效反馈,不仅需要沟通双方努力创造良好的沟通氛围和建立起相互信任的关系,而且还要注意以下几点。

1. 反馈语言要明确具体

反馈要使用具体明确、不笼统抽象和不带有成见的语言。例如,"你的任务完成得很好啊"就不如"这次会展的组织工作非常好,达到了我们预想的目的",后者更明确具体。有时候,人们只顾把自己的结论反馈给对方,却忘记了有义务和责任提供更多的细节。如果人们接收到不明确的反馈,可以再对之反馈,以引导谈话向更有利于信息交流的方向发展。例如,当你听到对方的反馈"你的任务完成得很好"这样不太明确的评价时,可以这样反馈:"你认为这次任务成功在哪里?有什么需要注意的吗?"进行这样的有效反馈是双方共同的责任,也可使双方受益,能使双方共同获得对事物的更深认识。

2. 反馈的态度应是支持性的和坦诚的

这一特点反映了反馈过程中人性化的一面,它有助于沟通双方建立起理解和信任的关系。反馈要明确具体,但不能不照顾对方的感受。真正的双向沟通和反馈,是一个分享信任和取得共识的过程,而不是其中一方试图主导交流或评审对方的过程。要达到沟通的目的,必须把对方置于与自己同等的地位,任何先入为主的、盛气凌人的做法都是不可能被接受的。例如,一位经理当着大家的面对一位下属的报告进行这样的反馈:"你的报告提交得太晚了,不仅如此,字号还小得像蚂蚁一样。重新打印一份马上交给我!"反馈虽然具体明确,但却完全没有心理上的平等沟通,因而无法与对方建立起信任和理解的关系。

3. 营造开放的氛围,避免引起防卫性的反馈

在沟通过程中,开放坦诚的氛围不仅有助于加深彼此之间的理解与交流,而且有助于调解矛盾和冲突,因为在建设性的、满意度较高的气氛中,尽管人们持有不同意见,但他们对事不对人,是在共同向需要解决的问题挑战。而防卫性气氛却没有积极作用,它往往将人们导向批判的和对立的价值体系中去。

4. 把握适宜的反馈时机

一般情况下,应给予对方及时的反馈,及时反馈往往有利于问题的解决,否则,矛盾逐渐积累,会越发不可收拾。但及时反馈并不意味着立刻作出反应,还必须灵活地捕捉最佳时机。有时需要及时反馈,而有时反馈应在接受者准备接受时给予,例如,当一个人情绪激动、心烦意乱、对反馈持有抵触心理时,就应推迟反馈。反馈时机还与谈话者言语中所带的感情有关。善于反馈的人能识别对方言语中哪些是真情实感、哪些是表面情绪,只对对方的真诚情感进行反馈。

5. 反馈必须适度

尽管反馈在沟通中十分重要,但反馈也必须适度,因为不适当的反馈会让对方感到窘迫,甚至产生反感。如果以判断方式作出反馈,这类判断最好保持中立态度,不要简单地评论,如"这简直是大错特错!"另外,要记住的是,反馈只能是反馈,不能直接作为建议,除非对方有这样的要求。

四、管理冲突

当使用冲突一词时,我们指的是由于某种抵触或对立状况而感知到的差异。差异是否真实存在并没有关系。只要人们感觉到差异的存在,冲突状态也就存在。

冲突管理的主要任务在于制止和防范破坏性冲突的发生,限制和消除冲突的破坏作用,充分利用冲突带来的创新机会和建设性冲突的有效能量。冲突管理的唯一选择就是以权变的观点,对具体问题进行具体分析。

(一)解决破坏性冲突的方法

对于破坏性冲突,管理者应如何处理?你需要知道你自己及冲突双方的基本的冲突处理风格,了解冲突产生的情境并考虑你的最佳选择。

1. 了解你基本的冲突处理风格

尽管大多数人都会根据不同的情境改变对冲突的反应,但每个人都有自己偏好的冲突处理风格。当某一具体冲突出现时,你可能会改变你偏好的风格以适应当时的情境,但是,你的基本风格表明了你最有可能如何行动以及你最经常使用的冲突处理方法是什么。

2. 审慎地选择你想处理的冲突

我们不应该对所有的冲突一视同仁。一些冲突可能不值得花费精力,还有一些冲突则可能极难处理。不是每个冲突都值得花费你的时间和精力去解决。回避可能显得是在"逃避",但有时这是最恰当的做法。通过回避琐碎的冲突,可以提高总体的管理成效,尤其是冲突管理技能。你最好审慎地选择你的战役,把精力留给那些有价值、有意义的事件。

无论我们的意愿如何,现实告诉我们某些冲突是难以处理的。当对抗的根源很深,当冲突中的一方或双方想拖长冲突时间,或双方情绪过于激烈以至于建设性的相互作用已不可能时,你在冲突处理上所付出的努力很可能不会获得明显的回报。不要天真地以为优秀的管理者可以解决好每一个冲突。一些冲突根本不值得花费精力,还有一些冲突则在你的影响力之外。剩余的一些冲突才是功能正常的,你最好把这样的冲突挑选出来解决。

3. 评估冲突当事人

如果你选择了某一冲突进行处理,花时间仔细了解当事人是十分重要的。什么人卷入了冲突?冲突双方各自的兴趣是什么?双方各自的价值观、人格特点以及情感和资源因素如何?如果你能站在冲突双方的角度上看待冲突情境,则成功处理冲突的可能性会大幅度提高。

4. 评估冲突源

冲突不会在真空中形成,它的出现总是有理由的。解决冲突方法的选择很大程度上取决于冲突发生的原因,因而你需要了解冲突源。研究表明,产生冲突的原因多种多样,但总体上可分为沟通差异、结构差异和人格差异三类。

(1)沟通差异。这是指由于语义差异、误解以及沟通通道中的噪声而造成的意见不一致。人们常常轻易地认为大多数冲突是由于缺乏沟通造成的,但事实上在许多冲突中常常进行着大量的沟通。很多人都将良好的沟通与别人同意自己的观点错误地等同起来。初看起来,人际冲突似乎是沟通不畅而导致的,进一步分析则发现,不一致的意见是由于不同的角色要求、组织目标、人格因素、价值系统以及其他类似因素造成的。在冲突源方面,管理者常常过分注意不良的沟通因素而忽视了其他因素。

(2) 结构差异。组织中存在着水平和垂直方向的分化,这种结构上的分化导致了整合的困难。其经常造成的结果就是冲突。不同个体在目标、决策变化、绩效标准和资源分配上意见不一致。这些冲突并非由于不良沟通或个人恩怨造成,而是植根于组织结构本身。

(3) 人格差异。冲突可由个体的特性和价值观系统而引发。一些人的特点使得别人很难与他们合作。背景、教育、经历、培训等因素塑造了每个人具体而独特的个性特点和价值观,其结果是有的人可能令人感到尖刻、不可信任或陌生,这些人格上的差异也会导致冲突。

5. 进行最佳选择

当冲突过于激烈时,管理者采用什么手段或技术来减弱冲突呢?可以从五种冲突解决办法中进行选择,它们是回避、迁就、强制、妥协和合作。每一种方法都有其长处和弱点,没有一种办法是"放之四海而皆准"的。你需要从冲突管理的"工具箱"中考虑每一种"工具"。也许你会倾向于使用某一些工具,但高技能的管理者应该知道每一种"工具"能够做什么以及在何时使用效果最好。

(1) 回避,即从冲突中退出。当冲突微不足道时,当冲突双方情绪极为激动而需要时间使他们恢复平静时,当付诸行动所带来的潜在破坏性会超过冲突解决后获得的利益时,这一策略十分有利。

(2) 迁就是把别人的需要和考虑放在高于自己的位置上,从而维持和谐关系。当争执的问题不很重要或你希望为今后的工作树立信誉时,这一选择十分有价值。

(3) 强制就是你试图以牺牲对方为代价而满足自己的需要。当你需要对重大事件做出迅速处理时,当你需要采取不同寻常的活动时,当对你的处理方式其他人赞成与否无关紧要时,这种方式会取得很好的效果。

(4) 妥协要求每一方都做出一定有价值的让步。当冲突双方势均力敌时,当希望对一项复杂问题取得暂行的解决方法时,当时间要求过紧需要一个权宜之计时,妥协是最佳策略。

(5) 合作完全是一种双赢的解决方式,此时,冲突双方都满足了自己的利益。它的典型特点是:双方之间开诚布公地讨论,积极倾听并理解双方的差异,对利于双方的所有可能的解决办法进行仔细考察。什么时候合作是最好的冲突处理办法呢?当没有什么时间压力时,当冲突双方都希望双赢的解决方式时,当问题十分重要不可能妥协折中时,合作是最佳策略。

(二) 激发建设性冲突的方法

在一些情境中增加冲突具有建设性,虽然事实上在功能正常与功能失调的冲突之间很难明确划清界限。尽管没有一个明确的方法来评估是否需要增加冲突,下面列出的一系列问题会对你有所帮助。如果你对其中的一个或多个问题做出肯定的回答,便表明需要激发冲突。

(1) 你是否被"点头称'是'的人们"包围?

(2) 你的下属是否向你承认自己的无知与疑问?

(3) 决策者是否过于偏重折中方案以至于忽略了价值观、长远目标或组织福利？
(4) 管理者是否认为他们的最大乐趣是不惜代价地维持组织中的和平与合作效果？
(5) 决策者是否过于注重不伤害他人的感情？
(6) 管理者是否认为在奖励方面得众望比有能力和高绩效更重要？
(7) 管理者是否过分注重获得决策意见的一致？
(8) 员工是否对变革表现出异乎寻常的抑制？
(9) 是否缺乏新思想？
(10) 员工的离职率是否异常低？

肯定地回答其中一些或全部问题表明需要激发冲突。我们对解决冲突的了解比对激发冲突的了解多得多，这很自然。人们对减少冲突这一主题的关注已有几百年或上千年的历史了，而对激发冲突技术却缺乏深入思考，直至最近我们才开始对该主题感兴趣。下面的一些初步建议可能会对管理者有些作用。

1. 改变组织文化

激发功能正常的冲突的首要一步是管理者应向下属传递这样的信息，即冲突有其合法地位，并以自己的行动加以支持。应该对那些敢于向现状挑战、倡议革新观念、提出不同看法和进行独创思考的个体给予大力奖励，如晋升、加薪或采用其他手段。

2. 运用沟通

从富兰克林·罗斯福执政时期开始，甚至可能更早，白宫就一直运用沟通手段激发冲突。高级官员把可能的决策通过"名声不好的"可靠信息源渠道透露给媒体。例如，把高级法院可能任命的大法官的名字"泄露出去"。如果该候选人能够经得起公众的挑剔考察，则将任命他为法院院长。但是，如果发现该候选人缺乏新闻、媒体及公众的关注，总统的新闻秘书或其他高级官员不久将发表诸如"此人从未在考虑之列"的正式讲话。白宫的任职者们不论党派归属为何，都一直使用这种方法作为激发冲突的手段。它易于逃脱的特点使其十分流行。如果导致的冲突水平过高，则可以否决或消除信息源。模棱两可或具有威胁性的信息同样可以促成冲突。有关工厂可能会倒闭、部门可能被取消或个体可能被解雇这些危急信息会减少漠然态度，激发新思想，促进重新评估，而所有这些积极结果都源于增加了冲突。

3. 引进外人

改变组织或单位停滞迟钝状态所普遍使用的方法是，通过从外界招聘或内部调动的方式引进背景、价值观、态度或管理风格与当前群体成员不相同的个体。在过去的十年中，很多大型企业采用这一技术来填补他们董事会的空缺。妇女、少数种族成员、消费者积极分子以及其他背景、兴趣方面与原董事会成员极不相同的人员被有意地选择进董事会，以增加新见解。

4. 改变组织结构

结构变量也是冲突源之一，因此，把结构作为冲突激发机制是符合逻辑的。使决策集中化、重新组合工作群体、提高规范化和增加组织单位之间的相互依赖关系都是结构机制的变化，这样做打破了现状并提高了冲突水平。

5. 鼓励竞争

对竞争的适当鼓励能够帮助组织保持适当的冲突水平，避免凝聚力的负效应。

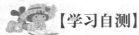

【学习自测】

一、选择题

1.（　　）是发送者把信息传递到接收者那里所借助的媒介物。
   A. 发送者与接收者　　　　B. 编码与解码
   C. 信息　　　　　　　　　D. 通道

2. 口头沟通是指运用口头语言进行的信息交流活动，如谈话、演讲、讨论和（　　）等。
   A. 通知　　　B. 手势　　　C. 电话联系　　　D. 语气

3. 以下沟通渠道属于非正式沟通的是（　　）。
   A. 链式结构　　B. 环式结构　　C. 密集式结构　　D. 全通道结构

4. 与（　　）上司沟通时，应记住"方法比内容重要"的原则，你必须使自己的风格适应他们的风格。
   A. 创新型　　　B. 官僚型　　　C. 整合型　　　D. 实干型

5. 对于（　　）的下属，要关注对方工作的过程，采用事先指导、事中询问、事后检查的方式，尽量多给一些指导。
   A. 高能力高意愿　　B. 高能力低意愿　　C. 低能力高意愿　　D. 低能力低意愿

二、判断题

1. 沟通过程就是发送者将信息通过一定的渠道传递给接收者的过程。（　　）
2. 社会背景是指沟通者的价值取向、思维模式、心理结构的总和。（　　）
3. 人与人之间的空间位置关系直接影响个人之间的沟通过程。（　　）
4. 管理者必须对非正式沟通加以引导，对所有的传闻都要及时制止。（　　）
5. 有效反馈需要沟通双方努力创造良好的沟通氛围，建立起相互信任的关系。（　　）

三、简答题

1. 什么是沟通？沟通的过程包括哪些具体步骤？
2. 简述不同管理风格的上司特征及沟通策略。
3. 简述倾听要注意的问题。
4. 如何在组织中激发建设性冲突？

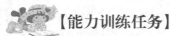

【能力训练任务】

任务一：管理职业足球队——董事会上的演讲

（一）情境描述及任务要求

自从球队选援组飞赴欧洲后，截至目前并没有确定的消息传来，外界认为俱乐部的工作太过于拖沓。提前从欧洲回来的你则代表俱乐部表示："今年的欧洲之行要比去年长，除了和一些外援人选见面之外，还现场观看了很多场比赛。事实上，一些外援的资料，需要回来后进行汇总参考，然后开始外援的试训工作。"球队也理解外界急躁的心情，最终外援的引进将在去昆明的时候尽快确定下来。

目前，在俱乐部高层拿到的外援名单中，只有 E 君的态度最为端正，对这份工作表示了很强的兴趣。不过根据俱乐部运作外援的程序，只有等到俱乐部高层返回北京，把名单上报给董事会获批后才能对外宣布。作为教练，你表示："俱乐部也希望外援越早到队越好，但在人员未到位之前，我们还是要把现有的资源用好。"

现在，需要你做的是，根据外援的情况，准备一次在董事会上的演讲，它将决定今年的引援工作是否能够顺利达标以及今后的赛程是否能够按计划实现目标。

（二）成果评价

1. 要求每位同学写出演讲草稿，按三分规则评定成绩。
2. 组织班级交流，按照二分规则评分。

（三）知识链接

演讲时的技巧

演讲是一门语言艺术，它的主要形式是"讲"，即运用有声语言并追求言辞的表现力和声音的感染力；同时还要辅之以"演"，即运用面部表情、手势动作、身体姿态乃至一切可以理解的态势语言，使讲话"艺术化"起来，从而产生一种特殊的艺术魅力。想要成就一次精彩的演讲，一方面要注重平常的锻炼和学习，另一方面也要掌握一定的演讲技巧。

1. 演讲时的姿势

演说时的姿势会带给听众某种印象。所谓"轻松的姿势"，就是要让身体放松，反过来说就是不要过度紧张。过度的紧张不但会表现出笨拙僵硬的姿势，而且对舌头动作也会造成不良影响。诀窍之一是张开双脚与肩同宽，挺稳整个身躯。另一个诀窍是想办法扩散并减轻施加在身体上的紧张情绪。例如，将一只手稍微插入口袋中，或者手触桌边或者手握麦克风等。

2. 演讲时的视线

在大众面前说话，不可以漠视听众的眼光，不可以避开听众的视线来说话。尤其当你走到麦克风旁边站立在大众面前的那一瞬间，来自听众的视线有时甚至会让你觉得刺痛。克服这股视线压力的秘诀，就是一面进行演讲，一面从听众当中找寻对自己投以善意而温柔眼光的人，并且无视那些冷淡的眼光。此外，把自己的视线投向强烈"点头"以示首肯的人，对巩固信心来进行演说也具有效果。

3. 演讲时的面部表情

演讲时的面部表情无论好坏都会带给听众极其深刻的印象。控制面部表情的方法是：首先，不可垂头，人一旦"垂头"，就会予人"丧气"之感，而且若视线不能与听众接触，就难以吸引听众的注意；其次，缓慢说话。说话速度一旦缓慢，情绪即可稳定，面部表情也得以放松；再者，全身上下也能够为之泰然自若起来。

4. 演讲时的服饰和发型

服装也会带给观众各种印象。轻松的场合不妨穿着稍微花哨一点的服装来参加。如果是正式的场合，一般来说仍以深色西服、男士无尾晚宴服以及燕尾服为宜。其次，发型也可塑造出各种形象来。长发和光头各自蕴含其强烈的形象，而鬓角的长短也被认为是个人喜好的表征。

5. 演讲的声音和腔调

演讲的语言从口语表述角度看，必须做到发音正确、清晰、优美，词句流利、准确、易懂，

语调贴切、自然、动情。一般来说,最佳语言是:
(1) 准确清晰,即吐字正确清楚,语气得当,节奏自然;
(2) 清亮圆润,即声音洪亮清越,铿锵有力,悦耳动听;
(3) 富于变化,即区分轻重缓急,随感情变化而变化;
(4) 有传达力和穿透力,即声音有一定的响度力度,使在场听众都能听真切,听明白。

6. 说话的速度

说话的速度也是演讲的要素。为了营造沉着的气氛,说话稍微慢点很重要。标准大致为5分钟三张左右的A4原稿,不过,要注意的是,倘若从头至尾一直以相同的速度来进行,听众会睡觉的。

任务二:管理职业足球队——球员罢工

(一) 情境描述及任务要求

尽管球队本月初花费巨资成功引进了两名重量级外援,但工资的巨大差异却引起了本土球员的强烈不满。日前,队长C君和老队员E君因不满外援的高额待遇,先后以罢工的方式要求俱乐部提高自己的薪水。结果,C君被免掉队长头衔,而E君更是被贬入俱乐部青年队。

C君和E君的出格举动源自对外国球员高薪的不满。本月初,球队俱乐部在转会市场上一掷千金,一天之内斥资1000万元人民币引进了巴西前锋F君以及比利时中场G君,前者的年薪达到650万元人民币,后者的年薪为350万元人民币。眼瞅着贫富差距如此之大,本就对工资有意见的老队员们爆发了。实际上,除了C君和E君外,其他队员同样对工资差距怨声载道。刚刚建立起的团队又开始面临挑战。作为主教练的你,必须与这些不断抱怨的队员们进行一次面对面的谈判,争取用最小的代价换取队伍的重新团结。

(二) 成果评价

1. 要求每位同学写出谈判策略,按三分规则评定成绩。
2. 组织班级交流,根据交流中的表现,按照二分规则评分。

(三) 知识链接

如何谈判:商务谈判中的技巧

1. 确定谈判态度

在商业活动中面对的谈判对象多种多样,我们不能拿出同样的态度对待所有谈判。我们需要根据谈判对象与谈判结果的重要程度来决定谈判时所要采取的态度。如果谈判对象对企业很重要,如长期合作的大客户,而此次谈判的内容与结果对公司并非很重要,就可以抱有让步的心态进行谈判,即在企业没有太大损失与影响的情况下满足对方,这样对以后的合作会更加有力。如果谈判对象对企业很重要,而谈判的结果对企业同样重要,就抱持一种友好合作的心态,尽可能达到双赢,将双方的矛盾转向第三方。如果谈判对象对企业不重要,谈判结果对企业也无足轻重,可有可无,就可以轻松上阵,不要把太多精力消耗在这样的谈判上,甚至可以取消这样的谈判。如果谈判对象对企业不重要,但谈判结果对企业非常重要,就应该以积极竞争的态度参与谈判,不用考虑谈判对手,完全以最佳谈判结果为导向。

2. 充分了解谈判对手

对对手的了解越多,越能把握谈判的主动权。了解对手时不仅要了解对方的谈判目的、心里底线等,还要了解对方公司的经营情况、行业情况、谈判人员的性格、对方公司的文化、谈判对手的习惯与禁忌等。这样便可以避免很多因文化、生活习惯等方面的矛盾对谈判产生额外的障碍。还有一个非常重要的因素需要了解并掌握,那就是其他竞争对手的情况。如果对手提出更加苛刻的要求,就可以把其他采购商的信息拿出来,让对手知道我们是知道底细的,同时暗示我们有很多合作的选择。反之,我们作为采购商,也可以采用同样的反向策略。

3. 准备多套谈判方案

谈判双方最初各自拿出的方案都是对自己非常有利的,而双方又都希望通过谈判获得更多的利益,因此,谈判结果肯定不会是双方最初拿出的那套方案,而是经过双方协商、妥协、变通后的结果。在双方你推我拉的过程中常常容易迷失了最初的意愿或被对方带入误区,此时最好的办法就是多准备几套谈判方案,先拿出最有利的方案,没有达成协议就拿出其次的方案,还没有达成协议就拿出再次一等的方案,即使我们不主动拿出这些方案,但应该做到心中有数,知道向对方的妥协是否偏移了最初自己设定的框架,这样就不会出现谈判结束后,仔细思考才发现自己的让步已经超过了预计承受的范围。

4. 建立融洽的谈判气氛

在谈判之初,最好先找到一些双方观点一致的地方并表述出来,给对方留下一种彼此更像合作伙伴的潜意识。这样,接下来的谈判就容易朝着一个达成共识的方向进展,而不是剑拔弩张的对抗。当遇到僵持时,也可以拿出双方的共识来增强彼此的信心,化解分歧。也可以向对方提供一些其感兴趣的商业信息,或对一些不是很重要的问题进行简单的探讨,达成共识后双方的心里就会发生奇妙的改变。

5. 设定好谈判的禁区

谈判是一种很敏感的交流,所以,语言要简练,避免出现不该说的话,但是,在艰难的长时间谈判过程中也难免出错,最好的方法就是提前设定好哪些是谈判中的禁语、哪些话题是危险的、哪些行为是不能做的以及谈判的心里底线等。这样就可以最大限度地避免在谈判中落入对方设下的陷阱或误区中。

6. 语言表述简练

在商务谈判中,忌讳语言松散或像拉家常一样的语言方式,要尽可能地让自己的语言变得简练。人类接收外来声音或视觉信息的特点是:一开始专注,注意力随着接收信息的增加,会越来越分散,如果是一些无关痛痒的信息,更将被忽略。因此,谈判时语言要做到简练,针对性强,争取让对方大脑处在最佳接收信息状态时表述清楚自己的信息,如果要表达的是内容很多的信息,如合同书、计划书等,适合在讲述或者诵读时语气进行高、低、轻、重的变化,例如,重要的地方提高声音,放慢速度,也可以穿插一些问句,引起对方的主动思考,增加注意力。在重要的谈判前应该进行一下模拟演练,训练语言的表述、突发问题的应对等。在谈判中切忌模糊、啰唆的语言,这样不仅无法有效地表达自己的意图,更可能使对方产生疑惑和反感情绪。在这里要明确一点,要区分沉稳与拖沓的区别,前者是语言表述虽然缓慢,但字字经过推敲,没有废话,而这样的语速也有利于对方理解与消化信息内容。

7. 商务谈判技巧中的博弈

商务谈判时,要在双方遇到分歧时面带笑容,语言委婉地与对手针锋相对,这样对方就不会启动头脑中本能的敌意,使接下来的谈判不容易陷入僵局。商务谈判中并非张牙舞爪和气势夺人就会占据主动,反倒是喜怒不形于色、情绪不被对方所引导以及心思不被对方所洞悉的方式更能克制对手。

8. 曲线进攻

想达到目的就要迂回前行,直接奔向目标只会引起对方的警觉与对抗。应该通过引导对方的思想,把对方的思维引导到自己的包围圈中,例如,通过提问的方式,让对方主动替你说出你想听到的答案。反之,越是急切地想达到目的,越是有可能暴露自己的意图,被对方所利用。

9. 谈判是用耳朵取胜而不是用嘴巴

在谈判中,我们往往容易陷入一个误区,那就是一种主动进攻的思维意识,总是在不停地说,总想把对方的话压下去,总想多灌输给对方一些自己的思想,以为这样可以占据谈判主动,其实不然,在这种竞争性环境中,你说的话越多,对方会越排斥,能入耳的很少,能入心的更少,而且,你的话多了就挤占了总的谈话时间,对方也有一肚子话想说,被压抑下的结果则是很难妥协或达成协议。反之,让对方把想说的都说出来,当其把压抑在心底的话都说出来后,就会像一个泄了气的皮球一样,锐气会减退,接下来你再反击,对手已经没有后招了。更为关键的是,善于倾听可以从对方的话语中发现对方的真正意图,甚至是破绽。

10. 控制谈判局势

谈判活动表面看来没有主持人,实则有一个隐形的主持人存在着,不是你就是你的对手。因此,要主动争取把握谈判节奏和方向,甚至是趋势。主持人所应该具备的特质是:语言虽不多,但是招招中的,直击要害;气势虽不凌人,但运筹帷幄,从容不迫,不是用语言把对手逼到悬崖边,而是用语言把对手引领到崖边。并且,想做谈判桌上的主持人就要体现出你的公平,即客观地面对问题,在谈判开始时尤为重要,慢慢地,对手会本能地被你的潜移默化所引导,局势将向对你有利的一边倾斜。

11. 避免朝三暮四

在谈判中,真实地存在着"朝三暮四"的现象。通常体现在双方在某个重要问题上僵持的时候,一方退后一步,抛出其他小利,作为补偿,把僵局打破,并用小利换来大利,或把整个方案调换一下顺序,蒙蔽了我们的思维。乍听起来觉得不可思议,但在实际谈判中经常会出现这样的情况。所以,首先要能跳出像脑筋急转弯一样的思维陷阱,然后要善于施小利,博大利,学会以退为进。谈判中的一个最大学问就是学会适时地让步,只有这样才可能使谈判顺利进行,毕竟谈判的结果以双赢为最终目的。

12. 让步式进攻

在谈判中,可以适时提出一、两个很高的要求,对方必然无法同意,我们在经历一番讨价还价后可以进行让步,把要求降低或改为其他要求。这些高要求我们本来就没打算会达成协议,即使让步也没有损失,但是却可以让对方有一种成就感,觉得自己占了便宜。这时候,我们其他的相较于这种高要求要低的要求就很容易被对方接受,但切忌提出太离谱和过分的要求,否则,对方可能觉得我们没有诚意,甚至激怒对方。先抛出高要求也可以有效地降低对手对谈判利益的预期,挫伤对手的锐气。其实,谈判的关键就是如何达成谈判双方的心理平衡,达成协议的时候就是双方心里都达到平衡点的时候。也就是认为自己在谈判中取得了满意或基本满意的结果,这种满意包括预期的达到、自己获得的利益、谈判对手的让步、自己获得了主动权、谈判时融洽的气氛等,有时候,谈判中的这种平衡和利益关系并不大,所以,在谈判中可以输掉谈判,只要赢得利益。也就是表面上做出让步,失掉一些利益,给对手一种攻城略地的快感,实则是洒了遍地的芝麻让对手乐颠颠地去捡,自己偷偷抱走对手的西瓜。

能力模块四　团队建设

【情境任务导入】

微软：有战斗力的团队

当被问及微软成功的秘诀时,世界首富比尔·盖茨干脆地回答道:"微软有成功的团队。"

一、网罗优秀人才

微软公司是一家由聪明人组成、管理良好的公司。能请来这一群人才,盖茨感到很自豪。他在 1992 年曾说:"微软和其他公司与众不同的特色就是智囊的深度。把他们称做螺旋桨头脑、数字头脑、齿轮转动头脑或工作狂、用脑狂、微软狂都可以。"

盖茨曾多次说道:"把我们顶尖的 20 个人挖走,微软就会变成一家无足轻重的公司。"

盖茨说:"这些人绝顶聪明,与公司一起成长。他们组成了一个团队,而领导那群具有'螺旋桨头脑'的聪明人组成了'研究院'。要怎么做,才能当个'螺旋桨头脑'?方法之一是研读唐纳德·克努特所著的《程序设计艺术》。这套书有三大册,而且陆续会出更多册。如果有人自负到自以为什么事都懂,克努特会帮助他们了解这个世界既深奥又复杂。"

二、塑造优势员工

30 岁的执行副总裁史蒂夫·鲍尔默在公司内深受爱戴,从撰写程序设计方面来说,鲍尔默不是专业技术人员,但他大学时主修数学,而且是个精力充沛的商业高手。他不畏惧困难,勇于接受挑战。例如,在 20 世纪 80 年代中期,Windows 项目迟迟无法完成,成为一堆无法收拾的烂摊子时,他挺身而出,承担了开发责任,并成功地将其推向市场。盖茨把鲍尔莫这个在表达观点时猛敲墙壁吼叫的家伙视为他最亲密的朋友和顾问。

另一位重要人物是麦克·梅普尔斯,在 1988 年到 1995 年间担任公司的执行副总裁。现在他急流勇退,成为公司的顾问,专门对有关兼并与招聘新人等提出建议。他当初毅然离开 IBM 是因为他看到了微软的巨大发展潜力。进微软后,他把 IBM 的四项基本准则引入微软。第一条准则是包括雇用、培训、工资报酬及晋升通道在内的整套人事管理方面的做法;第二条准则是培养中层经理。微软向来缺乏这方面的管理人才;第三条准则是继续设立专项职能,如开发、测试,必须保证让员工自由流动以获得更丰富的工作经验;第四条准则是软件公司必须为产品开发确定过程。

微软公司就是靠这些出类拔萃的人物和比尔·盖茨合理的管理制度，在竞争中走向成功的。

三、成功经验

著名管理大师韦尔奇在对微软的经验做分析时，总结了如下的经验：
- 明确合理的经营目标；
- 增强领导者自身的影响力；
- 建立系统科学的管理制度；
- 良好的沟通和协调；
- 强化激励，形成利益共同体；
- 引导全体员工参与管理；
- 开发人的潜能，促进每一位成员的成长；
- 建立和谐的人际关系；
- 树立全局观念和整体意识；
- 保持竞争状态。

资料来源：阎剑平，《团队管理》，中国纺织出版社，2005年。

请思考：
1. 微软公司的工作团队具备哪些突出特点？
2. 微软公司是如何塑造一个优秀的工作团队的？
3. 微软公司的成功经验对于中国企业有哪些借鉴意义，有哪些局限性？

【必备知识内容】

在当代动态的全球化环境中，对团队的管理已经成为一种现实，同时也意味着一种挑战。成千上万的组织进行结构重组，使工作在团队基础上进行而不是在个体基础上进行。为什么？这些团队表现出哪些特点？如何才能建立高绩效的工作团队？本部分将回答这些问题。

一、理解团队工作

团队是指一种为了实现某一目标而由相互协作的个体所组成的正式群体，是由员工和管理层组成的一个共同体，它合理地利用每一个成员的知识和技能协同工作，解决问题，达到共同的目标。

(一) 团队的构成要素

团队的构成要素总结为5P，分别为目标、人、定位、权限和计划。

1. 目标(Purpose)

团队应该有一个既定的目标，为团队成员导航，知道要向何处去，没有目标的团队就没有存在的价值。团队的目标必须跟组织的目标一致，此外，还可以把大目标分成小目标具体分到各个团队成员身上，大家合力实现这个共同的目标。同时，目标还应该有效地向大众传播，让团队内外的成员都知道这些目标，有时甚至可以把目标贴在团队成员的办公桌上、会议室里,以此激励所有的人为这个目标去工作。

> **课外小故事:失去目标的昆虫**
>
> 自然界中有一种昆虫很喜欢吃三叶草(也叫鸡公叶),这种昆虫在吃食物的时候都是成群结队的,第一个趴在第二个的身上,第二个趴在第三个的身上,由一只昆虫带队去寻找食物,这些昆虫连接起来就像一节一节的火车车厢。管理学家做了一个实验,把这些像火车车厢一样的昆虫连在一起,组成一个圆圈,然后在圆圈中放了它们喜欢吃的三叶草。结果它们爬到精疲力竭后也吃不到这些草。这个例子说明在团队中失去目标后,团队成员就不知道向何处去,最后的结果可能是饿死,这个团队存在的价值可能就要打折扣。

2. 人(People)

人是构成团队最核心的力量。3个(包含3个)以上的人就可以构成团队。目标是通过人员具体实现的,所以,人员的选择是团队中非常重要的一个部分。在一个团队中,可能需要有人出主意,有人定计划,有人实施,有人协调不同的人一起去工作,还有人去监督团队工作的进展,有人去评价团队最终的贡献。不同的人通过分工来共同完成团队的目标,在人员选择方面要考虑人员的能力如何、技能是否互补以及人员的经验如何。

3. 定位(Place)

定位包含两层意思:一是团队的定位,团队在发展过程中处于什么位置?由谁选择和决定团队的成员?团队最终应对谁负责?团队采取什么方式激励成员?二是个体的定位,作为成员在团队中扮演什么角色?是订计划还是具体实施或评估?

4. 权限(Power)

团队当中领导人的权利大小与团队的发展阶段相关,一般来说,团队越成熟,领导者所拥有的权利相应越小,在团队发展的初期阶段,领导权相对比较集中。团队权限关系的两个方面:一是整个团队在组织中拥有什么样的决定权?比方说财务决定权、人事决定权、信息决定权。二是组织的基本特征。比方说组织的规模多大,团队的数量是否足够多,组织对于团队的授权有多大,它的业务是什么类型。

5. 计划(Plan)

计划有两个层面的含义:一是目标最终的实现需要一系列具体的行动方案,可以把计划理解成目标的具体工作程序。二是提前按计划进行可以保证团队的顺利进度。只有在计划的操作下,团队才会一步一步地贴近目标,从而最终实现目标。

(二)团队的发展阶段

从团队创建和发展的历程来看,团队会经历成立、震荡、规范化、高产和调整五个发展阶段。

1. 成立阶段

在团队的成立或者创建阶段,要完成团队方案的勾画和其他准备工作,一般要花费几个月的时间。

首先,要考虑团队的定位问题,形成团队的内部结构框架,这就需要明确以下问题:(1)是否需要组建这支团队?(2)要创建一个什么样的团队?(3)团队的主要任务是什么?

(4)团队中应该包括一些什么样的成员？(5)如何进行团队的角色分配？(6)团队的规模控制在多大？对这些问题,创建者必须拿出一个明确的规划来。

其次,要建立起团队与外界的初步联系,这包括：(1)建立起团队与组织的联系；(2)确立团队的权限；(3)建立与团队运作相适应的制度体系,如人事制度、考评制度、奖惩制度等；(4)建立团队与组织外部的联系与协调的关系,例如,建立与企业顾客、企业协作者的联系,努力与社会制度和文化取得协调等。

这一阶段结束时,团队的每个成员都应该清楚本团队能够达到的愿景。

2. 震荡阶段

团队成员在熟悉之后开始逐渐表现出自己的感受,同时也会表现出拒绝和不满,从而给团队工作带来"动荡"或冲突。如果冲突不能够及时解决或冲突进一步扩散或升级,即使是小的矛盾或冲突,也可能酿成整个团队的动荡。

震荡阶段的团队可能有以下表现：(1)团队成员的期望与现实产生脱节,出现不满情绪；(2)有挫折感和焦虑感,对团队目标能否完成失去信心；(3)团队中人际关系紧张,冲突加剧；(4)对领导权不满,当出现问题时,个别成员甚至会挑战领导；(5)组织的生产力持续遭受打击。

在震荡阶段,团队管理者首先要安抚人心,这是该阶段最重要的措施。管理者要认识并能够处理冲突,平衡关系。其次,管理者可以鼓励团队成员对有争议的问题发表自己的看法,在团队间进行积极有效的沟通。再次,要建立团队的工作规范,管理者要以身作则。最后,管理者要适时调整角色,适度对团队授权,鼓励团队成员参与决策,提高成员的自主性和积极性。

3. 规范化阶段

经过一段时间的震荡,团队开始逐渐走向稳定和成熟。在这个阶段,团队成员产生了强烈的团队认同感和归属感,团队表现出一定的凝聚力。团队成员的人际关系由分散、矛盾逐步走向凝聚、合作,彼此之间表现出理解、关心和友爱,并再次把注意力转移到工作任务和团队目标上,关心彼此的合作和团队的发展,开始建立工作规范和流程,团队的工作特色逐渐形成,成员的工作技能也有所提高。表4-3是关于团队规范化阶段的特征和相应的发展变化。

表4-3 团队规范化阶段的特征与变化

特 征	变 化
整体性	团队感增加,成员之间交往的友情发展,团队认同的发展
稳定性	积极参加团队活动,对团队活动的投入性和参与性增加
满意度	对团队生活感到愉快,自尊感和安全感增加,焦虑和紧张减少和降低
动力性	团队影响力增强,团队成员对团队目标、团队决策和团队规范的接受程度增加,团队一致性行为增加

这一阶段是团队文化建设最有利的时期。团队管理者可进一步培养成员互助合作、敬业奉献的精神,增强对团队的归属感和凝聚力,促进团队共同价值观的形成,并鼓励团队成员为共同承诺的团队目标尽责。

这一阶段团队面临的最大问题是团队成员害怕遇到更多冲突而不愿正面提出自己的建议。这时就应通过提高团队成员的责任心和建立成员之间的信任感，营造自由平等的氛围。

4. 高产阶段

团队在高产阶段的表现如下：(1) 团队成员具有一定的决策权，自由分享组织的信息；(2) 团队成员信心强，具备多种技巧，能协力解决各种问题；(3) 团队内部采用民主的、全通道的方式进行平等沟通，化解冲突，分配资源；(4) 团队成员有着成就事业的高峰体验，有完成任务的使命感和荣誉感。

在此阶段，团队管理者应考虑以下工作：(1) 思考和推动变革，更新业务流程与工作方法；(2) 提出更具挑战性的团队目标，鼓励和推动员工不断成长；(3) 监控工作的进展，通过承诺而非管理达到更佳效果；(4) 肯定团队的整体成就，承认团队成员的个人贡献。

5. 调整阶段

随着工作任务的完成，很多团队都会进入调整阶段。对团队而言，可能有以下几种结局：

(1) 团队解散。为完成某项特定任务而组建的任务型团队会伴随着任务的完成而解散。在这一阶段，团队成员的反应差异很大，有的很乐观，沉浸于团队的成就中；有的则很伤感，惋惜在团队中建立的合作关系不能再继续。

(2) 团队休整。另一些团队（如大公司的执行委员会）在完成阶段性工作任务之后，会开始休整而准备进行下一个工作周期，此间可能会有团队成员的更替，即可能有新成员加入或有原成员流出。

(3) 团队整顿。对于表现差强人意的团队，进入休整期后可能会被勒令整顿，整顿的一个重要内容就是优化团队规范。

表4-4显示了团队发展的各个阶段对应的不同的工作关系。

表4-4 团队发展的各个阶段及对应的工作关系

阶　　段	效　　率	工　作　关　系
成立阶段	低	戒备的、谨慎的、不承担责任的
震荡阶段	低—中	好争辩的、定位的
规范化阶段	中—高	合作的、相互支持的、善于沟通的
高产阶段	高	协作的、整体化的、高标准的
调整阶段	中	常规的、不接受外部观点的

二、团队的类型

根据每个团队存在的目的不同，可以将团队的类型归结为问题解决型团队、自我管理型团队、多功能型团队和虚拟型团队四种。

(一) 问题解决型团队

15年前，团队的概念开始慢慢风行，那时候的团队类型大都属于问题解决型，来自同一部门的若干名志同道合的人临时因为某一件事情聚集在一起，就如何扩大产品知名度、提高生产线产出率、改进工作流程和改善工作环境等问题展开讨论，相互交换意见，吸收彼此的观点,形成集体决策,达成工作共识。我们把这种团队称为问题解决型团队。但是,这些团队却不具备执行力,即这些团队形成的意见和建议专门由具有执行力的部门负责采取行动,贯彻决策或目标。

20世纪80年代,问题解决型团队的典型代表为"质量管理小组"或者"质量圈"。这种工作团队的组成结构为职责范围近似或重叠的部分员工及主管,一般人数为5~12个人。他们会定期举行会议,在现场讨论质量问题或生产过程中将要面临的质量问题,调查原因,提出解决问题的建议,并监督相关部门采取有效的行动。有证据表明,"质量圈"对生产力能产生积极影响,但对员工满意度的影响不大。

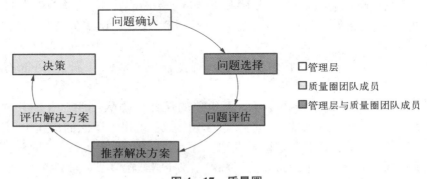

图4-17 质量圈

（二）自我管理型团队

随着团队素质的不断提高,缺乏贯彻力和执行力以及调动员工积极性和参与性动力不足等问题使问题解决型团队渐渐面临权力不足、功能欠缺等问题。为了弥补这些缺陷,就要求团队具有自主解决问题的能力,希望团队能够独立承担所有责任,而具备了这两种特征的团队被人们称为自我管理型团队。这种团队是一支真正能够独立承担责任的团队,团队中的成员不仅注意问题的解决,而且具备了解决问题后的执行能力。

通常来说,自我管理型团队的人数为10~15人,团队的成员构成呈现多样化的特征。团队的成员需要分担一些上级领导的职责,如人员招聘、绩效评估、工作任务的分配、工作强度的分布以及工作时间的安排。当然,并不是所有的自我管理型团队都获得了团队成员的支持。例如,道格拉斯航空公司的员工在面临大规模的解雇形势时,就曾集合起来反对公司采用自我管理型团队的形式,他们认为,实行这种团队形式并不一定能给公司注入新鲜的血液,也并不一定能提高公司的管理效率。

因此,应正视自我管理型团队的功效,理智地弄清楚这并不是培养团队制胜能力万能的技巧和方法,很多时候,我们需要将自我管理型团队囿于一定的范围限制内。

精彩一瞬：低控制力的团队管理

通用电气公司的机车发动机厂约由100个团队组成。每个团队都有极高的自我管理权限：允许团队内部商讨和通过重要的决策,允许团队自行安排本部门的工作日程,公司仅对常规性的设备采购数量和金额进行简单的控制。这种管理型团队发展到即使某一个团队不经过公司的集体决议就动用了200万美元的资金,工厂的总经理连眉头都不会皱一下。

不仅通用电气公司如此，美国大多数企业都采用低控制力的团队管理模式，给予团队充分的自主权。即使是团队实践水平尚属一般的克利夫兰L-S电镀锌板公司，也采取自我管理的团队经营模式，团队成员共同商讨和制定自己心仪的工作日程表，自行安排工作的交接程序和时间，在公司的薪资标准下自行建立相关的薪酬领取方案，甚至允许团队自行招聘、解聘。正如工厂总经理所说："不到他们正式上班的时间，我从来不会见到一个新员工。"

（三）多功能型团队

多功能型团队通常由来自同一等级、不同工作领域、跨越横向部门界限的员工组合而成，将这些人才聚合起来的唯一目的就是完成一项特殊的、特定的任务或目标。

波音公司波音777项目的成功有力地证明了多功能型团队是一种有效的团队合作形式，能将不同国家、不同行业的团队糅合起来，一起工作，一起交流，一起探索，一起创造。

但是，多功能型团队并不是简单的人员组合，其管理模式也不是简单的管理荟萃，而是在团队建立的早期就需要花费大量的时间和精力来搭建组织内部和组织之间不同领域员工的信息交流平台，还要调和团队成员间因地域、部门、能力不同而造成的矛盾。因此，将那些背景不同、经历和观点不同的成员聚合在一起，再建立起信任并能真正合作的平台需要花费大量的时间。但不管怎么说，多功能型团队总是一种有效的方式，它能让组织内（甚至组织之间）不同领域的员工之间交换信息，激发出新的观点，解决面临的问题，从而做好复杂的项目。

精彩一瞬：麦当劳的危机管理团队

麦当劳有一个危机管理队伍，责任就是应对重大的危机，由来自麦当劳营运部、训练部、采购部、政府关系部等部门的一些资深人员组成，他们平时共同接受关于危机管理的训练，甚至模拟当危机到来时怎样快速应对，例如，广告牌被风吹倒并砸伤了行人，这时该怎么处理？一些人员考虑是否把被砸伤的人送到医院，如何回答新闻媒体的采访，当家属询问或提出质疑时如何对待？另外一些人要考虑的是如何对这个受伤者负责，保险谁来出，怎样确定保险？所有这些都要求团队成员能够在复杂问题面前做出快速行动，并且进行一些专业化的处理。

虽然这种危机管理团队究竟在一年当中有多少时候能用得上还是个问题，但对跨国公司来说是养兵千日，用兵一时，因为一旦问题发生就不是一个小问题。在面临危机的时候，如果做出快速而且专业的反应，危机会变成生机，问题会得到解决，而且还会给顾客及周围的人留下很专业的印象。

（四）虚拟型团队

虚拟型团队是随着通信技术的发展和网络服务的完善而渐渐兴起的，这是数字时代下的一种新的团队形式。通常而言，在虚拟型团队中，工作人员的组织模式是虚拟化的，一群具有共同理想、共同目标、共同利益的人组合在一起，通过电话、网络、传真或者可视化图文来进行沟通、协调、讨论，相互交换意见，形成电子文档，从而完成一项事先拟订好的工作。这个"虚拟"指的是团队环境的虚拟，每个成员所进行的工作以及所奉献的经历等都是真实的，通过虚拟世界进行的相互之间的沟通和协作也是真实存在的。

相对于传统的实体性团队而言,虚拟型团队存在许多优点。例如,虚拟型团队由于不受地域和时间的限制,可以在任何一个地方跨越空间发布指令,能将资源进行最优整合;虚拟型团队采取的是通过数字或电子通信的工作方式,因此,从一定程度上来说能降低经营成本;由于虚拟型团队的工作方式各有不同,这就使加入虚拟团队的成员都具有较强的专业优势,协作精神在最出色的人才之间更能得到充分发挥。

总的来说,这种俱乐部式的虚拟型团队以灵活多变为特点,以共同的工作项目为基础,在使团队效率大大提高的同时,建立了成员之间相互信任和配合的氛围。

三、建设高效工作团队

并不是所有的团队都能带来高绩效,团队本身并不能自动地带来效率,因此,我们需要进一步了解管理者怎样开发和管理一支高绩效的团队。

(一)高绩效团队的特征

(1)清晰的目标。高效的团队对要达到的目标有清楚的了解,并坚信这一目标包含着重大的意义和价值。而且,这种目标的重要性还激励着团队成员把个人目标升华到群体目标中去。在有效的团队中,成员愿意为团队目标做出承诺,清楚地知道希望他们做什么工作以及怎样共同工作。

(2)相关的技能。高效的团队由一群有能力的成员组成。他们具备实现理想目标所必需的技术和能力,而且相互之间有能够良好合作的个性品质,从而能出色完成任务。

(3)相互信任。成员间相互信任是有效团队的显著特征,也就是说,每个成员对其他人的行为和能力都深信不疑。

(4)统一的承诺。高效的团队成员对团队表现出高度的忠诚和承诺,为了能使团队获得成功,他们愿意去做任何事情。我们把这种忠诚度和奉献精神称为统一的承诺。

(5)良好的沟通。团队成员通过畅通的渠道交换信息,包括各种语言和非语言信息。此外,管理层与团队成员之间健康的信息反馈也是良好沟通的重要特征,有助于管理者指导团队成员的行动,消除误解。高效团队中的成员能迅速、准确地达成一致的想法和情感。

(6)谈判的技能。对高绩效团队来说,谁做什么事情通常十分灵活,总在不断地调整。这种灵活性就需要团队成员具备谈判技能,团队中的问题和关系随时会发生,成员必须能够应对和处理这些情况。

(7)恰当的领导。有效的领导者能够激励团队跟随自己共渡难关。他们帮助团队明确前进的目标,他们向成员解释通过克服惰性可以实施变革,他们鼓励每个成员自信,他们帮助成员了解自己的潜力所在。目前,越来越多的高效团队的领导者扮演着教练和后盾角色,他们为团队提供指导和帮助,但并不控制团队。

(8)内部的支持和外部的支持。高效团队的最后一个必要条件是它的支持环境。从内部条件看,团队应拥有一个合理的基础结构,包括:适当的培训,一套清晰而合理的测量系统用以评估总体绩效水平,一个报酬分配方案用以认可和奖励团队的活动,一个具有支持作用的人力资源系统。恰当的基础结构应能支持团队成员并强化那些取得高绩效水平的行为。从外部条件看,管理层应该给团队提供完成工作所必需的各种资源。

(二)如何维持一个高绩效团队

(1)随时更新工作方法和流程。并不是过去制定的方法和流程是对的,就不需要改变它,随着时间的推移,工作方法也需要调整,所以,要保持团队不断学习的一种劲头。

(2) 团队的领导是团队的成员而不是领袖。领导者要把自己当做团队的一分子去工作,不要把自己当成团队的长者和长官。

(3) 通过承诺而不是管制来追求更佳的结果。在一个成熟的团队中,应该鼓励团队成员,给他们一些承诺,而不是命令。有时候,资深的团队成员反感自上而下的命令式的方法。

(4) 要给团队成员具有挑战性的目标。通常情况下,团队成员往往会因为完成了某个具有挑战性的目标而感到自豪,团队成员为了获取这种自豪感,会更加积极地工作,从而使团队高效率运作。

(5) 监控工作的进展。例如,看一看团队在时间过半的情况下,任务是否已经完成了一半?是超额还是不足?在进行监控反馈的过程中,既要承认个人的贡献,也要庆祝团队整体的成就,毕竟,大家经过磨合已经形成了合力,所以,团队的贡献是至关重要的。

【学习自测】

一、选择题

1. (　　)构成团队最核心的力量。
  A. 目标　　　　B. 人　　　　C. 计划　　　　D. 权限

2. 在(　　)阶段,团队成员产生了强烈的团队认同感和归属感,团队开始逐渐走向稳定和成熟,表现出一定的凝聚力。
  A. 成立阶段　　B. 震荡阶段　　C. 规范化阶段　　D. 高产阶段

3. (　　)通常是由来自同一等级、不同工作领域、跨越横向部门界限的员工组合而成的,将这些人才聚合起来的唯一目的就是完成一项特殊的、特定的任务或目标。
  A. 问题解决型团队　　　　　　B. 自我管理型团队
  C. 多功能型团队　　　　　　　D. 虚拟型团队

4. 高绩效团队的特征不包括(　　)。
  A. 清晰的目标　　　　　　　　B. 相互的信任
  C. 宽松的领导　　　　　　　　D. 谈判的技巧

二、判断题

1. 团队越成熟,领导者所拥有的权利相应越大。(　　)
2. 在高产阶段,团队管理者应考虑提出更具挑战性的团队目标,鼓励和推动员工不断成长。(　　)
3. 虚拟型团队进行的相互之间的沟通和协作也是虚拟的。(　　)
4. 团队的领导是团队的一分子,而不是领袖。(　　)

三、简答题

1. 团队的构成要素有哪些?
2. 简述团队发展的各个阶段对应的不同的工作关系。
3. 简述团队的类型。
4. 如何建设一支高效的工作团队?

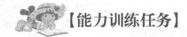【能力训练任务】

任务：管理职业足球队——改造教练组

（一）情境描述及任务要求

球队已经进入假期，你预订了回北京的航班。不过，足球俱乐部高层通知，希望你回俱乐部谈谈明年的打算。虽然双方谈话的细节无从推测，但分歧的焦点估计是领队JLA君和助理教练JLB君的去留。

球队连续两年未能完成任务，尤其是本赛季在占有争夺联赛冠军资格先机的情况下输掉几场关键硬仗，与明年冠军联赛擦肩而过。考虑到明年目标，俱乐部高层希望改组教练班子，进一步强化球队的思想工作，狠抓球队的体能训练。于是，做出了不再续聘领队JLA君和助理教练JLB君的决定。

对俱乐部而言，这本是一个正常的人事变动。但对你而言，不再续聘两人意味着自己将失去左膀右臂。考虑再三，你决定改签机票，希望通过自己的努力劝说俱乐部改变决定。但在两人的去留问题上，俱乐部的态度非常坚决，这令你陷入两难境地。

教练组的改造无可避免。如何改造球队的教练组？是坚持留用旧人还是引入新鲜血液？还是两者兼有？必须做出选择。请拟订一份教练组改造方案，说明你将通过何种措施建设一个高效的教练组。

（二）成果评价

1. 对每位同学写的改造方案按三分规则评定成绩。
2. 根据班级交流表现，按照二分规则评分。

（三）知识链接

十种方法：帮你改善"问题"团队

当你对团队成员迅速进行分析以后，发现有一些重大问题。你会怎么做？以下十种方式能助你改善存在问题的团队。

1. 立即摆脱表现欠佳的人员。如果你能马上摆脱这些像癌症般有害的成员，就会为自己节省很多时间，也会与其他团队成员的关系更为友好。之后，你会发现，团队中会立刻出现轻松和活力的气氛。

2. 让对该职位领域拥有优良态度和优秀技能以及十分重视细节和后续贯彻工作的人填补空缺职位。顶尖人才喜爱其他顶尖人才。他们不喜欢身处有人会拖后腿的团队。许多企业在招聘时，很重视工作态度和技能，但在判断一个人对细节和后续贯彻工作的重视程度方面做得很差。

3. 为团队设定愿景，并设立达成愿景的里程碑。你是团队领导者。这表明，为团队设定目标就是你的职责之一。这个目标不一定得是重大的成功。只要描绘你在未来几周/月/年想要完成的事情即可。你可不想听到自己的团队成员说，"我们到底在做什么？这要把我们带向哪里？"愿景也需要里程碑。人们想知道在完成目标的过程中，自己做得如何。里程碑能让你告诉他们自己的表现。

4. 跟进并提醒团队在前往里程碑的路上做得如何。这一条听起来简单，但许多团队领导者会忘记告知团队成员,在完成计划的过程中,他们的表现如何。如果通报情况的时间间隔太长,人们的注意力就会飘散到其他地方。

5. 同意遵守会议规则。会议应该准时开始和结束。同样,团队成员不能在开会时迟到。这一点不能在团队内部搞差别待遇。就算迟到的是团队里的明星销售人员,他(她)也应该和其他人一样,为自己的迟到负责。同属一个团队,就应该遵循同样的规则。

6. 定期与每位团队成员进行面谈,至少每月一次,最好每两周一次。我见过许多忙碌的管理者,他们都会说:"我的人都知道,他们可以随时来找我……我有'开放'政策。"然而,很可能大多数团队成员都不会去打扰管理者,他们不会去找他(她)。拥有顶级团队的最佳上司明白"定时报到"的重要性,也知道应该掌握每位团队成员的情况。如果做不到,团队就会逐渐产生隔阂。

7. 减少全员会议的次数,更多地与相应的工作人员进行小规模会议。顶尖人才讨厌自己的宝贵时间被无休止的会议所侵占,而且这些会议他们真的没有必要参加。在企业文化参与度更高和更民主的企业中,这尤其成问题。如果只和最需要的人开会,会议数量更少,团队也会更快乐。

8. 进行年度绩效评估并讨论团队成员的发展需求。这是高绩效团队和低绩效团队之间的一个重大区别。人人都在忙。当别人跟你说自己有多忙的时候,你不觉得烦吗?大家不是都很忙吗?但是,许多人会以忙碌为借口,"及时"地表示自己没有时间进行绩效评估。他们认为,"做正事儿"更重要。然而,我们研究了多个行业和多家企业,是否进行及时的绩效评估是团队绩效的重要预报器。最优秀的团队领导者会为此花时间,团队成员也会重视这件事,并在他们需要进步的领域做得更好。

9. 让团队成员负起责任。如果有人不做好自己的分内工作,你就得和他(她)好好谈谈。如果不这么做,其他尽职尽责的团队成员怨恨工作不卖力的人,但更怨恨你。

10. 至少每年衡量一次团队的进步。有许多可用的工具能够衡量团队现在的境况以及哪里需要进行调整。团队领导者应该养成习惯,每年以一些工具为标准,评估团队的绩效。让团队成员将其评级白纸黑字记录下来,领导者能够通过这些评估其长处和短处;你会发现,这样做更容易就需要改进的地方达成共识。

作为团队领导者,当事情进展顺利或不顺时,你都应承担责任。如果你能完成这十项要求,那么六周之内,你的团队便会充满活力。

资料来源:福布斯中文网,http://www.forbeschina.com/review/201201/0014831.shtml.

【单元概要】

1. 领导是领导者运用权力或权威对组织成员进行引导或施加影响,以使组织成员自觉地与领导者一道去实现组织目标的过程。

2. 领导要素是影响领导有效性的主要因素,主要有权力、领导者素质与风格、被领导者需求与个性、领导手段和情景。领导手段主要有权力的形成和运用、激励和沟通。

3. 一个管理者,如果获得了组织的正式授权,其自身有很高的素质,并获得其下属的认可、服从与追随,他就拥有权力与权威。有效地运用权力应注意正确处理权力的自主与制衡、科学地使用权力、酌情适度地运用奖惩和适度授权。

4. 领导效能是指领导者在实施领导过程中的行为能力、工作状态和工作结果,即实现领导目标的领导能力和所获得的领导效率与领导效益的系统综合。领导效能取决于领导者、领导风格和领导工作的情境三方面因素。

5. 激励是通过一定的手段使员工的需要和愿望得到满足,以调动他们的工作积极性,使其主动而自发地把个人的潜能发挥出来,奉献给组织,从而确保组织达成既定的目标。领导者对员工人性的不同假设会导致各种不同的激励方法和方式。

6. 内容型激励理论重点研究激发动机的诱因,代表性的理论包括马斯洛的需要层次理论、赫茨伯格的双因素论、麦克莱兰的成就需要激励理论等。

7. 过程型激励理论重点研究从动机的产生到采取行动的心理过程,代表性的理论包括弗鲁姆的期望理论、亚当斯的公平理论以及波特和劳勒的整合期望模型等。

8. 反馈型激励理论重点研究通过结果反馈改造和修正行为,代表性的理论包括斯金纳的强化理论(又称操作条件反射论)、海德的归因理论以及挫折理论等。

9. 沟通是发送者与接收者之间为了一定目的、运用一定符号所进行的信息传递与交流的过程,涉及发送者与接收者、通道与噪声、反馈等要素;沟通的方式分为语言沟通和非语言沟通;沟通渠道分为正式沟通渠道与非正式沟通渠道。

10. 在组织内部所发生的沟通往往会受到组织成员的地位或角色的影响。了解了不同上司的特征,就可以采取相应的策略以实现与不同上司的有效沟通;与同事相处得如何,直接关系到自己工作、事业的进步与发展;掌握与下属员工沟通的技巧和艺术,对领导者有着举足轻重的意义。

11. 有效的倾听是一种技巧,不仅要做到"耳到",还要做到"眼到"、"心到"与"脑到"。在倾听过程中,恰当地提出问题,与对方交流思想、意见,往往有助于人们相互沟通。在倾听过程中,有效反馈可以起到激励和调节作用。

12. 冲突管理的主要任务在于制止和防范破坏性冲突的发生,限制和消除冲突的破坏作用,充分利用冲突带来的创新机会和建设性冲突的有效能量。冲突管理的唯一选择就是以权变的观点对具体问题进行具体分析。

13. 团队是指一种为了实现某一目标而由相互协作的个体所组成的正式群体,是由员工和管理层组成的一个共同体。团队的构成要素包括目标、人、定位、权限、计划。团队可以分为问题解决型团队、自我管理型团队、多功能型团队和虚拟型团队四种类型。

【延伸阅读】

一、危机管理

在西方国家的教科书中,通常把危机管理称为危机沟通管理,原因在于,加强信息的披露与公众的沟通和争取公众的谅解与支持是危机管理的基本对策。

危机管理是企业为应对各种危机情境所进行的规划决策、动态调整、化解处理及员工培训等活动过程,其目的在于消除或降低危机所带来的威胁和损失。通常,可将危机管理分为危机爆发前的预防管理和危机爆发后的应急善后管理两大部分。

根据美国《危机管理》一书的作者菲克普曾对《财富》杂志排名前500强的大企业董事长和CEO所作的专项调查表明,80%的被调查者认为,现代企业面对危机就如同人们必然面对死亡一样,已成为不可避免的事情。其中,有14%的人承认,曾经受到严重危机的挑战。

(一)危机管理的内容

企业危机管理的内容包括危机出现前的预防与管理、危机中的应急处理以及危机的善后工作。

1. 危机前的预防与管理

危机管理的重点就在于预防危机。正所谓"冰冻三尺非一日之寒",几乎每次危机的发生都有预兆性。如果企业管理人员有敏锐的洞察力,能根据日常收集到的各方面信息对可能面临的危机进行预测,及时做好预警工作,并采取有效的防范措施,就完全可以避免危机发生或把危机造成的损害和影响减少。出色的危机预防管理不仅能够预测可能发生的危机情境,积极采取预控措施,而且能为可能发生的危机做好准备,拟订计划,从而从容地应付危机。危机预防要注意以下几方面问题:

(1)树立正确的危机意识。要生于忧患,死于安乐;要居安思危,未雨绸缪。这是危机管理理念之所在。预防危机要伴随着企业的经营和发展长期坚持不懈,把危机管理当作一种临时性措施和权宜之计的做法是不可取的。在企业生产经营中,要重视与公众沟通,与社会各界保持良好关系;同时,企业内部要沟通顺畅,消除危机隐患。从高层管理者到一般员工,企业的全体员工都应居安思危,将危机预防作为日常工作的组成部分。全员的危机意识能提高企业抵御危机的能力,有效地防止危机产生。

(2)建立危机预警系统。现代企业是与外界环境有密切联系的开放系统,不是孤立、封闭的体系。必须建立高度灵敏、准确的危机预警系统,随时收集产品的反馈信息。一旦出现问题,要立即跟踪调查,加以解决;要及时掌握政策决策信息,研究和调整企业的发展战略和经营方针;要准确了解企业产品和服务在用户心目中的形象,分析掌握公众对本企业的组织机构、管理水平、人员素质和服务的评价,从而发现公众对企业的态度及变化趋势;要认真研究竞争对手的现状、实力、潜力、策略和发展趋势,经常进行优劣对比,做到知己知彼;要重视收集和分析企业内部的信息,进行自我诊断和评价,找出薄弱环节,采取相应措施。

(3)成立危机管理小组,制定危机处理计划。成立危机管理小组是顺利处理危机和协调各方面关系的组织保障。危机管理小组的成员应尽可能地选择熟知企业和本行业内外部环境、有较高职位的公关、生产、人事、销售等部门的管理人员和专业人士参加。他们应具有富于创新、善于沟通、严谨细致、处乱不惊、具有亲和力等素质,以便于总览全局,迅速作出决策。小组的领导人不一定非公司总裁担任不可,但必须在公司内部有影响力,能够有效地控制和推动小组工作。危机管理小组要根据危机发生的可能性,制定出防范和处理危机的计划。包括主导计划和不同管理层次的部门行动计划两部分内容,危机处理计划可以使企业各级管理人员做到心中有数,一旦发生危机,可以根据计划从容决策和行动,掌握主动权,对危机迅速做出反应。

(4)进行危机管理的模拟训练。企业应根据危机应变计划进行定期的模拟训练。模拟训练应包括心理训练、危机处理知识培训和危机处理基本功演练等内容。定期模拟训练不仅可以提高危机管理小组的快速反应能力和强化危机管理意识,还可以检测已拟订的危机应变计划是否切实可行。

(5) 广结善缘,广交朋友。运用公关手段来建设和维系公众关系,以获得更多支持者。

2. 危机中的应急处理

危机事件往往时间紧,影响面大,处理难度高。因此,危机处理过程中要注意以下事项:

(1) 沉着镇静。危机发生后,当事人要保持镇静,采取有效的措施隔离危机,不让事态继续蔓延,并迅速找出危机发生的原因。

(2) 策略得当。选择适当的危机处理策略。危机处理策略主要包括:

① 危机中止策略。企业要根据危机发展的趋势,审时度势,主动中止承担某种危机损失。如关闭亏损工厂、部门,停止生产滞销产品等。

② 危机隔离策略。由于危机发生往往具有关联效应,一种危机处理不当,就会引发另一种危机。因此,当某一危机产生之后,企业应迅速采取措施,切断危机同企业其他经营领域的联系,及时将爆发的危机予以隔离,以防扩散。

③ 危机利用策略。即在综合考虑危机的危害程度之后,造成有利于企业某方面利益的结果。例如,在市场疲软的情况下,有些企业不是忙着推销、降价,而是眼睛向内,利用危机造成的危机感,发动职工提合理化建议,搞技术革新,降低生产成本,开发新产品。

④ 危机排除策略。即采取措施,消除危机。消除危机的措施按其性质有工程物理法和员工行为法。工程物理法以物质措施排除危机,例如,通过投资建新工厂和购置新设备来改变生产经营方向,提高生产效益。员工行为法是通过公司文化和行为规范来提高士气,激发员工创造性。

⑤ 危机分担策略。即将危机承受主体由企业单一承受变为由多个主体共同承受。例如,采用合资经营、合作经营、发行股票等办法,由合作者和股东来分担企业危机。

⑥ 避强就弱策略。由于危机损害程度强弱有别,在危机一时不能根除的情况下,要选择危机损害小的策略。

(3) 应变迅速。以最快的速度启动危机应变计划。应刻不容缓,果断行动,力求在危机损害扩大之前控制住危机。如果初期反应滞后,就会造成危机蔓延和扩大。1996年,美国某电视台的直播节目指控连锁超市雄狮食品出售变质了的肉制品,结果引起该公司的股票价格暴跌。但是,雄狮食品公司迅速采取了危机应对行动。他们邀请公众参观店堂,在肉制品制作区立起透明的玻璃墙供公众监督。同时,采取了改善照明条件、给工人换新制服、加强员工培训和大幅打折促销等一系列措施,将客户重新吸引回来。经过这些强有力的实际行动,最终,食品与药品管理局对它的检测结果为"优秀"。此后,销售额很快恢复到了正常水平。

(4) 着眼长远。危机处理中,应更多地关注公众和消费者的利益,关注公司的长远利益,而不仅仅是短期利益。应设身处地地尽量为受到危机影响的公众减少或弥补损失,维护企业良好的公众形象。20世纪90年代曾经红极一时的"三株口服液",就是因为对一场原因说不清道不明的人命官司处理不当,对受害者漠然置之,不重视公众利益,最终导致公司经营难以为继。国内企业犯这种错误屡见不鲜,教训何其深刻。

(5) 信息通畅。建立有效的信息传播系统,做好危机发生后的传播沟通工作,争取新闻界的理解与合作,这些都是妥善处理危机的关键环节,主要应做好以下工作:一是掌握宣传报道的主动权,通过召开新闻发布会以及使用互联网、电话传真等多种媒介,向社会公众和其他利益相关人及时、具体、准确地告知危机发生的时间、地点、原因、现状,公司的应对措施等相关的和可以公开的信息,以避免小道消息满天飞和谣言四起而引起误导和恐慌。二是统一信息传播口径,对技术性、专业性较强的问题,在传播中尽量使用清晰和不产生歧义的语言,以避免出现猜忌和流言。三是设立24小时开通的危机处理信息中心,随时接受媒体和公众访问。四是慎重选择新闻发言人。正式发言人一般可以安排主要负责人担任,因为他们能够准确回答有关企业危机的各方面情况。如果危机涉及技术问题,就应当由分管技术的负责人来回答。如果涉及法律,企业法律顾问可能就是最好的发言人。新闻发言人应遵循公开、坦诚、负责的原则,以低姿态、富有同情心和亲和力的态度来表达歉意,表明立场,说明公司的应对措施。对不清楚的问题,应主动表示会尽早提供答案。对无法提供的信息,应礼貌地表示无法告之并说明原因。

(6) 要善于利用权威机构在公众心目中的良好形象。为增强公众对企业的信赖感,可邀请权威机构(如政府主管部门、质检部门、公关公司)和新闻媒体参与调查和处理危机。1997年,当百事可乐的软饮料罐中发现了来历不明的注射器时,百事公司迅速邀请五家电视台、公证机构以及政府质检部门参加对公众的演示活动,以证明这些异物只可能是由购买者放进去的。结果,由于措施得当、及时,公众的喧闹很快便得到平息。

3. 危机的善后总结

危机总结是整个危机管理的最后环节。危机所造成的巨大损失会给企业带来必要的教训,所以,对危机管理进行认真、系统的总结十分必要。危机总结可分为三个步骤:

(1) 调查。指对危机发生原因和相关预防处理的全部措施进行系统调查。

(2) 评价。指对危机管理工作进行全面的评价。包括对预警系统的组织和工作内容、危机应变计划、危机决策和处理等各方面的评价,要详尽地列出危机管理工作中存在的各种问题。

(3) 整改。指对危机管理中存在的各种问题综合归类,分别提出整改措施,并责成有关部门逐项落实。

(二) 危机管理的原则

企业危机管理的基本原则包括:

1. 制度化原则

危机发生的具体时间、实际规模、具体态势和影响深度是难以完全预测的。这种突发事件往往在很短时间内对企业或品牌会产生恶劣影响。因此,企业内部应该有制度化、系统化的有关危机管理和灾难恢复方面的业务流程和组织机构。这些流程在业务正常时不起作用,但在危机发生时会及时启动并有效运转这些流程,对危机的处理将发挥重要作用。国际上一些大公司在危机发生时往往能够应付自如,其关键之一是制度化的危机处理机制,从而在发生危机时可以快速启动相应机制,全面而井然有序地开展工作。因此,企业应建立成文的危机管理制度、有效的组织管理机制和成熟的危机管理培训制度,逐步提高危机管理的快速反应能力。在这方面,天津史克面临康泰克危机事件时的沉着应对就是一个典型的危机处理成功范例。相反,阜阳奶粉事件发生后,危机处理的被动和处理缺乏技巧性反映出一些企业没有明确的危机反应和决策机制,导致机构混乱忙碌,效率低下。

2. 诚信形象原则

企业的诚信形象是企业的生命线。危机的发生必然会给企业诚信形象带来损失,甚至危及企业的生存。矫正形象和塑造形象是企业危机管理的基本思路。在危机管理的全过程中,企业要努力减少对企业诚信形象带来的损失,争取公众的谅解和信任。只要顾客或社会公众是由于使用了本企业的产品而受到了伤害,企业就应该在第一时间向社会公众公开道歉以示诚意,并且给受害者相应的物质补偿。对那些确实存在问题的产品应该不惜代价地迅速收回,立即改进企业的产品或服务,以尽力挽回影响,赢得消费者的信任和忠诚,维护企业的诚信形象。"泰诺中毒"事件的处理维护了约翰逊公司的信誉,赢得舆论和公众的一致赞扬,为今后重新占领市场创造了极为有利的条件。相反,老字号南京冠生园原本也是个有竞争力的企业。2001年9月,中央电视台对其月饼陈馅的曝光,使南京冠生园遭到灭顶之灾,连带全国的月饼销量下降超过六成。企业的形象危机甚至造成三株、秦池等知名品牌的销声匿迹。

3. 信息应用原则

随着信息技术日益广泛地被应用于政府和企业管理,良好的管理信息系统对企业危机管理的作用也日益明显。信息社会中,企业只有持续获得准确、及时、新鲜的信息资料,才能保证自己的生存和发展。预防危机必须建立高度灵敏、准确的信息监测系统,随时搜集各方面的信息,及时加以分析和处理,从而把隐患消灭在萌芽状态。在危机处理时,信息系统有助于有效诊断危机原因、及时汇总和传达相关信息,并有助于企业各部门统一口径、协调作业,及时采取补救的措施。2003年8月的"进口假红牛"危机中,红牛维生素饮料公司及时查找信息来源,弄清事情真相。红牛公司立即同国内刊登该新闻的一些主要网站取得联系,向其说明事情真相。同时,红牛通知全国30多个分公司和办事处,要求他们向当地的经销商逐一说明事情真相,并坚定经销商对红牛的信心和信任。及时、准确的信息应用使"假红牛"的负面影响控制在一定范围之内,把危机对品牌和公司的危害降低到了最低限度。

4. 预防原则

防患于未然永远是危机管理最基本和最重要的要求。危机管理的重点应放在危机发生前的预防,预防与控制是成本最低、最简便的方法。为此,建立一套规范、全面的危机管理预警系统是必要的。现实中,危机的发生具有多种前兆,几乎所有的危机都是可以通过预防来化解的。危机的前兆主要表现在产品、服务等存在缺陷、企业高层管理人员大量流失、企业负债过高且长期依赖银行贷款、企业销售额连续下降和企业连续多年亏损等。因此,企业要从危机征兆中透视企业存在的危机,企业越早认识到存在的威胁,越早采取适当的行动,就越可能控制住危机的发展。1985年,海尔集团总裁张瑞敏当着全体员工的面,将76台带有轻微质量问题的电冰箱当众砸毁,力求消除质量危机的隐患,创造出了"永远战战兢兢,永远如履薄冰"的独具特色的海尔生存理念,给人一种强烈的忧患意识和危机意识,从而成为海尔集团打开成功之门的钥匙。

5. 企业领导重视与参与原则

企业高层的直接参与和领导是有效解决危机的重要措施。危机处理工作对内涉及从后勤、生产、营销到财务、法律、人事等各个部门,对外不仅需要与政府和媒体打交道,还要与消费者、客户、供应商、渠道商、股东、债权银行、工会等方方面面进行沟通。如果没有企业高层领导的统一指挥协调,很难想象这么多部门能做到口径一致、步调一致、协作支持并快速行动。由于中国企业更多趋向于人治,企业高层的不重视往往直接导致整个企业对危机麻木不仁、反应迟缓。这一点在中国表现得尤为突出。因此,企业应组建企业危机管理领导小组,担任危机领导小组组长的一般应该是企业一把手或者是具备足够决策权的高层领导。在"非典"危机中,我国最高领导人的高度重视和参与对克服"非典"起到了重要的作用。

6. 快速反应原则

危机的解决,速度是关键。危机降临时,当事人应当冷静下来,采取有效的措施,隔离危机,要在第一时间查出原因,找准危机的根源,以便迅速、快捷地消除公众的疑虑。同时,企业必须以最快的速度启动危机应变计划并立刻制定相应的对策。如果是内因,就要下狠心处置相应的责任人,给舆论和受害者一个合理的交代;如果是外因,就要及时调整企业战略目标,重新考虑企业发展方向;在危机发生后,要时刻同新闻媒体保持密切的联系,借助公证、权威性的机构来帮助解决危机,承担起给予公众精神和物质的补偿责任,做好恢复企业的事后管理,从而迅速、有效地解决企业危机。在2003年的"进口假红牛"危机中,红牛公司临阵不慌,出手"快、准、狠",将危机的负面影响减少到最小,从容地应对了这场关系品牌和产品的信任危机,体现出红牛危机管理的水平。

7. 创新性原则

知识经济时代,创新已日益成为企业发展的核心因素。危机处理既要充分借鉴成功的处理经验,也要根据危机的实际情况,尤其要借助新技术、新信息和新思维,进行大胆创新。企业危机意外性、破坏性、紧迫性的特点,更需要企业采取超常规的创新手段处理危机。在遇到"非典"这种突发危机时,青岛啤酒公司通过"两个创新"牢牢地抓住了商机。一是渠道的创新。青岛啤酒公司在许多城市通过与供水系统联合,利用他们的配送网络,实现了"非接触"式的送货上门。第二是销售终端的创新。青岛啤酒公司改变以城市的酒店为重点的销售终端,把力量集中在小区、社区和农村市场,有计划、有步骤地进一步开发家庭消费市场这个终端。

8. 沟通原则

沟通是危机管理的中心内容。与企业员工、媒体、相关企业组织、股东、消费者、产品销售商、政府部门等利益相关者的沟通是企业不可或缺的工作。沟通对危机带来的负面影响有最好的化解作用。企业必须树立强烈的沟通意识,及时将事件发生的真相、处理进展传达给公众,以正视听,杜绝谣言、流言,稳定公众情绪,争取社会舆论的支持。在中美史克PPA遭禁事件中,中美史克在事发的第二天召开中美史克全体员工大会,向员工通报了事情的来龙去脉,宣布公司不会裁员。此举赢得了员工空前一致的团结,避免了将外部危机转化为内部危机。相反,三星集团主席李健熙是一个强势的领导者。在1997年决定进入汽车产业的时候,李健熙认为凭借三星当时的实力,做汽车没有问题。实际上,汽车工业早已经生产大量过剩,生产能力超过需求的40%,世界级品牌正在为瓜分市场而激烈竞争。由于企业内部领导层缺乏沟通,部门经理不敢提出反对意见。结果是,三星汽车刚刚投产一年就关门大吉。李健熙不得不从自己的腰包里掏出20亿美元来安抚他的债主们。

二、办公室政治

办公室政治是组织生活的一个现实。由于组织由价值观、目标与兴趣不同的个体与群体组成,因而存在因资源而发生冲突的潜在可能性。例如,在部门预算、空间分配、项目职责、薪水调整等方面,组织成员会因为"谁得多少"而发生意见分歧。为了赢得对这些资源的控制,人们就需要操弄权力。人们都想占有一席之地来实施影响、赢得奖项、得到职业的提升。当组织中的员工把他的权力转化为行动时,他就是在实施办公室政治。那些有高超政治手腕的人,可以有效地利用各种权力来源,得到他们需要的或希望的东西。尽管你可能不喜欢参与到办公室政治之中,但了解如何在政治上表现老到十分重要。下面的建议有助于提高你在政治上的有效性。

(1) 根据组织目标来安排你的言谈内容。有效的政治活动需要隐藏和伪装自我利益。那些利用组织的开支,但在活动中明显表现出满足了自我利益的人,几乎无一例外地会受到口诛笔伐。他们会失去影响力,甚至会被排挤在组织之外。

(2) 树立正确的形象。认识和了解你的组织文化,从其他员工那里了解组织的需求和组织的价值观。要知道,你的绩效评估不可能是一个完全客观的过程,你必须既要留意形式又要留意实质。

(3) 获得对组织资源的控制。控制稀缺的和重要的组织资源就是权力源泉。专业知识和技术尤其是可以控制的有效资源。

(4) 使自己表现得不可或缺。如果组织的关键决策者相信,目前没有人能替代由你给组织带来的财富,他们就会尽最大可能地确保你的愿望得到满足。

(5) 可见性。让老板和掌权派认识到你的贡献。定期在报告中强调你的功绩;让对你满意的客户向经理表达他们的态度;在公司的社交活动中看到你的身影;在你加入的专业技术协会中表现活跃;发展有力的联盟军帮你说话;等等。

(6) 发展有力的联盟。与有实力的人搞好关系很有帮助。和那些有潜力的人(他们可能在你之上、与你同级或在你之下)建立并培养良好的关系。这些联盟可以为你提供其他人可能无法了解的重要信息。

(7) 回避"有污点"的人。在每个组织中,都有一些地位受到质疑的人。他们的业绩水平和忠诚度受到怀疑。与这样的个体保持距离,否则,你自己的有效性也会大打折扣。

(8) 支持你的老板。你的明天(短期未来)掌握在直接上司手里。由于他会评估你的工作业绩,所以,要采取一切必要的努力使老板站在你的一边。要尽力支持和帮助老板,使其他人觉得他优秀和成功。要了解他使用什么标准评估你的业绩。不要向别人说老板的坏话,尤其不要拆老板的墙角。

学习单元五

控制与评价

学习目标

能力目标

① 初步培养工作监控能力；
② 能进行现场管理和控制活动；
③ 初步培养绩效考核与评价能力。

知识目标

① 了解控制的一般概念和相关知识；
② 掌握常用的控制方法；
③ 掌握绩效考核与评价的方法和要领。

素质目标

① 养成控制工作的良好习惯；
② 提高管理者的实际操作能力；
③ 提升作为一名优秀管理者的管理理念。

能力模块一　控制日常工作

【情境任务导入】

计划目标能实现吗

格雷特担任厂长已经一年多了。他刚看了工厂有关今年实现目标情况的统计资料，气得说不出一句话来。他在就任厂长后的第一件事情就是亲自制定了工厂一系列计划目标：在一年内要把原材料费用降低10%～15%；把超时工作的费用从11万美元减少到6万美元；把废料运输费用降低3%。然而，现在原材料的浪费比去年更为严重，竟占总额的16%；职工超时费用也只降低到9万美元；运输费用根本没有降低。

他批评了负责生产的副厂长，但副厂长争辩说："我曾对工人强调过要注意减少浪费，我原以为工人会按我的要求去做的。"人事部门说："我已经为削减超时工作的费用作了最大努力，只对那些必须支付的款项才支付。"运输方面的负责人说："我对未把运输费用减下来并不感到意外，我已经想尽了一切办法。我预测，明年的运输费用可能要上升3%～4%。"

在分别和有关方面的负责人交谈之后，格雷特又把他们召集起来布置新的要求，他说："生产部门一定要把原材料的费用降低10%，人事部门一定要把超时费用降到7万美元；即使运输费用要提高，但也绝不能超过今年的标准，这就是我们明年的目标。我到明年底再看你们的结果！"

请思考：
1. 你认为该厂明年的计划目标能实现吗？为什么？
2. 如果你是此厂厂长，你如何让组织目标得以实现？

【必备知识内容】

一、控制的含义

控制是管理的一种重要职能。控制职能是每一位负责执行计划的管理人员的主要职责，也是各级一线主管人员的主要职责。管理中的控制职能是指管理者为保证实际工作与计划一致和有效实现目标而采取的一切行动。控制工作就是按照计划标准衡量计划的完成情况，纠正计划执行的偏差，以确保计划目标的实现，或适当修改计划，使计划更加适合于实际情况。

二、控制的三种基本类型

在管理控制中，通常根据控制实施的时间与重点把控制分成前馈控制、同期控制和反馈控制。

（一）前馈控制

前馈控制又叫预先控制、事前控制。为了圆满完成一项工作任务，在尚未行动之前，必须挑选合适的人员和准备好所需物质,还要考虑可能出现的问题,防止不必要的情况发生,这就属于前馈控制。前馈控制是指为增加将来的实际结果达到计划预期结果的可能性而事先进行的管理活动。这种控制的中心问题是防止组织所使用的资源在质和量上产生偏差。前馈控制主要是搞好资源配置,包括人员、资金、技术设备、材料配置等,保证工作需要,保证组织目标的顺利实现。

现实生活中有许多前馈控制的事例:司机上坡前加速;学生上课前预习;工厂质量管理者预先控制原材料质量;新产品上市前大做广告宣传;设备的预先维修;工厂在需求高峰来临之前,添置机器,增加人员,加大生产量;公司在预计产品需求量下降之前就开始准备开发新产品上市等。

(二) 同期控制

同期控制又叫同步控制、现场控制,是指管理人员在计划执行过程中,指导、监督下属完成计划任务的行动。在下属执行计划的过程中,管理者的主要职能转化为控制,指导下属开展工作,监测执行情况并及时采取必要的纠正行动。同期控制的中心问题是防止与纠正执行行动与计划标准的偏差。这种控制通过对下属人员及其活动进行指导、监督、调解等方式来实现,工作效果更多地依赖于管理者的个人素质、作风、指导方式以及下属对这些指导的理解程度等因素,因此,同期控制对监督和管理者的要求较高。

同期控制被较多地用于对企业生产经营活动现场的控制,由基层管理者执行。同期控制通常包括两项职能:(1) 技术性指导,即对下属的工作方法和程序等进行指导;(2) 监督,确保下属完成任务。

(三) 反馈控制

反馈控制是一种最主要也是传统的控制方式,也叫事后控制。反馈控制是对已经出现的结果进行事后分析,找出事发的原因并得出解决的办法,并以此作为改进下次行动的依据。其目的并非要改进本次行动,而是力求能"吃一堑,长一智",改进下一次行动的质量。许多事物的发展是循环往复的,呈螺旋状推进,反馈控制对前一个过程进行监测,能给下一个过程提供信息和借鉴,以便改进工作。例如,企业的经营活动就是一个不断投入、不断产出的过程,有关市场信息的反馈对企业至关重要,如用户意见和建议、竞争者动向、库存情况分析等都必须认真对待,以便在后续的工作中加以改进。反馈控制的中心问题是分析评价计划执行的最终结果与计划目标的偏差,即通过财务分析、质量分析及职工绩效考核来测定与分析产生的偏差,目的在于改进下一过程中资源的配置及运作过程。

反馈控制的致命弱点是滞后性。从衡量结果、比较分析到制定纠偏措施及实施都需要时间,很容易贻误时机,增加控制的难度,而且损失往往已经发生了。例如,营销部门可能在五月份的报表中发现了上一季度中分销渠道存在的某一问题,需要采取纠正措施,但这是两个月以前的问题,现在究竟有何发展呢?这些都无从知晓,这必然要影响到控制的效果。另外,反馈控制是通过信息反馈及行动调节来保证系统的稳定状态,控制难于发挥作用,甚至起反作用。例如,盲目跟随潮流、总比市场发展速度慢半拍的企业,就是反馈控制滞后的典型。

(四) 三种控制类型的比较

前馈控制是为了避免产生错误或减少以后的修改活动而采取的措施,是建立在对资源的属性与特征了解的基础上,主要是合理配置与调整即将投入的资源,防止组织使用不合要求的资源。前馈控制的优点在于:(1) 避免了事后控制对已铸成差错无能为力的弊端;

(2) 由于是在工作开始之前针对某项计划所依赖的条件进行控制,不是针对具体人员,因而不易造成对立面的冲突,易于被员工接受并付诸实施;(3) 适用于一切领域的所有工作。前馈控制的缺点在于:(1) 系统相当复杂;(2) 需要及时和准确的信息;(3) 要求管理人员充分了解前馈控制因素与计划工作的影响关系。

同期控制对正在进行的活动给予指导和监督,在活动进行的同时实施控制,其控制信息来源于执行计划的过程,其纠正的对象也正是执行计划的过程。同期控制的优点是:能够及时发现偏差,及时纠正偏差,立竿见影,使损失控制在较低的程度,是一种积极有效的方法。同期控制的缺点是:(1) 容易受到管理者时间、精力、业务水平的制约;(2) 由于是现场管理,容易在控制者和被控制者之间形成心理上的对立;(3) 应用范围较窄。

反馈控制发生在行动之后,管理人员在获得信息时损失已经形成。它是建立在分析计划执行最终结果的基础上,其所要纠正的不是测定出的各种结果,而是分析事故发生的原因并为执行计划的下一个过程的资源配置提供参考经验,如图 5-1 所示。

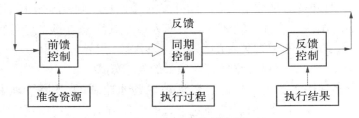

图 5-1 三种控制类型

反馈控制的优点是:(1) 可行性强。对于许多计划,反馈控制常常是唯一能够采用的控制手段,因为许多事件只有在发生后才能看清结果。(2) 可以稳定系统。当系统不稳定时,加强反馈控制具有稳定系统的作用。例如,当员工对某些问题意见纷纷、情绪不稳定时,通过开辟对话渠道,加强领导与员工的对话,能够在一定程度上起到稳定员工情绪的作用。(3) 便于总结经验。许多事物的发展是循环往复、呈螺旋状推进的,反馈控制能给后面的工作提供信息和借鉴,以便改进工作。反馈控制的缺点是无法避免的滞后性。从衡量结果、比较分析到制定纠偏措施及实施都需要时间,很容易贻误时机,所以,当实施反馈控制时,偏差已经产生,损失已经造成,这都是管理者不愿看到的。

以上三种控制类型虽然各有特点,但在实际应用中往往是交叉使用的。前馈控制虽然可以事先做好准备,防患于未然,但有些突发事件是防不胜防的,必须辅之以同期控制。同样,不论前馈控制还是同期控制,都要用反馈控制来检验,因为计划是否按预定执行必须有真实的业绩支持。

三、控制的过程

控制的对象不同,控制的要求也不一样,但控制的过程基本上是相同的,主要分为三个阶段,第一步是确定标准,即订立明确、科学的标准,以便确定控制的目标和依据;第二步是衡量绩效,即管理者对照标准,对受控系统的实际情况进行监测;第三步是纠正偏差,即根据偏差分析结果,制定纠正偏差措施并付诸实施,以保证实际与目标一致。

(一) 确定标准

要控制就要有标准,标准就是衡量工作绩效的尺度,标准是控制的基础。决定标准最主要的依据是计划。目标和计划是控制的总标准,为了对各项业务活动实施控制,还必须以总标准为依据设置更加具体的标准。计划方案的每个目标和这些方案所包括的每项活动、每项政策、每项规程以及每项预算都可以成为衡量实际业绩或预期业绩的标准,如时间标准、生产率标准、成本标准、消耗标准、质量标准、行为标准等。在实际工作中,不管采用哪种类型的标准,都需要按照控制对象的特点来决定。

1. 确立控制对象

进行控制首先遇到的问题是"控制什么",因此,需要分析影响企业在一定时期目标成果实现的主要因素是什么,并把它们列为需要控制的对象,一般包括环境特点及其发展趋势、资源投入和活动过程。

2. 选择关键控制点

对关键点的选择,一般应考虑如下三个方面:第一,会影响整个工作运行过程的重要操作与事项;第二,能在重大损失出现之前显示出差异的事项;第三,若干能反映组织主要绩效水平的时间与空间分布均衡的控制点。例如,美国通用电气公司选择了对公司经营成败起决定作用的8个方面作为关键控制点,这8个方面是获利能力、市场地位、生产率、产品领导地位、人员发展、员工态度、公共责任、短期目标与长期目标的均衡。

3. 制定控制标准

控制标准可分为定量标准和定性标准两类。管理人员应根据自己组织的具体情况选择适当的方法制定标准。一般来说,制定控制标准的方法主要有以下三种:

(1) 统计标准,或称为历史标准。它是以分析反映企业经营在历史上各个时期状况的数据为基础来为未来活动建立的标准。这些数据可能来自本企业的历史统计,也可能来自其他企业的统计资料;该标准可能是历史数据的平均数,也可能是高于或低于中位数的某个数。

(2) 工程标准。它是以准确的技术参数和实测的数据为基础而制定的标准。工程标准法主要用于生产定额标准的制定上。

(3) 经验标准。这种方法是利用各方面管理人员的知识和经验,综合每个人的判断,给出一个相对先进和合理的标准。经验标准法通常是对统计标准和工程标准的一种补充。

4. 制定标准应满足的要求

(1) 实事求是。制定标准要结合组织的人、财、物各项资源条件,适应组织内、外部环境,不能脱离组织的实际情况。

(2) 体现针对性,不搞一刀切,便于对各部门和各类岗位的工作进行衡量。

(3) 尽可能体现出一致性,应是公平的,应一视同仁。

(4) 先进合理。标准应当具有一定的超前性,而且应当是大部分人经过努力可以达到。

(二) 衡量绩效

衡量绩效其实就是将工作的实际结果与预先制定的标准进行比较,衡量实际结果达到标准的程度。标准一经确立,控制过程就主要表现为对照标准去检查管理系统中各项活动的绩效,这实际上是控制过程的信息收集阶段,也是为纠正偏差提供切实的准备活动。这一步骤包括以下两个方面的内容:

1. 搜集反映实际绩效的信息

获取有效信息的主要方法有:

(1) 个人观察。能真实、直接地了解工作状况,但费时费力,因观察时间有限不能全面了解,难以考查更深层次的工作内容,因此,要与其他方法结合使用才能获得准确结果。

(2) 统计报告。利用报表和大量的统计资料了解工作情况,省时,但准确性与全面性依赖于统计资料。

(3) 召开会议,让各部门管理者汇报各自的工作近况及遇到的问题。这种方法便于了解情况,有利于加强各部门合作。

(4) 抽样检查。这种方法一般是在工作量比较大而工作质量比较平均的情况下使用,最典型的应用是产品质量检查。在产品数量极多或产品检验具有破坏性时,这是一种唯一可以选择的衡量方法。

(5) 其他方法。例如,对现象进行判断。

获取信息应满足及时性与可靠性两个方面要求。

① 信息收集要求及时,信息的加工和传递工作需要及时,否则,很可能错过决策的最佳时机,对组织的各项活动都可能产生不利影响。

② 信息收集、传递等环节要尽量准确,尽管不可能完全准确,也要保证信息的可靠性,否则,就可能"差之毫厘,谬以千里"。

2. 比较实际绩效与标准,找出差异

控制的目的不是为了衡量绩效,而是为了达到预定的绩效。只有通过分析衡量结果,准确找出实际绩效与制定的标准是否存在偏差,才能为有效控制未来绩效提供可靠的保证。

分析衡量结果的答案不外乎两种。

(1) 存在偏差。这说明实际绩效与制定的标准有一定的距离,这可能是操作不当造成,也可能是环境变化的结果,还有一种可能是标准本身并不合理,需要管理人员进一步确认。偏差也有两种情况:一是正偏差,也就是衡量的实际结果要好于预先制定的标准,这样的结果应该得到肯定,保证组织运转在一个较高的水平之上;二是负偏差,这说明衡量的实际结果没有达到期望标准,应该找出原因,使绩效能得到改善,不至于影响组织的正常发展。

(2) 不存在偏差。这说明实际工作达到了预期的工作标准,是管理人员期望的结果。需要注意的是,如果实际结果与标准的差距在正常的波动范围之内,那也是合理的。这就要求标准制定者在制定相应标准时,在条件允许的情况下,标准应该保持一定的波动幅度。只有衡量结果超出了这个范围,才被视为存在偏差,否则,视为不存在偏差。

(三) 纠正偏差

控制过程的最后一个环节是采取行动,纠正偏差。纠正偏差是控制过程的关键,它是通过分析偏差产生的原因,制定并实施必要的纠正措施,使实际绩效与预期标准之间不再有偏差。这项工作使控制过程得以完整,并将控制与管理的其他职能相互联结:通过纠偏,组织计划得以遵循,组织结构和人事安排得到调整。

纠正偏差必须在衡量绩效、对衡量结果进行正确分析的基础上才能有效进行。前面已经提过,造成偏差的原因归纳起来大概有三种,因此,可以采用以下三种措施来纠正偏差。

1. 改进工作绩效

造成偏差的第一种原因就是操作不当。这主要是因为员工的能力和态度造成的。一方面,员工的实际能力当前还达不到其所任工作的要求,难免操作不当,结果造成偏差,而且往往偏差较大;另一方面,员工具有相应的能力,可能是其他原因导致工作态度不好,以至于造成工作失误。这两种原因比较好解决,组织可以通过对员工进行相应的培训、改善领导方式、增加物质鼓励等办法来提高能力和端正态度,并促进其工作绩效的提高。

2. 营造环境

造成偏差的第二种原因就是环境的变化。每个企业都要面临一定的经营环境,环境的变化也会导致偏差的出现。对组织而言,外部环境很难去改变,主要是竞争对手、政策和顾客等共同作用所导致,组织必须研究这些对象的特点,找到应对策略去适应外部环境;组织可以通过提高自己的管理能力来营造一个良好的内部经营环境,例如,可以通过调整组织结构、招聘有能力的管理者、撤换责任部门的主管或增配人员等改善组织的内部环境。

3. 修订标准

造成偏差的第三种原因就是标准本身不合理。如果标准定得过高或过低,即使其他因素都发挥正常,也难以避免实际与标准的偏差。这种情况可能是由于当初计划工作的失误引起的,也可能是因为计划的某些重要条件发生改变等造成的。一旦发现计划标准不切合实际,管理者就可以修订标准。不切合实际的标准会给组织带来不利的影响,难以实现的过高标准会影响员工的工作士气,而过低的标准容易导致员工的懈怠情绪。

无论采取什么措施纠正偏差,控制活动都有可能不得不面对组织运行中已经形成的惯性。这些惯性阻碍着任何新的纠正偏差的活动的开展,并会进一步推动偏差的扩大化。克服这些惯性不仅需要花更大的力气,而且需要非常谨慎,搞不好就会产生很大的副作用。

控制的过程可以用图 5-2 来表示。

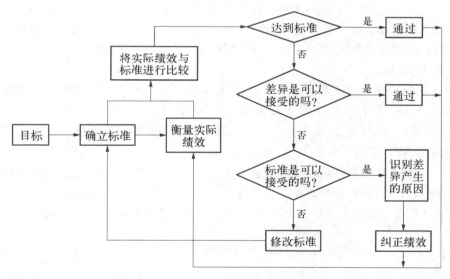

图 5-2 控制的过程

四、现场管理

企业的现场管理主要是生产现场管理。生产现场是指直接从事生产活动的场所,包括直接从事产品生产作业或辅助生产作业的车间和班组以及仓库和料场等。生产现场管理就是运用科学的思想、方法和手段,对生产现场的劳动力、劳动工具、劳动对象等各种生产要素合理配置,对生产全过程进行有效的计划、组织和控制,以实现优质、高效、低耗、均衡、安全生产。

（一）现场管理的重要性

现场能提供大量的信息。俗话说"百闻不如一见"，间接的信息不一定都是真实的，要想获得准确的第一手材料，只有到现场去做深入细致的调查了解。

现场是问题萌芽产生的场所。现场是企业活动的第一线，无论什么问题，都是直接来自现场，出现问题时如不及时采取对应的措施，放任自流而任其发展，向着好的方面发展的概率要比向坏的方向发展的概率要小得多。

现场最能反映出员工的思想动态。人是有感情和有思维的，一个人的情绪有意识无意识会反映到工作上，会直接或间接地影响产品和生产效率。

总之，现场管理是一项基础管理工作，企业高层、中层的许多管理工作必须落实到基层，必须落实到现场。现场管理工作的好坏体现企业内部管理水平的高低，不重视现场管理的企业终究是要衰败的。

（二）现场管理的基本内容

（1）现场实行"定置管理"，使人流、物流、信息流畅通有序，现场环境整洁，文明生产。

（2）加强工艺管理，优化工艺路线和工艺布局，提高工艺水平，严格按工艺要求组织生产，使生产处于受控状态，保证产品质量。

（3）以生产现场组织体系的合理化、高效化为目的，不断优化生产劳动组织，提高劳动效率。

（4）健全各项规章制度、技术标准、管理标准、工作标准、劳动及消耗定额、统计台账等。

（5）建立和完善管理保障体系，有效控制投入产出，提高现场管理的运行效能。

（6）搞好班组建设和民主管理，充分调动员工的积极性和创造性。

（三）"5S"活动

"5S"活动源自日本。第二次世界大战后，日本企业将"5S"运动作为管理工作的基础，使产品品质得以迅速提升，奠定了经济大国的地位，在丰田公司的倡导推行下，"5S"在塑造企业形象、降低成本、准时交货、安全生产、高度标准化、现场改善等方面发挥巨大作用，逐渐被各国管理界所认识，成为工厂管理的一股新潮流。

"5S"活动是指对生产现场各生产要素（主要是物的要素）所处状态不断地进行整理、整顿、清扫、清洁和提高素养的活动。由于整理（Seiri）、整顿（Seiton）、清扫（Seiso）、清洁（Seikeetsu）、素养（Shitsuke）这五个词在日语中罗马拼音的第一个字母都是"S"，所以简称为"5S"。

1. 整理

即把需要与不需要的人、事、物分开，再将不需要的人、事、物加以处理。这是开始改善生产现场的第一步。其要点是对生产现场现实摆放和停滞的各种物品进行分类，区分什么是现场需要的，什么是现场不需要的；其次，对现场不需要的物品，诸如用剩的材料、多余的半成品、切下的料头、切屑、垃圾、废品、多余的工具、报废的设备、工人个人生活用品（下班后穿戴的衣帽鞋袜、化妆用品）等，要坚决清扫出现场。这样做的目的是：

（1）改善和增大作业面积。

（2）现场无杂物，行道通畅，提高工作效率。

（3）减少磕碰的机会，保障安全，提高质量。

(4) 消除管理上的混放、混料等差错事故。
(5) 有利于减少库存量，节约资金。
(6) 改变作风、提高工作情绪。

2. 整顿

即把需要的人、事、物加以定量和定位。通过上一步整理后，对生产现场需要留下的物品进行科学、合理的布置和摆放，以便在最快速的情况下取得所要之物，在最简便和最有效的规章、制度、流程下完成事务。

整顿活动的要点是：

(1) 物品摆放要有固定的地点和区域，以便于寻找和消除因混放而造成的差错。
(2) 物品摆放地点要科学合理。例如，根据物品使用的频率，经常使用的东西放得近些（如放在作业区内），偶尔使用或不常用的东西则应放得远些（如集中放在车间某处）。
(3) 物品摆放合理化，使定量装载的物品做到过目即知，不同物品摆放区域采用不同的色彩和标记。

3. 清扫

即把工作场所打扫干净，设备异常时马上修理，使之恢复正常。在生产过程中会产生灰尘、油污、铁屑、垃圾等，从而使现场变脏。脏的现场会使设备丧失精度，故障多发，进而会影响产品质量，使安全事故防不胜防；凌乱的现场更会影响人们的工作情绪，使人不愿久留。因此，必须通过清扫活动来清除那些脏物，创建一个明快、舒畅的工作环境，以保证安全、优质、高效率地工作。

清扫活动的要点是：

(1) 自己使用的物品（如设备、工具等），要自己清扫，而不是依赖他人，不增加专门的清扫工。
(2) 设备的清扫着眼于对设备的维护保养。把清扫设备同设备的点检结合起来，清扫即点检；清扫设备要同时做设备的润滑工作，清扫也是保养。
(3) 清扫也是为了改善，当清扫地面发现有飞屑和油水泄漏时，要查明原因并采取措施加以改进。

4. 清洁

即整理、整顿、清扫之后要认真维护，保持完美和最佳状态。清洁不是单纯从字面上来理解，而是对前三项活动的坚持与深入，从而消除发生安全事故的根源，创造一个良好的工作环境，使员工能愉快地工作。

清洁活动的要点是：

(1) 车间环境不仅要整齐，而且要做到清洁卫生，保证员工身体健康，增加员工工作热情。
(2) 不仅物品要清洁，而且整个工作环境要清洁，进一步消除混浊的空气、粉尘、噪声和污染源。
(3) 不仅物品、环境要清洁，而且员工本身也要做到清洁，例如，工作服要清洁，仪表要整洁，及时理发、剃须、修指甲、洗澡等。
(4) 员工不仅做到形体上的清洁，而且要做到精神上的"清洁"，待人要讲礼貌，要尊重别人。

5. 素养

即养成良好的工作习惯,遵守纪律。素养即教养,努力提高员工的素质,养成严格遵守规章制度的习惯和作风,这是"5S"活动的核心。没有员工素质的提高,各项活动就不能顺利开展。所以,抓"5S"活动,要始终着眼于提高人的素质。"5S"活动始于素质,也终于素质。

在开展"5S"活动中,要贯彻自我管理的原则。创造良好的工作环境,是不能单靠添置设备来改善,也不要指望别人来代为办理,而让现场人员坐享其成。应当充分依靠现场员工,由现场的当事人自己动手为自己创建一个整齐、清洁、方便、安全的工作环境。使他们在改造客观世界的同时,也改造自己的主观世界,产生"美"的意识,养成现代化大生产所要求的遵章守纪、严格要求的风气和习惯。因为是自己动手创造的成果,也就容易保持和坚持下去。

(四)定置管理

定置管理是使处在生产现场的"物"在空间的摆放位置适应生产的需要,并且使这些"物"的使用流向固定化、程序化、标准化,它为生产者在规定的时间内,用最低的成本制造出用户满意的产品创造条件,实现人、物、现场在时间和空间上的优化组合。

1. 人与物的四种结合状态

在生产现场中,人、物、现场三者的结合是否合理,主要取决于人与物在现场中处于什么样的结合状态。一般可分为 A、B、C、D 四种状态。

A 状态是指人与物紧密结合的状态,即人与物经常发生关系,A 状态物品是直接影响产品质量和生产效率的可移动物品。B 状态是指人与物松弛结合的状态,即人和物周期性联系的半紧密结合状态,B 状态物品随时可以转化为 A 状态物品。C 状态是指人与物处于相对固定的状态,即人与物非周期性联系的半紧密结合状态,C 状态物品以非加工对象为主。D 状态是指人与物失去联系的状态,即废弃状态,D 状态物品主要指已报废或长期无用已失去意义的物品。

定置管理的实质就是要彻底清除现场中的 D 状态,管好和转移好 C 状态,不断整理改善 B 状态,抓好 A 状态,达到定置动态优化,以取得最大的经济效益。

2. 定置管理的内容

(1)企业定置总图。在企业平面布置图的基础上将各单位分区划类,把生产区、办公区、生活区、仓储区用符号或文字形式科学、合理地表现在定置图上,这个图就是企业定置总图,可用图板形式上墙。

(2)生产现场区域定置管理。A 类区放置 A 类物品,即在用物品,如在用的工、卡、量、辅具以及正在加工交检的半成品、正在装配的零部件、当批待加工和已完工的工件等。B 类区放置 B 类物品,即待用物品,以加工对象为主,如待上场的储备物品及待转下道工序的物品、计划内投料的毛坯、加工周转的半成品、待装配的外购配套件、标准件等。C 类区放置 C 类物品,即代管物品,以非加工对象、非周期性使用的物品为主,如机床附件、工艺装备、吊具、运料车、辅具、辅料、暂封存的设备等。D 类区放置 D 类物品,即待废弃的物品,如长期无用已经报废或失去使用意义的物品,包括废品、料头、垃圾等。

(3)仓库定置管理。要求做到"五五码放、四号定位",区、架、层、位、账、卡、物相符。A 类区定置在发料口较远的位置,放置大量生产经常领用的物品。B 类区定置在发料口较远的位置,放置单件、小批量生产不经常领用的物品。C 类区定置在发料口最远的位置,放置很少领用或长期不用但尚不能处理报废的计划外物资等。D类区放置废品及长期不用、准备报废的物品。

(4) 质量检查现场定置管理。检验现场应分清合格品区、待检品区、待处理品区和废品区,凡生产好的产品先存放待检品区,经检验合格的存放在合格品区,报废的存放在废品区,需要返修及回用的放在待处理品区。

3. 推行定置管理的注意事项

要坚持经常性的"5S"活动。做到不断地清除D状态,管好C状态,改善B状态,抓好A状态,使定置管理经常化、规范化、科学化,这是一个动态过程,四种状态是可以相互转化的,固定是相对的。

企业要根据自身特点,依据定置管理的基本原理,制定不同的定置方法。并且要随着生产活动的变化及时地研究现场的人、物、环境三要素的变化,随时修改定置关系,实行定置的动态优化。

推行定置管理要同生产管理、工艺管理、技术管理、设备管理等工作相结合,相互促进,发挥企业管理的总体功能。

(五) 现场质量管理

现场质量管理指的是生产第一线的质量管理,也就是从原材料投入生产直至产品完成入库的整个制造过程中所进行的质量管理。它的工作和活动重点部分都在生产现场。

1. 现场质量管理的任务

根据产品质量的形成规律以及全面质量管理的特点和要求,为了达到产品制造质量的目标,稳定、经济地生产出用户满意的产品,现场质量管理的任务可以概括为以下四个方面。

(1) 质量缺陷的预防,也就是预防产生质量缺陷和防止质量缺陷的重复出现。有质量缺陷的产品可能造成产品报废、返修、降等或回用,给企业带来经济上的损失和生产的被动。所以,做好质量缺陷的预防工作,把产品的缺陷消除在产生之前,防止成批产品报废是现场质量管理的重要任务。

(2) 质量维持,就是利用科学的管理方法和技术措施及时发现并消除质量下降或不稳定的趋势,把产品的制造质量控制在规定的水平(即合格率或一次合格率)上。

(3) 质量改进,也就是不断提高产品制造质量。任何领域都存在着可以改进和提高的机会。生产和服务现场的质量改进,指的是要运用质量管理的科学思想和方法,不断地去发现可以改进的主要问题,并组织实施改进,使产品合格率从已经达到的水平向更高的水平突破。

(4) 质量评定,就是评定产品符合设计、工艺及标准要求的程度。从一定意义上说,正确、及时而经济地评定质量,要靠恰当的检验才能实现。单纯的质量检验只能从完工的产品中鉴别出不合格的产品,使之不转入下道工序、不入库、不出厂,而不合格产品已经出现,其造成的经济损失和对正常生产活动造成的影响已成事实,无法避免。因此,质量评定的作用要在质量检验的基础上加以扩展。质量评定的目的有三个:一是鉴别质量是否合格或鉴别质量的等级,使不合格的原材料、半成品不投入生产线,不合格的产品不转入下道工序,不合格的产品不出厂;二是预防质量缺陷的产生;三是要为质量维持和质量改进提供有用的信息。

2. 现场质量控制方法——"三检制"

"三检制"是操作者"自检"、"互检"和专职检验员"专检"相结合的检验制度。

"自检"就是"自我把关"。操作者对自己加工的产品或完成的工作进行自我检验,起到自我监督的作用。自检又进一步发展成"三自检验制",即操作者"自检、自分、自作标记"的检验制度。

"互检"就是操作者之间对加工的产品、零部件和完成的工作进行相互检验,起到相互监督的作用。互检的形式很多,有班组质量检验员对本班组工人的抽检、下道工序对上道工序的交接检验和本班组工人之间的相互检验等。

"专检"是指专职检验员对产品质量进行的检验。在专检管理中,还可以进一步细分为专检、巡检和终检。在生产现场配备业务水平较高的专业检验员是十分必要的。随着科学技术的进步,检验技术、测试手段和装备不断发展并逐步专门化。许多检验工作需要使用专门的检测装备,要求检验人员掌握专门的检验技术和操作技能。同时,生产工人由于专业分工,主要从事具体的生产活动,对上下各道工序以及整个产品的质量要求了解较少,专职检验人员就没有这种局限,可以站在较高的层次上看待质量问题。

实行"三检制"要合理地确定自检、互检和专检的范围。通常情况下,原材料、半成品、成品的检验以专职人员检验为主;生产过程各工序的检验则以现场工人自检和互检为主,以专职检验人员巡回抽检为辅。

五、全面质量管理

全面质量管理(简称 TQM)就是运用系统的观点和方法,把企业各部门、各环节的质量管理活动都纳入统一的质量管理系统,形成一个完整的质量管理体系。它是现代市场经济的产物,它所体现的经营哲学可概括为质量第一和顾客第一。开展全面质量管理,是组织有效地实施质量管理体系、追求卓越和获得长期经营成功的重要途径。

(一)全面质量管理的基本要求

1. 全员参与的质量管理

首先要以人为主,提高全体成员的素质、培养他们"质量第一"的思想;其次要发动工人参加质量管理活动,这是全面质量管理的核心。

全面质量管理要求全体职工明确企业的质量方针和目标,完成自己所承担的任务。实行全员参与的质量管理,建立群众性的质量管理小组——"QC 小组"。

2. 全过程的质量管理

不仅要对生产过程进行质量管理,而且还要对与产品质量有关的各个过程进行质量管理。全面质量管理要求把产品质量形成全过程(即设计过程、制造过程、使用过程和辅助过程)的各个环节和有关因素控制起来,做到防检结合,以防为主。

设计过程是产品质量产生和形成的起点,产品质量的好坏取决于设计。

制造过程是产品质量的形成过程,在此过程的质量管理活动中,不仅要对各个环节进行质量检查,还要对产品质量进行分析,找出影响产品质量的原因,将不合格品减少到最低限度。

使用过程质量管理的主要工作:一是做好对用户的技术服务;二是做好产品的使用效果和使用要求的调查研究;三是处理好出厂产品的质量问题。使用过程的质量管理,既是全面质量管理的归宿点,又是它的出发点。

辅助过程既包括物资、工具和工装供应,又包括设备维修和动力保证,还包括生产准备和生产服务。在全面质量管理系统中,辅助过程的质量管理占有相当重要的地位。

可见,全过程的质量管理意味着全面质量管理要始于识别顾客的需要和终于满足顾客的需要。

3. 全组织的质量管理

从全局角度看,组织可以划分为上层、中层和基层,全组织的质量管理就是要求组织各个管理层次都有明确的质量管理活动内容。从质量职能角度看,产品质量职能是分散在组织的有关部门中的,要保证和提高产品质量,就必须把分散到各部门的质量职能充分发挥出来。

全组织的质量管理就是要"以质量为中心,领导重视,组织落实,体系完善"。

(二)全面质量管理的八项基本原则

1. 以顾客为关注焦点

组织依存于顾客,因此,组织应当理解顾客当前和未来的需求,满足顾客要求并争取超越顾客期望。

(1)通过对市场机遇灵活与快速的反应,以获得收益和市场份额的提高。

(2)提高组织资源利用的有效性,以增强顾客满意。

(3)增进顾客忠诚度。

2. 领导作用

领导者确立组织统一的宗旨及方向。他们应当创造并保持使员工能充分参与实现组织目标的内部环境。

(1)使员工理解组织的目标和目的,并激发员工的积极性。

(2)以统一的方式来评价、协调和实施活动。

(3)使组织各层次之间互不沟通的情况减至最低程度。

3. 全员参与

各级人员都是组织之本,只有他们充分参与,才能让他们的才干为组织带来收益。

(1)使组织内的员工受到激励,尽职尽责,勇于参与。

(2)为组织目标的进一步实现而改革、创新。

(3)员工对自身的表现负责。

(4)员工积极参与并为持续改进做出贡献。

4. 过程方法

将活动和相关的资源作为过程进行管理,可以更高效地得到期望的结果。

(1)通过有效地使用资源以降低成本和缩短周期。

(2)获得经过改进、协调一致并可预测的结果。

(3)关注重点和优先的改进机会。

5. 管理的系统方法

将相互关联的过程作为系统加以识别、理解和管理,有助于组织提高实现目标的有效性和效率。

(1)对过程进行整合与协调,可以达到最佳的预期结果。

(2)具有尽力关注关键过程的能力。

(3)使相关方对组织的协调性、有效性和效率建立信心。

6. 持续改进

持续改进总体业绩是组织的一个永恒目标。

(1) 通过改善组织能力创造业绩。
(2) 根据组织的战略意图协调各层次的改进活动。
(3) 对机遇的快速灵活反应。

7. 基于事实的决策方法

有效决策是建立在数据和信息分析基础上的。
(1) 有信息依据的决策。
(2) 通过参照实施记录,证明过去决策的有效性以增长能力。
(3) 增强对各种意见和决定加以评审、质疑和改变的能力。

8. 与供方互利的关系

组织与供方相互依存的、互利的关系可增强双方创造价值的能力。
(1) 增强双方创造价值的能力。
(2) 对市场或顾客的需求和期望的变化做出灵活、快速的反应。
(3) 成本和资源的优化。

八项管理原则可以统一、概括地描述为:组织的最高管理者充分发挥"领导作用",采用"过程方法"和"管理的系统方法",建立和运行一个"以顾客为关注焦点"、"全员参与"的质量管理体系,注重数据分析等"基于事实的决策方法",使体系得以"持续改进",在满足顾客要求的前提下,建立起"与供方互利的关系",以期在供方、组织和顾客这条供应链上良性运作,实现多赢的愿望。

(三) 全面质量管理的基本工作程序——PDCA 循环

1. PDCA 循环的内容

质量管理工作循环就是按照计划(Plan)—执行(Do)—检查(Check)—处理(Action)四个阶段的顺序不断循环进行质量管理的一种方法,简称 PDCA 工作循环。PDCA 工作循环是全面质量管理最基本的工作程序,这是美国统计学家戴明(W. E. Deming)发明的,因此也称为戴明循环。这四个阶段大体可分为八个步骤,如表 5-1 所示。

表 5-1 PDCA 循环

阶 段	步 骤
1. 计划(Plan): 包括制定方针、目标、计划书、管理项目等	① 分析现状,找出存在的质量问题 ② 分析产生质量问题的原因 ③ 找出影响质量的主要原因 ④ 根据主要原因,制定计划和对策
2. 执行(Do):实地去干,去落实具体对策	⑤ 执行措施,实施计划
3. 检查(Check):对策实施后,评价对策的效果	⑥ 检查计划执行情况
4. 处理(Action): 总结成功的经验,形成标准化,以后按标准进行。对于没有解决的问题,转入下一轮 PDCA 循环解决,为制定下一轮改进计划提供资料。	⑦ 总结经验,制定标准 ⑧ 将遗留问题转入下一循环

PDCA 循环就是按照以上四个阶段和八个步骤,不停顿地周而复始地运转。

2. PDCA 循环的特点

（1）四个阶段缺一不可。计划—执行—检查—处理四个阶段是一个完整的过程，缺少哪一个阶段都不会成为一个完整的环。

（2）大环套小环，环环相扣。整个组织的质量保证体系构成一个大的管理循环，而各级、各部门的管理又都有各自的 PDCA 循环。上一级循环是下一级循环的依据，下一级循环是上一级循环的组成部分和具体保证，大环套小环，小环保大环，一环扣一环，推动大循环。

（3）循环每转一周提升一步。管理循环如同爬扶梯一样，逐级升高，不停地转动，质量问题不断得到解决，管理水平、工作质量和产品质量就能达到新的水平。

（4）关键在于"处理"阶段。"处理"就是总结经验，肯定成绩，纠正错误，以利完善。为了做到这一点，必须加以制度化、标准化和程序化，以便在下一循环进一步巩固成绩，避免重犯错误，也为快速地解决问题奠定基础。

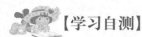

【学习自测】

一、思考题
1. 什么是控制？管理控制的目标是什么？
2. 简述控制的过程。
3. 举例说明生活或工作中控制的三种基本类型，并比较不同类型控制的优缺点。
4. 什么是生产现场管理？现场管理的基本内容是什么？
5. 什么是"5S"活动？"5S"活动有什么具体要求？
6. 什么是定置管理？定置管理有哪些具体内容？
7. 现场质量管理有哪些任务？
8. 什么是"三检制"？企业生产现场质量控制实行"三检制"有什么意义？
9. 全面质量管理的特点表现在哪些方面？
10. 解释 PDCA 循环。

二、选择题
1. 以下关于控制概念的描述不正确的是（　　）。
A. 控制有很强的目的性，即控制是为了保证组织中的各项活动按计划进行
B. 控制是通过"监视"和"调节"来实现的
C. 控制是一个过程
D. 控制为计划提供标准
2. 工厂在需求高峰来临之前添置机器、安排人员、加大产量的行动属于（　　）。
A. 前馈控制　　　　B. 现场控制　　　　C. 反馈控制　　　　D. 成本控制
3. 工厂对出厂的产品进行的检验属于（　　）。
A. 前馈控制　　　　B. 现场控制　　　　C. 反馈控制　　　　D. 成本控制
4. 管理控制的一般过程是（　　）。
A. 确定标准、衡量绩效、纠正偏差　　　　B. 衡量绩效、纠正偏差、确定标准
C. 确定标准、纠正偏差、衡量绩效　　　　D. 衡量绩效、确定标准、纠正偏差

5. （　　）是一种能够及时发现偏差、及时纠正偏差和立竿见影的控制方法。
   A. 前馈控制　　　　B. 现场控制　　　　C. 反馈控制　　　　D. 成本控制
6. 以下属于前馈控制的是（　　）。
   A. 学生上课前预习　B. 工厂质量管理首先控制原材料的质量
   C. 设备的预先维修　D. 每年安排的身体体检
7. 最通常的控制类型为（　　）。
   A. 前馈控制　　　　B. 同步控制　　　　C. 反馈控制　　　　D. 质量控制
8. 用标准衡量成绩的过程中，（　　）对改变成绩无丝毫意义。
   A. 改变标准　　　　　　　　　　　　B. 全力运用反馈控制
   C. 保持现状　　　　　　　　　　　　D. A和C
9. 根据"治病不如防病，防病不如讲究卫生"这一说法，以下几种控制方式中，哪一种方式最重要？（　　）
   A. 预先控制　　　　B. 现场控制　　　　C. 反馈控制　　　　D. 前馈控制
10. 控制工作使管理过程形成了一个（　　）的系统。
    A. 相对封闭　　　　B. 绝对封闭　　　　C. 相对开放　　　　D. 绝对开放
11. 管理控制通过（　　），可以发现管理活动中的不足之处。
    A. 拟订标准　　　　B. 衡量绩效　　　　C. 纠正偏差　　　　D. 信息反馈
12. 清扫在管理中的理解是（　　）。
    A. 看得见的地方和看不见的地方都要认真清扫
    B. 生产效率高
    C. 有空再清扫
    D. 清扫也是点检
13. 现场管理能给公司及员工带来的好处是（　　）。
    A. 安全有保障　　　B. 提高工作效率　　C. 提高公司形象　　D. 增加工作负担
14. 成功的现场管理需要管理者（　　）。
    A. 不断改进　　　　B. 关注细节　　　　C. 快速行动　　　　D. 事不关己
15. 控制最基本的目的在于（　　）。
    A. 寻找错误　　　　　　　　　　　　B. 衡量业绩
    C. 确保行为依循计划发展　　　　　　D. 使人们失去自由

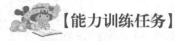

【能力训练任务】

任务一：不断响起的敲门声——设计控制方案

（一）情境描述及任务要求

杨经理正在办公室里忙着处理几个急需办理的事项。这时传来敲门声，只见仓库负责人老张推门进来。老张开门见山地对杨经理说："今天库房原料存货已经不足了，我已催了好几次要求进货，但是负责进货的赵主任还是按兵不动，我没有办法了，所以，现在来向您汇报和请示。"杨经理一直对赵主任的慢性子有意见，听了老张汇报后对赵主任更是不满，他立即拨通赵主任的电话责问道:"原料库存已严重不足,你为何还不尽快进货?"赵主任赶紧解释说:"最近工作太忙,还没有时间办这事,反正离规定的最后期限还有一天。""你必须马上放下手中的工作,立刻办理采购原料的事!"杨经理以命令的口吻说。

话音未落,敲门声又响起来了。刘会计拿着报表急匆匆地闯进来。"经理,你看,这个月的利润明显下降了!"他又拿出几张报表:"前几个月的利润就有不断下降的趋势,只是还不太明显。原因很简单,就是销售量下降而成本却在不断上升。"杨经理紧锁眉头,一声不吭。

就在这时,敲门声再次响起。这次推门进来的是市场主管刘凯。看到刘凯自己送上门来,杨经理脱口而出:"你是怎么搞的?销售下去了,成本却上来了?"见杨经理一见面就冲自己发火,刘凯丈二和尚摸不着头脑。他赶紧解释:"前些时候,我们一家分厂的产品出了质量问题被媒体曝光了,许多消费者不问青红皂白,凡是我们公司旗下的产品一律抵制,我们跟着受牵连,销售不断下降。我们为扭转败势,花大本钱促销,仍无力回天!再说,成本上升也不会只是我们销售环节的问题啊!""可是你们为何不及时汇报?"杨经理愤怒地问。"这事我们不是也跟您谈过吗?只是大家分析认为我们的产品与出事分厂的产品根本不是一类,不会对我们分公司产生太大的影响。可是没有想到现在真的是'城门失火,殃及池鱼'了!"刘凯解释说。

杨经理再也坐不住了,他决定立即召集有关人员开会,研究对策,必须制定一个全面加强市场和生产监控的方案,寻找有效措施,尽快扭转败局!

1. 杨经理一下子面对这些难题,你认为原因是什么?指出问题的实质,并加以归纳和表述。

2. 以组为单位,制定一个加强监控、有效纠正偏差的应急方案。

(二)成果评价

标准:能运用控制要领与控制过程、控制方法进行分析,并能提出有价值的意见和建议。

评价:对个人的问题分析报告和小组的建议报告实行二分评估。

任务二:某公司的战略计划与控制——衡量绩效与设计纠偏方案

(一)情境描述及任务要求

某公司拟订了一个五年战略计划,欲成为一家提供高质量产品的、以用户服务为中心的企业。现在时间过去了两年,该公司总经理希望将计划的执行情况做一审查,以便同董事长商讨将来的对策。下表是关于该公司五年战略计划头两年执行情况的一份简要报告。

战略成功因素	经营目标		执行情况	偏差鉴定
	五年目标	头两年目标		
1. 成本与控制 间接费用对直接费用比率 销售毛利率	10% 39%	15% 40%	12% 40%	
2. 产品质量 退货率 合格率	1.0% 100%	2.0% 92%	2.1% 80%	

(续表)

战略成功因素	经营目标		执行情况	偏差鉴定
	五年目标	头两年目标		
3. 用户服务 安装周期 用户服务人员占销售人员比率	2.5 天 3.2%	3.2 天 2.7%	2.7 天 2.1%	
4. 服务人员士气 缺勤率 离职率	2.5% 5%	3.0% 10%	3.0% 15%	
5. 总体绩效 公司人均月销售额(元) 新产品数	12 500 6	11 500 3	12 100 5	
6. 竞争形势 竞争对手新投放市场的产品数	6	3	6	

假设你受聘担任这家公司的高级管理顾问人员,试分析其战略执行情况,并提出将来改进的意见。

(二) 成果评价

标准:能运用控制要领与控制过程进行分析,并能提出有价值的意见和建议。

评价:对个人的问题分析报告和小组的建议报告实行二分评估。

任务三:设计改善搬运的方案

(一) 情境描述及任务要求

日本丰田公司所有的设备生产是按一个节拍进行的;由后工序拉动前工序来进行;中间没有在制品,不需要存放的仓库,所有进货都是由电子计算机控制在一个地方进货和一个地方出货,除了放到中间库里储存,多余的地方则做成学习室或者休息室。通过这样的改革,日本丰田公司工作场地节省了二分之一,质量提高了三倍,库存降低到十分之一,甚至实现了零库存。在同一天,同一个生产现场,可以同时生产 3 000 种不同的产品,这就是丰田 JIT (Just in Time,准时生产方式)——准时化生产和精益生产的魔力所在。

在现场管理中,如果能够真正做到"从工艺流程上查、平面图上找、流水线上算、动作分析上测、搬运施工上压、人机工程上挤",就能取得实实在在的效益。

尝试设计一个改善搬运的方案,把你的想法写下来,在学习团队中交流、分享。

(二) 成果评价

对个人方案进行二分评估。

任务四:现场管理——改善工作环境

(一) 情境描述及任务要求

看图并写出解决下图问题的初步方案。方案能体现"5S"活动和定置管理的要求,具有可操作性。

| 严重的垃圾死角！ | 工作环境太不舒心了。 |

（二）成果评价

对个人方案进行二分评估。

任务五：寻找"降落伞品质保证"事例

（一）情境描述及任务要求

这是一个发生在第二次世界大战中期美国空军和降落伞制造商之间的真实故事。在当时，降落伞的安全度不够高，后经厂商的努力改善，降落伞制造商生产的降落伞良品率已经达到了99.9%，应该说这个良品率即使现在许多企业也很难达到。但美国空军却对此公司说"不"，他们要求所交降落伞的良品率必须达到100%。降落伞制造商的总经理专程去飞行大队商讨此事，看是否能降低这个水准。因为厂商认为，能够达到这个程度已经接近完美了，没有什么必要再改。当然，美国空军一口回绝，因为品质没有折扣。

后来，军方要求改变检查品质的方法。那就是从厂商前一周交货的降落伞中，随机挑出一个，让厂商负责人装备上身后，亲自从飞行中的机身跳下。这个方法实施后，不良率立刻变成零。

从此故事中你得出什么结论？你认为还有哪些情况和上述降落伞质量保证情况相似并且可以用同样的方法解决问题？

（二）成果评价

能运用全面质量管理思想进行分析。对个人分析报告进行二分评估。

任务六：进行预算控制

（一）情境描述及任务要求

1. 给每位同学发一张评测表，来评测学生的预算控制能力。其内容如下：

大学读书期间，你至少可以管理好自己的财务。你对个人预算的管理能力或许预示着你今后对公司的管理能力。请按照下面的表述回答"是"或"否"，以评测你对预算的控制是否有效。

① 钱一到手我就花光。
② 每周（月、学期）初，我都要列出我全部的固定支出。
③ 每周（月）末，我好像从来就没有什么钱节余下来。
④ 我能支付所有的花销，但好像总是没有钱用于娱乐。

⑤ 我用信用卡进行透支。
⑥ 我全部用现金支付。
⑦ 朋友需要时,我就会借钱给他们,即使这样做会使我的现金告急。
⑧ 我从不向朋友借钱。
⑨ 我入不敷出。
⑩ 我每个月存点钱,以备真正需要时使用。

2. 学生根据评测表判断自己的预算控制类型。如果对①、③、⑤、⑦和⑨题的回答为"是",说明你的预算习惯非常糟糕;如果对②、④、⑥、⑧和⑩题的回答为"是",说明你有着训练有素的预算习惯。

问题:

1. 如果你有训练有素的预算习惯,请问你在预算中采用了哪些预算方法?
2. 如果你的预算习惯非常糟糕,请问是什么原因导致了你的习惯?请列出改进措施。

(二)成果评价

每人自检预算控制的有效性。改进措施要有针对性。对个人自检报告进行二分评估。

任务七:角色扮演——指导与纠正

(一)情境描述及任务要求

1. 角色:(1)出现偏差群体(个人);(2)指导者。
2. 由某个小组的成员(一个或多个)扮演出现偏差群体或个人,负责设定工作中可能出现的偏差,现场提出或预先提出。
3. 指定其他小组成员扮演指导者,现场进行指导或纠正。
4. 其他人员负责现场观察与评估,对角色扮演双方进行观察与现场打分。

(二)成果评价

1. 能运用控制的有关理论与方法进行指导与纠正,并能取得较好效果。
2. 对出现偏差群体设计的偏差问题典型性与复杂性进行评估;对指导者运用理论情况与实际指导效果进行评估。

能力模块二 评价工作绩效

【情境任务导入】

> **走样的绩效考核**
>
> B公司一个被辞退的员工把企业告到了劳动仲裁部门,在仲裁申请中,该员工称自己工作如何努力、表现如何优秀、企业如何无情以及自己被辞退又是如何之冤枉,说了自己一大堆好话和企业一大堆的不是。对这样一份仲裁申请,劳动部门本着维护弱者利益的原则,马上立案,并进入企业做了调查。
>
> 调查结果大出仲裁人员所料,实际上被辞退员工的口碑非常坏,迟到早退和旷工打

架时有发生,坏事做了不少,工作成绩也一塌糊涂。但是,为了顺利地把这个员工推出门去,又不想开罪于他,很多经理都在该员工的业绩考核表上填上了"优秀"的字样,就这样,这个员工带着"优秀"的光环跑遍了公司的所有部门,直到最后无处可去。

看完这个案例,请回答以下问题:这个企业有没有绩效管理体系?这个企业的绩效管理做得完善吗?经理们做得称职吗?为什么一个普通的辞退行为最后会演变成劳资纠纷?这能避免吗?

【必备知识内容】

绩效评价是控制过程的主要环节,是组织管理的一个重要组成部分。根据绩效评价的方法、标准和程序,对员工的工作行为和工作结果进行科学、系统的分析和评估,有利于提高组织的工作效率和员工个人的综合素质。绩效评价本身不是目的,只是一种管理的手段,其实质是通过对工作结果和人员素质状况的有效分析,促进组织经营目标的实现。

一、绩效评价的类型与过程

绩效评价是指依据工作目标或绩效标准,采用科学的方法,评价员工的工作完成情况和员工个人的发展情况等,并将评价结果反馈给相关人员的过程。有效的绩效评价可以及时发现问题,准确评价员工的工作能力,发掘员工的潜力,并促进员工与组织的共同发展。

(一)绩效评价的分类

(1)按时间划分,绩效评价可以分为定期绩效评价和不定期绩效评价,也可分为短期、中期和长期绩效评价。1年以内的是短期绩效评价,1~3年的是中期绩效评价,3年以上的是长期绩效评价。

(2)按照内容划分,绩效评价可以分为工作态度评价、工作能力评价和工作业绩评价三大类型。

(3)按照评价对象划分,绩效评价可以分为组织绩效评价、部门绩效评价和员工绩效评价三类。组织绩效是指组织在利用资源满足顾客需求和实现组织目标的活动中,在效率和效益上所表现出来的水准。部门绩效是指组织的一个分支机构或部门工作的绩效。员工绩效是指员工在工作结果、工作行为和工作态度方面所表现出来的水准。员工绩效的提高是组织绩效得以实现的前提条件,组织绩效的实现是员工绩效提高的最终体现。

(二)绩效评价的过程

绩效评价过程从程序上可以划分为绩效指标体系的建立、绩效计划、绩效实施与管理、绩效考评、绩效反馈和改进五个环节;其中,绩效计划、绩效实施与管理、绩效考评与绩效反馈和改进四个环节形成一个绩效管理循环,并经绩效改进而呈螺旋上升。如图5-3所示。

图5-3 绩效评价过程

1. 绩效目标体系的建立

绩效目标体系的建立来源于组织目标的层层分解和职位应负责任。首先,根据组织目标确定组织的绩效目标,其次,根据组织结构和部门级目标确定各部门的绩效目标,最后,管理者根据员工具体职位应负的责任,将部门目标层层分解到具体责任人。由此可以看出,员工的绩效目标大多数直接来源于部门的绩效目标,而部门的绩效目标来源于企业的战略目标,保证了每个员工按照企业要求的方向去努力。只有这样,企业的战略目标才能真正得以落实。

2. 绩效计划

绩效计划是指企业各层级之间、管理者和被管理者之间通过沟通对组织和被管理者的绩效目标和标准达成一致意见并形成契约的过程。具体包括建立绩效考核管理制度和确定评价绩效目标达成的标准。在绩效计划阶段,企业各层级之间以及管理者和被管理者之间需要就绩效目标和具体指标达成共识。在共识的基础上,部门和被管理者对自己的绩效目标作出承诺。

3. 绩效实施与管理

绩效计划在实施过程中,管理者要对被考评的部门和员工进行指导和监督,对发现的问题及时给予解决,并对绩效计划进行调整。绩效计划并不是在制定了之后就一成不变,随着工作的开展会根据内外环境和条件的变化而不断调整。在整个绩效期间内,都需要管理者不断地对员工进行指导和反馈。

在绩效实施与管理过程中主要做的事情有两个:一是对工作绩效信息的收集与记录,力图做到客观、公正的绩效评价。二是持续的绩效沟通。绩效沟通的目的之一是为了适应环境中变化的需要,适时地对计划做出调整;绩效沟通的目的之二是为员工提供在执行绩效计划的过程中需要了解的有关信息;绩效沟通的目的之三是为经理人员提供他们需要得知的有关信息,及时掌握员工的动态,这样有利于对员工进行公正、客观地评价,对员工的工作进行必要的指导,帮助员工解决遇到的问题,协调团队中的工作。

4. 绩效考评

在绩效期结束的时候,依据预先制定好的绩效目标和计划,与所收集到的能够说明被考评对象绩效表现的数据和事实进行对比,对组织、部门和个人的绩效目标完成情况进行考评。要注意的是,绩效考评不是目的,只是一种手段,绩效考评也不是终点,而是绩效管理过程中的一个环节。对组织和员工进行绩效评价的目的是希望通过绩效的反馈和管理的改进来不断地提高组织的绩效水平。

5. 绩效反馈和改进

绩效反馈和改进就是将绩效评价的结果反馈给部门和个人,进行面谈沟通,并寻求绩效改进的方法和途径。在此环节中,有效的沟通是十分重要的:一方面,可以让被考评的部门和个人对自己的考评结果有一个正确的认识,以便在今后的工作中不断改进和提升绩效;另一方面,被管理者也可以提出自己在完成绩效目标中遇到的困难,得到管理者的指导和帮助;再者,通过绩效沟通,可以提高被考核者对绩效管理的理解度和满意度。绩效管理的最终目标是充分开发和利用每个员工的资源来提高组织绩效,即通过提高员工的绩效达到改善组织绩效的目的。

二、绩效评价的方法

评价员工绩效的方法有多种,每个企业都有自己的特点,这里列举几种主要方法。

(一)目标管理法

目标管理法是使用非常普遍的一种绩效评价方法,它既可以用于组织绩效的评价,也可以用于个人绩效的评价,并能将两者有效地结合起来。目标管理是美国著名的管理学家彼得·德鲁克于1954年提出的。在西方国家,目标管理已作为一种制度,其目的在于结合员工个人目标和组织目标,改进企业与员工绩效,激励和培训员工。根据德鲁克的意见,管理组织应遵循的一个原则是"每一项工作必须为达到总目标而展开",因此,衡量一个管理者是否称职,就要看他对总目标的贡献如何。

目标管理法是根据被考核人完成工作目标的情况来进行考核的一种绩效考核方式。在开始工作之前,考核人和被考核人应该对需要完成的工作内容、时间期限、考核的标准达成一致,共同确定具体的绩效目标。在时间期限结束时,考核人根据被考核人的工作状况及事先制定的考核标准进行考核。目标管理的实质是通过目标激励员工的自我管理意识和自我价值发现,是以人为本的价值观的体现。

(二)关键事件法

这种方法要求考核人将其下属在工作中所表现出来的非同寻常的好行为或非同寻常的不良行为(或事故)记录下来。在评价时,根据所记录的特殊事件来评价员工的工作绩效。关键事件的记录可以确保考核人在对下属人员的绩效进行考察时,所依据的是员工的整个考核期内的表现,而不仅仅是员工在最近一段时间的表现。记录的关键事件是考核的主要依据,但不是唯一的依据,考核人一定要避免以某一件事情的好坏来决定员工的整个考核期内的综合绩效。该考核方法一般不单独使用。

(三)强制分布法

强制分布法又称强制比例法。根据正态分布原理,优秀员工和不合格员工的比例应该基本相同,大部分员工应该属于工作表现一般的员工。因此,在考核分布中,可以强制规定优秀员工的人数和不合格员工的人数,例如,优秀员工和不合格员工的比例均占20%,其他60%属于普通员工。强制比例法可以有效地避免考核过程中由于考核标准过分宽松或过分严格而产生的考核误差,同时,会给被考核人带来一定的危机感和压力。强制分布法适合相同职务员工较多的情况。

(四)等级评估法

这是绩效考核中常用的一种方法。根据工作分析,将被考核岗位的工作内容划分为相互独立的几个模块,在每个模块中用明确的语言描述完成该模块需要达到的工作标准。将标准分为几个等级选项,如"优、良、合格、不合格"等,考核人根据被考核人的实际工作表现,对每个模块的完成情况进行评估,总成绩便为该员工的绩效评价结果。

(五)交替排序法

交替排序法是对相同职务员工进行考核的一种方法。其原理是在群体中挑选出最好的或者最差的绩效表现者,较之于对其绩效进行绝对考核要简单易行得多。因此,交替排序的操作方法就是分别挑选、排列"最好的"与"最差的",然后挑选出"第二好的"与"第二差的",这样依次进行,直到将所有的被考核人员排列完全为止,从而以优劣排序作为绩效考核的结果。交替排序法在操作时也可以使用绩效排序表。

（六）配对比较法

这是一种更为细致的通过排序来考核绩效水平的方法，它的特点是对员工进行两两比较，每一个考核要素都要进行人员间的两两比较和排序，工作较好的记"1"，工作较差的记"0"，所有员工互相比较完毕后，将每个人的成绩相加，总数越大，绩效考核的成绩越好。配对比较法使得在每一个考核要素下，每一个人都和其他所有人进行了比较，所有被考核者在每一个要素下都获得了充分的排序。每次比较的人数不宜过多，范围在5～10人即可。

（七）360度反馈评价法

360度反馈评价法是一种通过自我评价以及选择其上级、同事、下属和顾客等不同群体，分别根据不同的考评原则，从不同的角度对被考核对象进行全方位绩效评价的方法。由于管理者的工作是多方面的，工作业绩也是多角度的，不同的相关者对管理者的印象是不同的。根据这一原理，通过不同的相关者从不同的角度来评价管理者的绩效，更具有客观性和准确性。此外，管理者通过不同相关者评价的反馈和沟通，更有利于工作积极性的提高和绩效的提高。

360度反馈评价法适用于对管理者的评价。如图5-4所示。

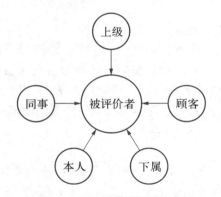

图5-4　360度反馈评价者构成

实践表明，要使360度反馈评价法具有很好的有效性：第一，需要在整个组织中建立信任；第二，需要慎重选择合适的评价者；第三，需要慎重考虑360度反馈评价法对特定工作的适合程度；第四，采用匿名形式进行而且对评价者事先进行360度反馈评价法培训，将会使评价更加真实可靠。

这种方法的优点是：比较全面地进行评估，易于做出比较公正的评价，通过反馈可以促进工作能力，也有利于团队建设和沟通。它的缺点是：因为来自各方面的评估，工作量比较大；可能存在非正式组织，影响评价的公正性；还需要员工有一定的知识参与评估。

（八）自我评价法

每个员工对照自己工作岗位的职务规范所列要求进行自我总结，并且写出评价意见和等级。这是一种下放权力、促进团队合作和增强质量意识的手段。实践证明，这种方法的优点是：经理人员免去了填表之劳，使他们能有更多的时间与下属进行交流。此外，与经理针对下属所做评估时的情况相比，参与自我评估项目的员工更能坦然地接受针对自己的批评意见。

需要说明的是，上述每种绩效评价方式都不是十全十美的，没有最好的绩效评价方法，只有适合本企业实际的绩效评价方法。企业在对员工绩效评价方法的选择上，应该根据员工具体的工作特征和工作性质以及企业的管理目标和管理思想等来决定。

三、绩效评价结果的运用

在对管理的绩效进行评价后，必须根据评价结果采取一些管理行动。绩效评价后的工作包括绩效反馈和应用以及绩效改进两方面内容。

（一）组织绩效的反馈和应用

当组织绩效评价的结果反馈到相应的管理层时，反馈为管理者提供了关于计划效果究竟如何的真实信息。比较实际绩效和标准绩效的偏差，一方面，可以判断实际绩效的完成程度，围绕标准绩效对企业或部门工作进行调整和控制，及时纠正偏差，主要表现为过程控制；另一方面，也可以对原标准绩效水平的合理性进行反思，并为下一个绩效计划的制定以及绩效改进工作提供依据，主要表现为事后控制。再者，通过对实际绩效指标与标准的绩效指标对比和分析，可以重新审视和调整组织的战略和目标。

（二）员工绩效的反馈和应用

员工绩效反馈是指主管根据下属员工的本期绩效考评结果，在与员工就现有绩效考评结果达成一致的基础上，针对员工在绩效完成过程中存在的问题提出建设性意见，并与员工共同制定绩效改进计划，帮助员工提升绩效的沟通过程。

绩效反馈的有效形式是面谈。绩效反馈面谈的要领包括：第一，要做好准备。对重要的绩效面谈要制定计划或简要的筹划，如面谈的内容、对象、时机、地点等都要有所安排，而不应是随便的，并准备好反馈的有关资料。第二，精心选择与设计面谈的内容，主要包括：说明绩效评价的有关信息，使被评价者接受评价结果；充分肯定成绩，指出不足与问题，特别是原因分析；告知处理结果及相关问题等。第三，以平等沟通为基本方法，尽可能地采用讨论与交流的方式进行；要注意个性特征，加强沟通过程中的情感融通；要以表扬鼓励为主，谈问题要对事不对人，注重沟通的激励性。

员工绩效反馈的主要作用表现在：对被考评者的表现达成双方一致的看法；使员工认识到自己的成就和优点；指出员工有待改进的方面；制定绩效改进计划；向员工传递组织的期望；协商下一个绩效周期的目标与绩效标准。

从员工绩效评价结果的应用上来看，可以用于员工薪酬的分配、工资的晋升、职位变动、个人发展等多方面，具体体现在如下几方面：

（1）用于报酬的分配和调整。这是绩效考评结果的一种非常普遍的用途。一般来说，为了增强报酬的激励作用，在员工的报酬体系中有一部分报酬是与绩效挂钩的。对从事不同性质工作的人，这部分与绩效挂钩的报酬所占的比例不同。另外，薪酬的调整往往也由绩效来决定。

（2）用于职位的变动。绩效考评的结果也可以为职位的变动提供一定的信息。员工在某方面的绩效突出，就可以让其在此方面承担更多的责任。如果员工在某方面的绩效不够好，也很可能是目前他所从事的职位不适合他，可以通过职位的调整，使他从事更加适合他的工作。

（3）用于员工培训和个人发展规划。这是绩效考评结果最重要的用途。通过绩效考评，员工可以知道自己哪些地方做得好和哪些地方做得不够好，这些做得不够好的地方就是今后需要培训和学习的地方。再者，可以根据员工目前的绩效水平和长期以来的绩效提高过程，和员工协商制定一个长远工作绩效和工作能力改进提高的发展规划，这种规划的制定，不仅对员工目前的绩效进行了反馈，还可以增加员工对企业的归属感和满意度。

（4）用于衡量员工选拔和培训的有效性。绩效考评的结果可以用来衡量招聘选拔和培训的有效性如何。如果选拔出来的优秀人才实际的绩效考评结果确实很好，就说明选拔是有效的；反之，就说明要么是选拔不够有效，要么是绩效考评的结果有问题。员工接受了培训之后的效果也可以通过培训之后一段时期内的绩效表现反映出来。如果绩效提高了或提高得很显著，就说明培训确实有效果；如果绩效没有什么变化，就说明培训没有达到预期的效果。

四、绩效的改进

绩效改进是绩效考评的后续应用阶段，是连接绩效考评和下一循环计划目标制定的关键环节。绩效评价的目的不仅仅是作为确定员工薪酬、奖惩、晋升或降级的标准，员工能力的不断提高和组织绩效的持续改进才是绩效管理的根本目的，而实现这一目的的途径就是绩效改进。

（一）绩效改进的基本步骤

绩效改进的形式多种多样，过程大致上可以分为以下几个步骤：

（1）分析员工的绩效评价结果，找出员工绩效中存在的问题；

（2）针对存在的问题，制定合理的绩效改进方案，并确保其能够有效地实施，如个性化的培训等；

（3）在下一阶段的绩效辅导过程中，落实实施已经制定的绩效改进方案，尽可能地为员工的绩效改进提供知识、技能等方面的帮助。

（二）改进绩效的策略

（1）预防性策略与制止性策略。预防性策略是在作业前明确告诉员工应该如何行为，制止性策略是及时跟踪员工的行为，及时发现问题并予以纠正。

（2）正向激励策略与负向激励策略。正向激励策略主要通过鼓励手段，负向激励策略主要通过惩罚手段。

（3）组织变革策略与人事调整策略。针对考核中反映出的问题，及时对组织结构、作业方式、人员配置等方面进行调整。

（三）选取待改进方面的原则

（1）从员工愿意改进之处着手改进。这可能激发员工改进工作的动机，因为员工通常不会选取他根本不想改进的地方着手。

（2）从易出成效的方面开始改进。立竿见影的经验总使人有成就感，也有助于继续其他方面的改进。

（3）以所花的时间、精力和金钱而言，选择最合适的方面进行改进。

（四）绩效改进的四个要点

绩效改进计划设计的目的在于使员工改变其行为，为了使改变能实现，必须符合四个要点：

(1) 意愿。员工自己有想改变的愿望。
(2) 知识和技术。员工必须知道要做什么,并知道应如何去做。
(3) 气氛。员工必须在一种鼓励改进绩效的环境里工作,造就这种气氛最重要的因素是主管。员工可能因畏惧失败而不敢尝试改变,需要由主管去协助他们,帮他们建立信心。
(4) 奖励。如果员工知道行为改变后会获得奖赏,则较易改变行为。奖励的方式可以是加薪、奖金或其他福利等物质方面的,也可以是表扬、加重责任、更多的自由与授权等精神方面的。

【学习自测】

一、思考题

1. 简述绩效评价的过程。
2. 列举绩效评价的方法。
3. 找出一个组织较长时期都没解决的问题,设想一个有利于改变它的绩效考核指标。
4. 列举自己的一个不足,说说它对你学习或工作的影响,如何调整?

二、选择题

1. 下列指标中的(　　)是用于衡量组织整体绩效的。
   A. 生产率　　　B. 利润　　　C. 员工士气　　　D. A、B、C 都是
2. 关键事件法的缺点是(　　)。
   A. 无法为考评者提供客观依据　　B. 不能做定量分析
   C. 不能贯穿考评期的始终　　　　D. 不能了解下属如何消除不良绩效
3. 强制分布法假设员工的工作行为和工作绩效整体呈(　　)分布。
   A. 偏态　　　B. 正偏态　　　C. 正态　　　D. 负正态
4. 在本期绩效管理活动之后,将考评结果以及有关信息反馈给员工本人,并为下一期绩效管理活动创造条件的面谈,称为(　　)。
   A. 绩效计划面谈　B. 绩效考评面谈　C. 绩效总结面谈　D. 绩效指导面谈

三、计算题

某公司对销售部门的员工采用 360 度反馈评价的方法,每项打分最高 6 分,最低 1 分,考评结果如下表所示。计算该名员工考评的最后得分。

考评尺度与分数: 杰出 6 分　优秀 5 分　良好 4 分　一般 3 分　较差 2 分　极差 1 分									
考评项目		权重(%)	考评得分						
^	^	^	上级考评(70%)	同事考评(10%)	下级考评(10%)	自我考评(5%)	客户考评(5%)	本栏得分	
个人特征	事业心	10	4	5	4	5	5		
^	主动性	10	3	4	4	5	4		
工作行为	合作能力	10	4	5	4	4	5		
^	服务水平	10	4	4	4	5	4		

(续表)

考评项目		权重(%)	考评得分					本栏得分
			上级考评(70%)	同事考评(10%)	下级考评(10%)	自我考评(5%)	客户考评(5%)	
工作成果	合同维持	10	3	3	4	4	4	
	业务开拓	10	4	4	5	5	4	
总分=									

【能力训练任务】

任务一：绩效评价评估

（一）情境描述及任务要求

陈平是昆仑电子公司的生产总监，他平时总是尽个人所能地帮助他的员工，如帮员工渡过"经济危机"、帮员工减少离职损失等，为此他备受下属爱戴。

快到年底了，陈平的一个工人王霞却经常不来上班。据了解，王霞的丈夫在去年得了重病，至今仍在家休养，前不久，她的独生子又得肺炎住院，这对于债台高筑的王霞来说，无疑是雪上加霜。

到了年度绩效评价的时候，陈平决定尽可能地帮助王霞。虽然，王霞在各方面都不突出，但陈平在每一项考核上都给她评价为"优秀"。由于公司的报酬制度与业绩评价紧密挂钩，所以，除了正常的生活补贴及福利提高之外，王霞有资格得到丰厚的绩效奖金，还有可能加薪。

由于陈平的车间在本年度已超额完成了分配的定额，陈平在表格中的工作数量和工作质量情况的位置记为"优秀"。而在合作态度上则填上了"良好"或"一般"。由于张明在工作中经常"突发奇想"，有"偷懒"现象，陈平劝说无效，于是陈平在张明的工作态度栏下填上了"较差"，但在表格的评价栏中没有具体记录原因，也没有任何说明。当填到赵杰的评价表时，陈平升起一股负罪感。他知道赵杰被调离现职与自己有关，因而，为了避免面临的尴尬，便给赵杰较高的分数。

陈平把绩效评价表叠好时，脸上露出了轻松的微笑。一年一度的考核难关终于过去了。陈平的考核合理吗？他应该怎样做？

（二）成果评价

运用绩效评价过程、绩效评价方法等对陈平的绩效评价工作作出评估。对个人评估报告进行二分评估。

任务二：绩效评价制度设计

（一）情境描述及任务要求

惠信科技是一家成立三年的高科技公司，全部工作人员约100人。目前，高科技产业普遍缺乏作业人员，而人员的流动率又高。该公司由于开始进入成长期，因业务扩展急需召募人员。为迅速取得所需的人力，该公司以较高的起薪来聘用新人。考虑到已有人员的薪资水准可能会因为起薪的调高而低于新进人员，惠信科技的人事经理建议公司的高阶主管在调高新进人员的起薪时同时调高已有人员的薪资。但不少高阶主管认为如此一来将增加公司的人力支出，使公司的产品价格提升，丧失竞争力。而且固定成本一旦增加，也不利于财务调度与周转。主管们考虑以提供奖金或红利的方式来弥补较低的薪资水准。

但由于公司正在成长阶段，个别人员绩效不易精确评估。而且良好的绩效评估制度并非短期可以建立，如果没有公正的绩效评估，以绩效差异作为奖金或红利多寡的判断依据，恐会造成不公平现象，引起员工的不满。如果不以绩效作为依据，一律给予相同的奖金或红利，也可能造成不公平。其次，奖金或分红制度难免会鼓励员工彼此间的相互竞争，不利于公司已经培养出的合作与团队文化。此外，奖金或分红永远无法弥补已有员工在薪资上低人一等的感受与心态。惠信科技的高阶主管考虑到这些因素，迟迟无法采取行动，而员工们认为公司"喜新厌旧"，对旧的员工"不公平"。因此，士气逐渐低落，公司的业务发展有逐渐减缓的征兆。

1. 请说明工作情绪中"公平"的意义。员工感受不公平时会有什么样的反应？
2. 如果惠信科技只能以提高起薪来征募急需的人力，而你是惠信科技的高阶主管或人事经理，你将如何突破上述的困境？为什么？

（二）成果评价

对个人分析报告与设计方案进行二分评估。

任务三：绩效反馈面谈（一）

（一）情境描述及任务要求

王原胜对这次薪资的调整非常不满意。因为他认为自己与刘少华比，实际上并没有得到应有的鼓励。王原胜来到这家公司已有十多年的历史，比刘少华多了五年的年资。这次公司薪资的调整，王原胜只比刘少华多出几百块钱。然而，论年资、职级、工作表现，王原胜从未迟到早退，工作态度也甚为积极。刘少华在工作表现上成绩平平，只是能言善道，虚浮不实，善于做表面功夫。

最近，部门主管发现王原胜工作态度消沉了许多，便找他来面谈。

部门主管："王原胜，你最近怎么了？你的工作绩效似乎退步了！有什么问题吗？"

王原胜："没什么啦！只是我觉得这次调薪好像不太公平！"

部门主管："怎么说？"

王原胜："论资历和工作表现，我都不该比刘少华多出几百块钱。我认为加薪除了应以底薪的比率调整外，还要考虑个人的努力程度、绩效和对公司的贡献等。按理说，我应该可以调整得更多。我感觉这不是一次公平、合理的调薪。"

部门主管："好的！我去查查看，然后给你答复。不过，我的建议是做人不必太计较，而且工作的目的并不完全在于薪资的高低；有时候，表现一些成就欲也是蛮好的，你认为呢？"

由于这次谈话并没有满意的结果，且似乎有被责怪的意味，王原胜并没有改善他的工作态度。

如果你是主管，你如何处理这个情况？重新设计绩效面谈方案，进行角色扮演，以组为单位公开展示面谈效果。

(二) 成果评价

对各组绩效面谈方案及面谈展示表现进行二分评估。

任务四：绩效反馈面谈（二）

(一) 情境描述及任务要求

你是公司行政部的经理，年初刚刚上任。刘红是你上任前半年调到你的部门的，目前负责 A 项目的行政支持和服务。你的前任告诉你，刘红是公司最早的员工之一，人缘极好，大家都喜欢她。刘红上年度的业绩考核是良好。

你接手的这几个月中，发现刘红的确很好。她为人热心，积极组织各种员工活动，如郊游、慰问希望小学等。她几乎认识公司的每一个人，别人办不了的事情她都能办。你同时也发现刘红的专业技能很差，外语和计算机都远不能达到她现在的工作要求，甚至她的有些报告需要别人帮忙来做。她对业务的了解也非常肤浅，基本不能向你汇报项目的具体进展状况。最重要的是她好像并未意识到这些问题，仍花费大量时间在其他事情上。

你决定就她的业务表现与她谈谈，她 5 分钟后会到你的办公室。

1. 你准备与她讨论的关键点是什么？
2. 你希望达到的目的是什么？

(二) 成果评价

对个人绩效面谈方案进行二分评估。

任务五：绩效改进方案设计

(一) 情境描述及任务要求

在明星公司的业务检讨会上，总经理陈天利痛批公司营业衰退情形，他说："今年以来，公司的营业情况真叫人心寒，第一季度的营业额居然降到一亿元的边缘，比去年同期衰退了将近五成，仅达成今年营业额年度目标的 8.3%，希望在座的能彻底探究营业衰退的原因并提出对策，否则，长此以往，公司营运情况必定不堪设想。"

营业部经理廖有元表示："今年第一季度的营业额确实减退很多，但有几项事实不容忽视：今年第一季度是淡季，历年第一季度的营业额通常也只占全年营业额的 15% 左右；今年春节假期较往年为长，本公司的营业当然大受影响；去年上半年正值景气繁荣阶段，今年经济景气普遍低迷，企划部门所做的营业目标却依然依据成长的乐观估计所制定；本公司产品的式样业已过时，虽然营业人员使劲九牛二虎之力，也难以拓展市场。"

研发部经理胡高提出他的看法："本公司的研发一向不落人后，新产品推出速度也比同业领先，以去年来说，本公司就有五种新产品问世。"

财务部经理王元博说："去年推出的五种新产品，有两种是失败产品，造成不少亏损，可见推出新产品不一定符合成本效益原则；而且新产品的推出多集中在五六月份，时效上落后了很多。个人认为本公司应该努力于现有产品的促销，更重要的是，预测与计划工作必须加强，以免浪费大量资源于没有潜力的产品上。"

企划部经理刘希林抗议说："企划部门所做的一切预测工作及营业计划都照常进行，营业目标并非特别高，何况同业中也有少数公司营运仍持续成长着。另外，请别忽略了企划部全体人员只有三名的事实,我们人少事繁,又要承担公司成败之责,似乎不公平,本人认为如要促使公司业绩成长,重点仍在营业部。"

就以上资料,进行小组讨论,你认为明星公司营业额减退的原因是什么?如何改善营业额减退这种状况?

（二）成果评价

对各小组设计的绩效改进方案进行二分评估。

任务六：绩效评价工作诊断

（一）情境描述及任务要求

MLK 公司是一家机械加工企业,现有员工千余人,成立于 20 世纪 60 年代,注册资本 2 亿元人民币,公司现已转制成为股份制企业。

由于公司前身是国有企业,虽然经过改制,只是投资方发生转换,公司自身的管理理念滞后,管理体制不正规,现代企业制度也没有真正建立起来。特别是体现在人力资源管理问题上,公司并没有一套行之有效的人力资源管理体系,缺少现代的激励和考核措施。

公司意识到这些问题,相应制定了公司的中长期发展战略。在人力资源管理方面,下大力气转变以往的"人才上不去,庸才下不来"的状况,在公司内部以岗位责任制为基础,采取记分制绩效考核手段,基于以绩效考核为核心的集团内部人员流动机制,建立了一套人力资源考核与管理体系。

公司年度绩效考核主要分为表现考评和目标考评两大类型。

1. 年度表现评估

每年的 12 月初开始启动,对每个员工本年度的工作态度、工作质量、工作能力等方面进行综合考评。由上级经理按照规定的表格内容结合员工的表现进行客观地考评。考评者和被考评人需要进行面对面的沟通,最终打出合理的分值。考评结果分为 5 个不同的等级。此结果会成为次年调薪方案的重要因素。

2. 年度目标考核

每年年初,公司最高领导会给部门经理设置部门年度目标,部门经理根据部门目标设置个人目标。次年 1 月,对设置的目标达成情况进行考核。考核的结果分为 3 等：没有达成目标低限的赋值 0；达成目标的赋值 1；达成或超过目标最高值的赋值 1.5。这三等考核结果直接和年底奖金挂钩。从某种程度上刺激员工的工作积极性。

虽然公司建立了这套绩效考核体系,但在具体实践过程中,公司负责人力资源的老总却遇到许多困扰,大致可以归纳为以下几个方面：① 绩效考核工作在实施过程中难以落到实处,"雷声大,雨点小",各部门的考核者乐于充当好好先生,应付了事；② 在考核过程中,公司员工缺少参与的积极性,抵触情绪很强,不少员工甚至质疑：绩效考核是否就是通过反复地填表、交表来挑员工的毛病；③ 考核的过程烦琐,耽误正常的工作时间,推行过程中往往又因为得不到高层的足够支持而阻力重重；④ 考核过程和结果的公正性难以保证,大多数员工对于考核的结果都心怀不满,怨声四起,同事的关系也往往因考核而变得紧张,不利于公司的日常工作开展。

问题：

1. MLK 从国有企业转制成股份企业,这类企业在绩效考核变革中最可能遇到哪些问题?
2. 表现考评与目标考评的主要差异是什么?在使用中,两种方式应如何有效配置?
3. 针对 MLK 现在面临的问题,你有何好的建议?
围绕这些问题,写出个人诊断报告。

(二)成果评价

对个人诊断报告进行二分评估。

任务七:访问某组织的人力资源管理部门

(一)情境描述及任务要求

目的:通过访问某一组织中的人力资源管理部门,增加对管理绩效重要性的认识,了解绩效评估方法在实际中的应用情况。

内容:了解该组织所采用的绩效管理制度;了解该组织对员工绩效的评价方法;了解该组织在绩效管理过程中的主要困难和难点;对该组织的绩效管理工作提出自己的观点和建议。

要求:每位学生或每组学生写出采访报告,进行小组或全班交流。

(二)成果评价

根据各组采访报告内容要点的全面性以及观点与建议的价值进行二分评估。

任务八:360 度绩效考核方案的制定和应用

(一)情境描述及任务要求

形式:
1. 以 5 人为一组,将学生分成若干小组。
2. 以小组为单位,由学生自己选择相应的组织机构作为绩效考核的目标单位。
3. 根据制定方案的需要,由小组组长对本小组的人员进行分工。
4. 在组长的带领下,制定 360 度绩效考核方案。

要求:
1. 确定绩效考核的目标单位。
2. 了解单位人员和组织结构的具体情况。
3. 根据组织的具体情况选择考核主体并培训考核主体。
4. 根据组织的情况选择几个岗位作为考核的内容。
5. 以角色扮演的方式,将小组内任意一个成员作为岗位从业者,用 360 度绩效考核法对其进行绩效考核。

(二)成果评价

按照绩效考核步骤制定方案,以公平、公正为原则,实施 360 度绩效考核方法。对小组实施情况进行二分评估。

1. 所制定的方案是否可行;
2. 小组成员的参与性与积极性;
3. 对 360 度绩效考核法的熟练程度;
4. 小组参与的行为表现,包括表达能力、分析能力和洞察力等。

任务九：管理人员管理方法评估方案设计——评价中心技术的应用

（一）情境描述及任务要求

设计背景：H 公司是一家民营服装企业，在创业初期，该公司只有员工 30 余人。由于业务繁忙，公司一味地追求降低成本和提高销售额，没有及时地建立科学的绩效考评体系，尤其是没有建立针对管理人员的绩效考评体系。这几年公司发展非常迅速，业务量持续上升，员工数量由过去的 30 余人猛增到 800 余人。随着公司规模的扩大，管理过程中存在的矛盾日益凸显，许多管理人员明显不能胜任工作，管理方法简单粗暴，由此引发的人员流失现象严重。经过认真、细致的调研，该公司发现管理人员管理能力不足主要集中体现在人际关系技巧、团队合作精神、领导能力、语言表达能力等方面。经过分析与讨论，公司领导决定采用当前被广泛应用的评价中心技术来有针对性地评估本企业管理人员的管理能力，并责成人力资源部进行相关筹备工作。

假设你是该公司人力资源部经理，请针对该项工作写出具体评价方法及实施方案。具体评价方法要有针对性和可操作性。

（二）成果评价

对各小组设计的管理人员管理方法评估方案进行二分评估。

【单元概要】

1. 管理的控制职能是对组织的计划、组织、领导等管理活动及其效果进行衡量和校正，以确保组织的目标以及为此而拟订的计划得以实现。控制职能是每一位主管人员的主要职责，正确和因地制宜地运用控制原理与方法，是使控制工作更加有效的重要保证。管理控制的目标主要有限制偏差的积累和适应环境的变化。

2. 根据控制实施的时间与重点，可以把控制分成前馈控制、同期控制和反馈控制三种类型。

3. 控制过程贯穿于整个管理活动的始末。控制的基本过程主要包括确定目标、衡量绩效和纠正偏差三个步骤。

4. 企业的现场管理主要指生产现场管理。"5S"活动、定置管理、现场质量管理等都是企业现场管理经常使用的方法。

5. 全面质量管理是全员参与的质量管理，是全过程的质量管理，是全组织的质量管理。它所体现的经营哲学可概括为质量第一和顾客第一。PDCA 工作循环是全面质量管理最基本的工作程序，通过计划—执行—检查—处理四个阶段的顺序不断循环地进行质量管理。

6. 绩效评价是控制过程的主要环节。绩效评价过程从程序上可以划分为绩效指标体系的建立、绩效计划、绩效实施与管理、绩效考评、绩效反馈和改进五个环节；其中，绩效计划、绩效实施与管理、绩效考评与绩效反馈和改进四个环节形成一个绩效管理循环，并经绩效改进而呈螺旋式上升。

7. 绩效评价有许多方法，目标管理法、关键事件法、强制分布法、等级评估法、交替排序法、配对比较法、360 度反馈评价法和自我评价法等都是企业常用的方法，企业在对员工绩效评价方法的选择上,应该根据员工具体的工作特征和工作性质以及企业的管理目标和管理思想等来决定。

8. 绩效评价后的工作包括绩效反馈和应用以及绩效改进两方面内容。通过绩效反馈面谈进行员工绩效反馈,绩效评价结果可以用于员工薪酬的分配、工资的晋升、职位变动、个人发展等多方面。绩效改进是连接绩效考评和下一循环计划目标制定的关键环节,绩效改进要取得效果,需要遵循一定的原则和采取合适的改进策略。

【延伸阅读】

一、ISO 9000 与六西格玛管理

(一) ISO 质量认证体系

ISO 质量认证体系是国际通行的规范质量、管理、责任的一种模式,关注的重点是产品和服务的符合性。它从改善建立企业现行质量管理体系要素着手,完善企业基础管理工作,通过各项质量活动的标准化和程序化,实现质量体系的有效运行。目的是为了在市场环境中保证公正,集中在弥补质量体系缺点和消除产品与服务的不符合性。

建立 ISO 质量认证体系的基本原则包括以下几点:(1) 以顾客为关注焦点。组织依存于顾客,因此,组织应当理解顾客当前和未来的需求,满足顾客要求,并争取超越顾客期望。(2) 发挥领导的作用。领导确立组织统一的宗旨及方向。他们应当创造并保持使员工能充分参与实现组织目标的内部环境。(3) 动员全员参与。各级人员是组织之本,只有他们的充分参与,才能使他们的才干为组织带来收益。(4) 采用过程方法。将活动作为过程加以管理,可以更高效地得到期望的结果。(5) 过程的系统方法。将相互关联的过程作为系统加以识别、理解和管理,有助于组织提供实现目标的有效性和效率。(6) 持续改进。持续改进总体业绩是组织的一个永恒目标。(7) 基于事实的决策方法。有效的决策是建立在数据和信息分析的基础上。(8) 与供方的互利关系。组织与供方是相互依存的,互利的关系可增强双方创造价值的能力。

(二) 六西格玛(6σ)管理

六西格玛管理也常被写成 6σ 管理或 6sigma 管理。它最早由摩托罗拉公司提出来,后来被通用电气公司发扬光大。西格玛(σ)是希腊字母,在统计学上用来表示正态分布曲线下的标准偏差。六西格玛即指"6 倍标准差",它是一个严格的质量标准,要求产品的不合格率低于百万分之三点四,即要求产品合格率达到 99.999 66%。通常 σ 的个数越多,偏离均值的数量就越少,即不合格品就越少。如表 5-2 所示。

表 5-2 西格玛水平与缺陷率的关系

西格玛水平	缺陷率(百万分之)	西格玛水平	缺陷率(百万分之)
2	308 700	5	233
3	66 810	6	3.4
4	6 210	9	0.001 8

大多数企业的运作过程都保持在 3 至 4 个 σ 的水平，也就是说，在 100 万个造成缺陷机会中，存在 6 210 至 66 810 个缺陷。相对而言，保持 6σ 运作的企业，在 100 万个造成缺陷的机会中，只有不到 3.4 个缺陷，这对企业来说是一个很高的目标，对顾客来说是高度符合他们要求的。

为了达到 6σ，首先要制定标准，在管理过程中随时跟踪考核实际操作与计划标准的偏差，不断改进，最终达到 6σ。这个目标可以通过以下 5 个环节的不断改进来实现。

(1) 界定。确定需要改进的目标及其进度，组织高层领导确定战略目标，中层目标可能是提高制造部门的生产量，项目层的目标可能是减少次品和提高效率。界定前，需要辨析并绘制出流程。

(2) 测量。以灵活、有效的衡量标准测量和权衡现存的系统与数据，了解现有质量水平。

(3) 分析。利用统计学工具对整个系统进行分析，找到影响质量的少数几个关键因素。

(4) 改进。运用相应工具，针对关键因素确立最佳改进方案。

(5) 控制。监控新的系统流程，采取措施以维持改进的结果，使整个流程充分发挥作用。

六西格玛管理的重点集中在测量产品质量和改进流程管理两方面，以推动流程改进和节约成本。六西格玛管理的基本思路是：以数据为基础，通过数据揭示问题，并把揭示的问题引入统计概念中去，再运用统计方法提出解决问题的方案。其核心是建立输入变量和输出变量之间的数学模型，通过对输入变量的分析和优化，改善输出变量的特性。

二、JIT 生产方式

JIT 生产方式(just in time，JIT)的实质是保持物质流和信息流在生产中的同步，实现以恰当数量的物料，在恰当的时候进入恰当的地方，生产出恰当质量的产品。这种方法可以减少库存，缩短工时，降低成本，提高生产效率。

准时化生产 JIT 是第二次世界大战以后最重要的生产方式之一。由于它起源于日本的丰田汽车公司，因而曾被称为"丰田生产方式"，后来，随着这种生产方式的独特性和有效性被越来越广泛地认识、研究和应用，人们才称其为 JIT。

(一) JIT 生产方式的基本思想

JIT 生产方式的基本思想是"只在需要的时候，按需要的量，生产所需的产品"，也就是追求一种无库存或库存达到最小的生产系统。JIT 的基本思想是生产的计划和控制及库存的管理。

JIT 生产方式以准时生产为出发点，首先暴露出生产过量和其他方面的浪费，然后对设备、人员等进行淘汰、调整，达到降低成本、简化计划和提高控制的目的。在生产现场控制技术方面，JIT 的基本原则是在正确的时间生产正确数量的零件或产品，即准时生产。它将传统生产过程中前道工序向后道工序送货改为后道工序根据"看板"向前道工序取货，看板系统是 JIT 生产现场控制技术的核心，但 JIT 不仅仅是看板管理。

JIT 的基础之一是均衡化生产,即平均制造产品,使物流在各作业之间、生产线之间、工序之间、工厂之间平衡、均衡地流动。为达到均衡化,在 JIT 中采用月计划和日计划,并根据需求变化及时对计划进行调整。

JIT 提倡采用对象专业化布局,用以减少排队时间、运输时间和准备时间,在工厂一级采用基于对象专业化布局,以使各批工件能在各操作间和工作间顺利流动,减少通过时间;在流水线和工作中心一级采用微观对象专业化布局和工作中心形式布局,可以减少通过时间。

JIT 可以使生产资源合理利用,包括劳动力柔性和设备柔性。当市场需求波动时,要求劳动力资源也作相应调整。如需求量增加不大时,可通过适当调整具有多种技能操作者的操作来完成;当需求量降低时,可采用减少生产班次、解雇临时工、分配多余的操作工去参加维护和维修设备。这就是劳动力柔性的含义;而设备柔性是指在产品设计时就考虑加工问题,发展多功能设备。

JIT 强调全面质量管理,目标是消除不合格品。消除可能引起不合格品的根源,并设法解决问题,JIT 中还包含许多有利于提高质量的因素,如批量小、零件很快移到下工序、质量问题可以及早发现等。

JIT 以订单驱动,通过看板采用拉动方式把供、产、销紧密地衔接起来,使物资储备,成本库存和在制品大为减少,提高了生产效率。

(二) JIT 生产方式的特征

JIT 作为一种现代管理技术,JIT 的特征体现在如下两个方面:

1. 以消除非增值环节来降低成本

JIT 生产方式力图通过另一种方法来增加企业利润,那就是彻底消除浪费。即排除不能给企业带来附加价值的各种因素,如生产过剩、在制品积压、废品率高、人员利用率低和生产周期长等。

2. 强调持续地强化与深化

JIT 强调在现有基础上持续地强化与深化,不断地进行质量改进工作,逐步实现不良品为零、库存为零和浪费为零的目标。

(三) JIT 生产方式的具体方法

在 JIT 方式中,试图通过产品的合理设计,使产品易生产和易装配,当产品范围扩大时,即使不能减少工艺过程,也要力求不增加工艺过程,具体方法有:模块化设计;设计的产品尽量使用通用件和标准件;设计时应考虑易实现生产自动化。

(四) JIT 与看板管理

在实现 JIT 生产中最重要的管理工具是看板,看板是用来控制生产现场的生产排程工具。具体而言,是一张卡片,卡片的形式随不同的企业而有差别。看板上的信息通常包括零件号码、产品名称、制造编号、容器形式、容器容量、看板编号、移送地点和零件外观等。

1. 看板的功能

JIT 生产方式中,看板的功能表现在以下四个方面:

(1) 生产以及运送的工作指令。看板中记载着生产量、时间、方法、顺序以及运送量、运送时间、运送目的地、放置场所、搬运工具等信息,从装配工序逐次向前工序追溯,在装配线将所使用的零部件上所带的看板取下,以此再去前工序领取。后工序领取以及JIT生产就是这样通过看板来实现的。

(2) 防止过量生产和过量运送。看板必须按照既定的运用规则来使用。其中一条规则是:"没有看板不能生产,也不能运送。"根据这一规则,看板数量减少,则生产量也相应减少。由于看板所表示的只是必要的量,因此,通过看板的运用能够做到自动防止过量生产以及适量运送。

(3) 进行"目视管理"的工具。看板的另一条运用规则是:"看板必须在实物上存放,前工序按照看板取下的顺序进行生产。"根据这一规则,作业现场的管理人员对生产的优先顺序能够一目了然,易于管理。通过看板就可以知道后工序的作业进展情况和库存情况等。

(4) 改善的工具。在JIT生产方式中,通过不断减少看板数量来减少在制品的中间储存。在一般情况下,如果在制品库存较高、即使设备出现故障或不良品数目增加也不会影响到后道工序的生产,所以,容易把这些问题掩盖起来。而且即使有人员过剩也不易察觉。根据看板的运用规则之一"不能把不良品送往后工序",后工序所需得不到满足,就会造成全线停工,由此可立即使问题暴露,从而必须立即采取改善措施来解决问题。通过改善活动不仅使问题得到了解决。也使生产线的"体质"不断增强,带来了生产率的提高。JIT生产方式的目标是要最终实现无储存生产系统,而看板提供了一个朝着这个方向迈进的工具。

2. 看板管理五大原则

(1) 后工序只有在必要的时候,才向前工序领取必要数量的零部件。需要彻底改变现有流程和方法。

(2) 前工序应该只生产足够的数量,以补充被后工序领取的零件。在前两条原则下,生产系统自然结合为输送带式系统,生产时间达到平衡。

(3) 不良品不送往后工序。后工序没有库存,后工序一旦发现次品必须停止生产,找到次品送回前工序。

(4) 看板的使用数目应该尽量减小。看板的数量代表零件的最大库存量。

(5) 应该使用看板以适应小幅度需求变动。计划的变更经由市场的需求和生产的紧急状况,依照看板取下的数目自然产生。

3. 看板的分类

在实际JIT系统中,根据需要和用途的不同,使用的看板可以分类为:

(1) 在制品看板。它包括工序内看板和信号看板,记载后续工序必须生产和定购的零件、组件的种类和数量。

(2) 领取看板。它包括工序间看板和对外订货看板,记载后续工序应该向之前工序领取的零件、组件种类和数量。

(3) 临时看板。

4. 看板与JIT

看板管理是JIT生产方式中最独特的部分,因此,也有人将JIT生产方式称为看板方式。但严格地讲,这种概念也不正确。日本筑波大学的门田安弘教授曾指出:"丰田生产方式是一个完整的生产技术综合体,而看板管理仅仅是实现准时化生产的工具之一。把看板管理等同于丰田生产方式是一种非常错误的认识。"

如前所述,JIT生产方式的本质是一种生产管理技术,而看板只不过是一种管理工具。绝不能把JIT生产方式与看板方式等同起来。看板只有在工序一体化、生产均衡化、生产同步化的前提下,才有可能运用。如果错误地认为JIT生产方式就是看板方式,不对现有的生产管理方法作任何变动就单纯地引进看板方式的话,是不会起到任何作用的。所以,在引进JIT生产方式以及看板方式时,最重要的是对现存的生产系统进行全面改组。

学习单元六

战略与文化管理

学习目标

能力目标

① 培养分析、理解和概括组织战略的能力；
② 培养设计组织职能战略的基本能力；
③ 培养正确使用战略分析工具的基本能力；
④ 培养理解企业文化内涵的基本能力。

知识目标

① 理解使命、目标与战略的有关知识；
② 熟悉公司战略、经营战略和职能战略的有关知识；
③ 熟悉国际化战略的有关知识；
④ 了解企业文化的有关知识。

素质目标

① 能够全面、概括、宏观地认识事物发展的规律；
② 具备战略思维模式；
③ 形成多样性的文化认知；
④ 形成兼容并蓄的人文情怀。

能力模块一　发现公司战略

【情境任务导入】

国美电器的扩张战略

2007年12月16日,国美电器集团昨日在其"全面托管大中电器"的新闻发布会上正式宣布,以36.5亿元的价格获得对大中电器全部股权的独家购买权。至此,上海、北京最大的地区家电连锁商——永乐、大中先后落入国美囊中。

此次收购通过第三方投资公司——北京战圣投资有限公司实现。这宗涉资36.5亿元的收购案从启动谈判到最后签约,交易双方仅用了4天时间。国美由此得到大中电器的独家管理与经营权以及日后向战圣投资购买大中电器股权的独家购买权。国美的收购价格为36.5亿元,或者36.5亿元加上至股权购买日独立第三方公司已支付的利息,再减去在此期间已分配的利润(扣除战圣投资需向国美缴纳的管理费前),两者之间更高的价格为国美的最终购买价格。

据介绍,大中电器被收购前在北京拥有61家门店,在天津拥有7家门店,在河北拥有9家门店,在秦皇岛拥有2家门店,在青岛拥有2家门店,门店合计81家。根据商务部提供的数据,其2006年全年销售额为87亿元。

国美集团总裁陈晓表示,大中品牌在北京市场将不会消失。在北京,国美、大中将采取双品牌和两个管理团队分别管理的方式进行经营,统一集团采购、门店选址、物流仓储、信息管理、资金管理以及制度管理;但在门店形象、目标消费者、营销策略和产品结构方面实现差异化经营,从而避免整合后门店重复的现象。北京市场以外的大中电器门店,其托管和整合工作将由国美电器当地分公司负责进行。国美集团常务副总裁王俊州透露,国美将在大中电器现有的管理团队和国美电器现有的管理团队中,选拔最优秀和最适合的人组成新的大中电器管理团队,成员名单将在下周对外公布。王俊洲同时承诺,国美电器全面托管大中电器后,将通过种种措施,确保逐步降低商品零售价格。

"与其说国美36.5亿元收购的是大中电器,不如说它是用高价买掉了苏宁一个快速超越国美的机会。"业内人士分析,如果不是苏宁计划出价30亿元购买大中,国美根本不会愿意以36.5亿元的高价将大中电器一举拿下。业内一个公认的事实是,单从北京家电市场份额来看,大中61家北京门店的价值对于苏宁的意义要大于国美。目前,国美在北京的门店数量已达到56家,与大中几乎不相上下,而且不少门店选址与大中相邻。但是,一旦苏宁收购大中,苏宁就将成为北京地区最大的家电连锁商,这一点让国美倍感压力。

拿下大中电器让国美志向更加远大。陈晓声称,国美电器近日确定的企业愿景是:在2015年前,将成为备受尊敬的世界家电零售企业第一名。

资料来源:陈华,"国美36.5亿收购大中电器",《东方早报》,2007年12月17日。

请思考：
1. 国美电器采用了何种扩张战略？
2. 国美电器的扩张战略为企业提供了哪些帮助？
3. 从今天的视角来看，国美的企业愿景没有实现的原因何在？

【必备知识内容】

一、有关战略的基本概念

战略一词原为军事术语。德国著名军事战略家冯·克劳塞维茨在他的传世著作《战争论》中这样解释："战略是为了达到战争目的而对战术的运用。"战略必须为整个军事行动规定一个适应战争目的的目标。毛泽东在《中国革命战争的战略问题》中也讲道："战略问题是研究战争全局的规律性的东西。"可见，古今中外的战略家们对何谓战略都有自己的理解。

（一）战略的含义

随着人类社会实践的发展，战略一词被人们广泛地运用到战争以外的领域，并且逐渐赋予战略以新的含义。西方管理思想的发展为战略添加了更为现代的含义。比较系统的概念在组织管理和战略管理大师明茨伯格的"战略的5P"中得到阐述。根据他的归纳，战略可以从以下五个角度来理解。

1. 战略是一种计划（Plan）

战略是计划，是某种有意识的行动过程，是处理某一形势的指导方针。作为一种计划，战略将组织的主要目的、政策和活动按照一定的顺序结合成一个紧密的整体。它们在被应用之前就被事先预订，并且是被有意识、有目的地开发出来的。

2. 战略是一种谋略（Ploy）

作为计划的战略也可以是谋略，是某个特定的"技巧"，其目的是用智慧战胜对手或竞争者。例如，一个公司可能用威胁要扩张工厂生产容量的方式来打消其竞争对手建新工厂的念头。这里真正的战略是威胁，而不是扩张本身，这就是谋略。谋略强调战略的动态性：随着战略实施过程的发展和竞争关系的变化，战略的谋略作用不断体现，并引起战略和竞争关系的进一步发展和改变。

课外故事：古巴导弹危机

1962年10月，美国的U-2高空侦察机发现苏联在古巴部署了进攻性的导弹和运载核武器的伊尔-28重型轰炸机基地。肯尼迪政府随即做出强烈反应，40艘美军舰艇和两万名海军战斗人员对古巴实施了封锁，美国全球的军队立即进入紧急状态。10月22日，美国总统J.F.肯尼迪发表电视演说，宣布武装封锁古巴，要求苏联从古巴撤出进攻性武器，并威胁不惜使用武力，形成战争一触即发之势。23日，肯尼迪又签发禁止进攻性武器运往古巴的公告，宣布从24日起，将拦截并强行检查可能前往古巴的舰船。同时，美国在古巴周围集中了大批武装力量，驻西欧和远东的美军也都处于高度戒备状态。美国在北大西洋公约组织和美洲国家组织中的盟国军队也进入戒备状态。25日，美国在联合国展示了在古巴的苏联导弹和发射场的照片。26日,H. C. 赫鲁晓夫给肯尼迪一封秘密信件,提出愿在联合国监督下从古巴撤出进攻性武器,并表示不再向古巴运送这种武器,交换条件是美国撤销对古巴的封锁,并保证不再入侵古巴。27日,肯尼迪复信赫鲁晓夫并发表白宫声明,要求苏联在联合国监督下从古巴撤出导弹,美国保证不入侵古巴。11月11日,苏联从古巴运走了42枚导弹。20日,肯尼迪宣布美国取消对古巴的海上封锁。12月6日,美国国防部宣布苏联轰炸机撤出古巴。至此,古巴导弹危机结束。

3. 战略是一种模式(Pattern)

作为模式,战略专注于行动。战略反映了组织长期行为的连贯性。战略可以是有意识、有计划的过程,也可以是组织无预先计划的对环境变化的反应行为方式。

课外故事:福特T型车的兴衰

福特T型车的兴衰历程向我们展示了战略是如何作为一种模式而存在的。福特T型车是美国亨利·福特创办的福特汽车公司于1908年至1927年推出的一款汽车产品。它是世界上第一种以大量通用零部件进行大规模流水线装配作业的汽车。为了提高生产速度,福特公司只使用价格低廉、干燥迅速的日本黑涂料。这种生产方式降低了生产成本,提高了价格竞争力,在市场上取得了巨大的成功。然而,这种为福特公司带来巨大辉煌的战略模式也导致了T型车的没落。当通用汽车以更低的价格生产出外观更加新颖的汽车时,福特仍坚持认为黑色是最好的选择。除了黑色,他拒绝给他的车涂别的颜色。T型车不断丢失市场份额,最终,其销量在1927年被雪佛兰公司超越。

4. 战略是一种定位(Position)

按照这个定义,战略变成了组织和环境之间的媒介力量。定位可以被事先选择和执著追随,自始至终贯穿一个计划或谋略,并且可以通过一种行为模式来达到。战略是以最可能击败敌人的方式有效利用一个人的资源;是为经济利润创造形势并找到维持它的方法;是通过对外部环境的寻求来定位组织。作为定位,战略促使我们在环境里看待组织,特别是在它们的竞争环境里。这使我们能从生态学角度去考虑组织,把它看作小生境中的有机体,在敌对、不确定和共生的世界里求生存。

课外故事:宜家的逆向定位战略

2006年11月29日,全球最大的家居用品零售商宜家家居在成都的第一家门店开业了。一大早,就已经有上千市民在宜家门口等候。当天,宜家3层卖场里可谓人山人海,很多样板套间里铺设的地毯在短短几个钟头已经被磨得不成形状。商场门口处挤满了出租车,几度造成门店附近小规模塞车。不少家居业界的专业人士也混杂在熙攘的人流中。一位成都老牌家居卖场的高层人士就表示,仅他们公司就来了20多人,除了看看宜家的产品会否对他们造成什么样的实际影响外,同时也学学世界500强企业好的地方。追根溯源,宜家的成功首先是企业逆向战略定位的成功。宜家家居逆向战略定位的核心是"低价"和"有限服务"。宜家的目标对象是年轻的家具客户,他们在乎的是价格低廉的时尚家具。要充分理解这种战略定位,就要回到宜家的创立之初。从1950年一直到20世纪70年代初,瑞典的国民生产总值平均年增长4‰,这一持续增长所带来的现代化浪潮使城市不断扩张,并向郊区辐射发展。年轻人迫切需要找地方住下来,并尽可能便宜地装修房子。这一状况和现在的中国出奇地相似,"黄金年代"下的"黄金需求"由此产生。

5. 战略是一种观点(Perspective)

战略不仅包括选择了的定位,还包括根深蒂固的认知世界的方式。例如,一些组织是好斗的先导者,创造新科技并开拓新市场;一些组织则认为世界是固定和稳定的,因此,墨守已建立的市场,并在自己周围建立保护性外壳。从这个角度看,战略之于组织,就像性格之于个人。战略是一个被组织成员共享的思维方式,这种共享通过他们的目的或行动来进行。

课外故事:太阳马戏团

当传统马戏团受制于"动物保护"、"马戏明星供方市场"和"家庭娱乐买方市场"时,太阳马戏团从传统马戏的儿童观众转向成年人和商界人士,以马戏的形式来表达戏剧的情节,吸引人们以高于传统马戏数倍的门票来享受娱乐,用十年左右的时间,就从一群街头流浪艺人组成的马戏团发展成为将欢乐带给数以亿计的观众和闻名全球的行业标杆。太阳马戏团无疑是蓝海战略的表率。蓝海战略是一种崭新的竞争观点。它提示企业,要放弃比照现有产业最佳实践去赶超对手的传统思维,将视线移向潜在需求的买方大众,重新设定产业的游戏规则,将不同市场的买方价值元素筛选并重新排序,通过改变市场结构创造出企业自身的核心竞争力。

无论何种定义,战略无疑都为组织通向卓越铺就了一条成功之路。每当我们浏览世界上各类成功组织林林总总的宣传材料时,战略的身影都会或浅或深地映入我们的视野。我们不仅疑惑,难道这些花样翻新的表白与宣告就是我们如此看重的战略么?是的,不论组织如何阐述,只要我们潜心研读,就会发现战略的关键。要进一步理解组织战略,不妨让我们看看与之相关的关键词。

(二)战略关键词:愿景、使命与目标

组织的战略管理包含五项相互联系的管理任务,即组织的愿景、组织的使命、组织的目标、组织的战略和战略的实施与控制。这五项任务形成了一个循环系统,不断调整,以适应组织发展的需要。显而易见,愿景、使命、目标与组织战略是几个相互联系又互有不同的概念。完善的组织战略管理正式从这几个概念出发,构建出自己庞大的版图。

1. 愿景

每个人都会为自己做一种规划希望自己能成为什么样的人,组织也是一样,在组织的发展战略上也会有愿景,就是为组织描述一个未来的发展方向。

愿景是组织战略与文化的交集。文化和战略最重要的就是方向。没有方向,任何激励都将成为无用功。如果我们只是强调团结,强调凝聚力,却不告知员工组织到底要往哪里走,员工有力气也没有地方使。这时,愿景便成为战略与文化的联结点,它给了战略与文化一个明确的方向,一个光荣的梦想。

愿景还是一种激发潜能的梦想。当亨利·福特在一百年前说他要使每一个家庭都拥有一辆汽车时,人们认为他是神经病,但现在的美国社会,他的梦想已经完全实现。这种梦想通常会使人感到不可思议,但又会不自觉地被它的力量所感染。愿景的意义在于,"你想成为什么,所以你能成为什么",而不是"你能成为什么,所以你想成为什么"。

课外故事:梁伯强做冠军的预谋

1998年,梁伯强投入到指甲钳生产领域。几年下来,在许多企业挣扎于高科技并在新经济中四处碰壁时,梁伯强却在小商品里做大品牌,在低价值中创造了高利润。"非常小器·圣雅伦"成为中国指甲钳第一大品牌,成为与德国、韩国同类产品三足鼎立的世界品牌。就是这样一个小小的指甲钳,创造了逾亿元的产值。梁伯强因此被称为中国指甲钳大王。事实正如梁伯强所言:"我做这个冠军是有预谋的。"从他进入指甲钳市场之前的自费全球调研,立志成为世界指甲钳冠军;到重金聘请业内技术精英,设立高标准的测检中心和研发中心,搜罗大量的国内和国际技术参数,找准目标竞争对手,经过细心分析逐项对比,把实质性的差距逐个攻破;到主动出击,勇于与竞争对手短兵相接,把丰厚的利益留给经销商,把委屈留给自己;再到通过软性封杀,誓死维护行业领导地位;努力争夺行业第一品牌,创立中国指甲钳研发制造中心,制定行业标准,占领行业的制高点。提高竞争门槛,不断为企业建立防火墙,不惜一切维护行业领先地位。我们无一不感受到这个男人是具备如此强烈的征服世界的野心。这种野心是"我想成为什么,所以我能成为什么"的最佳诠释。

愿景包括两部分,一部分是核心理念,另一部分是未来蓝图。

核心理念长久不变。它包括核心价值与核心目的两个观念。

核心价值指的是,无论市场条件是什么,企业本身却有其恒久不变的基本价值。这种价值与市场利润或市场条件无关。例如,有些企业坚持人性本善的价值观,就算用"人性本恶"的制度可以使企业获得更好的利润,该企业仍然坚持人性本善的理念与制度。那么,人性本善就是该企业的核心价值。

核心目的则指该企业存在于这个社会的意义。核心目的虽然不像核心价值那样恒久不变,但也要五十年、一百年才可能改变。以迪士尼公司来说,它的核心目的是使人们快乐,迪士尼之所以赚钱是因为其核心目的受到社会的肯定,而不是赚钱的手段受到肯定。正如施振荣在《再造 Acer》一书中所说:"企业价值的高低,取决于它对社会贡献的多寡。"两者的道理是相通的。

未来的蓝图也包括两个部分。一个部分是十年到三十年的长远目标,另一部分是对公司鲜明生动的描述。施振荣说,宏碁是用卖汉堡包的方式去卖计算机。这就是对宏碁的策略与理念的一个鲜明生动的描述。在这个鲜明生动的描述下,无论是员工、客户或是关系厂商,都能更清楚地了解该企业的方向。

可以说,没有愿景的组织就是没有灵魂的组织。组织在日趋专业化、国际化、大型化的过程中,所面对的最大挑战,不是目标,不是利润,也不是技术,而是是否拥有能够支持组织永续生存的灵魂。

精彩一瞬：带你走进"数码梦想"

索尼公司进入中国市场由来已久,在中国的品牌认知度可算是日系品牌中最高的。在为消费者提供日益丰富的新产品的同时,索尼也希望通过更多的方式让大家了解和体验索尼所倡导的当今和未来数码网络娱乐生活方式的最新理念,而"数码梦想"正是展示这一理念的响亮口号。索尼公司指出,"数码梦想"代表着公司一个坚定的信念,即为实现那些被数字技术的魅力深深吸引的人们的梦想,不断创造出独特的、可以带来全新生活享受的新产品。这意味着享受索尼产品的人民,会通过索尼实现自己美好的梦想。

2. 使命

愿景说明了组织应该成为什么样的组织,而使命回答了组织所从事的事业是什么的问题。使命是组织对自己的根本任务所做出的口号性描述,是关于组织存在的目的或对社会发展的某一方面应做出的贡献的陈述,它不仅陈述了企业未来的任务,而且阐明为什么要完成这个任务以及完成任务的行为规范是什么。

课外故事：麦当劳的 QSC & V——品质、清洁和物有所值

从"更多选择,更多欢笑"到唱满全球的"我就喜欢",短短几年,麦当劳的广告音乐不断地在人们心目中打榜流行。在强劲的节奏中,这位生于 1955 年的麦当劳大叔愈加散发出酷味十足的感染力。对麦当劳的工作伙伴来说,是麦当劳的 Q.S.C & V 使他们保持第一。

QSC & V 分别是 quality,service,cleanliness & value 第一个字母,这四个单词对应于汉语中的品质、清洁和物有所值。

Q：麦当劳的品质和声誉是国际著名的。因为这是在合理价格的基础上保持最高的质量标准。麦当劳采用最优良的产品及经过仔细开发的食谱,但所有这一切如果没有你的帮助,就会失去它的光泽。记住,要经常地检查你所提供的产品和服务,如果产品有问题就不能提供给你们的顾客,并立即报告你的主管。

S：没有快捷、礼貌的服务,品质和清洁就会被浪费。一个微笑就如同世界上最好的食品会吸引我们的顾客再次光临,请记住在我们的经营中,顾客是唯一的也是最重要的因素,只要我们记住了这一黄金规则：礼貌不难做到,以自己希望别人对待自己的态度去对待每一个人,尤其是顾客。顾客对礼貌会称赞,同样也会称赞快捷的服务。有时候,同时为顾客提供快捷和礼貌会发生困难,但这是我们的工作。这也是麦当劳与众不同之处。

C：清洁像一块磁铁将顾客吸引到麦当劳来,我们的餐厅必须始终保持一尘不染,里外都应如此,只有全体人员全力以赴才能做到这一点。

V：麦当劳餐厅是在明亮、舒适、宜人的环境中,为顾客提供了价格合理、品质优秀的快餐。

尽管组织的使命陈述千差万别,但它要回答两个基本问题：一是组织是干什么的和按什么原则干的？二是组织应该树立什么样的社会形象以区别于同类组织？具体来讲,应包括下面几个方面的内容：(1)谁是组织的主要服务对象？(2)组织的主要产品或服务是什么?(3)组织主要在哪一个地区或行业展开竞争?(4)组织的基本信仰、价值观念和愿望是什么?(5)组织的竞争优势是什么?(6)组织期望给公众展现一个什么样的形象?(7)是否有效地反映了各利益相关团体的利益?(8)组织使命能否有效地激励成员?

  组织的使命有一个历史的形成过程。一个组织刚刚建立的时候,对自己的使命大多比较模糊或者认识简单。随着组织的发展和对运营过程的体验,其使命会逐步成熟和完善。即使是经过多年的发展,也不是所有的组织都有用文字表达的使命。越来越多的组织认识到,使命对一个梦想成为常青树的组织来说,意义非同寻常。一方面,组织使命中关于组织存在的根本目的的陈述,为全体成员树立了一个共同为之奋斗的价值标准,成为组织以及全体成员选择自身行为的总规范和总指导。另一方面,组织使命为组织领导者确定组织战略目标、选择战略、制定政策和有效利用资源提供了方向性指导。另外,组织使命中关于组织生存哲学和行为准则的陈述,有利于组织树立一个特别的、个性的、不同于其他竞争对手的组织形象。

> **补充知识:世界著名企业的使命**
>
>   索尼公司:为包括我们的股东、顾客、员工乃至商业伙伴在内的所有人提供创造和实现他们美好梦想的机会。
>   通用电气(GE):以科技及创新改善生活品质。
>   微软公司:致力于提供使工作、学习、生活更加方便、丰富的个人电脑软件。
>   荷兰银行:透过长期的往来关系,为选定的客户提供投资理财方面的金融服务,进而使荷兰银行成为股东最乐意投资的标的及员工最佳的生涯发展场所。
>   沃尔玛:给普通百姓提供机会,使他们能与富人一样买到同样的东西。
>   惠普:我们对人充分信任与尊重,我们追求高标准的贡献,我们将始终如一的情操与我们的事业融为一体,我们通过团队,通过鼓励灵活与创新来实现共同的目标——致力于科技的发展是为了增进人类的福利。
>   波音:领导航空工业,永为先驱;应付重大挑战和风险;产品安全与品质;正直与合乎伦理的业务;"吃饭、呼吸、睡觉都念念不忘航空事业"。

3. 目标

  组织目标就是实现其使命所要达到的预期成果,没有目标的组织是没有希望的组织。一般来讲,组织的目标有四个部分组成:(1)目的,这是组织期望实现的标志;(2)衡量实现目标的指标;(3)组织应该实现的指标;(4)组织实现指标的时间。组织建立目标体系是进行组织战略管理一个非常重要的步骤。在这一环节里,组织要将其愿景和使命转化为组织具体的可以衡量的参考指标,即为组织实现愿景和使命提供战略标准和财务标准。

  战略目标是对组织战略活动预期取得的主要成果的期望值。战略目标的设定同时也是组织使命的展开和具体化,是组织使命中确认的组织运营目的与社会使命的进一步阐明和界定,也是组织在既定的领域中展开活动所要达到的水平的具体规定。由于战略目标是组织使命和功能的具体化,一方面有关组织生存的各个部门都需要有目标;另一方面,目标还取决于个别组织的不同战略。因此,组织的战略目标是多元化的,既包括经济目标,又包括非经济目标;既包括定性目标,又包括定量目标。

精彩一瞬：借力奥运，进军全球

在中国企业国际化的征程中，联想是一面旗帜。

为了国际化，联想实施了全球化三步走的战略。第一步是宣布联想全球换标。2003年，联想全球换标，由"legend"换为"lenovo"。第二步是收购IBM的PC业务。第三步就是借力奥运，进军全球。联想在国际化的进程中，需要做大"lenovo"品牌，而奥运正是一个好时机。作为2008年北京奥运会的TOP赞助商，联想又成为奥运会火炬官方合作伙伴，联想创新设计中心主创的"祥云"火炬走遍全球五大洲。时至今日，联想已成为中国经济全球化的一个坐标，成为中国企业冲向海外的象征。

组织不仅要有战略目标体系，还要有满意的财务目标体系来加以完善，用来考核和评价组织的管理绩效。这些目标既包括传统的财务指标，如收入增长、红利提高和资本回报率等，也包括一些新兴的衡量指标，如经济附加值和市场附加值等。与战略目标不同的是，财务目标一般是数量化的指标。

管理帮帮忙：家庭理财早规划

俗话说："知道目标等于完成了行程的一半。"这句话同样适用于家庭理财领域。如果没有一个具体的目标，管理家庭财务就像驾驶一辆不知道驶向何处的汽车，是很难到达目的地的。可见，能否给自己的家庭理好财，其关键是有没有明确的理财目标。

家庭理财目标必须具有如下两大特征：一是目标结果必须可以用货币进行精确计算；二是有实现目标的最后期限。例如，我准备在5年内购置一幢价值20万元的新房子；我想在本年内购买一台价值1万元的笔记本电脑……这些想法显然具备了家庭理财目标的两大特征，故而就不仅仅属于美好愿望，而是明确的理财目标。

如何把自己的想象具体化？如何把自己的诸多美好愿望转化为具体的理财目标？首先，把诸多美好愿望列举出来；其次，所列举的愿望做一些具体分析，看看哪些需要划掉；最后，将自己的美好愿望具体化，一是能用现金进行表示和计算，二是有明确的实现时间，只要符合了这两个条件，理财目标就设定好了。

4. 愿景、使命和目标的关系

对于愿景、使命和目标三者之间的关系，可以从时间和范围两个角度来理解。

从时间角度来看，愿景是对组织存在长远目的的描述，在相当长的时间内不会变化；使命是组织根据当前环境和自身资源能力，对实现愿景所需要完成的任务的阐述，它会随组织内部情况和外部情况的变化而变化；目标在时间角度上与使命一致，但更具体。

从范围角度来看，愿景涉及组织理念、精神和文化，因为涉及范围太广，又需要以简短的语言来描述，所以，在某种程度上说，"愿景"的提法常常落入到感觉、意识这些精神层面上。使命就像一个大任务，相对愿景来说要具体得多，涉及的范围比愿景也要小，更关注组织的发展和盈利。目标与愿景和使命不同，目标关注的更具体，也因为具体，所以就杂乱，数目上就多，通常，在同一时期，一个组织可能有好几个目标，分别指导组织在某个方向的运行和控制。

整个组织的战略就是一个金字塔结构,越向着底层走,就越来越具体和细微,也有越来越多的手段去完成逐层而上的目标和使命,进而实现愿景。

(三)战略家:组织战略的舵手

实施战略管理的关键在领导,特别是组织的高层领导者。然而,战略管理又与普通的经营管理不同。它要求实施战略管理的人必须是战略家。所谓战略家,是指具有战略管理思想、善于战略思维、具有战略能力、掌握战略实施艺术、从事研究和制定战略决定、指导企业开拓未来的企业高层决策群体。

在竞争激烈、淘汰率越来越高的现代社会环境中,领导一个伟大的事业,组织的领导者必须要有相应的战略素养:

1. 思想素质

战略家首先应该是思想家,要能够经过思维活动,对客观现实有独到的见解,能够将某个问题、事件或需协调的系统分解成若干部分或子系统,找出它们各个组成要素的内在特征和联系,通过优化组合,以适应外部环境的变化,即通常所说的战略思维方式。运用战略思维方式和具有战略思维理念是战略家应具备的首要素质。

2. 政治素质

政治素质是战略家政治观点、价值观、道德、社会责任感的综合反映。组织的任何一项战略决策都将涉及组织自身、国家和社会利益,所以,这些因素都对组织高层决策者进行战略抉择起着十分重要的影响作用。因此,政治素质是战略家应具备的核心素质。

课外故事:背靠国家力量,实现国际化战略

谢企华,上海宝钢集团公司董事长。这位女性商业领袖希望通过资本运作的战略以及国际结盟的战略,快速建立一家世界第三大的钢铁集团。正是由于战略稳健,她距离这个目标越来越近。年产钢材达 2 000 万吨的上海宝钢集团公司是中国最大也是最好的钢铁公司,以上年实现收入 1 024 亿元(145.48 亿美元)的实力首度进入《财富》500 强,位列第 372 位,成为中国制造业第一批进入全球 500 强的公司。

谢企华的理想是:即使上海宝钢集团公司成不了世界最大的钢铁生产商,也要让它成为世界最大的钢铁生产商之一。在谢企华"全球化视野"的指导下,宝钢很早就开始在海内外选择结盟伙伴,并坚持每年把 10% 的产品投放国际市场,接受最挑剔用户的检验。正是这一条道路令上海宝钢集团公司在全球钢铁行业利润下滑的时候业绩能独树一帜。

作为国有企业,上海宝钢集团公司的成功不无国家扶持的因素,但谢企华使之达到了更高的境界。2004 年 10 月 9 日,中国进出口银行与上海宝钢集团公司签署协议,向这家中国最大钢铁集团提供 100 亿元人民币的出口信贷额度。在此次获得国家政策性金融支持的项目中,最引人注目的是上海宝钢集团公司在巴西与著名矿业巨头 CVRD 公司联手建立大型钢铁联合企业的投资项目。据上海宝钢集团公司有关人士说,项目目前进展顺利,可行性研究已经基本结束。据初步计划,此合资项目年产 370 万至 380 万吨钢、371 万吨连铸钢坯,建成后将是中国在海外投资的最大钢铁生产项目。上海宝钢集团公司计划中的主要海外投资及海外工程承包等国际化经营项目,得到了国家政策性金融支持。

3. 技能素质

技能素质是指掌握和运用战略技术的能力。在知识经济时代，战略家所具备的知识框架主要有哲学、社会科学和技术科学等。掌握战略管理和宏观经济知识，可以对经济形势做出迅速、正确的判断并推断未来，以此进行战略设计和领导战略实施的成功率才会更高。所以，技能素质是战略家应具备的基本素质。

4. 心理素质

心理素质是指战略家在进行战略管理时表现出来的感觉、知觉、思维、情绪等内心活动的个性心理特征。战略家必须具有健全的神经、乐观的性格和饱满的精神。这是战略家应具备的重要素质。

管理帮帮忙：经典的心理测试题

场景：你在森林的深处，你向前走，看见前面有一座很旧的小屋。

（1）这个小屋的门现在是什么状态？（开着或关着）
（2）屋内桌子上有个花瓶，瓶子里有水，有多少水在花瓶里？（满的、一半或空的）
（3）这个瓶子是由什么材料制造的？（玻璃或金属）
（4）你走出小屋，看见地面上有一个箱子。这个箱子是多大尺寸的？（小、中或大）
（5）这个箱子是什么材料做的？（木头或金属）

心理测试题答案解析：

（1）门如果是开着的，表示你是一个任何事都愿与别人分享的人；门如果是关着的，表示你是一个任何事都愿一个人去做的人。
（2）瓶子里的水如果是空的，表示你目前的生活很不满意；如果是一半，表示你的生活只有一半达到你的理想；如果是满的，表示你对目前的生活非常满意。
（3）瓶子的质地如果是玻璃，表示在生活里你是一个脆弱而需要得到照顾的人；如果是金属，表示你在生活里是一个强者。
（4）箱子如果是小的，表示不自负；如果是中等的，表示比较自负；如果是大的，表示非常自负。
（5）箱子的材料如果是木头，表示谦虚的性格；如果是金属，表示骄傲而顽固的性格。

此外，生理素质也是战略家不可或缺的必要条件。随着科学技术的飞速发展，组织工作日益复杂，工作时间长达每天十几个小时，没有强壮的身体，显然难以胜任。所以，战略家必须具有强壮的体魄和充沛的精力。

战略素养不是与生俱来的。许多伟大人物的生平告诉我们，伟大的思想准备远在伟大的事业来临之前就已经完备了。所以，战略素养必须在日常的生活中不断历练才可能集中展现在某个人得身上。要历练战略素养，需要从以下三个方面去努力：

一是透过现象看本质，发掘哲理，广泛使用。在一个战争小故事中描述到：前方的路轨已经被敌机炸毁，火车只好停下，敌军就在附近，情况十分危急，得快速修复铁路，使列车早点离开这个是非之地。司机一时无计可施，一个农民走过来，告诉司机，把列车后面的路轨拆掉搬到列车前面来，铁路就畅通了，半小时就解决问题了，战争结束时，这个农民成长为上校。上校回忆当初解决轨道问题的经历时说："我是赶马车出身的，遇到水坑，就用车后面的土填水坑,这是我的经验。"一位将军为他授奖,将军给他的评价是:"能用走过的路去铺垫前进的路,这对战争指挥具有重要的启示作用。"从士兵到将军,路途并不遥远,观察前后、发掘哲理、用于思考、萌生战略,日积月累,逐渐历练就会培养出战略素养。

二是总结规律,形象表达,概括总体思想。事物的发展都有其基本规律,支撑整个战略构思的主脉大多就是那么一、两条规律,发掘这些规律只是第一步,表达好对规律的认识则需要战略家具有一定的概括能力。邓小平把复杂的香港回归的策略问题概括为"一国两制",全国人民都能掌握其战略构思的精神实质。战略最重要的作用之一就是动员,只有能让人最容易掌握精神实质的战略思想才有可能转化为物质力量。"领袖"的"领"由"命令"和"页码"组成,它似乎告诉我们:作为领导人,最好的命令应当用一页纸写就。可见,概括能力是多么重要。

三是立足大局,换位思考,努力发掘行动的意义。有位团长在战斗失利,被敌人追着打,如果继续抵抗将全军覆没,如果逃跑,师长将按军令处决他,反正都是死。团长选择了逃跑,但在逃跑过程中,向师长发报:"我们终于把敌人的主力引出来了,我们将把敌人一直带到包围圈……",战斗结束了,团长立了大功!团长的成功在于其能胸怀大局,站在师长的位置上想问题,从自己的失败中发掘出战略的意义。工作本无好坏之分,当搬运工显得低级,可这是佐川急便老板发迹的起点;刚毕业就当上大企业总裁助理,很体面,但若不能正确认识第一份工作的战略意义,则可能因此永远失去基层锻炼机会,过早地进入了无能级。

管理帮帮忙:杰克韦尔奇眼中的战略家

杰克·韦尔奇是通用电气(GE)前董事长兼CEO。在短短20年间,这位商界传奇人物使GE的市场资本增长30多倍,达到了4 500亿美元,排名从世界第10提升到第1。他所推行的"6个西格玛"标准、全球化和电子商务,几乎重新定义了现代企业。他是如何成为世界上数一数二的战略家的?让我们来看看:

富有远见:通用电气要在自己进入的每一个行业里做到数一数二的位置;

思路清晰:崇尚"单纯"和"精简";

自信坚定:把"永远自信"列入通用电气能够领先于世界的三大法宝;

正确做事:提倡做真正该做的事;

追求速度:只有速度够快的企业才能生存,必须先发制人来适应环境的变化;

不断超越:提出"扩展性目标",其目的是通过向员工提出过高的要求来激励员工。

战略家是一种稀缺的资源。在中国尤其如此。联想集团董事局主席柳传志就曾在一次峰会上表示中国缺乏战略家。活跃在今日中国舞台上的各类组织,大多是在改革开放之后建立起来的。无论是站在经济前台的经济组织还是方兴未艾的民间非政府组织,他们的发展不过三十几年。然而,三十年来,中国社会的变化可以用天翻地覆来形容。十多年前,我们还在为加入WTO进行艰苦的谈判,十年后的今天,花旗、汇丰这些国际金融巨鳄已经在中关村开展人民币业务了。十年前,我们还在大呼"狼来了",十年后的今天,苹果、三星这些国际巨头已经占领了中国手机市场的大半江山。中国的组织需要突围,需要带领他们突出重围的战略家。

变化的时代呼唤着新一代领导者的出现。它要求我们的组织领导者从"实干家"向"战略家"转变,而且越快越好。对白手起家的创业者来说,"实干"是他们获得原始积累,将组织从无到有建立起来的必要条件。但当组织达到一定的积累后,创业者事事躬亲,亲力亲为就显得力不从心了。此时,对组织的领导者来说,在第一线"冲锋陷阵"已经不是首要任务了。他们必须变成真正的"董事长",从"实干家"向"战略家"转变,从更高的层面把握企业发展的大局。松下电器创始人、被誉为"经营之神"的松下幸之助先生曾经说过:"如果让我管100人的公司,我会身先士卒,冲锋陷阵;如果让我管500人的公司,我会站在他们中间给他们予鼓励;如果让我管1 000人的公司,我就会选择站在他们身后,心存感激。"中国的组织正需要这种站在人后运筹帷幄的战略家。

二、公司战略、经营战略和职能战略

一般说来,一个企业的战略可划分为公司战略、经营(事业部)战略和职能战略三个层次。

(一) 公司战略

如果公司拥有一种以上的业务,就需要一种公司层战略。其关心的问题是:公司的事业(业务)是什么?公司应拥有什么样的事业(业务)组合?其战略行为一般涉及拓展新的业务(如事业单元、产品系列的增加或剥离)以及在新的领域与其他企业组建合资企业等。公司层战略应当决定每一种事业在组织中的地位。公司战略是企业总体的、最高层次的战略。公司战略的侧重点在两个方面:一是从公司全局出发,根据外部环境的变化及企业内部条件,选择企业所从事的经营范围和领域,即要回答这样的问题:我们的业务是什么?我们应当在什么业务上经营?二是在确定所从事的业务后,要在各事业部门之间进行资源分配,以实现公司整体的战略意图,这也是公司战略实施的关键内容。公司战略的制定者一般应是公司的最高管理者或公司总部,它在决定公司的组织结构、对设定目标进行资源分配和评估业绩等方面发挥着重要作用。公司总部还应考虑是否可以通过其他途径来提高公司中各个经营单位的价值。公司战略还要考虑企业所有者对公司的期望,这些期望可能会通过明确的或隐含的企业使命陈述反映出来。

(二) 经营(事业部)战略

经营战略有时也称竞争战略,它处于战略结构的第二层次。这种战略所涉及的决策问题是,在选定的业务范围内或在选定的市场—产品区域内,事业部门应在什么样的基础上进行竞争,以取得相对于竞争对手的优势。为此,事业部门的管理者需要努力鉴别并稳固最具营利性和最有发展前途的市场面,发挥其竞争优势。竞争战略的制定者和实施者不是公司总部,而是具有明确市场或竞争对手的战略经营单位。

(三) 职能战略

职能战略是指在职能部门,如生产、市场营销、财会、研究与开发、人力资源等部门中,由职能管理人员制定的短期目标和战术规划,其目的是有效地利用企业的资源、流程和人员来实现公司和事业部门的战略。它直接处理生产及市场营销系统的效率、服务质量及顾客满意程度、争取提高特定产品或服务的市场占有率等问题。职能战略通常包括市场策略、生产策略、研究与开发策略、财务策略、人力资源策略等。如果说公司战略和经营战略强调企业"做正确的事情",职能战略就强调企业"将事情做好"。

公司战略、经营战略以及职能战略构成了一个企业的战略层次,它们之间相互作用,紧密联系。企业整体要想获得成功,必须将三者有机地结合起来。企业中每一层次的战略构成了下一层次的战略环境,同时,每一层次的战略又为上一层次战略目标的实现提供了保障和支持,如图6-1所示。

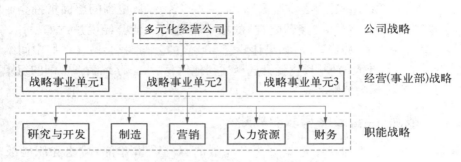

图6-1 组织战略的层次结构

三、战略管理过程

战略管理是为一个企业的未来发展方向制定决策和实施这些决策的动态管理过程。一个规范性的、系统性的和全面的战略管理过程由三个主要要素组成,它们分别是战略分析、战略选择和战略实施。图6-2展示了这些要素。战略管理各要素之间并不是直线联系的,而是相互关联的。理解战略管理最直接的方式是开始实施战略,同样,对战略分析更深入的理解也是在战略实施的经验基础上建立起来的。

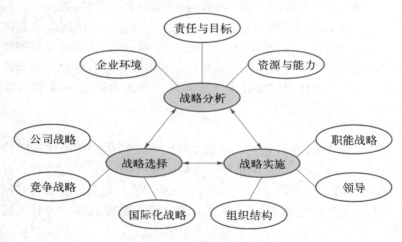

图6-2 战略管理过程

(一) 战略分析

战略分析是指对企业的战略环境进行分析和评价,并预测这些环境未来的发展趋势以及这些趋势可能对企业造成的影响及影响方向。一般来说,战略分析包括企业外部环境分析和企业内部环境或条件分析两方面。企业外部环境一般包括政府法律因素、经济因素、技术因素、社会人文因素以及企业所处行业的竞争状况。企业外部环境总是在不断地变化,而且不同的企业所处的外部环境也不尽相同,有些企业面临着比其他企业更为复杂的环境。分析企业外部环境的目的是为了适时地寻找和发现有利于企业发展的机会以及所存在的威胁和挑战,做到"知彼",以便在制定和选择战略时能够利用外部条件所提供的机会避开对企业产生威胁的因素。分析外部环境对企业的影响,应考虑历史和环境对企业的影响以及环境中各种可变因素未来或潜在的变化趋势。

企业的内部环境是指企业本身的资源和能力,也就是企业所具备的素质,包括企业的有形资源和无形资产,如企业的财务能力、营销能力、生产管理能力、组织效能、企业文化等企业能力以及企业的核心竞争能力等。分析企业内部条件的目的是为了发现企业的优势或弱点,以便在制定和实施战略时扬长避短,发挥优势,有效地利用企业自身的各种资源,发挥企业的核心竞争能力和竞争优势。

企业的使命是企业作社会的一名成员,如何以人格化的形式为自己在社会活动中确立自己的生活哲学和目标要求,同时还要回答诸如企业主要应该为谁服务、企业如何承担相应的社会责任等重大问题。利益相关各方的不同期望会影响企业使命的形成,并决定哪些由管理者提出的发展战略是可以接受的。

企业的战略目标就是企业在遵循自己的社会责任和使命时所要达到的长期特定地位,可以看作企业经营活动在一定时期所要得到的结果。一般来说,企业的战略目标与企业外部环境和内部因素相关。从企业的外部环境因素来看,企业战略目标与企业在外部环境中的位置、形象、商誉相联系;从企业内部因素来看,企业战略目标与企业追求的经营管理成果,即市场份额、增长速度、盈利水平、现金流量、投资收益、竞争能力、经营方向、多样化经营的程度等一系列指标相联系。

战略目标的确定是企业战略管理中至关重要的一步。只有明确了战略目标,企业才能根据实现目标的需要,合理地分配各种资源,正确地安排经营活动的优先顺序和时间表,恰当地指明任务和职责。相反,如果企业战略目标不明确,企业的社会责任和使命就有可能成为一纸空文。

(二) 战略选择

战略选择实质上就是战略决策者对战略进行探索、制定以及选择。通常,对一个跨行业经营的企业来说,它的战略选择应当解决以下两个基本的战略问题:一是企业的经营范围或战略经营领域,即规定企业从事生产经营活动的行业,明确企业的性质和所从事的事业,确定企业以什么样的产品或服务来满足哪一类顾客的需求;二是企业在某一特定经营领域的竞争优势,即要确定企业提供的产品或服务在什么基础上取得相对于竞争对手的优势。

大多数企业可能会选择发展战略的思路,但用什么样的手段或方式实现这样的发展是高层管理人员必须考虑的:是自力更生或内涵式的发展,还是采取收购或合并的方式,或是采取战略联盟的形式进行发展?不同的发展方式各有利弊,需要依据企业的实际情况做出选择。

(三) 战略实施

一个企业的战略方案确定后,必须进行具体化的实际活动,才能实现战略及战略目标。一般来说,可从三个方面来推进一个战略的实施,其一是制定出具体的企业职能战略,如市场营销战略、生产运营战略、研究与发展战略等;其二是对企业的组织机构进行构建,使构建出的机构能够适应所采取的战略,为战略实施提供一个有利的组织环境;其三是要使领导者的素质及能力与所执行的战略相匹配,即挑选合适的企业高层管理者来贯彻既定的方案。

在战略的具体化和实施过程中,为了达到预期目的和实现既定的战略目标,必须对战略的实施进行控制。也就是说将反馈回来的实际成效与预定的战略目标进行比较,如果两者有显著的偏差,就应当采取有效的措施进行纠正。当由于原来分析不周、判断有误或环境发生了意想不到的变化而引起偏差,甚至有可能会重新审视环境并制定新的战略方案,进行新一轮的战略管理过程。战略管理是一个动态的、循环往复的和不间断的过程。

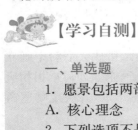

【学习自测】

一、单选题

1. 愿景包括两部分,一部分是(　　),另一部分是未来蓝图。
   A. 核心理念　　　B. 潜在梦想　　　C. 长远目标　　　D. 短期目标
2. 下列选项不是组织的使命的内容的是(　　)。
   A. 谁是组织的主要服务对象
   B. 组织的主要产品或服务是什么
   C. 组织主要在哪一个地区或行业展开竞争
   D. 对公司鲜明生动的描述
3. (　　)是对组织战略活动预期取得的主要成果的期望值。
   A. 核心价值　　　B. 战略目标　　　C. 企业使命　　　D. 企业愿景
4. 经营战略有时也称竞争战略,所涉及的决策问题是(　　)。
   A. 公司的事业(业务)是什么
   B. 公司应拥有什么样的事业(业务)组合
   C. 在选定的业务范围内,事业部门如何取得相对于竞争对手的优势
   D. 争取提高特定产品或服务的市场占有率
5. 属于企业内部环境的因素是(　　)。
   A. 政府法律因素　　　　　　　　B. 企业资源
   C. 经济因素　　　　　　　　　　D. 技术因素

二、判断题

1. 战略是被组织成员共享的思维方式。(　　)
2. 组织的战略目标是多元化的,既包括经济目标,又包括非经济目标。(　　)
3. 目标是组织根据环境和资源能力对实现愿景所需要完成的任务的阐述。(　　)
4. 企业外部环境一般包括政府法律因素、经济因素、技术因素、社会人文因素以及企业的资源和能力。(　　)
5. 在战略的具体化和实施过程中,必须对战略的实施进行控制。(　　)

三、简答题

1. 组织的领导者必须要有的战略素养包括哪些?
2. 公司战略的侧重点在哪两个方面?
3. 公司战略、经营战略以及职能战略在企业战略中的关系如何?
4. 简述战略管理过程。

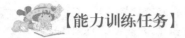**【能力训练任务】**

任务：调查和访问企业战略管理实际情况

（一）情境描述及任务要求

根据所学的关于战略管理方面的知识，深入1～2家企业去作战略规划、组织的使命、战略方案、战略实施等方面的调查访问。

1. 以模拟公司为单位到组织去作调查访问。
2. 各公司安排好调查访问的时间和程序。
3. 每个同学都要对组织作认真的调查分析，不理解的方面要及时向组织相关人员请教。
4. 参与组织调查访问后，每位同学都要写一份调查报告。
5. 以班级为单位组织交流，每位同学都要介绍自己的调查报告，然后全班同学共同分析和讨论。

（二）成果评价

1. 对每位同学的调查访问报告按三分规则评定成绩。
2. 根据班级交流表现，按照二分规则评分。

注：如果到企业搜集战略有关内容的资料有难度，也可以在网上搜集有关资料。

能力模块二　看清战略选择

【情境任务导入】

万科——专注的房地产专业公司

万科公司成立于1984年5月，是目前中国最大的专业住宅开发企业。

万科先前搞多元化搞得很成功：地产业——精致典雅的万科城市花园，零售业——带旺了深圳华强北一条街的万佳，娱乐业——夺得大奖的《找乐》和《过年》，饮料业——你我的"怡宝"，工业——美轮美奂的万科精品。但在市场及产品服务逐渐趋向专业化的背景下，上述各领域都很难保持长久的发展潜力。万科董事长王石是最坚定的公司专业化运作的鼓吹者。他分析，公司大到一定程度搞多元化是很麻烦的。所谓多元化，是指企业经营范围广泛，这样的后遗症很大，容易导致企业资源分散、形不成规模和管理失控。万科为此曾付出不小的代价。在公司原始积累期间，依靠多元化经营迅速成长，然而随着市场逐渐成熟，可选择的市场越来越小，靠政府赚取利润的时代已过去了，必须依靠自己的主导行业。在市场不好的时候，主导行业的专业优势就可以充分显示出来。

万科从1992年起逐步向以房地产为核心业务的专业化方向调整，第二年就遇到了宏观调控。房地产业首当其冲地受到影响。但万科在这个行业中坚持下来了，而且做得很好,使房地产利润在公司利润总额中的比重不断加大,到 1995 年,增长到 75% 以上。对非核心业务,万科坚决地进行了资源重组。

万科"减法"的含义,一是多元的业务架构要精简,直到现在变成专业化;二是被选中为主业的地产业务,地域上从青岛等被万科认为非主流城市撤出。业务上则是集中于居民住宅,尤其是城乡接合部的住宅开发。2002 年,万科对"减法"做到了极致,万佳百货的全部股份卖给了华润,从而成为彻底的房地产专业公司。

与万科退出每一项业务的理由相同,在"加法"上万科也做得彻底,一口气地从五大城市变成了十大城市,土地储备也增长迅速。一"加"一"减"之间,万科的单一地产业务已经完成,并重新发起全国攻势,扩张速度之快令人侧目。至 2007 年年末,万科的全国市场占有率为 2.1%,业务覆盖到以珠三角、长三角、环渤海三大城市经济圈为重点的二十九个城市。当年共销售住宅 4.8 万套,销售套数位居世界前茅,跻身全球最大的住宅企业行列。

资料来源:根据亚伯房产资讯网《万科的基本竞争战略——加减法壮大主业》的内容整理而成。

请思考:
1. 万科的加减法体现了哪些战略管理思想?
2. 是否每一个企业都可以复制万科的战略选择?为什么?

【必备知识内容】

制定战略是战略管理的核心内容,它建立在战略分析的基础上。对一个企业来说,达到战略目标的战略方案可能有多个,战略决策者必须对这些战略方案进行评价与比较,从中选择最合适的战略。

一、公司战略

公司战略所要解决的问题是确定企业的整个经营范围或方向以及公司资源在不同经营单位之间的分配事项。这些任务只能由企业的最高管理层来完成,并且这些决策的影响具有较长的时限。

公司战略的各种选择方案包括稳定发展战略、发展战略和防御战略。

(一)稳定发展战略

稳定发展战略是指在内外环境的约束下,企业准备在战略规划期使企业的资源分配和经营状况基本保持在目前状态和水平上的战略。按照稳定发展战略,企业目前所遵循的经营方向及其正在从事经营的产品和面向的市场领域以及企业在其经营领域内所达到的产销规模和市场地位都大致不变或以较小的幅度增长或减少。

1. 稳定发展战略的特征

从企业经营风险的角度来说,稳定发展战略的风险是相对较小的,对那些曾经成功地在处于上升趋势的行业和一个不大变化的环境中活动的企业会很有效。由于稳定发展战略从本质上追求的是在过去经营状况基础上的稳定,它具有如下特征:

（1）企业对过去的经营业绩表示满意，决定追求既定的或与过去相似的经营目标。例如，企业过去的经营目标是在行业竞争中处于市场领先者的地位，稳定发展战略意味着在今后的一段时期里依然以这一目标作为企业的经营目标。

（2）企业战略规划期内所追求的绩效按大体的比例递增。与增长性战略不同，这里的增长是一种常规意义上的增长，而非大规模的和非常迅猛的发展。例如，稳定增长可以指在市场占有率保持不变的情况下，随着总的市场容量的增长，企业的销售额也在增长，而这种情况则并不能算典型的增长战略。实行稳定发展战略的企业，总是在市场占有率、产销规模或总体利润水平上保持现状或略有增加，从而稳定和巩固企业的现有竞争地位。

（3）企业准备以过去相同的或基本相同的产品或劳务服务于社会，这意味着企业在产品的创新上较少。

2. 稳定发展战略的优点

稳定发展战略的优点为：

（1）企业的经营风险相对较小。由于企业基本维持原有的产品和市场领域，从而可以利用原有的生产领域和渠道、避免开发新产品和新市场的巨大资金投入、激烈的竞争抗衡和开发失败的巨大风险。

（2）能避免因改变战略而改变资源分配的困难。由于经营领域主要与过去大致相同，因而稳定战略不必考虑原有资源的增量或存量的调整，相对于其他战略态势来说，显然要容易得多。

（3）能避免因发展过快而导致的弊端。在行业迅速发展的时期，许多企业无法看到潜伏的危机而盲目发展，结果造成资源的巨大浪费。

（4）能给企业一个较好的修整期，使企业积聚更多的能量，以便为今后的发展做好准备。从这个意义上说，适时的稳定型战略将是增长性战略的一个必要的酝酿阶段。

3. 稳定发展战略的缺点

但是，稳定发展战略也有不少缺点：

（1）稳定型战略的执行是以市场需求、竞争格局等内外条件基本稳定为前提的。一旦企业的这一判断没有得到验证，就会打破战略目标、外部环境和企业实力之间的平衡，使企业陷入困境。因此，如果环境预测有问题的话，稳定型战略也会有问题。

（2）特定细分市场的稳定型战略也会有较大的风险。由于企业资源不够，企业会在部分市场上采用竞争战略，这样做实际上是将资源重点配置在这几个细分市场上，如果对这几个细分市场把握不准，企业可能会更加被动。

（3）稳定型战略也会使企业的风险意识减弱，甚至形成害怕风险和回避风险的文化，这就会大大降低企业对风险的敏感性、适应性和冒风险的勇气，从而增加了以上风险的危害性和严重性。

稳定型战略的优点和缺点都是相对的，企业在具体的执行过程中，必须权衡利弊，准确估计风险和收益，并采取合适的风险防范措施。只有这样，才能保证稳定型战略优点的充分发挥。

（二）发展战略

发展战略也称增长战略。这里主要介绍一体化扩张战略和多元化发展战略。

1. 专注主业的一体化扩张战略

一体化扩张战略是指组织充分利用自己在产品、技术和市场上的优势，根据物资流动的方向,使组织不断向深度和广度发展的一种扩张战略。根据物资流动的方向,一体化扩张战略可以分为纵向一体化和横向一体化,其中,纵向一体化又分为前向一体化和后向一体化。一体化扩张战略有利于深化专业分工协作,提高资源的深度利用和综合利用效率。

纵向一体化又叫垂直一体化,是指组织将生产与原料供应或者生产与产品销售联合在一起的战略形式,是组织在两个可能的方向上扩展现有经营业务的一种发展战略,是将组织的经营活动向后扩展到原材料供应或向前扩展到销售终端的一种战略体系。纵向一体化是一种典型的价值链体系,在这种体系下产生出了完整的价值传递过程,作为组织的战略制定者可以不断地向纵深渗透。

纵向一体化的目的是为了加强核心组织对原材料供应、产品制造、分销和销售全过程的控制,使组织能在市场竞争中掌握主动,从而达到增加各个业务活动阶段的利润。纵向一体化是组织经常选择的战略体系,是组织通过建立起强大的规模生产能力来获得更高的回报并通过面向销售终端的方略获得来自市场各种信息的直接反馈从而促进不断改进产品和降低成本、取得竞争优势的一种方法。

纵向一体化战略包括前向一体化战略和后向一体化战略。

前向一体化战略是指获得分销商或零售商的所有权或加强对他们的控制,也就是指组织根据市场的需要和生产技术的可能条件,利用自己的优势,把成品进行深加工的战略。在生产过程中,物流从顺方向移动,称为前向一体化,采用这种战略,是为获得原有成品深加工的高附加价值。一般是把相关的前向组织合并起来,组成统一的经济联合体。当一个组织发现它的价值链上的前面环节对它的生存和发展至关重要时,它就会加强前向环节的控制。典型的实施这一战略的例子是可口可乐公司,它发现决定可乐销售量的不仅仅是零售商和最终消费者,分装商也起了很大作用时,它就开始不断地收购国内外分装商,并帮助它们提高销售效率。越来越多的制造商借助互联网和直销队伍直接销售自己的产品,就是一种前向一体化。

组织之所以决定进行前向一体化,通常是想借此解决日趋严重的销售或技术方面的问题。由于包括中国在内的亚洲地区的交通设施不够发达,销售就成了一个大问题。因此,有些生产消费品的组织就建立起广泛的销售网络,向销售领域进行前向一体化。组织控制了销售,就能够更快地对顾客的需求做出反应,提供更好的售后服务,并且获得更多的潜在优势,从而领先竞争对手。组织还可以在技术方面进行前向一体化。

组织在考虑选择前向一体化战略时需要具备一定的条件。这些条件可以从组织内外两方面加以概括:

第一,从组织自身条件来看,组织具备销售自己产品所需要的资金和人力资源,这些资源代表了组织自身的能力。有些组织对生产稳定性的要求非常高。如何保证组织的正常生产不被阻断也是组织考虑实施前向一体化战略的原因之一。组织采用前向一体化策略,可以很好地预见自己产品的需求。

课外小故事:通用汽车开拓中国汽车金融服务

2006年5月,通用汽车金融保险控股集团的全资子公司——MIC汽车保险公司获得中国保监会的批准设立上海代表处,此举为通用汽车拓展在华汽车金融服务的关键一步。

在国外,汽车金融服务机构已经成为汽车产业链条不可或缺的一环,对促进国内汽车市场的繁荣发展起到了不可替代的作用。汽车金融服务公司是办理汽车金融业务的企业,通常隶属于汽车销售的母公司,向母公司经销商及其下属零售商的库存产品提供贷款服务,并允许其经销商向消费者提供多种选择的贷款或租赁服务。设立汽车金融服务公司是推动母公司汽车销售的一种手段。

20世纪初,汽车金融业务在国际上出现。当时汽车还属于奢侈品,因而银行不愿意向汽车消费发放贷款。这给汽车购买者和销售商造成了障碍,致使大多数消费者买不起汽车,汽车制造商也缺乏足够的发展资金。为了解决这个问题,20世纪20年代初,美国的汽车公司组建了自己的融资公司,从而开始了汽车信贷消费的历史。随后,汽车金融的概念得到极大地拓展,包括顾客在银行贷款买车、经销商为营运等措资金以及制造商为扩大规模而筹资建厂等。

汽车融资机构提供的金融服务贯穿于汽车生产、流通和销售以及售后服务等整个过程中。首先,从生产环节开始,融资机构就开始为厂家提供生产流动资金。其次,在流通环节,汽车融资机构对经销商必要的库存车辆提供周转融资;对经销商的服务设施,如展厅、配件仓库、维修厂的建立、改造和扩大提供必要的贷款;对经销商提供日常的流动资金贷款。

分期付款是各国普遍采用的一种传统的融资方式。在分期付款销售的具体操作中,汽车零售商一般和消费者签订汽车分期付款零售合同。美国佛罗里达州《汽车零售融资法案》规定,汽车分期付款零售合同是指汽车零售商和消费者之间签订的零售商保留所售汽车的所有权,以作为买方担保的一种买卖合同。根据该合同,消费者需在一定期间内向零售商偿付所融资的金额以及融资费用。

汽车金融服务作为汽车企业前向一体化战略的典型代表,在拓宽市场和扩大消费者群体方面起到了重要的作用。

第二,从组织的前向资源条件来看,组织产品的经销商或者代理商或成本高昂、或不可靠、或不能满足组织的销售需要,组织就会产生前向一体化的冲动。这时的组织面临的经销商可能存在质量不高的状况,并且可以用来替代他们的高质量的备选经销商有限,采取前向一体化的组织将获得竞争优势。如果现在利用的经销商或零售商有较高的利润,这意味着通过前向一体化,组织可以在销售自己的产品中获得高额利润,并可以为自己的产品制定更有竞争力的价格,组织也会企图采用前向一体化的战略,将高额利润留在组织内部。

课外小故事:格力空调与国美说再见

2004年3月,四川新兴格力有关负责人率先踢爆了格力与国美分道扬镳的消息。据称,四川新兴格力已经接到了来自总部的通知,要求新兴格力于3月10日前在成都国美全面停售,而同样的通知已经下达给了格力在其他区域的代理商。该负责人透露,格力不满的条款主要集中在折扣点等焦点问题上,加之成都国美曾单方面将格力进行低价销售,所以,终止合作一事也并不偶然。

就在格力发话的同时,成都国美也正式对媒体公布,9日一早已经接到北京总部"关于清理格力空调的紧急通知",在通知中,包括成都国美在内的分公司被要求在10日12时以前,将格力的库存和业务往来清理完毕,不再进货销售格力空调。对于"清理格力"的原因,国美有关负责人直指格力的"区域代理制度"。该人士表示,格力一直采用代理制,一台空调并非是从生产线直接到国美的配送中心,价格长期居高不下,售后服务也跟不上,对国美的销售造成影响。成都国美称,双方的分手不会对购买格力空调的消费者造成影响,成都国美将继续维持一切售后和保修业务。

格力空调和国美电器正式翻脸后,格力空调面临超级的销售压力。然而,有"铁娘子"美誉的格力空调老总董明珠毅然决定在全国自建格力专卖店网络,直接面对消费者。董明珠的"撒手锏"马上立竿见影,在全国经销商的鼎力相助下,格力空调专卖店如雨后春笋地涌现出来,遍布一、二、三级城市的很多角落,成功地抵制了国美的"霸权"。

格力的成功,给很多空调生产企业以鼓励,格力空调从而掀起了空调行业的"渠道革命"。很多空调企业争相效仿,自建渠道,给家电连锁巨头国美和苏宁带来空前压力。格力空调的前向一体化战略成功地将产品的控制权夺回自己手中。

后向一体化战略是指组织利用自己在产品上的优势,把原来属于外购的原材料或零件改为自行生产的战略。在生产过程中,物流从反方向移动。即通过获得供应商的所有权或增强对其控制来求得发展的战略。在供货成本太高或供货方不可靠或不能保证供应时,组织经常采用这种战略。

后向一体化的目的是为了保证物资供应来源,以发展自己的产品。采用这种战略,一般是把原来属于后向的组织合并起来,组成联合组织或总厂,以利于统一规划,保证组织顺利发展。当组织目前的供货方不可靠、供货成本太高或不能满足组织需要时,尤其适合采用后向一体化战略。

一些大型组织一度试图通过增加供货方数量来提高自己的讨价还价能力和稳定供货来源;现在它们在全球竞争中开始减少供货方数量,同时加强对它们的产品质量和服务的要求,加强对它们的控制。例如,摩托罗拉公司曾有10 000家供应商,现在只有3 000家。这也是后向一体化的重要表现。一般地,后向一体化比前向一体化更可能赢利,但却降低了组织的战略灵活性,因为生产环节一经进入,就很难退出。

与前向一体化战略类似,组织在考虑选择后向一体化战略时也需要具备一定的条件。首先,组织具备自己生产原材料所需要的资金和人力资源。这些资金和人力同样来自组织内部。有些组织在组织生产的时候,其产品价格往往较大程度上受原材料的价格制约,同时,组织对这些原材料资源的需求又是迫切而必需的。这时的组织会考虑采取后向一体化来稳定其原材料的成本,进而稳定其产品的价格,同时又能够摆脱对原料供应商的依赖。此外,如果当前的供应商或供货成本很高、或不可靠、或不能满足组织对零件、部件、组装件或原材料的需求,或者同迎上数量少以至于对组织正常的生产活动产生抑制作用时,组织也会采取后向一体化的战略。后向一体化战略往往出现在钢铁、化工等重型工业领域。正是因为这些领域的生产者对原材料需求迫切而必须且受到资源稀缺性的干扰很强烈。现在利用的供应商利润丰厚也是吸引组织实施后向一体化战略的一个原因。这意味着供应商所经营的领域属于十分值得进入的产业,对于组织产业链的建设十分有益。

课外小故事:中国企业海外寻矿提速

尽管国内铁路和港口短缺急需加大投资,但中国5家中央级企业最近却要投资澳大利亚的铁路港口。2007年8月21日,5家中央企业与澳大利亚尤冈基础设施有限公司签署了合作协议,拟承建澳大利亚西澳铁路和港口项目。这5家央企分别是中国铁路物资总公司、中国中钢集团公司、中国铁路工程总公司、中国交通建设股份有限公司和鞍山钢铁集团公司,他们在国内都没有投资过铁路或港口项目,投资的目的是保证铁矿石供应。据国际惯例,投资国有权指定自己的建筑商。

目前,中国每年进口铁矿石达到3亿吨以上,且逐年增加。为了确保铁矿石的供应,中国企业不仅四处寻找机会收购国外矿山,如今,投资链条更是延伸到矿石运输环节。

据了解,西澳铁路和港口项目地处澳大利亚中西部的尤冈地区,是为了向国外输出当地铁矿石资源而规划的。西澳铁路及港口项目的总投资预计25亿~30亿澳元,5家中资企业将负担总投资的50%。虽然当地已探明铁矿资源有86亿吨以上,但现有铁路和港口基础设施不完善,限制了矿产资源的开发和输出。为此,西澳州地方政府计划修建贯穿中西部矿区南北共计700公里的铁路干线和一个港口,为该地区所有矿山的矿石运输服务。

投资相关的运输设施,有利于保证铁矿石供需关系。20世纪80年代,日本为了获取中国河南和山东一带的煤炭,就曾经为兖石铁路和日照港提供贷款。目前,矿石资源已经成为冶金企业竞争的重要对象。

后向一体化战略的优点在于能够保证组织的原材料和零部件供应。目前,在亚洲的许多产业领域里,都存在着这种导致后向一体化的因素。实际上,这一地区组建大型联合组织成风的主要原因之一就是要确保组织关键原材料的充足供应。组织在考虑后向一体化时,通常要对自行生产与对外采购的成本进行比较。

课外小故事:红塔集团的"第一车间"战略

20世纪80年代初,玉溪卷烟厂完成了厂里的技术改造。然而在之后的生产过程中,玉溪卷烟厂发现卷烟质量总是不稳定。问题到底出在哪里呢?经过技术人员的细致分析发现,原来质量不稳定的原因在于烟叶质量无法保证。虽然玉溪当地的自然条件得天独厚,曾有"云烟之乡"的美誉,但是,由于烟农为了提高自己的收益,在生产过程中减少施肥,又人为地改变烟叶的生长时间,同时,当地的烟叶生产很分散,烟农对烟叶生产的技术投入和资金投入不足,质量监控不力,导致当地的烟叶普遍存在营养不足、发育不良、成熟度不够的现象。

为了改变这种不利局面,玉溪卷烟厂实施了著名的第一车间战略,即把烟田作为卷烟厂的第一车间。1985年,当时的玉溪卷烟厂投入51万元,指导和扶持烟农科学种烟,把广阔的农村作为企业的"第一车间",按卷烟的要求建设自己的烟叶基地。1985年,在附近的通海县和玉溪市高仓乡投资53.7万元,进行2 392亩优质烤烟生产试验。此后,玉溪卷烟厂陆续建立起遍布各县、市的烟草科技人员网络,规范烟叶生产技术,投资发展烟田所在地的水利、道路、电力、烤房等设施,并通过奖励和补贴激励烟农多产优质烟叶,逐步构建出高质量、多层次的烟叶种植示范体系。每年的扶持费用不断增加,最高年份达到6亿多元。大力扶持之下,玉溪烟叶的品质大幅提高。

经过多年的努力,玉溪卷烟厂终于实现了烟叶"种植区域化、品种优良化、栽培规范化、管理科学化"的四化改造。尽管20世纪八九十年代玉溪地区烟叶种植面积减少,但全区烟叶产量中,上等烟叶比重由7.75%上升到28.44%,中等烟叶的比重由48.86%上升到52.03%;每亩交售的烟叶从97.5公斤上升到137.14公斤。1995年,云南上缴中央财政186.91亿元,其中,红塔集团上缴102亿元(含所得税23亿元),上缴省财政7亿元。

1995年9月,玉溪卷烟厂改制为玉溪红塔烟草(集团)有限责任公司。在短短20年间,红塔集团由一个名不见经传的小厂一跃成为亚洲第一、世界前列的现代化大型烟草企业。"八五"、"九五"期间,产销量为1764.1万箱,实现税利1436.7亿元。产量平均每年增长70万箱,税利平均每年增长82.4亿元。2001年,"红塔山"品牌价值已达460亿元,连续七次蝉联"中国第一品牌"。

横向一体化战略也叫水平一体化战略,是指为了扩大生产规模、降低成本、巩固组织的市场地位、提高组织竞争优势和增强组织实力而与同行业组织进行联合的一种战略。其实质是资本在同一产业和部门内的集中,目的是实现扩大规模、降低产品成本和巩固市场地位。

采用横向一体化战略,组织可以有效地实现规模经济,快速获得互补性的资源和能力,在激烈的市场竞争中获得更大的市场份额,并在一定程度上形成垄断利润。此外,通过收购或合作的方式,组织可以有效地建立与客户之间的固定关系,遏制竞争对手的扩张意图,维持自身的竞争地位和竞争优势,甚至达到消灭竞争对手的目的。

在横向一体化的过程中,组织首先要确定如果组织的规模得到扩大,就可以提供很大的竞争优势,并且组织也具备成功管理更大规模组织所需要的资金和人才。此外,是否进行横向一体化战略还要视竞争对手的情况而定,只有在竞争者经营不善而发展缓慢或停滞时,组织采用横向一体化战略才能够占据有利地位,达到战略目的。值得一提的是,当前,我国很多大城市中所出现的连锁经营模式就是这种横向一体化的发展结果。

连锁经营是一种商业组织形式和经营制度,是指经营同类商品或服务的若干个组织,以一定的形式组成一个联合体,在整体规划下进行专业化分工,并在分工基础上实施集中化管理,把独立的经营活动组合成整体的规模经营,从而实现规模效益。

精彩一瞬:连锁经营风生水起的如家酒店

国内经济的连续增长和人们旅游需求的逐渐旺盛,一方面,各种各样的商务活动催生出了一个商旅人士的住宿市场。另一方面,"假日经济"和人们休闲方式的改变还带来了庞大的旅游市场。正是在这样的市场环境和潜在市场之下,"如家"诞生了。

自成立以来,"如家"除了自建"直营酒店"之外,更主要的是通过连锁经营的方式来扩充如家经济型酒店的规模和数量。对于特许经营加盟商,"如家"提供包括品牌支持、销售支持、工程和维护、特许服务、利润维护、标准手册、培训、酒店管理和网络技术支持等内容的特许经营九大服务支持,以保证服务的标准性和复制性,同时还对"如家"的品牌起到了快速扩张的连锁效应。到2006年年底,"如家"品牌旗下共有134家酒店营业,覆盖53个城市。

在"如家"的经济型连锁模式之下,旗下每家酒店的平均客房数量为120间,2006年度"如家"每间酒店客房的平均营业收入为169元。集团化和标准化背景下的连锁复制模式,使"如家"的经济型品牌之旅带来了规模化的连锁品牌效应。

横向一体化战略也存在一定的风险,如过度扩张所产生的巨大生产能力对市场需求规模和组织销售能力都提出了较高的要求;同时,在某些横向一体化战略(如合作战略)中,还存在技术扩散的风险;此外,组织上的障碍也是横向一体化战略所面临的风险之一,如"大组织病"以及并购中存在的文化不融合现象等。

相对于纵向一体化而言,横向一体化战略20世纪90年代以来更为常见,成功的可能性也更大。如波音公司兼并麦道公司、花旗银行合并旅行者公司等。横向一体化战略的成功使他们的实力都得到大大地加强,从而成为产业中的巨无霸。

2. 多管齐下的多元化发展战略

社会经济的不断发展引起市场需求和组织经营结构的变化。组织为了更多地占有老市场和开拓新市场或避免经营单一业务的风险,往往会选择进入新的领域,而这一领域可能与原来的业务联系不大。这一战略就是多元化发展战略。

多元化战略就是组织尽量增大产品大类和品种,跨行业生产经营多种多样的产品或业务,扩大组织的生产经营范围和市场范围,充分发挥组织特长,充分利用组织的各种资源,提高经营效益,保证组织的长期生存与发展。最早研究多元化战略的是美国学者安索夫。由他首次提出的多元化经营主要是针对组织经营的产品种类数量而言。但这种以产品种类多少来定义组织的多元化是不准确的。多元化的实质是通过结合有限的多元化的实力、技能或目标,与原来活动相关联的新的活动方式表现出来的战略。它强调通过拓展进入新的领域,培植新的竞争优势和现有领域的壮大。

组织能否成功地运用多元化发展战略以达到分散风险和提高竞争优势的目的,关键是能否准确地分析外部环境和正确地评价内部条件。

组织实行多元化经营的外部环境主要表现为:第一,社会需求的发展变化。社会生产力的发展促进了人们消费范围的扩大和消费欲望的增长,社会需求呈现多样性的发展趋势。任何产品都有其经济生命周期,组织原有产品将逐渐被市场淘汰,社会需求多样化发展给予组织新的市场机会。这些外部原因迫使或诱使组织不断开发新产品和扩展经营范围,以多元化的产品满足社会需求日益增长的需要。第二,新技术对经济发展的作用。新技术不断被发明并用于生产领域,导致新工艺、新材料、新能源和新产品层出不穷,同时也为组织多元化战略提供了物质技术基础。性能更优越的新产品逐渐替代原产品,新兴工业不断兴起,使许多组织在经营原产品的同时,逐渐向高附加价值、前景较好的新兴产业发展。第三,竞争局势的不断演变。社会需求增长和新技术革命的影响,使组织外部环境发生了深刻变化。市场竞争日趋激烈。面对险峻的竞争局势,不少组织以变应变,扩展经营业务,以谋求在竞争中立于不败之地。

组织实行多元化经营的内部原因主要有:第一,组织资源未能被充分利用。充分利用过剩资源以提高经济效益是组织采用多元化战略的诱发动机之一。例如,组织拥有的资金超过原经营业务的需要,便可能向市场前景好的新兴产业投资。第二,组织本身具有拓展经营项目的实力。具有资金、技术、人才优势的大型组织或组织集团实力雄厚、目标远大,出于对长远利益的主动追求,高附加值的新兴行业便常成为这些组织发展的主要对象。这也是多元化经营战略多被大型组织所运用的基本原因。第三,组织管理者的个性也会对经营战略的选用产生重要影响。由于组织高层领导对发展战略的选择有决策权,因此,敢于开拓、富有创新精神的组织管理者,采用多元化经营战略的可能性较大。

组织多元化发展战略的形式多种多样,但主要可归纳为相关多元化战略和不相关多元化战略两种类型。

相关多元化战略是指组织进入与现在的业务在价值链上拥有价值竞争性的新业务的活动,是组织在相关业务中寻找"战略匹配关系"的计划和方案。战略匹配存在于价值链非常相似以至于能够为组织的以下方面带来不同机会的经营业务之间,这些方面包括:分享技术;对共同的供应商形成更强的讨价还价力量;联合生产零件和配件;分享共同的销售力量;使用共同的销售机构和同样的批发商或者零售商;售后服务的联合;共同使用一个知名商标;将竞争性的有价值的技术秘诀或生产能力从一种业务转移到另一种业务;合并相似的价值链活动以获得更低的成本。战略匹配关系可以存在于各业务价值链的任何地方。

相关多元化是一种有吸引力的战略,它代表了将存在于不同的经营业务价值链之间的战略匹配关系转变成竞争优势的机会。当一个组织多元化进入存在于如下机会的经营领域时,它就相对于尚未进行多元化经营或者多元化的方式未能给组织带来这些战略匹配利益的对手们获得了竞争优势。这些机会包括:(1)将专有技能、生产能力或者技术由一种经营转到另一种经营中去;(2)将不同的经营业务的相关活动合并在一起,降低成本;(3)在新的经营业务中借用组织品牌的信誉;(4)以能够创建有价值的竞争能力的协作方式实施相关的价值链活动。一家多元化经营组织各业务之间的相关性越大,技术转移和合并价值链活动以降低成本的机会和协作创造新的资源能力与生产能力的机会,以及使用共同的品牌名称的机会就越大,创立竞争优势的窗口也就越大。采用相关多元化战略的组织还可以扩张组织资源和战略资产的潜力,并且能够比未进行相关业务多元化的对手们以更快的速度和更少的支出创建新的资源和资产。寻求相关业务多元化的组织从长期来看比其他竞争对手运作得更好的一个原因是他们能够更好地探求其相关业务间的联系,这方面的秘诀经过一段时间后就会转变成为一种能力,这种能力能够加速创建有价值的新的核心能力和竞争能力。

在实际经营中,相关多元化最通常的一些方式是:进入能够共享销售队伍、广告、品牌和销售机构的经营领域;探求密切相关的技术和专有技能;将技术秘诀和专有技能从一种经营领域转移到另一种经营领域;将组织的品牌名称和在顾客中建立的信誉转移到一种新的产品和服务;购并非常有助于组织目前经营地位的新业务。

课外小故事:佳能的相关多元化战略

日本佳能公司成立之初名为日本经济光学工业株式会社,主要生产照相机。在半个多世纪中,佳能公司循序渐进地实施基于核心竞争力的相关多元化经营,实现了公司战略定位的成功转变。佳能公司以照相机起家,经过多年的专业化经营,逐步形成了以独特的影像技术为核心,集成最先进的精密机械技术、光学技术和微电子技术的特异技术能力,建立了自己在图像方面的核心竞争力。在此基础上,佳能公司将其业务领域从原来单一的照相机业务一步一步地延伸到复印机、打印机、传真机等新行业,相关多元化经营战略取得了巨大成功。更重要的是,佳能公司在新业务领域不断取得成功的同时,并未影响其在照相机领域的技术优势和市场地位,反而促进了其照相机产品及技术的不断升级和稳步发展。1988年,佳能公司又提出了"二次创业"的口号,再次以自己在光学、通讯、微电子技术方面的核心竞争力为基础,阔步进入信息设备、液晶设备、半导体三大市场潜力巨大的全新领域。经过几十年的相关多元化发展和战略转型,佳能公司已经逐步实现了从"影像佳能"到"信息佳能"的过渡,并开始迈向"社会生态学佳能"的更高阶段。相关多元化经营是组织发展到一定阶段后继续成长的战略选择之一,尽管相关多元化经营并不容易,但成功的多元化战略的确能为公司带来实实在在的好处。

尽管相关多元化会给组织带来战略匹配利益,但很多组织为了获得丰厚利润,常常选择了不相关多元化战略,进入现有业务不相关的行业。在不相关的多元化中,不需要寻求与组织其他业务有战略匹配关系的经营领域。在不相关多元化中,组织主要考虑其多元化目标确切符合行业吸引力和进入成本检验的标准。也就是说,多元化进入领域选择的标准是具有有利的财务条件和令人满意的利润前景的组织,同时这些组织又是可以并购的。

组织在选择不相关多元化的目标时,可以考虑这样三种组织:一是资产被低估的组织。组织可以以小于全部市值的价格购并这样的组织,并以高于买价的价格将其资产和业务再次出售从而为组织带来实际的资本利润。二是财务困难的组织。组织经常可以廉价买到这种组织,借助组织的财力和管理方法可以使其经营摆脱困境,然后将之作为一项长期投资或以一个有利的价格出售。三是有着光明的增长前景但缺少投资的组织。缺少资本且富有机会的组织通常对于财力强大和正寻求机会的组织是很好的多元化候选组织。

不相关多元化具有强烈的吸引力:首先,经营风险在一系列不同的行业得到分散。与相关多元化相比,这是更好的分散财务风险的方法,因为组织的投资可以分开在由这些完全不同的技术、竞争力量、市场特征和顾客群的业务之中。其次,通过投资任何有最佳利润前景的行业,可以使组织的财力资源发挥最大的作用。最后,组织的获利能力可以更加稳定。组织进入一些高增长的行业,可以不受已有业务利润下滑的影响,继续保持一定的利润水平。

尽管具有强大的吸引力,不相关多元化战略仍然存在欠缺。不相关多元化战略的致命弱点是它要求组织的管理人员要充分考虑到不同行业完全不同的经营特点和经营环境,以做出合理的决策。一个组织所涉足的经营项目越多,多元化程度越高,组织的管理者越是难以对每个子组织进行监察和尽早地发现问题,也越难以形成评价每个经营行业吸引力和竞争环境的真正技能,而判断由各业务层次的经理们提出的计划和其战略行动的质量也更加困难。其次,由于没有战略匹配关系带来的竞争优势潜力,不相关的多种经营组合的合并业绩并不比各业务独立经营所获业绩的总和多,而且,如果组织的经理们不明智地干预业务单元的运作或者因为不适当的组织政策使之无法经营,结果更是糟糕。再者,虽然在理论上,不相关多元化提供了在经营周期的过程中销售和利润会更加稳定的潜力,但实际中这种反周期多元化的尝试却难以取得预期的效果。

尽管存在以上的种种缺陷,不相关多元化有时也是一种合乎要求的组织战略。当一个组织需要多元化以远离没有吸引力的行业,并且没有可以转移到临近行业的明显的能力时,这一战略当然值得考虑。

精彩一瞬:GE 多元化战略的标杆

谈多元化,不能不说 GE。作为一家成功的多元化集团,GE 的所作所为绝不只是多种产业的简单累加。GE 是一家多元化的科技、媒体和金融服务公司,由 13 个业务集团组成：8个工业产品集团是飞机发动机集团、动力系统集团、塑料集团、医疗系统集团、工业系统集团、消费电器产品集团、运输系统集团、特种材料集团。4个金融产品集团是消费者融资集团、商务融资集团、设备管理集团、GE保险集团。1个新闻媒体是全国广播公司(NBC)。2007年，GE公司的收入为1 730亿美元，利润225亿美元。在过去5年中，GE的年平均利润增长率达到了14%。此外，GE还是自道·琼斯工业平均指数1896年设立以来唯一至今仍在指数榜上的公司。

在GE，多元化的真正含义是多元化投资，而不是多元化经营。多元化投资是指一个投资控股公司向若干个公司投资，通过这若干个公司间接经营了若干个业务；多元化经营是指一个公司在同一家实体内部投资，经营若干个业务。多元化投资和多元化经营的最大区别在于，前者投资中某一项或几项业务的失败只会给投资者的投资收益带来影响，并不累及投资控股公司的现金流；而后者投资中某一项或几项业务的失败在直接给投资者的投资收益带来影响的同时，还将累及公司的现金流和生存问题。

自从GE开始大规模收购起，就被专家批评或者警告有沦为杂牌公司的危险。批评者认为这些购入的企业与原来GE的主业差距很大，没有关联。事实究竟如何呢？杰克·韦尔奇曾经这样分析说："我们与杂牌公司有着本质的不同，杂牌公司是一些没有核心理念、没有统一步调的企业组合。而GE的各个企业却有着一套统一的价值观念；与此同时，GE还有一个市场研究机构，向GE所有的企业提供研究结果。这样，通用电气从任何一个方面看，都是一个集中领导下的公司，是一个'统一多样化'的公司。更具有说服力的是，一个多世纪以来，GE一直有能力购入或者售出一些公司，而且有能力在变革时代保持领先位置。"

实际上，自从通用电气的核心业务逐渐脱离电气制造而开始进入飞机发动机和金融服务等"非电气"业务以来，GE就一直有意识地将一个企业或者一个业务成功所必需的整个运转系统（如人力资源、技术、财务等）合理地安排在新业务和新公司的周围，从而确保新业务的成功。而这套系统在原来的GE是成熟的，也是GE的一个最大优势。

（三）防御战略

组织选择防御战略的目的是要降低被竞争对手攻击的风险，减弱任何已有的竞争行动所带来的影响。一般来讲，防御战略通常不会提高组织的竞争优势，但它有助于保护组织最有价值的资源和能力，维护组织已有的竞争优势。

需要进行防御的组织大致有两类：一是行业领先者，二是容易遭受行业领先者攻击的一般组织。对行业领先者来讲，竞争的威胁主要来源于产品和服务的差异化；而一般组织除了考虑差异化之外，还要考虑低成本的问题。从长远来看，无论是领先者要保持领先地位还是一般组织要提升竞争地位，其都要谋求资源优势。采取积极地防御战略正是为了保护具有领先优势的资源。一个组织可以使用六种防御战略：

1. 阵地防御

阵地防御是通过建立壁垒来有效地阻止竞争者的复制或进入。最有效的途径是组织的产品与现有及潜在竞争者的产品区别开。当差异化建立在对顾客而言价值不可复制的基础上时，进攻者会发现攻克被保护的阵地格外困难。对一个市场领先者而言，品牌和声誉往往是保护阵地的主要手段,此外,保持更高的品质、更好的服务和更低廉的价格都可以作为应对进攻和巩固市场的有力武器。

2. 侧翼防御

侧翼防御是针对侧翼进攻的反应。侧翼防御要求组织加强侧翼的力量,同时还要注意不能在其他地方暴露出更弱和更易受到攻击的破绽。这要求组织对竞争者的战略和可能的进攻形势作出预测。采用侧翼防御战略时必须考虑两个重要问题:一是为了防御而建立起来的新阵地是否显著地削弱了核心阵地。二是新阵地是否持久。如果不是建立在组织优势之上,新阵地很可能比原来的阵地更难以防御。

3. 先发防御

先发防御是指在潜在进攻者发起攻击之前,先发制人地打击他们。组织发动先发防御的目的是率先发起进攻,从根本上击溃或者挫伤对手的士气,阻止对手的进攻。先发防御有多种方法,组织可以在市场上传递遏制信号,暗示竞争者不要攻击他,也可以在判明对手行动趋势后,提前展开进攻。

课外小故事:万科降价引发行业地震

2008年以来,全国各大城市楼市成交量持续低迷。曾经被认为是房价上涨坚定支撑的刚性需求,在不断高企的房价面前逐渐停止了入市的脚步。各种打折促销的信息在各地楼市中涌动。此时,作为行业领导者的万科做出了一个震动行业的举动。

2008年9月,市场传来万科促销飓风刮到杭州的消息。9月2日,不少杭州市民收到一则降价信息。信息称,今年是万客会——万科为服务客户成立的俱乐部组织——成立十周年。值此中秋之际,杭州万科盛情推出了"万客会十周年之青年置业计划",白鹭郡东、白鹭郡南、魅力之城、逸品阁等四个楼盘为青年置业和首次置业家庭精选部分小面积、低总价的房源进行优惠,以满足青年首次购房需求。更有消息称,本次万科杭州四个楼盘的优惠活动,优惠幅度最多达7.5折。

万科的降价行为不是无的放矢。作为行业领导者的万科已经深深体会到风雨欲来的肃杀气氛。几乎所有的地产商都在暗地加大促销力度,以求在萧条的市场中吸引消费者的注意力。降价已成必然,关键是采取什么样的态度。万科选择了主动降价。万科在杭州的降价行动得到市场的充分回应,9月3日至7日五天内,杭州万科认购336套,认购金额达到2.9亿元。同期推出青年置业计划的宁波万科也在五天内认购213套,达到1.8亿元的认购金额,加上8月上海万科推出的促销活动,一周之内,仅万科三家公司累计认购金额已近10亿元。

当行业中的竞争者还在蠢蠢欲动的时候,万科毅然选择了先发防御的战略,从而占据了未来竞争中的先发优势。

4. 反击防御

大多数市场领导者受到攻击之后,必须向对手作出反击以示回应。在反击防御中,一个领导者的战略选择可以是正面反击进攻者的矛头,也可以向进攻者的侧翼包抄。一个有效的反击是侵入进攻者的主要市场,迫使其撤回某些力量来保卫其领地。另一个反击防御的方法是利用经济或政治手段打击进攻者,以此削弱挑战者的进攻力量。

5. 运动防御

在运动防御中,市场领导者将他的范围扩展到新的领域中,将这些领域变成未来的防守和进攻的中心。扩展到这些新领域的方法是市场拓宽和市场多样化。市场拓宽要求一个组织将其注意焦点从现行产品转移到主要的基本需求和研发与该需求相关联的整套技术上。如石油公司将自己重组为能源公司。市场多样化就是进入不相关行业。如美国烟草公司莫里斯认识到吸烟的限制日益增长而很快地进入啤酒、软饮料等新的行业。

6. 收缩防御

收缩防御也叫战略撤退,要求组织放弃那些无法抵抗的领域,缩短战线,把力量集中到有能力防御对手的核心业务上。收缩战略不是放弃市场,而是放弃较弱的领域并将力量重新分配到较强的领域。如联想公司出售手机业务,专注个人电脑行业。

总之,防御战略的目标就是要减少受到攻击的可能性,将攻击的目标引导到威胁较小的地带,并设法减弱进攻强度。

二、经营单位战略

经营单位的竞争战略所涉及的问题是在给定的一个业务或行业内,经营单位如何竞争取胜,即在什么基础上取得竞争优势。这里重点介绍成本领先战略、差异化战略和重点集中战略。

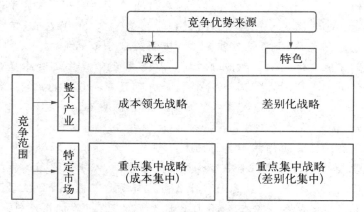

图 6-3 一般竞争战略的基本模型

(一) 竞争优势

美国哈佛大学教授迈克尔·波特在其专著《竞争优势》中,提出了相对成熟的竞争力理论。他认为竞争优势是竞争性市场组织绩效的核心,而取得竞争优势归根到底产生于组织为客户所能创造的价值。他认为,把组织当作一个整体来看,无法认识组织的竞争优势,因此他引入了"价值链"的概念,把组织的价值创造过程分解为一系列互不相同但又互相联系的经济活动;组织的每一项经济活动就是这一价值链上的一个环节。虽然同一产业内的组织往往具有相似的价值链,但竞争对手的价值链之间一定有所区别,这种价值链的差异就是组织竞争优势的一个关键来源;而取得相对竞争优势的关键是应把低成本策略和差异化战略作为基本的竞争战略。在价值链众多的价值活动中,那些真正创造价值的经营活动才是组织价值链的战略环节。

尽管三种不同的一般竞争战略形式各异，但它们的核心思想是一致的。组织通过采用不同的战略归根结底是为了打造组织的竞争优势。竞争优势是指一个组织能够获得超出产业利润平均水平的超额收益，是一个相对概念。组织的竞争优势是指组织在与同行业对手的竞争中所表现出的相对于竞争对手的一种优势，依赖于这种优势，组织可以获得超过该行业正常收益率的回报。

（二）成本领先战略

成本领先战略是指组织通过在内部加强成本控制，在研发、生产、销售、服务和广告等领域里把成本降低到最低限度并成为行业中的成本领先者的战略。

在这种战略的指导下，组织努力成为所在产业中实行低成本生产的竞争者。成本优势的来源各不相同，它们可以包括追求规模经济、专利技术、原材料的优惠待遇和其他因素。典型的低成本组织能够提供标准或实惠的产品，并且强调要从一切资源中获得规模经济的成本优势或绝对成本优势上大做文章。

图6-4展示了能够影响组织成本的一些重要因素。在迈克尔·波特的竞争战略理论中，这些因素被称为成本驱动力。

1. 规模经济

规模经济是指在一定的时期内，组织所提供的产品或服务的绝对量增加时，其单位成本趋于下降。规模经济的优势在于：能够实现产品规格的统一和标准化；能够通过购入大量原料，降低单位购入成本；有利于组织成员的专业化；有利于新产品的开发。

2. 经验和学习效应

所谓学习效应，是指当以个人或一个组织重复地做某一产品时，做单位产品所需的时间会随着产品数量的增加而逐渐减少，然后才趋于稳定。

图6-4　影响成本的重要因素

3. 产能利用

产能利用对组织产品的单位成本有重要的影响。产能利用不连续或者不稳定会极大地增加组织成本。

4. 相互关系

组织与其他战略业务单位建立良好的关系，有助于在各种活动中分享各自的经验或取得规模经济。

5. 一体化

组织在业务决策中采取一体化战略，如并购上游资源、开辟独立渠道等，也会影响成本。

6. 时机

时机也可以创造成本优势。最先进入行业的组织往往可以获得最好的选址、优质便宜的原材料或者通过垄断先进的技术提高竞争者的进入成本。

7. 政策选择

组织关于产品线、质量水平、服务、差异化等方面的政策选择对组织成本也有一定的影响。例如，选择差异化的产品策略必然增加组织在打造产品特色方面的成本。

8. 选址和制度因素

恰当的选址可以利用较低的运输、组装或者原料成本。另外,政府的政策(如退税政策、信贷政策和环境政策)也能影响组织的成本。

总之,组织可以借助许多手段来降低成本。要想成为某个行业的成本领先者,组织就必须持续不断地在各方面挖掘潜力,降低成本。

> **精彩一瞬:沃尔玛为何能越做越大**
>
> 在2002年《财富》500强排名中,名列第一的是做零售业的沃尔玛。《财富》杂志一位记者不无惊叹地写道:"一个卖廉价衬衫和鱼竿的摊贩怎么会成为美国最有实力的公司呢?"的确,沃尔玛走向成功的过程演绎出许许多多令人拍案叫绝的故事。翻开沃尔玛的历史,人们不难发现其有很多经验值得借鉴,但最关键的是沃尔玛拥有一样制胜法宝——明确的成本领先战略。
>
> 沃尔玛是一个以总成本领先战略为主导的典范。对于连锁商家,成本控制的关键在物流体系中,商品采购在物流中心的整合存在于管理商品配送的每一个环节,这些环节都是成本控制的目标。在成本领先战略的引导下,沃尔玛在价值链的运作上游刃有余,建立了大型采购中心,形成了一体化的配送体系,成为供应链时代的新主宰。沃尔玛的创始人山姆·沃尔顿始终要求每位采购人员在采购货品时态度坚决,总是告诫他们不是在为沃尔玛商店讨价还价,而是为顾客讨价还价,应该为顾客争取到最好的价钱。沃尔玛的一位服装供应商曾说:"他们太严厉了,他们要的是最低价格。我们必须要更具创造性和灵活性才能达到他们的需求。"但这并不影响沃尔玛与供应商之间的友好融洽关系,沃尔玛给予供应商的优惠远远超过同行。美国第三大零售商凯马特对供应的商品平均45天付款,而沃尔玛仅为平均29天付款,这大大激发了供应商与沃尔玛建立业务的积极性,从而保证了沃尔玛商品的最优进价。加之沃尔玛还拥有最先进的全球化信息网络,高效率的财务结算得以保证。所有这一切都促成沃尔玛特有的、熟为人知的标志——天天平价。

实施成本领先战略需要具备一定的适用条件与组织要求。首先,在行业环境方面,采用成本领先战略的组织所处的行业是那些现有竞争者之间的价格竞争非常激烈的行业。在该行业中,各个组织的产品基本上是标准化或者同质化的,实现产品差异化的途径很少,并且多数顾客使用产品的方式相同,消费者的转换成本很低,消费者还具有较大的降价谈判能力。此外,实施成本领先战略,组织本身还必须具备如下技能和资源:持续的资本投资和获得资本的途径;先进的生产加工工艺技能;高效的管理控制体系;容易制造的产品设计;低成本的分销系统等。

成本领先战略的优势是显而易见的。这种优势可以为组织带来多方面的好处。首先,成本领先战略可以对新的进入者形成进入障碍。组织的成本低,就具有削价的能力,从而为行业的潜在进入者设立很高的进入障碍。其次,成本领先战略可以增强组织的讨价还价能力。无论是供应者还是购买者,组织的成本低,就可以在某种程度上应付由于外部因素的变化所引起的费用增长现象,从而提高自身在与买方或卖方的谈判中讨价还价的灵活度。再次,成本领先战略可以降低替代品的威胁。组织的成本低,在与替代品竞争时可以通过降低价格来吸引大量的顾客,从而降低或者缓解替代品的威胁,使自己处于有利的竞争地位。最后,成本领先战略有利于在与同行业对手的竞争中保持领先的竞争地位。组织的成本低,在与行业内的竞争对手进行价格战时,可以利用低价格的吸引力从竞争对手那里夺取市场份额,也可以在其他对手毫无利润的低价格水平上保持一定的盈利,从而保持绝对的竞争优势。

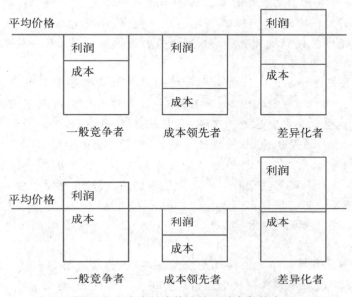

图 6-5　成本领先战略的两种竞争效应

总之,组织采用成本领先战略,可以有效地面对行业中的五种竞争力量,以其低成本的优势,获得高于行业平均水平的利润。

尽管成本领先战略能够为组织带来如此种种的优势,组织在选择成本领先战略时,应该看到这一战略也有其弱点。组织在争取低成本的过程中,需要投入巨大的资本,尤其是为了取得生产的规模经济性而言,提高生产能力可能意味着产品的库存会大量增加。成本领先战略要求产品更加标准化和简单化,这样留给消费者选择的余地就很小,简单化的产品线会与消费者丰富的需求相冲突。组织过分追求低成本而降低产品和服务的质量,也会影响顾客对产品的满意度。此外,因为成本领先战略的着眼点只是降低成本,留给组织实施过程中的选择余地也会相应变小,为了保持低成本,组织在更新换代方面的投入有所保留,往往忽视对新技术的采用,最终导致产品被替代的可能性加大,会使组织面临被替代者全盘替代的风险。

(三) 差异化战略

在市场同质化严重和竞争日趋激烈的今天,成本领先战略越来越加大了组织的竞争难度。因此,许多组织弃成本领先战略不用,而选择了一般竞争战略的另一个方向——差异化战略。差异化战略又称别具一格战略,是指组织为了满足顾客特殊的需求、形成自身竞争优势和提供与众不同的产品和服务的战略。组织主要是依靠产品和服务的特色而不是靠降低成本来实施这种战略。实现差异化战略可以有许多方式,组织可以通过提供不同的设计或品牌形象来实现差异化战略,最理想的情况是公司使自己在几个方面都差异化。例如,卡特彼勒推土机公司(Caterpillar Tractor)不仅以其经销网络和优良的零配件供应服务著称,而且以其极为优质耐用的产品享有盛誉。所有这些对于大型设备都至关重要。因为大型设备使用时发生故障的代价是昂贵的。

课外小故事:顾客就是上帝——卡特彼勒公司成功之道

卡特彼勒公司是世界上最大的基建和矿山设备制造商。回顾卡特彼勒所走过的道路,与经销商家庭式的亲密关系使该公司受益匪浅。伙伴关系的建立并不是一朝一夕就可以达到的,它是卡特彼勒执行一贯的原则和努力的结果。下面几条处理与经销商关系的原则值得管理者们借鉴:

1. 不对经销商进行压榨。许多企业所犯的一个毛病就是当发现市场不景气时,就开始压榨他们的经销商以保证自己的利益;而一旦发现有什么有利可图的生意时,就马上越过经销商,把生意拿来自己做。这样,虽可以获得一时的利益,却会直接损害与经销商之间的关系。卡特彼勒认为,如果绕过经销商,就等于自断臂膀。

2. 向经销商提供除产品及零部件以外的其他东西。除了提供产品和零部件外,卡特彼勒还帮助经销商向顾客提供分期付款等信用担保,同时在存货管理和控制、物流、设备维护工作程序等方面给经销商予以支持。例如,公司每年都要印刷多种书面技术材料供经销商提供给技术人员作为参考,并随时按照经销商的需要向他们的员工提供培训服务。

3. 与经销商经常深入而又坦诚地交流。每年,卡特彼勒公司的高层管理人员都要与经销商的高层管理人员举行一些地区性的会议。在会议上,他们就每一个产品线的销售目标以及为了达到这一目标双方各应该做些什么进行讨论。公司还定期邀请所有的经销商在公司总部所在地开会,主要是对公司的战略、产品计划和营销政策进行全面的回顾。

4. 把经销商留在卡特彼勒大家庭中。卡特彼勒通过组织各种活动让经销商的子女们从小就对卡特彼勒公司发生兴趣。卡特彼勒鼓励经销商将他们的孩子从小纳入到企业工作中去。他们时常为经销商的孩子安排一些暑假工作,当他们大学毕业后,就安排一些全日制的工作。有时还会建议经销商先让他们的孩子干两年的零件销售工作,然后到工程部门干一阵子,最后再来管理产品支持业务。

5. 企业的生命之源在于使顾客满意。由于市场竞争的加剧,市场的主导权已由厂商转向了顾客手中。卡特彼勒公司的成功归根到底只有一点:贴近顾客,拉近顾客与自身的距离。这样做的结果显而易见。

如果差异化战略成功地实施了,它就成为在一个产业中赢得高水平收益的积极战略。差异化战略使组织产品和服务具有特色,顾客对该产品或服务具有较高的忠实度,从而使该产品或服务具有较强的进入障碍。潜在的进入者要与组织竞争,需要克服这种产品的独特性。差异化战略可以降低顾客的敏感程度。由于顾客对组织的产品和服务具有某种程度的忠实性,当这种产品价格发生变化时,顾客对价格的敏感程度不高,组织就可以运用差异化在行业竞争中形成隔离地带,避免竞争的侵害。差异化战略可以使组织获得较高的边际收益,降低组织的总成本,增强组织对付供应商讨价还价的能力。同时,由于购买者别无其他选择,对价格的敏感程度又低,组织可以运用这一战略削弱购买者讨价还价的能力。此外,采取差异化战略能够赢得顾客的忠诚,在面对替代品威胁时,其所处地位比其他竞争对手也更为有利。

实施差异化战略的组织要获得战略上的成功,就必须认真研究购买者的需求和行为,了解他们对产品和服务的看法,如什么是重要的和什么是有价值的等。然后,组织还必须使产品和服务包含特定的购买者想要得到的属性,其中,组织提供的这些属性与竞争对手提供的属性要有明显的易于分辨的差比,或者开发某种独特的能力来满足购买者的需求。

组织在实施差异化战略的过程中,并不是没有风险。风险来源于两个方面:一是组织没有能够形成适当的差异化,无法令顾客作出明确的区分;二是在竞争对手的模仿和攻击下,行业的条件又发生了变化,组织无法保持差异化。组织在保持差异化的时候,普遍面临着四种威胁:第一,产品差异化的成本过高,大多数购买者难以承受产品的价格,不愿意为具有差异化的产品支付较高的价格;第二,竞争对手推出了类似的产品,降低了产品差异化的特色;第三,竞争对手推出了更具有特色的产品,使组织原有的顾客转向了竞争对手;第四,购买者不再需要组织长期赖以生存的那些产品差异化的属性,随着产品普及程度的提高,产品差异化的重要性降低。

(四) 重点集中战略

重点集中战略不同于前两种竞争战略。成本领先战略和差异化战略面向整个行业,在整个行业中进行活动。而重点集中战略则是围绕某一个特定的目标进行密集性的生产经营活动,要求能够比竞争对手提供更有效的服务。组织一旦选定了目标市场,便可以通过成本领先或者产品差异化的方法,形成重点集中战略。通过为其目标市场进行战略优化,实施重点集中战略的组织往往能够建立起独特的竞争优势。

重点集中战略的前提是对市场进行细分。市场细分是指组织将整个市场划分为不同的群体,在消费者需求与市场反应等方面,群体内的消费者相似,群体之间则存在显著的差异。要使市场细分有效,必须做到有的放矢,以下几点可以作为细分市场的识别特征:

(1) 衡量性。细分市场的大小、购买力和特性应该是能够加以衡量的。

(2) 足量性。细分市场的规模应该达到有足够的获利空间的程度,应该是值得为之设计一套规划方案的尽可能大的同质群体。

(3) 实现性。细分市场应该能够被有效地到达与为之服务。

(4) 差异性。细分市场在概念上能被区别,并对不同的营销组合因素和方案有不同的反映。

(5) 执行性。为吸引和服务与细分市场的有效计划应该能够被系统地表述。

市场细分可以为组织带来许多重要的利益。第一,对规模较小的组织而言,市场细分是一种特别有用的竞争方式。它使组织的目标市场与组织的能力相匹配,而且使小型的组织更有可能在市场中找到一个可以防范竞争对手的立足之地。第二,市场细分可以帮助组织找到新的盈利点,即那些还没有被发现或者尚未被满足的细分市场。这些市场可以成为新产品开发或者现有产品或服务延伸的目标。第三,在处于成熟或者衰退的市场中,市场细分有助于组织找出仍然处于成长阶段的特殊细分市场。在产品生命周期的后期,当整个市场衰退时,组织可以将精力集中于这些仍然在增长的细分市场。第四,市场细分使组织能够将产品或服务与目标市场的需求更完美地匹配起来,组织因此建立起更强势的竞争地位。最后,假如组织不能在细分市场中建立起优势,而竞争对手抢占了先机,组织将面临退出该市场的危险。

即使市场可以细分,也不是每一个细分市场都可以运用重点集中战略。目标聚集在一个细分市场的重点集中战略的可行性取决于细分市场的规模和能否承担运用战略的成本。即使战略能够适应新细分市场的需求,但如果采用重点集中战略的成本高于取得的收益,也无法形成有效的竞争优势。在以下几种情况下,使用重点集中战略能够取得好的结果。第一,在目标市场上,竞争对手很难满足顾客在专业化或特殊性上的需求;第二,组织拥有足够的资源,能有效地服务于具体的目标市场;第三,目标市场具有很好的成长潜力,而且足够大,组织可以盈利;第四,在目标市场上,组织能够凭借其建立起来的顾客忠诚度,有效地防御行业中的竞争者。

课外小故事:住宿行业的重点集中战略——Motel 6 和利兹卡尔顿

Motel 6 和利兹卡尔顿在住宿行业中参与竞争的市场定位反映了重点集中战略的两种形式:Motel 6 采取的重点集中战略是以低成本为基础;利兹卡尔顿采取的重点集中战略是以差异化为基础。

Motel 6 满足的是那些很注重价格的旅行者的要求,他们所想要的是在一个干净的没有附加服务的地方过夜。为了达到低成本提供隔夜住宿服务的目的,Motel 6 采取了以下措施:(1)选择相对便宜的地点来建筑旅馆,通常是在州与州之间的出口和高速公路地段,因为地段偏远,避免了支付高额的地段费用;(2)只建设一些基本的设施,没有饭馆和酒吧,也极少有游泳池;(3)依靠标准的建筑设计,只需要一些并不昂贵的材料和低成本的建筑技术;(4)房间设施和布置尽量简化。这样一来,既降低了建筑成本,也降低了运营成本。由于没有饭馆、酒吧和各种顾客服务,在 Motel 6,一个房间的运作只需要前厅人员、清扫人员和维修人员就可以了。

相反,利兹卡尔顿的市场目标是那些愿意支付且支付得起高档住宿费用和一流个人服务的旅行者和度假者。利兹卡尔顿的特色是:(1)黄金地段,在很多房间都能够看到如画的风景;(2)定制式样的建筑设计;(3)优雅的餐厅,精美的食物由名厨料理;(4)雅致的休息间和酒吧;(5)齐备的游泳池、健身设施和其他休闲设施;(6)高级的房间住宿条件;(7)适时、适度的顾客服务和娱乐休闲机会;(8)大规模的、受过良好训练的专业工作队伍,为使每一个顾客的舒适而竭尽全力。

这两家公司都把精力集中在整个市场中的一个很狭窄的部分:Motel 6 的竞争优势基础是能够以比竞争对手低的成本为价格敏感的旅行者提供基本的、经济的住宿服务;利兹卡尔顿的竞争优势基础是能够为富有的客户提供上乘的住宿服务和无与伦比的个人服务。他们都获得了竞争的成功。

同前两种一般竞争战略一样,重点集中战略具有鲜明优势,但也不可避免地带来一定的风险。重点集中战略的优势在于:适应了组织资源有限的特点,可以集中力量向某一特定子市场提供最好的服务,而且经营目标集中,管理简单方便。使组织经营成本得以降低,有利于集中使用组织资源,实现生产的专业化,实现规模经济效益。其缺点在于:对环境的适应能力较差,有较大风险,放弃了其他市场机会。如果目标市场突然变化,如价格猛跌、购买者兴趣转移等,组织就有可能陷入困境。集中单一产品或服务的增长战略风险较大,因为一旦组织的产品或服务的市场萎缩,组织就会面临困境。因此,组织在使用单一产品或服务的重点集中战略时要谨慎。

三、国际化战略

国际化战略是组织产品与服务在本土之外的发展战略,是组织在国际化经营过程中的发展规划,是组织为了把自身的成长纳入有序轨道并不断增强组织的竞争实力和环境适应性而制定的一系列决策的总称。组织的国际化战略在很大程度上影响着组织国际化进程,决定了组织国际化的未来发展态势。

(一)国际化战略的动因

不同的组织走向国际化的具体原因千差万别。但是,无论出于何种原因,组织的国际化战略从根本上说都是出于整体战略的考虑,即为了寻求更大范围的竞争优势。组织国际化的动因包括:

1. 扩大市场规模

在国外市场销售产品与服务和开辟新的市场,能提高收益,特别是那些处在有限增长的本国市场的组织,进入国际市场有更大的吸引力。

2. 尽快收回投资

大规模投资为得到应有的回报,需要巨大的市场规模。技术发展速度的加快使新产品寿命周期缩短,也必须尽快收回投资。

3. 规模效应和学习效应

通过在国际市场扩张,组织规模进一步扩大,有可能取得优化的规模效应。国际市场也为组织转移核心竞争力提供了机会,它为跨越国界的资源和知识共享创造了条件。

4. 提高成本竞争力

在劳动力、原材料或技术费用比较低的国家建立生产工厂可以降低成本。

5. 充分利用人才和资源优势

在本国市场建立竞争地位的同时,在国际市场上取得竞争优势,确立竞争地位。

6. 分散商业风险

组织通过在不同的国外市场上经营建立了广泛的市场基础,从而与完全依靠本国市场相比,分散了风险。

(二)进入国际市场的方式

组织的目标市场选定之后,就必须确定进入该目标市场的最佳方式。可供选择的方式主要可以分为贸易出口进入、合同进入和投资进入三大类。

1. 贸易出口进入方式

贸易出口分为间接出口和直接出口两类。组织的类型和规模不同,实力也会不同,往往选择不同的出口方式,并且随着组织的发展,实现由间接出口向直接出口方式的转变。

间接出口是指组织通过设在本国的各种外贸机构或国外组织设在本国的分支机构出口自己的产品和服务。直接出口是指组织不通过中间机构,把生产的产品直接卖给国外的客户或最终客户。总的来说,组织选择出口进入方式进入国际市场的风险较小。但当出口数量较大且出口采用的主要竞争方式是价格竞争时,会引起进口国的配额控制约束或反倾销抵制。

2. 合同进入方式

合同进入方式是指一个国际化经营的组织与目标市场的组织之间在转让技术、工艺等方面订立长期的、自始到终的、非投资性的合作合同。该方式输出的主要是技术、工艺、品牌和管理等。合同进入方式主要有以下几种方式：

（1）许可证贸易。许可证贸易是指授权人（许证方）与受权人（受证方）签订合同，提供专有技术或工业产权，并收取相应的费用和报酬。授权的内容有专利使用权、专有技术的使用权和商标使用权等。

（2）特许经营。特许经营是指由特许授予人准许被授予人使用他的组织商号、注册商标、经营管理制度与推销方法等从事组织经营活动的经营方式。

（3）合作生产。组织与国外合作者签订合同，由对方生产产品，本组织主要负责产品销售，一般是将产品销往制造商所在国家的市场。

（4）管理合同。管理合同是指向国外组织提供管理经验、情报信息、专门技术知识的合同。即组织输出管理经验与劳务，其范围只局限于组织的日常运营。

3. 直接投资进入方式

直接投资进入方式是指组织通过在国外投资设立子公司的方式进入目标市场。直接投资是国际化战略的高级形式，风险较大，灵活性差，管理难度大。根据组织拥有子公司股权的多少可分为：

（1）全资子公司（独资经营）。母公司拥有子公司全部股权和经营管理权以及全部利润获取权。这种独资经营可以摆脱合资经营在利益、目标等方面的冲突，使子公司战略与母公司总体战略融为一体，有利于建立与实施组织文化。缺点主要是：投资大，风险大，存在与当地国家政府、组织的合作协调等问题。

（2）合资经营。合资经营可以减少国际化扩张的投入，可以利用合资方国家的各种资源，如生产、管理、市场营销能力及融资渠道、信誉、公共关系网络等。存在的问题是：由于多方合资，在定价、利润分配、生产、销售等多方面会产生冲突。

许多组织都明显偏好某一种进入国际市场的方式。但是，坚持使用某一种进入市场的方式是有局限的。因此，组织必须学会利用和掌握所有这些进入市场的方式，并争取同时采用几种不同的方式进入国际市场。

（三）国际化战略的类型

在成本压力与当地市场压力这两个条件的约束下，组织可以根据发展的需要选择自己的国际化战略。

1. 国际战略

国际战略是指组织将具有价值的产品和技能转移到国外市场，以创造价值的举措。大部分组织在采用国际战略时，是将其在母国所开发的具有差异化的产品转移到海外市场，从而创造价值。在这种情况下，组织多把产品开发的职能留在本国，而在东道国建立制造和营销职能。例如，宝洁公司在全世界各地都有自己的产品生产工厂，这些工厂只生产由美国母公司开发出来的具有差异化的产品。

2. 国际本土战略

国际本土战略以国家界限划分市场，注重每个国家内的竞争，一个国家市场上的竞争同

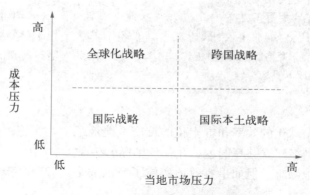

图 6-6　组织国际化战略的选择

另一个国家市场上的竞争相互独立,以每个国家作为一个战略业务单元制定战略。

国际本土战略可以将组织的战略策略与各国家的环境相匹配。其目标是追求对当地国家的环境做出更好的反应,而不是追求建立清晰的胜任能力和竞争卓越能力,从而建立相对其他国际竞争厂商和当地国家组织的竞争优势,取得国家性的领导地位。在不同的国家市场上采取不同的战略,增加了实施国际本土战略的组织的不确定性。另外,此战略很难跨越国家边境来利用和转移组织的资源,不利于实现规模效应及降低成本,也不利于促进建立统一的竞争优势。

3. 全球化战略

全球化战略是指组织在所有国家的战略策略基本一致。在全球范围内对组织的战略行动进行统一和协调,在不同国家的市场销售标准化产品。

在全球竞争环境下,组织的整体优势来自组织全球的经营和运作,组织在本土所拥有的竞争优势同组织来自其他国家的竞争优势有着紧密的联系。一个全球组织的市场强势同它以国家为基础的竞争优势组合成正比。因此,全球化战略是由组织总部制定和协调全球范围内的战略,目标是取得全球性的领导地位。

精彩一瞬:透视沃尔玛全球采购战略

在 2002 年 2 月 1 日之前,沃尔玛并没有自己从海外直接采购商品,所有海外商品都由代理商代为采购。沃尔玛要求刚刚加盟的沃尔玛全球副总裁兼全球采购办公室总裁崔仁辅利用半年时间做好准备,在 2 月 1 日这一天接过支撑 2 000 亿美元营业额的全球采购业务。结果,他不但在紧张的时间里在全世界成立 20 多个负责采购的分公司,如期完成了全世界同步作业的任务,而且使全球采购业务在一年之后增长了 20%,超过了整个沃尔玛营业额 12% 的增长率。沃尔玛全球采购业务的秘密何在?

在沃尔玛,全球采购是指某个国家的沃尔玛店铺通过全球采购网络从其他国家的供应商进口商品,而从该国供应商进货则由该国沃尔玛公司的采购部门负责采购。崔仁辅的全球采购网络首先由大中华及北亚区、东南亚及印度次大陆区、美洲区、欧洲、中东及非洲区等四个区域所组成。其次,在每个区域内按照不同国家设立国别分公司,其下再设立卫星分公司。国别分公司是具体采购操作的中间单位,拥有工厂认证、质量检验、商品采集、运输以及人事、行政管理等关系采购业务的全面功能。卫星分公司则根据商品采集量的多少来决定拥有其中哪一项或几项功能。在沃尔玛的全球采购流程中,其全球采购网络相当于一个内部服务公司,为沃尔玛在各个零售市场上的店铺买家服务——只要买家提出对商品的需求,全球采购网络就尽可能地在全球范围搜索到最好的供应商和最适当的商品。

4. 跨国战略

跨国战略寻求全球化的效率和本土化的反应敏捷地统一。实施跨国战略需要"弹性协调",通过一体化的网络建立共享的远见并各自尽责。在现实中,由于两方面目标的冲突,实现真正的跨国战略很困难。但如果有效地实施了跨国战略,其产出将比单纯的其他两种战略好得多。

跨国战略的显著特点是业务经营的多样化和国家市场的多样性。多元化跨国组织的管理者们不仅要制定和执行大量的战略,还要根据各国市场的需求进行调整变化。此外,他们还面临着另外的挑战,即要寻找好的方法来协调组织跨行业和跨国家的战略行动,从而获得更大的和持续的竞争优势。这种优势要比仅仅将组织的资源和生产能力用在每一个国家市场和每一项经营业务中所建立的竞争地位要大得多。

【学习自测】

一、选择题

1. 所谓差异化战略,是指为使企业产品与( )产品有明显差别,形成与众不同的特点而采取的一种战略。
   A. 原产品   B. 竞争对手
   C. 本企业产品   D. 同行业产品

2. 某水泥厂生产水泥的同时,开发和生产水泥预制构件产品,该厂的战略叫( )。
   A. 前向一体化战略   B. 后向一体化战略
   C. 横向一体化战略   D. 多元化战略

3. ( )是企业总体的、最高层次的战略。
   A. 职能战略   B. 公司战略
   C. 市场战略   D. 经营战略

4. 规模经济是指( )。
   A. 当在一个特定时期内,产品产量增加时,单位产品的生产成本也会增加
   B. 当在一个特定时期内,产品产量增加时,单位产品的生产成本会减少
   C. 当在一个特定时期内,产品产量增加时,单位产品的生产成本保持不变
   D. 产品的物理尺寸越大,生产成本会越低

5. 下列不是公司进行跨国经营的动机是( )。
   A. 利用潜在机会为公司产品扩大市场
   B. 确保生产的低成本
   C. 减少因公司扩张而遭遇到的国内政治压力
   D. 确保有充足的资源

二、判断题
1. 当一个公司生产自己的原料时发生后向一体化。　　　　　　　　（　　）
2. 发展战略包括一体化战略、多样化战略和重点集中战略。　　　　（　　）
3. 差异化战略的核心是取得某种对顾客有价值的独特性。　　　　　（　　）
4. 竞争优势来自企业产品的独特性。　　　　　　　　　　　　　　（　　）
5. 进入国际市场的方式中拥有最大控制权的方式是许可协议。　　　（　　）

三、简答题
1. 简述前向一体化战略的优势与劣势。
2. 重点集中战略的特点是什么？
3. 跨国战略和全球化战略的区别是什么？

【能力训练任务】

任务：公司业务组合管理

（一）情境描述及任务要求

海尔深陷多元化困局

2006年10月23日上午，香港万豪酒店。海尔电器股份有限公司在此举行股东特别大会。一个本应引起投资者关注的细节多少被低调处理了——海尔电器一年多前还引以为豪的手机业务以4亿港元的价格卖给母公司海尔集团。2006年上半年，海尔电器手机业务亏损3.97亿港元，加上前一年造成上市公司的亏损数字，海尔一年多来一共亏损近8亿港元。

自从2001年进入金融以来，张瑞敏以大开大阖的手法开创了海尔多元化之局面，但回头看看海尔2005年和2006年上半年的业绩，保持盈利的仍然是近20年的传统业务——冰箱、洗衣机、空调等白色家电业务。在主业利润越来越薄的今天，海尔全力推进的多元化战略正面临自2001年以来最严峻的时刻。不仅仅是手机业务，海尔几年来苦心经营的金融、电脑、药业、家居等多项业务均出现不同程度的亏损。这些在某种程度上意味着海尔集团多年来投资和进入的新业务几乎毫无建树，手机巨亏不过只是海尔多元化面临严酷"大考"的开始。

业界不乏前车之鉴。自20世纪90年代末期以来，国内IT业和家电业集体崛起了一批以"并购"为旗帜的整合者。它们在主业之外的领域里东奔西突，在金融、网络、通讯甚至药业等多个行业无不有其身影闪现。但几年下来，这些多元化整合者们遇到的麻烦和困扰似乎大过他们享受到的果实，无一例外地表现出高负债率以及并不乐观的盈利能力。

最近几年，可谓是中国企业展开多元化反思最多的时期。四年前，一度被视为中国高科技业代表的联想宣布在多元化方面的尝试全线失败，并于最近回归到联想专注PC的老路上来。接下来，在多元化战局中迷失了自我的澳柯玛陷入破产。即使是与海尔背景和身份相似的家电巨头TCL，也由于整合面涉及四大产业且过于庞杂，也表现出收缩和调整的迹象。

海尔的多元化能否走出收购后"整而不合"的死地，进入有充沛盈利能力的良性循环？这是每个中国管理者都在思考的问题。

训练要求：
1. 搜集整理海尔集团的经营范围，形成书面说明。
2. 利用SWOT分析方法确定海尔集团面临的战略环境。
3. 运用公司业务组合分析工具，确定海尔集团的战略选择。

（二）成果评价
1. 对战略选择方案进行二分评估。
2. 对在班级交流与评价中的表现进行二分评估。

（三）知识链接
1. 市场增长率—相对市场占有率矩阵法：http：//baike.baidu.com/view/298092.htm.
2. 行业吸引力—竞争能力分析法：http：//baike.baidu.com/view/4399017.htm.

能力模块三 融入企业文化

【情境任务导入】

海尔集团的企业文化

海尔集团位于山东省青岛市，前身是一个濒临倒闭的集体企业——青岛电冰箱总厂。现在，海尔是一个年产值406亿元人民币并在中国以外的10个国家设有工厂的大型跨国企业。

1. 海尔的文化管理理念

"斜坡理论"是海尔的发展定律。"企业如同爬坡的球，它受到市场竞争和内部职工惰性作用形成的下滑力的作用，如果没有止动力就会下滑，不进则退。"这个止动力就是基础管理。由此产生海尔模式的基础管理"OEC管理法"，即全面质量管理的"三全原则"在管理中的具体化，也就是对每人每天所做的每件事进行控制和清理并有提高的"日事、日毕、日清、日高"的管理制度，做到企业每天都没有惊天动地的事情发生。

管理借力理论要求企业借挖掘每位员工的积极性和创造性形成合力，通过管人达到管理的目的。管理者要了解下属的长处，以榜样的作用调动职工的积极性，要求管理者身先士卒，强调职工的参与意识。

动态三角结构理念是指用动态理念调整企业结构，通过市场获取需求信息，进行市场细分化的创新设计，以质保体系把高新技术转化为优质产品，通过国际星级服务进入市场，根据市场反馈，再去发现新需求，进行更高一层次的创新，这样就形成以技术创新为中心的不断循环往复和螺旋上升的三角结构体系。

2. 海尔文化的人才观与生存观

海尔文化的人才观是"人人是人才，赛马不相马"和"你能够翻多大跟头，给你搭建多大舞台"。具体而言，赛马机制包含三条原则：一是公平竞争，任人唯贤；二是职适其能，人尽其才；三是合理流动，动态管理。在用工制度上，实行一套优秀员工、合格员工和试用员工"三工并存,动态转换"的机制。在干部制度上,海尔对中层干部分类考核,每一位干部的职位都不是固定的,届满轮换。海尔人力资源开发和管理的要义是,充分发挥每个人的潜在能力,让每个人每天既能感到来自企业内部和市场的竞争压力,又能够将压力转换成竞争的动力,这就是海尔持续发展的秘诀。

海尔文化的生存观是"永远战战兢兢,永远如履薄冰"。作为企业,生存的忧患意识必须很强,因为市场环境千变万化,错综复杂,竞争非常激烈,市场不给你改正错误的机会和时间,稍有不慎便会造成毁灭性的打击。海尔有一句格言:"昨天的成功经验与辉煌可能是明天成功的阻碍。"只有不断地突破自己,才能不断地发展自己,才能在企业里站稳脚跟。

3. 与时俱进的海尔文化

与海尔产品一样,海尔文化是随着时代和企业的发展而不断发展的。

在第一个创业十年里,海尔的精神是无私奉献、追求卓越。从1984年到1995年,海尔第一个十年创业,企业从无到有、从小到大,海尔立志要做出中国最好的冰箱,发出了"无私奉献、追求卓越"的心声。在第二个创业十年里,海尔的精神是敬业报国、追求卓越。1995年,在国内市场取得飞速发展的海尔,开始瞄准国际市场。以当年海尔工业园落成为标志,海尔二次创业创国际名牌战略宣告启动。作为中国民族企业第一个真正意义上的尝试者,创中国人自己的国际名牌成为海尔人此后最执著的追求。具有民族意义的企业精神——敬业报国、追求卓越成为海尔人挑战国际名牌的精神底蕴。在第三个十年创业阶段,海尔精神是创造资源、美誉全球。全球化的海尔,需要全球化的海尔精神。海尔的全球化,需要企业的全球化追求。遍布全球的5万名海内外海尔员工和海尔创世界顶级品牌的目标都需要一种全球视野的共享价值。海尔新的企业精神——"创造资源,美誉全球"应运而生。"创造资源"本质上是创新,"美誉全球"就是海尔全球化品牌战略阶段的更高目标,海尔在全球各地满足用户需求的综合美誉就是海尔世界名牌的根本内涵。

资料来源:根据《海尔企业文化手册》的内容及网络资料整理而成。

请思考:

1. 海尔集团的企业文化涉及哪些方面?每个方面的内涵是什么?
2. 海尔集团企业文化的与时俱进是如何体现的?

【必备知识内容】

企业文化是企业在生产经营实践中逐步形成的,为全体员工所认同并遵守的、带有本组织特点的使命、愿景、宗旨、精神、价值观和经营理念以及这些理念在生产经营实践、管理制度、员工行为方式与企业对外形象的体现的总和。

企业文化是企业的灵魂,是推动企业发展的不竭动力。它包含非常丰富的内容,其核心是企业的精神和价值观。这里的价值观不是泛指企业管理中的各种文化现象,而是企业或企业员工在从事商品生产与经营中所持有的价值观念。

一、企业文化的内容

通常认为,企业文化分为物质文化、行为文化、制度文化和精神文化四部分。

(一)物质文化

物质文化是员工创造的产品和各种物质设施等所构成的器物文化。它主要包括企业产品结构、外表款式和提供服务内容、企业劳动环境和员工休息娱乐环境、员工的文化设施以及厂容厂貌等。物质文化层是企业员工理想、价值观和精神面貌的具体反映,集中体现了一个现代企业在社会上的形象。因此,它是社会对一个企业总体评价的起点。

1. 生产资料

包括建筑物、机器工具、设备设施、原料燃料等。

2. 企业的产品

它是企业物质文化的首要内容。企业文化范畴的产品文化包含三层内容:一是产品的整体形象,二是产品的质量文化,三是产品设计中的文化因素。如可口可乐的品牌文化、红豆集团的"红豆"文化等。

3. 企业名称和企业象征物

它们都是企业文化的可视性象征之一。例如,中国所有银行的建筑风格大体一致,坚实、牢固、宏大,银行门口塑的都是威风凛凛的雄狮。这根源于中华民族传统的文化习俗——中国人在把自己千辛万苦节衣缩食挣来或省下的钱送到银行时,一定认为这是最牢靠的地方。因此,银行的建筑风格都是碉堡般坚不可摧的,这样才能暗合老百姓的心理,给他们一种可信之感。

4. 企业对员工素质形成的实体手段

这些手段是企业对员工在生产经营活动中的劳动所建立的必要的保健、卫生、安全等设施以及为提高员工文化知识和科学技术素质所建立的必要的技术培训、职业教育、文化教育设施与环境氛围。这一切均是企业文化的外化物,它们会使人受到企业文化的熏陶,提高员工的文化素质。

在现实的企业中,通常使用的方式主要有:建立工会,沟通协调员工与企业经营者的关系;实施员工持股计划,增进员工对公司的忠诚和信赖;制定各项福利措施,如修建公司宿舍、设立优惠住房贷款、建立企业医疗制度等,给员工以归属感和安全感;构建企业文化娱乐设施,丰富员工的业余生活,增强员工体质和文化修养;帮助员工制定个人发展规划,提供各种培训机会,促进企业与员工共同发展等。

(二)行为文化

企业的行为文化是指企业员工在生产经营、学习娱乐中产生的文化现象。它包括企业经营、教育宣传以及人际关系活动和文娱体育活动中产生的文化现象。它是企业经营作风、精神面貌、人际关系的动态体现,也折射出企业精神和企业的价值观。

从人员结构上分,企业行为文化主要包括企业家行为、企业模范人物行为和企业员工群体行为等。

1. 企业家行为

企业家是企业的灵魂。企业文化主要是由企业家导向的,它深深烙上了企业家的个性、志趣情操、精神状态、思维方式和目标追求。企业家的灵魂之光决定企业文化的健康与优化的程度,决定了员工对企业的信心程度,也决定了企业在未来竞争中的胜负。有什么样的企业家,就有什么样的企业和什么样的企业文化。企业家是企业文化的设计者、倡导者、推动者和弘扬者,也是企业文化的"旗手"。

2. 企业模范人物行为

企业模范人物是企业的中坚力量,他们的行为在整个企业行为中占有重要地位。在具有优秀企业文化的企业中,最受人尊重的是那些集中体现了企业价值观的企业模范人物。这些模范人物使企业价值观"人格化",他们是企业员工学习的榜样,他们的行为常常被企业员工视为仿效的行为规范。

企业中的模范人物大都是从实践中涌现出来的、被职工推选出来的普通人。因此,任何一个企业员工,只要通过自己的努力,都可以成为任何一个层次上的企业模范。从企业模范行为的类型上划分,可分为领袖型、开拓型、民主型、实干型、智慧型、坚毅型和廉洁型等七类人的行为,它们彼此不相互独立,常常是相互交融的。

3. 企业员工群体行为

企业员工是企业的主体,企业员工的群体行为决定企业整体的精神风貌和企业文明的程度。因此,企业员工群体行为的塑造是企业文化建设的重要组成部分。有人把企业员工群体行为塑造简单地理解为组织职工政治思想学习,企业规章制度是必要的和不可或缺的,但员工群体行为塑造不应当仅仅限于此,它至少还包括三个方面的内容:

第一,激励全体员工的智力、向心力和勇往直前的精神,为企业创新作出实际贡献。例如,美国最优秀企业之一的信捷公司对自己的员工就提出了这样的行为规范:在工作中不断激发个人的潜能,积极、主动地为自己创造一种不断学习的机会,尽管工作是日常性的,但工作的全部内容应当提升到与成就个人事业相联系的位置上,以便为个人的成长提供动力。

第二,把员工个人的工作同自己的人生目标联系起来。这是每个人工作主动性、创造性的源泉,它能够使企业的个体产生组合效用,使 $1+1>2$。它能够唤起企业员工的广泛热情和团队精神,以达到企业的既定目标。

第三,必须使每个员工认识到企业文化是自己最宝贵的财产,它是个人和企业成长必不可少的精神财富,以积极处世的人生态度去从事企业工作,以勤劳、敬业、守时、惜时的行为规范指导自己的行为。

(三)制度文化

企业的制度文化是指具有本企业文化特色的各种规章制度、道德规范和员工行为准则的总称,包括厂规、厂纪以及生产经营中的交往方式、行为准则等,也称为强制性文化。

建立企业制度的目的在于协调生产和规范企业活动及员工行为,以提高企业工作效率。制度的突出特点是强制性,营造企业制度氛围就是制定并贯彻企业各项规章制度,强化企业成员的规范行为,引导和教育员工树立企业所倡导的统一的价值观念,使员工顾全大局,自觉服从于企业的整体利益。企业的规章制度主要包括企业的领导制度、人事制度、劳动制度和奖惩制度等。

这里需要强调的是,企业制度安排是企业本身及其构成部分的行为准则,也是企业员工的行为规范。这些管理制度是企业赖以存在的基础,是企业在其发展过程中不断制定和完善的。这些制度更加强调外在的约束和强制的约束。它重在利用层级对员工进行监督、考核、监控等。从本意上讲,企业文化属于人的思想范畴,强调人的价值理念。虽然这些思想和理念最终要体现在员工的行为上,且行为又直接受企业制度及企业发展战略的约束,但是,毕竟人的行为除了外在的制度约束外,从人的行为产生的根源上看,它还是要受到思想的支配,存在着内在约束。从这一点看,似乎企业制度和企业文化又是不同的事物。我们之所以将企业制度归于企业制度文化,首先就是因为制度的制定就直接受企业价值观和经营理念的影响,是企业文化的制度表现,而且,企业的制度文化并不完全将自己的作用定位于员工行为外在的强制性约束,它更强调在认同企业价值理念的前提下,从内在性上约束员工的行为,从而成为规范企业行为的内在约束力。这也就是所谓的通过制定并贯彻企业各项规章制度,强化企业成员的规范行为,引导和教育员工树立企业所倡导的统一的价值观念,使员工顾全大局,自觉服从于企业的整体利益。

精彩一瞬:松下电器公司的顾客至上理念

日本松下电器公司之所以被称为"经营管理楷模",很重要的就是它的服务。它把顾客至上的理念变成了一系列服务行为规范,甚至可称为服务艺术:

——销售是为人类服务,获得利润是当然之报酬。

——对顾客不可怒目而视,也不可有讨厌的心情。

——对顾客应视如亲戚,有无感情决定商店的兴衰。

——销售前的奉承不如销售后的服务。只有如此,才能得到永久的顾客。

——应视顾客的批评为神圣的意见,任何批评意见都应乐于接受。

——应知一元钱的顾客胜于百元钱的顾客,一视同仁是商店繁荣的根本。

(四)精神文化

相对于企业物质文化、行为文化和制度文化来说,企业精神文化是一种更深层次的文化现象。它在整个企业文化系统中处于核心地位。

企业精神文化是指企业在生产经营过程中,受一定的社会文化背景和意识形态影响而长期形成的一种精神成果和文化观念。它包括企业精神、企业经营哲学、企业道德、企业价值观念、企业风貌等内容,是企业意识形态的总和。它是企业物质文化、行为文化和制度文化的升华,是企业的上层建筑。

二、企业文化的要素

企业文化由企业环境、价值观、英雄、习俗和仪式、文化网络等五个因素所构成。这五个因素各自的作用是不同的,企业环境是形成企业文化最大的影响因素,是建立企业文化的前提;价值观是企业文化的核心;企业文化通过英雄人物、习俗和仪式具体表现出来;最后凭借文化网络在企业内沟通传播。

(一)企业环境

任何企业都如同生物有机体一样,总是生存于一定的环境之中,企业的一切活动都不可能脱离周围环境而孤立地进行。不同的企业面临着不一样的现实环境,环境决定着企业的性质、经营方向、经营特色和市场行为。而企业不同的性质、经营方向、经营特色、市场行为则取决于自己的产品、顾客、技术、竞争对手以及政府的影响等。这些方面的差异正是产生不同企业文化的基点。企业环境是形成企业文化唯一的而且是最大的影响因素,而企业文化则是企业在特定的环境中为了获得成功所采取的全部策略的体现。

企业是一个开放系统,它不能脱离社会环境而存在。自然,企业文化也不能脱离社会环境而生成。因此,要塑造良好的企业文化,就必须认真地分析影响企业文化生成的环境因素。企业环境有内部环境与外部环境之分。企业的内部环境由企业家精神、企业物质基础、企业组织结构和企业文化构成。可以看出,迪尔和肯尼迪所说的"企业环境"并不是指企业的内部环境,而是企业的外部环境。外部环境包括社会环境和任务环境。企业的社会环境主要包括人口、经济、科学技术、政治法律、社会文化及自然生态等因素。企业的任务环境包括直接影响企业和受企业影响的要素或组织,如政府、地方社区、供应商、竞争者、顾客、信贷者、雇员与工会、特殊利益群体以及商业联盟等。一个企业只有很好地把握了企业内部和外部环境的特性才能提出有效的企业文化建设方案,从而推动企业文化的健康发展。

(二) 价值观

价值观是一个人对周围的客观事物(包括人、事、物)的意义、重要性的总评价和总看法。它一方面表现为价值取向和价值追求所凝结的价值目标,另一方面表现为成为人们评判事物价值的尺度和标准。对于任何企业而言,其价值观是指企业在日常经营过程中推崇的基本信念和奉行的目标,是企业绝大多数员工共有的价值取向,是企业文化的核心或基石。只有当企业内绝大部分员工的个人价值观趋同时,整个企业的价值观才可能形成。很多例子都可佐证,企业价值观建设的成败决定着企业的生死存亡。因此,成功的企业都很注重企业价值观的建设,并要求员工自觉推崇与传播本企业的价值观。为了便于企业员工对企业价值观的了解,价值观通常用具体的语言来表达,做到既避免抽象难懂,又避免表述语言过于一般化。同时,不同企业的价值观最好尽可能使用不同的语言来表示,避免雷同。要做到这点虽然有难度,但仍应该努力尝试,力争使价值观的表达能够反映一个企业的基本特征,把各家企业的对内、对外态度区别开来。

1. 企业价值观的常见取向

(1) 经济价值取向。主要表明企业对利益的看法。企业是经济实体,必然以盈利作为经济价值取向和行为规范。但企业不是单纯的谋利组织,必须文明经营,适合市场需求,满足消费者需求。

(2) 社会价值取向。表明企业与社会关系的看法。企业是社会的细胞,是社会大系统的子系统,企业要为社会作贡献,促进社会发展。要认可并积极处理企业生产和经营活动造成的社会影响,确认社会问题的存在并参与社会问题的解决。既满足社会的需要,又为企业的发展奠定基础,树立良好的企业形象,创造无形价值。

(3) 伦理价值取向。主要涉及企业所有者、经营者、员工之间以及企业和消费者之间、企业和合作者之间的关系。企业应遵守伦理道德规范,以正直、善良、诚实、守信的企业行为确立和各方的良好关系,以实现持续的发展。

(4) 人文价值取向。企业即人,人去则止。企业必须以"人"为本,一切为了人,依靠人,具有人文关怀。企业发展时,应让员工也得到全面发展,充分调动全体员工的积极性,发挥主观能动性和创造性,实现自身的价值,维护人权,尊重人的个性,形成良好的人文环境。

价值观体现了组织认同的基本概念和信念,是企业经营管理者和企业员工共享的群体价值观念,它影响着企业存在的意义和目的,是企业各项规章制度的价值和作用的评判标准,为企业生存和发展提供基本的方向和行动指南,决定了企业员工的价值取向。

2. 企业价值观共建的路径

(1) 树立统一的价值观。员工的企业价值观并非天生,需要企业的灌输与宣传,经过不断地潜移默化后,员工才能逐渐接受并内化为统一企业价值观。在这个过程中,需要通过企业领导人的倡导与宣传,以深化对价值观的认识。

(2) 健全配套机制,企业价值观渗透到企业日常经营管理过程中的每一环节。

(3) 塑造企业精神。包括了一个企业所应有的企业传统、时代意识、基本信念、价值观和理念。

但是,在共建企业价值观带来好处的同时,也应看到其可能发生的危险:

(1) 过时的危险。即当经济环境发生变化时,原来的共有价值观仍然牢固地支配着人们的行为,妨碍企业去适应新的环境。

(2) 墨守成规的危险,即不愿意或者很难抓住共有价值观所强调的事情以外的机会。

(3) 不一致的危险,即言行不一的危险。例如,一个总经理平常很有说服力地宣传要更好地为顾客服务的价值观,但每当临近年终时,他却只过问财务状况而把顾客晾在一边。

课外小故事:西安杨森的价值观

西安杨森制药有限公司是1985年兴建的中外合资企业,自1991年起,连续四年被评为中国十大最佳合资企业。1996年荣登国家医药管理局组织的中国医药行业50强评选榜首;1999年和2002年,两度被美国著名的《财富》杂志(中文版)评为"最受赞赏的外资企业"。其成功的经验就在于"建造学习型组织,形成别具一格的企业文化",而文化的核心价值观在于"信条为本,止于至善"。"忠实于科学,献身于健康"成为鼓舞杨森人锲而不舍地追求和前进的巨大动力。企业所信奉并认真履行的信条是:第一对顾客负责,第二对员工负责,第三对社会负责,第四对股东负责。信条已经深植于每个员工的心中,成为全体员工的共识;是规范每个人行为的准则,是企业的经营理念和价值观的体现,是企业处理内外关系的指南,是企业经营价值观与员工人生价值观的高度统一,是西安杨森获得巨大成功的法宝,是形成西安杨森企业文化的核心内容。

(三) 英雄

企业里的英雄人物就像企业的价值观一样必不可少,他们是企业中现存或者曾经存在的"典型",是企业价值观的化身,从而能够聚集和感召人们。所谓英雄人物,是指企业文化的核心人物或企业文化的人格化,其作用在于作为一种活的样板,给企业中其他员工提供可供仿效的榜样,对企业文化的形成和强化起着极为重要的作用。许多优秀的企业都十分重视树立能体现企业价值观的英雄模范人物,通过这些英雄人物向其他职工宣传提倡和鼓励的东西。他们通常具有以下标准:

(1) 英雄是企业的化身,是员工所公认的最佳行为和组织力量的集中体现,因而是企业文化的支柱和希望。

(2) 英雄应有不可动摇的个性和作用,所做的事情是人人想做而又做不到的,因而是每个遇到困难的人都想依靠的对象。

(3) 英雄的行为虽然超乎寻常,但离常人并不遥远,相反,他们往往向人们显示"成功是所有人力所能及的",因此,英雄可以使人们在个人追求与企业目标之间找到一种现实的联系。

(4) 英雄是通过在整个组织内传播责任感来鼓励全体员工的,其鼓舞作用不会随着英雄本人的去世而消失。

英雄通常有两种类型。

第一类是和公司一起诞生的"共生英雄",也叫创业式英雄,指那种创办企业的英雄。"共生英雄"在数量上很少,多数是公司的缔造者。他们往往有一段艰难的经历,但面临困难仍然有抱负、有理想,并终于把公司办起来了,所以,"共生英雄"又被称为"幻想英雄"。这类英雄的特征是:

(1) 有正确的追求。这种正确的追求或者是一种新的产品,或者是一种新的工作方法,或者是追求一种具有特殊性的组织。追求什么就得到什么,总是获得成功。

(2) 有执着的、不达目的不罢休的韧劲。

(3) 具有使企业不断成功的个人责任感。

(4) 具有"通过善待雇员和向雇员灌输一种持久的价值观来使企业强大"的信念。

在这种信念驱使下所做的工作,使"共生英雄"的影响能持续好几代人,英雄已逝而价值观依然存在。正是这个特征把"共生英雄"和其他管理者区别开来了。

第二种类型的英雄是企业在特定的环境中精心地塑造出来的,被称为"情势英雄"。"共生英雄"对企业的影响是长期的和富于哲理的,可为全体成员照亮征途,而"情势英雄"对企业的影响是短期的(多则几年、少则几月甚至几天)、具体的,只以日常工作中的成功事例来鼓舞企业员工。在企业精心塑造出来的"情势英雄"中,又可以区分为:

(1) 出格式英雄。这些人行为古怪,常常故意违反文化准则;但他们聪明过人,有独特的见解,工作能力较强。"出格"人物在强文化公司中具有很高的价值,他们使公司不断地向前发展。公司主管通常把他们放在具有创造性的工作岗位上或委派他们任研究开发部门的主管。

(2) 引导式英雄。这是高级管理人员为了有力地推行经营改革,通过物色合适对象而树立起来的英雄。例如,美国电话电报公司原来是一个没有竞争对手、接受政府管理的实体,其榜样人物是能够迅速装好电话并保证质量的人,后来,该公司不再受政府管理,参与市场竞争,面临经营改革,于是聘请 IBM 公司以前的一位管理人员麦吉尔担任市场经营的副总裁,他从小就习惯于竞争环境,善于识别和适应市场的各种特征,符合改革需要,他就是引导式英雄。

(3) 固执式英雄。这是坚韧不拔、锲而不舍、不达目的不罢休的人物。例如,3M 公司一位职员试制新产品一年且未成功,结果被解雇,但他并不因此就离开公司,而是不取酬继续试制,终于试制成功,并被公司晋升为副总裁,被尊为固执式英雄,为该公司铸造了一条"做你所信奉的事"的价值观。

(4) 圣牛式英雄。这是忠于职守(如卷起袖子只知道工作的高级技术人员)、坚持传统、乐于奉献的人物。例如,一个制造大型精密仪器的公司中的一位工程师,为了检查一台声音不太正常的机器而把耳朵贴近机器,结果机器爆炸而烧煳了他的半个脸。但是治愈后,他自豪地展示着一张破了相的脸。他就是一位圣牛式英雄,他的奉献精神使人们不仅不觉得他那张脸可怕,反而为此而尊敬他。

课外小故事：了不起的盖茨

微软公司令人吃惊的成长速度引起世人的广泛关注。透过辉煌的业绩，我们不难发现其成功不仅在于科技创新和优异的经营管理，更重要的是创设了知识型企业独特的文化个性，即比尔·盖茨独特的个性和高超技能造就了微软公司的文化品位。这位精明的、精力充沛且富有幻想的公司创始人，极力寻求并任用与自己类似的既懂技术又善于经营的经理人员。他向来强调以产品为中心来组织管理公司，超越经营职能，大胆实行组织创新，极力在公司内部和应聘者中挖掘同自己一样富有创新和合作精神的人才并委以重任。比尔·盖茨被其员工形容为一个幻想家，是一个不断积蓄力量和疯狂追求成功的人。他的这种个人品行深深地影响着公司。他雄厚的技术知识存量和高度敏锐的战略眼光以及在他周围汇集的一大批精明的软件开发和经营人才使他自己及其公司矗立于这个迅速发展的行业的最前沿。他善于洞察机会并紧紧抓住这些机会，使自己个人的精神风范在公司内贯彻到底，从而使整个公司的经营管理和产品开发等活动都带有盖茨色彩。

（四）习俗和仪式

习俗与仪式是有形地表现出来而程式化了的并显示内聚力程度的文化因素。

1. 关于习俗的认识

习俗就是指企业的风俗习惯。习俗的类型有：

（1）游戏。即开玩笑、逗趣、即兴表演、策略判定等。它的价值是能缓和人们之间的紧张气氛，可鼓励创新活动。

（2）聚餐。包括友谊午餐、啤酒聚会等。其价值是加强上下层、横向各部门之间的联系和了解。例如，维克特公司每星期随机地从公司中挑选几名职员去饭店轮流与总裁或副总裁见面聚餐，称为友谊午餐。

（3）训人。通用电气公司对拿着工程师文凭、穿着新买的西装第一次来公司上班的大学毕业生，常常递给他一把扫帚让他去扫地。

2. 关于仪式的认识

仪式是指企业按照一定的标准和一定的程序进行的时空有序活动。根据迪尔和肯尼迪的研究，美国企业中常见的仪式有：

（1）问候仪式。个人之间进行非书面交往时使用。这种仪式告诉人们怎样站位、怎样称呼、什么程度的争论或激动是可以容忍的等。

（2）赏识仪式。当某人或出色地完成一项工作、或晋升、或退休、或达到可以继续留任的标准时，就举行这种赏识仪式。当事人在仪式上得到奖品、奖章、礼物或纪念品，并使全公司知道他们为什么被赏识。

（3）工作仪式。这是在日常工作中经常举行的。如每天上班前的集会唱歌和以发明人的名字命名新产品的仪式。工作仪式是增加自我价值感的途径。

（4）管理仪式。这是经理们在处理日常事务时所运用的。如各种正式会议、计划框架、成本曲线分析、行为评价、复审技术等。

（5）防患于未然的仪式。这是为了避免糟糕局面的出现而使用的仪式。例如，维萨国际银行组织1974年开会时,就搞了个颁发并佩戴金铸标志的仪式,右臂上的标志是半个世界地图和"志在成功"四个字,左臂上的标志是另一半世界地图和"彼此忍让"四个字。这种仪式有效地防止了各成员国由分歧走向分裂。

(6) 庆典。这是超凡的、引人注目的仪式,当企业通过特殊里程碑时举行。

(7) 研讨会或年会。这是颁发科学奖、显示技术开发成果、全面奖励有功人员的盛大庆典。例如,玫琳凯化妆品公司举行一次研讨会常常要花几百万美元,几百名推销员都可以得到各种不同的奖品。

总体而言,习俗与仪式往往是在随和、自然、轻松、幽默、戏剧化等气氛中实现的,但其实质却是严肃的,是企业价值观的体现。

把习俗和仪式作为企业文化的一个要素,实质上就是把企业中的每一件事都升格为重要的事情来抓,即所谓"在强文化中,没有什么事是不重要的"。习俗和仪式给企业全体员工施加普遍的影响,使他们的语言文字、公共礼节、行为交往、会议进程等都规范化,从而把企业的价值观、信仰、英雄形象等灌输给每一位员工,深深地印入全体职员的脑海中。

(五) 文化网络

文化网络是指企业内部以轶事、故事、机密、猜测等形式来传播消息的非正式渠道,是和正式组织机构相距甚远的隐蔽的分级联络体系。

文化网络的特征是:

(1) 对消息作艺术加工。因此,所传播的消息往往故事化,变得生动形象,情趣盎然。

(2) 对消息含义的解释,往往与正式渠道的解释不同,能从更深的本质层次去说明问题。

(3) 文化网络传递消息的整个过程,没有文件、录音磁带之类的参与,而是依靠人的口头表达。因此,每个人都在本企业的文化网络中扮演一定的角色,但这个角色不是由谁任命的,也不能印在名片上,而是隐蔽地自发地形成的。

常见的重要角色有七大类:

(1) "讲故事者"。他们形成于地位高、信息量大但不起领导作用的高级管理岗位上。他们有想象力、洞察力和对细节的辨别能力。他们什么都不干,但又知道得很多,所以,他们能根据自己对公司里所发生的事情的感觉编成故事向别人讲述。

(2) "牧师"。他们形成于顶层以下第三到第五管理层,在正式组织系统中担任一些下面没有职员、上面无须经常向副总裁报告工作的职位,他们在企业待的时间很长,对企业的每件事和每个人了如指掌,是企业历史的活百科全书。职工犯难时愿意去找他们,他们也有时间聆听职工的坦诚谈话。他们总是通过讲述本企业的历史故事来为当前的行动寻找依据。

(3) "耳语者"。他们往往形成于一个不太引人注目的岗位上,但具备两种关键技能:一是根据极少的线索,能快速和准确地领会上司的意图,从而能通过"耳语"左右公司的决策,他们的个性是对老板极度忠诚;二是立足于现在努力工作,能在整个企业内建立广泛的支持关系,从而能通过"耳语"使消息在整个网络传播。

(4) "闲聊者"。他们可以形成于任何一个岗位,也不与当权者接近。他们的能力是善于在饭桌上或休息喝咖啡时与一大群人闲聊,从而把消息传到公司的各个阶层。人们容忍甚至喜欢闲聊者仅仅是为了消遣,并不指望所得到的消息一定是正确的。

(5) 秘书处职员。这也许是唯一以正式组织中的身份介入文化网络的人。他们了解公司的真正面貌,很清楚公司中正在进行的事情以及谁和谁正在闹别扭等。他们往往是不愿介入纠纷而又能公正评价事情的人,但他们能通过闲话网络传播公司的功绩。

(6) "间谍"。这里所说的"间谍",是指那些从来不说任何人坏话、不以任何方式来改变公司气氛而影响他人工作的人。他们能把各方面的意见都听进去,并原原本本地向高级管理人员叙述,高级管理人员因而把他们当作"间谍"来使用。显然,公司里的新来者最容易成为这种"间谍"。

(7) 非正式团体成员。他们为了提高自己在组织中的地位,常常艺术性地在众人面前讲述本团体内其他人的优秀事迹。

文化网络是传播消息的非正式渠道,管理者不应该避免牵连进去,而是必须灵活地掌握它,充分认识到它的重要性。强文化企业成功地通过开发文化网络,加强了管理者与职工的联系,培育了一大批向组织各阶层揭露事态的人,形象地灌输了企业的价值观,巩固了组织的基本信念,提高了英雄的象征性价值,扩大了人际交流,增强了友谊和内部凝聚力。

三、企业文化的功能

所谓企业文化的功能,是指企业文化各要素间的相互关系以及这些要素对企业文化整体所产生的作用和效能。企业文化的功能是通过各要素间的相互作用对整体进行调节的效用。

(一) 导向功能

导向即引导方向,一个强力型的企业文化影响下的企业员工必然充满自信与活力。相反,一个不健康的企业文化只能塑造病态的员工,因为企业提倡什么和崇尚什么,员工就追寻什么。"天上众星皆拱北,地下无水不朝东"。一种强文化可以长期引导员工们为实现企业目标而自觉地努力,有如汽车的方向盘。

企业文化的导向功能主要是从两方面来发挥:一是直接引导员工的性格、心理和行为;二是通过整体的价值认同来引导员工。后者是更为重要的一方面。良好的企业文化使员工潜移默化地接受本企业共同的价值观。人们在文化层面上结成一体,朝着一个确定的目标而奋斗献身。

> **精彩一瞬:花旗银行的"以人为本"**
>
> 花旗银行自创业初始就确立了"以人为本"的核心文化,十分注重对人才的培养与使用。它的人力资源政策主要是不断创造出"事业留人、待遇留人、感情留人"的亲情化企业氛围,让员工与企业同步成长,让员工在花旗有"成就感"和"家园感"。花旗银行CEO森地威尔的年薪高达1.52亿美元,位居美国CEO的前列。再以花旗银行上海分行为例,各职能部门均设有若干副经理职位,一般本科毕业的大学生工作3年即可提升为副经理,硕士研究生1年就可提升为副经理,收入则是我国同等"职级"的几倍,甚至几十倍。

(二) 凝聚功能

企业文化是一种强力的黏合剂。企业文化正是以种种微妙的方式来沟通人们的思想感情,融合人们的理想、信念、作风和情操,培养和激发人们的群体意识。在特定的文化氛围之下,员工们通过自己切身的感受,产生对本职工作的自豪感和使命感以及对本企业的认同感和归属感,使员工把自己的思想、感情、行为和整个企业联系起来,从而使企业产生一种强大的向心力和凝聚力,发挥出巨大的整体效应。

(三)激励功能

企业文化是企业青春的激发剂,是企业活力的加压泵。

所谓激励,就是通过外部刺激,使个体产生出一种情绪高昂、奋发进取的力量。研究激励理论的学者认为,最出色的激励手段是让被激励者觉得自己确实干得不错,从而发挥自己的特长和潜能。至于用绝对标准去衡量他们是否真干得不错,那倒是次要的。在一种"人人受重视、个个被尊重"的文化氛围中,每个人的贡献都会及时受到肯定、赞赏和褒奖,而不会被埋没。这样,员工就时时受到鼓舞,处处感到满意,有了极大的荣誉感和责任心,自觉地为获得新的、更大的成功而瞄准下一个目标。与早期激励理论相比,企业文化的激励是大大进了一层的。它不再是一种手段,而是一种艺术;不再像过去那样带着极强的功利性质,而是着眼于整体的文化建设和人的不断完善,提升到人创造文化和文化塑造人的伟大因果循环的高度来看待了。

(四)稳定功能

企业文化是企业稳定发展的长寿药。

某些企业的兴衰完全取决于某个超群的管理者。这种人以个人的能力支撑企业的大厦,主宰企业的命运,一旦这个人下台或死亡,企业就无可补救地衰败下去,这是没有能建立企业文化体系的反证。而真正优秀的企业家,在经营企业时必定致力于企业文化的创建,这样的人往往成为企业的"共生英雄"。由于企业文化具有相对的稳定性和连续性,一经建立,就进入整个企业生活和员工的内心深处,连续而稳定地发挥作用。即使企业出现重要的高层人事变动,企业照样稳健前进,经久不衰。例如,松下电器公司的创始人松下幸之助本人虽已逝世,但松下的企业榜样发挥作用,不因松下本人的逝世而受到影响。

精彩一瞬:IBM的三条信念

IBM创立于1911年,最初只是一个生产计时器、穿孔卡、统计分类机、称量器具等产品的名不见经传的小公司,1921年美国经济衰退时几乎倒闭。IBM创始人托马斯·沃森(老沃森)希望公司成为一家伟大的公司,而不是平庸的公司。1924年,公司改为现在的名字,老沃森提出三条信念:

(1)尊重个人。在IBM公司的管理工作中,这一点始终处于主导地位,保障每个人的职业,尊重他们的人格,并注意培养他们。

(2)尽善尽美地为顾客服务。"IBM意味着服务"是IBM公司最成功的广告。公司通过提供最佳的服务以获得良好的信誉。

(3)尽最大努力做好工作。这是使其他两条信念得以有效贯彻的力量所在。

老沃森提出的这些理念提高了雇员的士气和勇气,给公司带来了蓬勃生机。在IBM以后的发展中,战略转变了,产品变了,目标变了,组织结构变了,制度变了,人员换了一茬又一茬,但唯一没有改变的是企业文化内涵中的核心价值理念,在其鼓舞下,公司力求尽善尽美的服务,终于使之成为当今具有世界领先地位的"蓝色巨人"。

（五）教化功能

企业文化是企业长期发展的智能库。

员工是企业中最重要的一种因素，只有极大地提高员工的素质才能使企业的健康发展具有永续性。好的企业文化确立了未来的发展方向和科学的管理策略，为全体员工提供了学习新知识、改进旧技术的条件。如果运用得好，可以培养员工远大的目标、高尚的品德和坚强的意志，从这个意义上说，好的企业就像是一所"学校"，好的企业文化就是学校中的"教材"。

（六）辐射功能

企业文化是一团很好的酵母，是一种热力强大的辐射源。

从某个阶段看，企业文化只在企业内发挥作用，对本企业的职工发生影响，使企业员工为本企业的发展尽心竭力。但当某些大企业的文化发展到一定程度且形成较为完整的模式时，则不可避免地对社会产生影响。因为企业人员要与外界交往，企业要通过公共关系与外界公众进行双向交流，企业的服务和产品销售也会把企业的价值体系反映到外界去，企业的形象则以综合的形式把自身文化的丰富内涵昭示于众。所有这些，都必将产生热力辐射般的作用，把自身的能量传到周围，使某些社区也带有该大型企业的文化特征。

精彩一瞬：360 来说——"用户至上"并不是一句口号

从 360 问世开始，公益就成为 360 自身基因的一部分。2006 年 7 月，360 的第一款安全产品 360 安全卫士问世，这是一款不带任何商业目的的安全产品，其目标就是结束流氓软件泛滥、用户电脑遭受侵害骚扰的局面。随后的打补丁、查杀木马、垃圾清理等功能的推出，都不是以销售为目的，而是为了满足用户对上网安全的需求。在 360 的免费商业模式中，用户利益和用户需求始终是放在第一位的。对 360 来说，"用户至上"并不是一句口号。为了推广免费安全，2009 年 10 月，360 放弃了在线销售其他品牌杀毒软件所带来的 1.5 亿元收入，推出了永久免费的 360 杀毒；2010 年 7 月，为了不烦扰用户，360 将 360 安全卫士上的文字广告全部撤销，为此放弃了每年 5 000 万元的收入。用户利益优先于商业利益，用户利益优先于行业利益，是 360 奉行的原则。为了贯彻这个原则，360 不仅可以放弃自己的收入，甚至可以不惜结束与其他厂商的合作关系。在互联网上，不断有人指称 360 是一个"六亲不认"的公司，甚至说 360 是"互联网的公敌"。其实，这体现出 360 的"用户利益优先于商业利益，用户利益优先于行业利益"的信条，正是由于 360 公司在企业社会责任方面发挥的重要作用，"360 免费安全防护"被《南方周末》认为"担负起具有专业能力的企业公民应该承担的社会责任"。

四、不同社会的企业文化特点

由于相同或相近的社会历史背景、民族文化传统及社会风俗习惯和行为模式的影响，同一国家或地区、同一民族的企业，在企业文化上存在着一些共性，会具备某些相同或相似的企业行为特点、企业群体意识和企业价值观等；而不同的地域或民族文化会孕育出具有一定个性的、带有地域或民族文化特点的企业文化。

（一）美国的企业文化特征

近年来，美国一直是西方世界企业管理的领路人，科学管理、行为科学与管理科学的发展给美国带来了巨大的财富。20世纪80年代,当日本的许多经济领域(如汽车、相机、光学仪器、家电、信息、钢铁、造船、通信等方面)取得领先并超过美国时,美国的企业管理学者纷纷到日本考察研究其成功的奥秘。美国企业管理的企业文化革命开始了,并逐渐确立了美国企业文化体系。从美国的一些著名公司的管理实践来看,企业文化对企业本身的生存与发展的影响是深远的,它们的企业文化有许多相似之处,如强调以人为中心,注重培养员工;尊重顾客;强调产品质量与优质服务;鼓励发明创造,不断向市场投放新的产品;领导身体力行,带领公司员工坚持公司的价值观和哲学观念;有明确的企业目标和行为准则,全体员工都共同为之奋斗。具体地说,美国的企业文化特征主要体现在以下几个方面:

(1) 个人主义。崇尚自我,尊重个人的尊严和价值,承认个人的努力和成就;员工应自主、自信、自立、自强,自我培训,自我完善,强调个人决策,每件事情都有人负责。个人决策制有其长处,即权力集中,责任明确,指挥灵敏,行动迅速,工作效率较高,但也受个人眼光、能力、知识和精力的限制。奖励针对个人而不是集体,但雇员的合作意识较差,流动性较强,缺乏对企业的归属感和集体荣誉感。

(2) 能力主义。美国企业个人能力主义的文化着眼于个人,鼓励个人奋斗,把突出个人能力作为他们的基本管理哲学。这种个人能力主义在企业文化中表现为三点:① 尊重个人的尊严和价值,承认个人的努力和成就;因此,企业竞争气氛浓烈,人们乐于求新求变,乐于冒风险。② 强调个人决策和个人负责。美国企业以个人为主,具有严格的岗位职务规范和明确的责任、权限;决策以个人为主,较少采取集体决策方式;在决策执行过程中,每件事情都有人负责,每个人都能恪尽职守,工作相互推诿的现象较为少见。③ 奖励针对个人而不是集体,并且奖励的主要内容是物质。

(3) 理性主义。理性主义的企业文化根植于美国实用主义和理性主义的民族传统,具有体现理性的制度、规范、条例和准则,这是美国企业文化的根本。这种文化追求明确、直接和效率,生产经营活动以是否符合实际、是否合理和是否符合逻辑为标准,其具体表现为:① 求实和创新精神比较强,形式主义和文牍主义较少,企业宽容人们因创新和冒险所犯的"合理错误"。② 提倡科学性和合理性,重视组织机构和规章制度的作用。企业文化中偏重的是硬管理——比较重视确定严密的组织系统、合理的管理程序、明确的职责分工、严格的工作标准、科学的规章制度、先进的管理手段和管理方法,重视"法制",轻视情感,较少受人情关系影响。美国企业文化中的理性主义固然有利于提高效率,但也使企业管理刚性有余,柔性不足。

(4) 英雄主义。英雄主义在美国企业文化中主要表现为:提倡冒险与创新的精神,崇尚竞争意识以及对英雄人物的狂热崇拜。美国人有浓厚的英雄情结,这在好莱坞大片中体现得尤为淋漓尽致——从最普通的管道工人、钻井技师,到消防队员、退役警察,甚至美国总统都可以成为智斗歹徒、挽救世界的英雄。在美国的企业中同样也是如此,企业里的任何人都可以成为英雄,并因此赢得其他人的尊敬。

(5) 权威主义。权威主义的根源在于美国企业崇尚个人主义。上级常借助于权力的影响管束下级或员工,上下级之间意见的交流多表现为命令的形式。很长一段时间,美国的企业多采用集权式管理。企业每作出的一个决策和每设定的一项目标,虽然也听取下面的意见,但决策过程是自上而下的。

(6) 短期雇佣制。短期雇佣制赋予企业和员工更多的选择权,雇主有更多的选择和调整的机会,有利于培养员工的竞争意识,使之产生一种危机感,同时也会促使企业改善工作条件,留住人才;在企业由于技术进步或遭遇危机时,容易裁员,减少人工成本,从而帮助企业度过危机;可以避免人际关系的复杂化和企业的老龄化等制约企业发展的问题。

(7) 重视客户和质量。美国坚持质量第一、顾客至上的经营理念,具体表现为:① 在科学的理论指导下,建立严格的质量保证体系。美国政府鼓励企业提高产品质量,保护消费者利益,依法严惩制假贩假者。同时,美国社会质量监督体系比较健全,UL、ETL 等较有影响的认证机构、公证检验公司以及全美 200 多家保险公司都参与到这一社会监督体系中来。② 坚持"顾客总是对的",千方百计地维护消费者利益。美国比较早地提出"顾客是上帝"、"顾客总是对的"等经营口号。在他们看来,顾客是第一位的,利润是副产品,只有更好地服务顾客,利润才能源源不断;在为顾客服务的过程中,顾客总是对的,顾客的需要就是圣旨,因此,永远不要与顾客争辩。

(8) 建立共同价值观。美国的优秀企业都非常注重塑造公司共同的价值观:① 个人主义是企业的价值观,也是员工的价值观。② 成功的企业都要有一个崇高的目标。通过目标来激励和领导员工,不能单纯以盈利作为企业的最高目标,而是要努力为消费者、为社会提供优良的产品和服务。只有崇高的目标才能产生健全而具有创造性的策略,并使个人愿意为崇高目标而献身。③ 追求卓越,这是美国企业精神所在。成功的企业一直在创造一种信念,即认为今天在做的事明天就会变得不适宜,因此需要寻求更新的方式。而企业则致力于创造一种环境,让更多的人感到不满足,让更多的人去追求卓越。

(二) 日本企业文化的特征

日本的民族文化对企业文化的影响远比其他国家深远得多,传统文化与现代管理的嫁接使日本获得了空前的成功,日本的企业文化也因此被管理界所推崇。

企业文化在日本企业中的表现形式多种多样,如社风、社训、组织风土、经营原则等,日本企业文化具有集体主义、内部关系和谐、决策过程民主化、劳资关系稳定等特点,这从日本企业管理制度中的家族式运行体制、终身雇佣制、年功序列工资制、企业工会等也能得以体现。归纳起来,日本企业文化具有以下几个方面的特征:

(1) 重视人伦,恪守"和魂"。"和魂"是日本民族精神的高度概括,日本企业所追求的"人和"、"至善"、"上下同欲者胜"等共同意识均源于此。"和"的主要内涵是指爱人、仁慈、和谐、互助、团结、合作、忍让等,它是日本企业成为高效能团队的精神主导和联系纽带。日本企业家在经营管理中就很好地利用了这种"和魂",提倡从业人员应忠于企业,鼓吹劳资一家、和谐一致、相安而处、共存共荣,即从强调人际和谐入手以稳定劳资关系。因此,"和"的思想是日本企业文化的核心。日立公司的"和"、松下公司的"和亲"、丰田公司的"温情友爱"等都是如此。而以"和"为核心的日本企业人伦主义文化,提倡团队精神,力主建立"命运共同体"和良好的人际关系;实行集体主义管理,坚持主要着眼于团体而不是个人的激励制度;注重人文关怀,主张"泛家"主义,施友善,行礼让之心,视员工为家庭成员,从多方面予以关心。"和"的观念强调人的主体性,产生了日本企业的共同理念和集体主义团队精神的根源。

(2) "综合创造"。日本企业善于集成式创新,把"综合"也视为一种创造性思维和行为,在"综合"中创新和提高。他们学习、"综合"了中国的文化和西方的管理,实现了企业文化和管理方法的变革。第二次世界大战以后,日本企业成功地在世界范围内对各种优势资源进行"综合"创新,以极少的投入获得世界上 39 000 多项最新专利,引进、吸收、消化了大量的欧美先进技术,同时又在此基础上进行了卓有成效的改造创新,创造了远比其他资本主义国家多得多的资本增值。例如,日本丰田汽车公司的企业文化是:"上下一致,至诚服务,产业报国;致力于研究与创造,超越时代;力戒华美,追求质朴和刚健;发挥温情友爱,大兴家庭美风;尊崇神佛,致力生产报恩。"丰田公司就是靠这种企业文化使公司形成比较和谐的劳资关系,吸收引进其他各国的先进技术,创造出先进的管理方法——丰田工作方式,从而在新产品开发及市场竞争中取得成功,成为日本第一大企业。

(3)"产业报国"的理念。自明治维新以来,日本企业具有强烈的国家观念,企业和国家在利益上往往是一致的,在影响日本国家利益的关头,不同企业之间能够密切合作。日本大多数企业都有浓厚的产业报国思想,例如,"松下精神"的第一条就是"工业报国",而"立邦"品牌的由来也是"大日本"的日语发音,实际上深刻地体现了该公司的强烈国家情感以及对本国大工业生产体系的自豪感。

(4)"家文化"特质。日本民族长期的家族主义传统被企业很好地继承下来,渗透在企业管理的各种制度、方法和习惯之中,使职工结成"命运共同体"。企业家族的领导有至高无上的权威,是企业的精神领袖,扮演着慈父角色;员工颇似家族成员,与企业存在着较深厚的"血缘关系",对企业无限忠诚,恪守"家规"和"社训",遵循严格的等级制度;实行终身雇佣、年功序列制度,按企业组织工会;企业职工结成"命运共同体",对公司的归属意识很强,对企业很有"感情和忠诚心"。在这样的"家文化"氛围里面,员工有很强的归属感,为了企业利益,不惜牺牲自身利益;不仅上班时间拼命干,而且往往自动放弃节假日休息,加班加点。日本企业的家族主义传统不是空洞的,而是有三项重要的制度作保障,即终身雇佣制、年功序列工资制和企业工会。终身雇佣制是日本企业的传统,指企业一般不轻易解雇员工,使员工有职业保障的安全感,更重要的是使员工产生成果共享、风险共担的心理。年功序列工资制把员工的收入与其对企业服务的年限挂钩,晋升工资和职务晋升主要凭年资,从而在物质利益上诱使员工对企业"从一而终"。企业工会制度把企业的所有职工都组织在一个工会里,把劳资关系改造为家族成员的内部关系。这三项制度把企业员工捆在一起,使他们团结一心,为企业竭尽全力。通过物质利益及精神需要的满足,强化了员工对公司的家庭般的归属感,使他们把自己的工作、事业的追求、甚至精神的寄托都纳入以企业为中心的轨道。实际上,日本企业员工对公司的归属意识很强,不管是管理者还是一般员工,多数人对企业很忠诚。

(5)倡导团队主义。日本企业文化中有着很好的团队合作精神,注重集体的智慧和力量,甚至有为群体而牺牲个人的强烈意识。例如,在决策中,上下级之间除进行正式沟通外,还像"兄弟"一样进行各种非正式沟通,自上而下地集中多数人的意见,经过反复酝酿,直到取得了较为一致的看法后才拍板定案。在执行中协调一致,合作互助,有意模糊个人的权限和责任,不突出个人,体现出较强的集体责任感、荣誉感和工作献身精神。在利益取舍上,员工把个人利益置于团体利益之下、他人利益之后。在奖励上,主要着眼于团体而不是个人。

(三) 欧洲企业文化的特征

欧洲诸国的文化背景相似,所以,这些国家的企业文化也具有一些共同特点。

(1)强调理性管理。欧洲企业的理性管理文化表现在组织机构和制度的建立、人员的配备以及经营管理等很多方面。在欧洲,企业注重建立讲求实效、灵活多样的组织机构和制度,企业组织机构的设置是随着市场情况和生产技术的变化而变化的,即使是同类型的企业机构设置也不一样;但是,欧洲企业有一个最大的共同点,即组织严密、管理集中、讲求实效、富于理性。在人员配备上,要求严格,注重精干。各部门职责分工明确,讲究工作效率。经营中严守法律,坚守信用,一丝不苟。对外谈判往往一丝不苟,严肃认真,讲理性,重效率。

(2) 重视研发和创新。欧洲政府和企业都把研发当作一项生死攸关的战略任务来抓,强调产品更新和技术创新。技术更新是产品更新的前提,产品更新又推动技术进步,从而占领和开辟新的市场。而欧洲诸国的国家政策也明确支持企业的研发。例如,法国的技术政策与经济发展政策有密切的联系,国家在人力、物力和财力等方面都能给予企业大量的帮助。

(3) 注重质量,着眼于世界市场。欧洲企业对产品质量倍加重视,认为"质量是生产出来的,而不是检验出来的"。为了保证企业全球战略的实现,很多企业非常重视产品在全球的推广和销售。一些大型企业和跨国公司在其他地区和国家设至销售部,或按产品设置销售机构。例如,许多德国企业都设有强有力的推广和销售机构,销售网络健全而庞大。为促进销售,欧洲企业还会建立销售人员培训制度,受训人员不仅要上销售专业课,还要参加基础课学习和生产实习,经过考试合格后才能担任销售工作。

(4) 重视员工培训和员工参与管理。欧洲企业大都重视员工素质,一般都有计划地培训员工。而重视员工参与管理则与欧洲文化中的人文精神和追求民主的精神密切相关。在欧洲的大多数国家,企业或者成立由管理人员和雇员代表组成的各级工作委员会;或者建立经理参与系统、半自治团体、工作改善委员会,员工参与管理,经理站在客观的立场上协助员工解决问题,强化员工的责任意识;或者实施轮换工作制和弹性工作制,提出使工作适应人而不是使人去适应工作。特别是在德国,工人持有股票比例较高,更加关心企业的生产经营,参与管理意识增强,劳动效率也明显较高。然而,也正因为这样的民主管理精神,欧洲企业的员工罢工现象也很普遍。

(四) 中国企业文化的特征

与西方国家相比,中国企业形成和发展的历史比较短。如果从19世纪70年代中国出现近代民族资本企业开始计算,中国企业的历史至今只有130多年的时间。在民族文化、现代文明和市场经济伦理的共同作用下,中国的企业文化有其自己的特点。

(1) 提倡艰苦创业的精神。自力更生,艰苦奋斗,埋头苦干,发愤图强;迎难而上,勇争一流,自强不息,勤俭节约。20世纪50年代鞍钢人的"以厂为家、埋头苦干"的孟泰精神;20世纪60年代大庆人的"发愤图强,自力更生,以实际行动为中国人民争气"的精神,无一不是艰苦创业精神的凝结。

(2) 倡导集体主义和全局观念。中国人有"家"和"情"的理念。"家"不仅指家庭之小家,还指企业之大家;中国人自幼便接受"爱家"教育,企业老板自然以"家"之理念引导员工树立集体主义价值观。而在中国文化中也富有集体主义观念,推崇"群体至上"、"集体利益大于个人利益",注重全局观念与整体和谐。

(3) 重视"人和"与以人为本的管理方式。中国近代民族资本企业中,都体现着一种"人和"与"亲和"精神。这种精神的形成除了深受中国"团体意识"与"和谐思想"的影响。民族资本家深知"人和"的重要,采取一系列措施来巩固和发扬这种精神。例如,荣宗敬和荣德生兄弟创建的清末民初规模最大的民族资本企业——茂新、福新、申新总公司,在招揽人才时,多用亲属和同乡,确保亲和。民生实业公司提出"职工困难,公司解决;公司困难,职工解决"的一体化思想。东亚毛呢纺织有限公司推行"职工股份化",利用员工参股的办法强化"人和"。中国众多的民族资本企业靠这种"人和"与"亲和"精神,增强了凝聚力和向心力,保证了它们能在内忧外患的环境中生存并得到一定的发展。在社会主义企业里,"人和"与"亲和"精神进一步得到升华,坚持以人为本和提倡集体主义精神成为企业的更高追求。鞍钢人孟泰"爱厂如家,埋头苦干"的精神成为中国老一代工人阶级高尚品德的缩影。虽然发展市场经济培养了人的独立意识和自主精神,员工与企业的关系变成靠契约维系的法律关系,对"人和"与"亲和"以及以人为本的管理思维提出挑战,但这种企业文化在融合市场经济的合理成分以后,仍会成为中国新型企业文化的重要内容。

(4) 浓厚的家族主义色彩。无论是华侨创办的企业,还是港澳台的企业,以及大陆的民营企业都普遍地存在着家族主义色彩,企业是私人财产,父业子继。亲戚按血缘关系的亲疏分别把握企业各个要害部门,召开董事会与召开家庭会没有本质区别。中国大量的家族企业对企业发展固然起着积极作用,但也存在着难以克服的弊端:① 存在着亲疏、远近的等级划分和门户之见,"外人"很难进入决策中心,公司的决策权往往掌握在才识平庸的亲戚手中。② 企业往往缺乏凝聚力,离心离德,普通员工没有主人翁责任感。③ 用人"唯亲是举",近亲繁殖,排斥贤能,嫉妒人才,优秀的人才很难在公司立足。④ 由于分门立户而重新划分资本,使经营规模由大到小,形成恶性循环。这在一定程度上解释了华人企业很难跻身于世界级的大企业及华人在国外创办的企业总会面临重大危机的原因。

(5) 非常注重人际关系的调和,也十分讲求员工对企业的"忠诚度"。由于中国传统文化重伦理、重人际关系,在中国的企业中,人际关系较为和谐,有一定的亲和力与向心力。但同时,家族主义与本位主义也严重地削弱了凝聚程度和"向心力"因素,尤其在企业人事管理上,中国传统管理对员工的要求不是"能力"第一,而是注重下属的忠诚度。把听话和绝对服从看作忠诚的体现,容易埋没人才,也给一些貌似忠诚而才识平庸之辈以可乘之机。同时,在用人和考核上,特别注重直观印象,其标准带有很大的随意性和主观性。

(6) 具有实业报国、服务社会的理念。20世纪20年代中国的第一批真正意义上的民族企业家都具有强烈的自强自立和爱国精神。1925年,由卢作孚创办于重庆的民生轮船公司极力倡导"民生精神",要求员工对外"服务社会,便利人群,开展产业,富强国家",对内"个人为事业服务,事业为社会服务,个人的工作是超报酬的,事业的任务是超经济的";橡胶大王陈嘉庚先生更明确地提出"争为国家、为社会尽义务"。这些实业报国、服务社会的爱国主义思想,是中国近代民族资本企业文化的精髓。新中国成立以后,中国企业表现出更为强烈的社会责任感和勇于奉献的精神,如三一集团从创业那一天起,就立志"创建一流企业,造就一流人才,作出一流贡献",并以"自强不息,产业报国"作为企业精神。

总之,企业文化作为一种管理实践,不能超越国家和民族文化的界限。日本、美国以及欧洲诸国的企业文化有其特殊的历史文化背景、社会政治制度和社会经济发展阶段因素影响。因此,中国企业进行企业文化建设不能照搬国外的企业文化,要结合民族文化来创建具有本民族和本企业特色的企业文化。

【学习自测】

一、选择题

1. （　　）是员工创造的产品和各种物质设施等所构成的器物文化。
   A. 制度文化　　　B. 物质文化　　　C. 行为文化　　　D. 精神文化

2. （　　）是企业文化的核心。
   A. 价值观　　　　B. 企业环境　　　C. 文化网络　　　D. 习俗和仪式

3. （　　）多数是公司的缔造者。他们往往有一段艰难的经历，但面临困难仍然有抱负、有理想。
   A. 引导式英雄　　B. 固执式英雄　　C. 创业式英雄　　D. 圣牛式英雄

4. 一个强力型的企业文化影响下的企业员工必然充满自信与活力，这是企业文化的（　　）。
   A. 凝聚功能　　　B. 激励功能　　　C. 教化功能　　　D. 导向功能

5. 个人主义是（　　）的典型特征。
   A. 美国企业文化　B. 日本企业文化　C. 欧洲企业文化　D. 中国企业文化

二、判断题

1. 企业文化泛指企业管理中的各种文化现象。　　　　　　　　　　　　　（　　）
2. 生产资料是企业物质文化的首要内容。　　　　　　　　　　　　　　　（　　）
3. 仪式是指企业按照一定的标准和一定的程序进行的时空有序活动。　　　（　　）
4. 文化网络是传播消息的正式渠道，管理者必须灵活地掌握它，充分认识到它的重要性。　　　　　　　　　　　　　　　　　　　　　　　　　　　　　　　（　　）
5. 同一国家或地区、同一民族的企业，在企业文化上会具备某些相同或相似的企业行为特点、企业群体意识和企业价值观等。　　　　　　　　　　　　　　（　　）

三、简答题

1. 简述企业文化的功能。
2. 从内容特性角度来看，企业文化如何划分？
3. 企业文化的五要素包含哪些内容？

四、论述题

1. 试联系实际论述企业文化与企业管理的关联。
2. 如何理解企业英雄在企业文化发展中的作用？

【能力训练任务】

任务：如何让新员工融入企业文化

（一）情境描述及任务要求

新人初入职场，面对陌生的环境和新的同事，如何迈出融入新团队是个棘手的问题。职场人际交往是工作中的双刃剑，如何处理得当也是更快融入新团队的关键。设计一门课程，使新人更快地融入团队,感受企业文化,并创造价值。

1. 课程对象

(1) 刚从院校招收的毕业生。

(2) 从其他公司招收的新员工。

2. 课程内容

(1) 如何在较短的时间里使新人建立归属感?如何让新人更好地了解和融入企业文化?

(2) 如何使新人迅速地进入工作角色,并建立良好的同事关系?

3. 课程目标

(1) 帮助新人加深对企业文化的理解和公司理念的认同,加快新人融入企业文化的过程。

(2) 帮助新人认同企业目标,建立归属感,明确努力方向。

(3) 加强新人之间的彼此了解和沟通,培养团队精神。

(4) 挖掘潜能,培养新人积极向上的心态和良好的心理素质。

4. 课程长度

两天1夜。

(二) 成果评价

1. 对每位同学写的课程方案按三分规则评定成绩。

2. 根据班级交流表现,按照二分规则评分。

(三) 知识链接

职场新人必知快速融入新公司的6个秘招

招数之一:不要轻易打听别人的隐私

诸如生活状况、感情纠葛等,除非对方主动向你说起,即使是好朋友都应该保留彼此的空间,更何况同事呢?过分关心别人隐私是一种无聊和没有修养的低素质行为。

招数之二:调整心态,不把同事当"怨家"

同事之间应该是相互合作的关系,而不是相互竞争的"敌人"。如果你把同事当成阻挡自己发展的绊脚石,你一定很难在办公室立足,当然发展也就更难。请记住,互惠互利才是集体接纳你的基本前提。

招数之三:不把个人情感带入办公室

虽然你有自己的喜恶,但不要把这种个人喜恶带入办公室的同事之中。因为你的新同事的喜好可能与你相同,也可能与你全然不同。对与你看法不一致的,你应保持沉默,不要妄加评论,更不能以此为界,划分同类与异己。为了工作,学会"兼容"。

招数之四:说话要有分寸

说话的时候必须注意分寸,不能想说什么就说什么,在每说一句话之前,都要先考虑一下是否合适。否则,可能会带给你想不到的麻烦。

招数之五:经济上分清楚

和同事们一起活动,最好是采取AA制,这样大家心里都没有负担,经济上也都承受得起。千万不可"小气",把自己的钱包捂得很紧,被别人看轻,即使偶尔吃点亏也没什么大不了的。

招数之六：积极参加集体活动

在闲暇之余，与同事们一起出去娱乐，如唱歌、郊游、跳舞、泡吧等，这不仅能彼此增进了解，也能让你获得更多的快乐和放松，更有助于培养一个和谐的人际关系。

【单元概要】

1. 战略是一种计划、一种谋略、一种模式和一种观点。组织战略管理分为公司战略、经营（事业部）战略和职能战略三个层次。

2. 战略管理是为一个企业的未来发展方向制定决策和实施这些决策的动态管理过程。一个规范性的、系统性的和全面的战略管理过程由战略分析、战略选择、战略实施三个主要要素组成。

3. 公司战略所要解决的问题是确定企业的整个经营范围或方向以及公司资源在不同经营单位之间的分配事项。这些任务只能由企业的最高管理层来完成，并且这些决策的影响具有较长的时限。公司战略的各种选择方案包括稳定发展战略、发展战略和防御战略。

4. 经营单位的竞争战略所涉及的问题是在给定的一个业务或行业内，经营单位如何竞争取胜，即在什么基础上取得竞争优势。

5. 组织的竞争优势是指组织在与同行业对手的竞争中所表现出的相对于竞争对手的一种优势，依赖于这种优势，组织可以获得超过该行业正常收益率的回报。

6. 成本领先战略是指组织通过在内部加强成本控制，在研发、生产、销售、服务和广告等领域把成本降低到最低限度，从而成为行业中的成本领先者的战略。

7. 差异化战略又称别具一格战略，是指组织为了满足顾客特殊的需求，形成自身竞争优势，提供与众不同的产品和服务的战略。

8. 组织国际化战略是组织产品与服务在本土之外的发展战略，是组织在国际化经营过程中的发展规划，是组织为了把自身的成长纳入有序轨道，不断增强组织的竞争实力和环境适应性而制定的一系列决策的总称。

9. 企业文化是企业在生产经营实践中逐步形成的、为全体员工所认同并遵守的、带有本组织特点的使命、愿景、宗旨、精神、价值观和经营理念以及这些理念在生产经营实践、管理制度、员工行为方式与企业对外形象的体现的总和。企业文化分为物质文化、行为文化、制度文化和精神文化四部分。企业文化是由企业环境、价值观、英雄、习俗和仪式、文化网络等五个因素所构成的。

10. 不同的地域或民族文化会孕育出具有一定个性的、带有地域或民族文化特点的企业文化。

【延伸阅读】

（一）蓝海战略

蓝海战略（Blue Ocean Strategy）最早是由 W·钱·金（W. Chan Kim）和勒妮·莫博涅（Renée Mauborgne）于 2005 年 2 月在二人合著的《蓝海战略》一书中提出。蓝海战略认为,聚焦于红海等于接受了商战的限制性因素,即在有限的土地上求胜,却否认了商业世界开创新市场的可能。运用蓝海战略,视线将超越竞争对手移向买方需求,跨越现有竞争边界,将不同市场的买方价值元素筛选并重新排序,从给定结构下的定位选择向改变市场结构本身转变。

如果把整个市场想象成海洋,这个海洋由红色海洋和蓝色海洋组成,红海代表现今存在的所有产业,这是我们已知的市场空间;蓝海则代表当今还不存在的产业,这就是未知的市场空间。蓝海战略其实就是企业超越传统产业竞争和开创全新的市场的企业战略。蓝海战略要求企业突破传统的血腥竞争所形成的"红海",拓展新的非竞争性的市场空间。与已有的通常呈收缩趋势的竞争市场需求不同,蓝海战略考虑的是如何创造需求和突破竞争。它的目标是在当前的已知市场空间的"红海"竞争之外,构筑系统性和可操作的蓝海战略,并加以执行。只有这样,企业才能以明智和负责的方式拓展蓝海领域,同时实现机会的最大化和风险的最小化。

蓝海战略共提出六项原则:一是重建市场边界,从硬碰硬的竞争到开创蓝海,使用六条路径重建市场边界,包括:产业——跨越他择(alternatives)产业看市场,战略集团——跨越产业内不同的战略集团看市场,买方群体——重新界定产业的买方群体,产品或服务范围——跨越互补性产品和服务看市场,功能情感导向——跨越针对卖方的产业功能与情感导向,时间——跨越时间参与塑造外部潮流;二是注重全局而非数字。一个企业永远不应将其眼睛外包给别人,伟大的战略洞察力是走入基层、挑战竞争边界的结果。蓝海战略建议绘制战略布局图,将一家企业在市场中现有战略定位以视觉形式表现出来,开启企业组织各类人员的创造性,把视线引向蓝海;三是超越现有需求,通常,企业为增加自己的市场份额努力保留和拓展现有顾客,常常导致更精微的市场细分,然而,为使蓝海规模最大化,企业需要反其道而行,不应只把视线集中于顾客,还需要关注非顾客。不要一味地通过个性化和细分市场来满足顾客差异,应寻找买方共同点,将非顾客置于顾客之前,将共同点置于差异点之前,将合并细分市场置于多层次细分市场之前;四是遵循合理的战略顺序,建立强劲的商业模式,确保将蓝海创意变为战略执行,从而获得蓝海利润,合理的战略顺序可以分为买方效用、价格、成本、接受四步骤;五是克服关键组织障碍,企业经理们证明执行蓝海战略的挑战是严峻的,他们面对四重障碍:认知障碍,沉迷于现状的组织;有限的资源,执行战略需要大量资源;动力障碍,缺乏有干劲的员工;组织政治障碍,来自强大既得利益者的反对,"在公司中还没有站起来就被人摆倒了";六是将战略执行建成战略一部分,执行蓝海战略,企业最终需要求助于最根本的行动基础,即组织基层员工的态度和行为,必须创造一种充满信任和忠诚的文化来鼓舞人们认同战略。当人们被要求走出习惯范围改变工作方式时,恐慌情绪便会增长,他们会猜测这种变化背后的真正理由是什么。

(二)谷歌公司的人本文化

自1998年创立以来,谷歌公司(Google)的规模扩大了数百倍,Google依然秉承一贯的创新理念,更为关键的是,Google一贯坚持以人为本的企业文化。这不仅仅体现在Google为员工提供免费餐点、早中晚餐全包以及五花八门的员工津贴,甚至于怀孕员工在婴儿出生后两周内,可以得到公司每天补贴50美元当作"月子"津贴;公司还提供免费的班车和渡轮服务接送雇员上班,这些交通工具都有无线互联网服务,方便员工在上下班时也可工作。

每名新到 Google 的员工都将得到 100 美元,用于装饰办公室,员工们可以在自己的办公室中"恣意妄为"。有的员工喜欢赤脚,就用 100 美元铺了一小块高级木地板,踩着它舒服地工作;有的员工在 eBay 竞价买到一个古董电话亭,也运过来摆在办公室一隅(后来因为 Google 工人数膨胀,这个电话亭不得不被暂放在大厅)。

在 Google,人们不必时刻西装革履。每个人可以选择在自己的"时区"里工作,或者清晨 5 点就开始忙碌,或者整晚不睡、白天休息。这些做法在国内已经被很多有海归背景的企业采用,以弹性工作制体现企业对员工工作操守的充分信任。

Google 允许每位工程师拥有 20% 的自由支配时间。即使每项工程都要有计划、有组织地实施,公司还是决定留给每位工程师 20% 的私有时间,让他们去做自己认为更重要的事情。这个政策带来的结果就是诞生了 Gmail 这样颇受好评的邮箱服务;还有实践六度空间理论的人际网络产品 orkut——它的设计者来自土耳其,orkut 正是他的姓氏。

在 Google,公司除鼓励员工尽量保留个性作风之外,保证互不干扰也是公司的一项优良传统。需要相互交流的时候,大家会把五颜六色的懒人椅滚到一起,聚首讨论;或者钻进白色的"帐篷"召开小型会议。一个人想清静时,也可以坐到大块积木围起来的小区域里尽情思考。

Google 公司人人平等,这里的管理职位更多是强调服务,工程师们受到更多尊敬。在 Google,每个人距离总裁的级别可能不超过 3 级,人人都可公平享受办公空间。这种平等的思路也表现在其他很多方面,这些在很大程度上激发了 Google 员工的创造力。

每逢周五,Google 两位创始人瑟奇·布林和拉里·佩奇以及 Google 现任首席执行官埃里克·席姆特会与 Google 员工们共进午餐。在一个可以容纳近千人的餐厅,大家甚至可以坐在台阶上。此时,Google 的员工工会向公司创始人提出种种"非分"要求。一般情况,两位创始人都会满足员工们的过分要求。例如,有人希望在 Google 工作时可以带自己的宠物上班;第二天,Google 总部就出现宠物狗;有人希望在公司能够打排球,数周后,Google 办公楼中间的草坪变成沙滩排球场;有人希望 Google 建造一个游泳池,结果,Google 有了自己的游泳池。

参 考 文 献

1. 林根祥.管理学原理.武汉理工大学出版社,2009.
2. 冯国珍.管理学(第二版).复旦大学出版社,2011.
3. 蒋国平.现代管理学.机械工业出版社,2011.
4. 吴亚平.管理学原理实训指导.华中科技大学出版社,2009.
5. 谢卫民,李日.工业企业管理基础知识.浙江大学出版社,2008.
6. 苗长川,杨爱花.现代企业经营管理(修订本).清华大学出版社,北京交通大学出版社,2008.
7. 吴志清,黄忠林.管理学基础(第2版).机械工业出版社,2011.
8. 金泽龙.管理学实务.人民邮电出版社,2011.
9. 谢敏.管理能力训练教程(第二版).清华大学出版社,2012.
10. 谢敏.管理能力训练实训手册.浙江大学出版社,2009.
11. 单凤儒.管理学基础(第四版).高等教育出版社,2012.
12. 单凤儒.管理学基础(第四版)实训教程.高等教育出版社,2012.
13. 彭庆武.管理学基础与实务.中国水利水电出版社,2011.
14. 程振锋,刘庆华.现代企业管理技术.中国人民大学出版社,2012.
15. 刘雪梅,胡建宏.管理学原理与实务.清华大学出版社,2011.
16. 程敬宝,占胜,刘祥凤.管理学原理与实务.华中师范大学出版社,2009.
17. 秦志华.企业人力资源管理原理.清华大学出版社,2008.
18. 杨锡怀,王江.企业战略管理——理论与案例(第三版).高等教育出版社,2010.
19. [美] 斯蒂芬·罗宾斯,玛丽·库尔特著,孙健敏,黄卫伟,焦叔斌,杨军译.管理学(第七版).中国人民大学出版社,2004.
20. 单凤儒,金彦龙.管理学.科学出版社,2009.
21. 王凤斌,李东.管理学(第三版).中国人民大学出版社,2007.
22. 李世杰,孙新波.企业文化理论与实务.高等教育出版社,2013.
23. 裴芸,崔建农.管理沟通:理念、技能与实践.北京大学出版社,2013.
24. 吴声怡,谢向英.企业文化新教程.上海大学出版社,2012.
25. 吕书梅.管理沟通技能(第二版).东北财经大学出版社,2012.
26. 王建民.管理沟通实务(第三版).中国人民大学出版社,2012.
27. 马作宽.组织战略.中国经济出版社,2009.

图书在版编目(CIP)数据

管理学:基础与实训/张奇峰,张海容主编. —上海:复旦大学出版社,2014.6(2022.2重印)
(复旦卓越·人力资源管理和社会保障系列教材)
ISBN 978-7-309-10574-2

Ⅰ.管… Ⅱ.①张…②张… Ⅲ.管理学-高等学校-教材 Ⅳ.C93

中国版本图书馆 CIP 数据核字(2014)第 078333 号

管理学:基础与实训
张奇峰 张海容 主编
责任编辑/宋朝阳

复旦大学出版社有限公司出版发行
上海市国权路 579 号 邮编:200433
网址:fupnet@fudanpress.com http://www.fudanpress.com
门市零售:86-21-65102580 团体订购:86-21-65104505
出版部电话:86-21-65642845
浙江临安曙光印务有限公司

开本 787 × 1092 1/16 印张 18.75 字数 433 千
2022 年 2 月第 1 版第 3 次印刷

ISBN 978-7-309-10574-2/C·282
定价:40.00 元

如有印装质量问题,请向复旦大学出版社有限公司出版部调换。
版权所有 侵权必究